我的家乡正蓝旗

——献给内蒙古自治区成立70周年

郭海鹏　编著

内 蒙 古 出 版 集 团
内蒙古科学技术出版社

图书在版编目（CIP）数据

我的家乡正蓝旗：献给内蒙古自治区成立70周年 /
郭海鹏编著. — 赤峰：内蒙古科学技术出版社，2016.8
（2020.2重印）

ISBN 978-7-5380-2685-6

Ⅰ. ①我… Ⅱ. ①郭… Ⅲ. ①正蓝旗—地方史 Ⅳ.
①K292.64

中国版本图书馆CIP数据核字（2016）第191566号

我的家乡正蓝旗——献给内蒙古自治区成立70周年

作　　者：郭海鹏
责任编辑：那　明　马洪利
封面设计：永　胜
出版发行：内蒙古出版集团　内蒙古科学技术出版社
地　　址：赤峰市红山区哈达街南一段4号
网　　址：www.nm-kj.cn
邮购电话：（0476）5888903
排版制作：赤峰市阿金奈图文制作有限责任公司
印　　刷：天津兴湘印务有限公司
字　　数：508千
开　　本：787mm×1092mm　1/16
印　　张：26
版　　次：2016年8月第1版
印　　次：2020年2月第2次印刷
书　　号：ISBN 978-7-5380-2685-6
定　　价：98.00元

这里有世界文化遗产元上都遗址

这里曾留下元世祖忽必烈的足迹

这里孕育了英雄的察哈尔部落

这里彰显出灿烂的上都文化

这里的上都河滋润着金莲川草原

这里是中国蒙古语标准音基地

这里还是诗人纳·赛音朝克图的故乡

这就是美丽富饶的正蓝旗

——作者题记

陪你一起读草原

——写在前面的话

20世纪80年代初高中毕业后，由于理科成绩较差，没能考上大学。本想通过当兵"曲线就业"，结果无贵人相助，只能看着别人光荣入伍。好不容易被分配到一所乡村学校任教，可谁知十年后又被统一"精减"下岗。凭着一种对文字的爱好和持之以恒的敬业精神，我先后在民营、集体和国企中找到了生存的价值。在《锡林郭勒日报》这个良师益友的陪伴下，随着正蓝旗经济文化事业的发展，最终我走上了旗委机关报上都新闻的采编岗位。能够有机会从事我喜欢的新闻事业，用饱满的激情忘我工作，从工作中得到快乐，是件幸福的事情。

在到旗委宣传部上都新闻报社工作之前，我所写的文章大多是一些短新闻和小言论。成为《上都新闻》编辑记者和《锡林郭勒日报》特约记者后，扩大了我的视野和写作范围，特别是繁衍生息在正蓝旗这块热土上的各族人民创造出了光辉灿烂的历史文化，形成具有浓郁地域特色且丰富多彩的非物质文化遗产，更是令我惊叹和兴奋不已，时常让我有写本书的冲动，让更多的人从中了解我的家乡—— 美丽富饶的正蓝旗。

人类文明中，唯有东方的中华文明和西方的地中海文明是有历史传统的。它们分别以司马迁《史记》和希罗多德《历史》为代表，都是以自己的区域看世界。直到13世纪蒙古帝国的兴起才打通东西通道，中华文明和地中海文明的命运因此改变，人类文明方才真正进入世界史的时代。正蓝旗是元朝开国帝都所在地，蒙元文化历史悠久、博大精深，随着年龄的增长，我对家乡的文化情感越来越深。这种乡土情怀成为我写这本书的主要原因。乡土情怀是一个地区的重要文化积淀，是生活在这块土地上的人们赖以汲取的精神营养。乡土情怀蕴含着共同的价值观念、理想和精神，以及生活在共同文化背景下的人所遵循的共同的生活方式、伦理道德、风俗习惯等。乡土情怀具有强大的亲和力、凝聚力，是维系这块土地上人们的精神纽带。强化上都情怀的感知，对增强正蓝旗人的凝聚力，培养热爱家乡、建设家乡的奋斗精神和奉献精神，塑造正蓝旗的文化形象都有着重要意义，书中所体现出的"上都情怀"，就是为了传承这样一种责任和担当。

工作中，我发现传统乳制品、民族服饰等植根于正蓝旗民间的非物质文化遗产，凝聚着上都河畔各族人民世代相传的深层文化基因、强盛文化创造力、优秀文化价值和审美情趣，蕴涵并体现出了正蓝旗人民的智慧和特有的精神价值、思维方式、想象力及文化意识，已渗透到人们的生产和生活起居当中，塑造出草原人独有的耿直粗犷、办事认真和热情好客等性格，是承载草原儿女民族精神和情感的重要载体，成为正蓝旗走向全国、走向世界的软实力。对此，我在本书中对其进行了重点挖掘和整理。

　　每个人有每个人的记忆，一代人有一代人的感动，所有的生活都是一笔财富。发生在我们身上的事情，我们的所见所闻，都是我们的写作源泉。生活中总有一些人用他们平凡的光和热，不经意地温暖着你我。对此，书中还收录了我对生活的感悟及采访过的一些人和事，虽然平凡但见精神，这些文字是为了让人看见历史、记住乡愁、感恩励志、热爱生活、积极向上。另外，书中还收录了一些介绍我的文章，既是为了展现真实的自我，同时也是对大家多年来的关注和支持表示谢意。《我的家乡正蓝旗》一书载有本人所著文章196篇，其中大部分文章曾刊发于《内蒙古日报》《同心》《时代风纪》《内蒙古晨报》《内蒙古商报》《锡林郭勒日报》《锡林郭勒晚报》《锡林郭勒广播电视报》《北方新报》和《上都新闻》等报刊上。也有一部分文章未拿出来公开发表，以提高该书的可读性和实用性。

　　在本书编写过程中，妻子马桂枝和在上都新闻报社实习过的乌伊恒、康利晨、张欣、郑德芳、吴亚男等曾义务帮助打字校对，工作之余大家都花了很多的时间和精力。在本书编写和出版过程中，得到了内蒙古科学技术出版社总编辑香梅，正蓝旗政协副主席、文联主席乌云达来，正蓝旗政协文史委主任赛音吉日嘎拉，正蓝旗文化馆馆长娜仁其木格，好朋友孙广元、李宏昌、安飞等人的帮助和支持，在此一并表示衷心的感谢。

　　由于自己水平有限，加之写作对象内容较为广泛，难免有外行之见或存在不准确之处，敬请专家和读者朋友们批评指正。

　　匆匆岁月，半百人生，虽无大的作为，毕竟没有虚度年华。生命犹如世代传唱的牧歌，作为一名从心灵深处感知草原恩泽的人，作为一名新闻工作者和上都文化爱好者，谨以此书献给眷恋和向往这片热土的各界朋友，献给内蒙古自治区成立70周年。

郭海鹏

2016年8月

目 录

上都文化

上都情怀

上都记忆

关于作者

上都文化

正蓝旗的非物质文化遗产

　　我国是世界东方的文明古国,有着五千多年的文明史。其源远流长的非物质文化,是中华文化的重要组成部分。在经济全球化浪潮的冲击下,抢救和保护非物质文化遗产已经在全世界达成共识。2003年10月17日,联合国教科文组织颁布了《保护非物质文化遗产公约》,2004年8月我国作为第六个签约国加入该公约。我国作为一个非物质文化遗产大国,面临大量民风民俗、民间技艺的濒危或失传,抢救保护时不我待。国家文化部及时制订了与联合国教科文组织公约精神相一致的有关文件,社会各界也极力呼吁对传统非物质文化的传承保护。2005年3月31日,国务院颁布了《关于加强我国非物质文化遗产保护工作的意见》,同时制订了相应的保护方法。2006年6月,国务院批准设立国家文化遗产日,时间为每年6月第二个星期六,颁布了第一批国家级非物质文化遗产保护名录,将少数民族传统文化纳入保护范围之中。2007年第二个文化遗产日时,又公布了首批国家级非物质文化遗产优秀传承人名单。

　　非物质文化遗产中的"非物质"容易让人理解为与物质无关或排斥物质。然而,非物质文化遗产并不是和物质完全没有关系,只是强调其非物质形态的特性。"非物质"与"物质"是文化遗产的两种形态,它们之间往往相互融合,互为表里。以非物质文化遗产蒙古包为例,物质文化遗产视野中侧重建筑实体的形态、体量、材质,而非物质文化遗产视野中则侧重营造技艺和相关文化,它们相互联系、互为印证。通过建筑实体可以探究营造技艺,也可通过技艺来研究建筑。物质文化遗产和非物质文化遗产之间也可相互转换,当侧重建筑的类型学和造型艺术时,即为传统文物意义上的物质遗产;而当考察其营造工艺、相关习俗和文化空间时,则为非物质文化遗产。称非物质文化遗产为无形文化遗产也并非因其没有形式,只是强调其不具备实体形态。蒙古包等非物质文化遗产的传统营造技艺本身虽然是无形的,但技艺所遵循的法式是可以记录和把握的,技艺所完成的成品是有形的,而且是有意味的形式,形式中隐含和沉淀了丰富的文化内涵。当然,将"非物质"转化为"物质"不会像吃馒头一样,吃了就不饿,这还需要有一个倒嚼

的过程，也需要一个发酵的时间。

非物质文化遗产又称为"活态遗产"，这反映了非物质文化遗产的重要特质，即强调文化遗产在历史进程中一直延续，未曾间断，且现在仍处于传承之中。非物质文化遗产的载体是传承人，人在艺在，人亡艺绝，故而非物质文化遗产是鲜活的、动态的遗产；相对而言，物质文化遗产则是静止的、沉默的。然而二者之间仍然存在着非常密切的联系和转换，例如一件蒙古包建筑作品不但是活的技艺的结晶，而且其存续过程中大多经历不断的维护修缮，注入了不同时期的技艺的烙印；它同时又是一件文化容器，与生活于此的人每时每刻互相作用，实现和完成其中的活态生活，是传承非物质文化遗产不可或缺的环境和条件。

正蓝旗人杰地灵，物华天宝。繁衍生息在这块土地上的各族人民创造了光辉灿烂的历史文化，形成了具有浓郁地域特色且丰富多彩的非物质文化遗产。察哈尔民歌悠远深沉、气息宽广，在蒙古族民歌中独树一帜；正蓝旗察干伊德（奶制品）制作历史悠久、工艺独特、味道鲜美、营养丰富，在国内外享有盛誉，有"蓝旗奶食甲天下"之美誉，早在元、清时期这里就是皇家御用的奶食品供应基地；正蓝旗察哈尔蒙古族服饰文化历史悠久、底蕴深厚，是目前穿戴使用察哈尔蒙古族服饰最普遍、保持原始缝纫技巧最完整、研究开发和传承发展察哈尔蒙古族服饰文化最前沿的地区，使察哈尔蒙古族部落的民族服饰得到了很好的传承和发展。这些深藏植根于民族民间的非物质文化遗产，凝聚着上都河畔各族人民世代相传的深层文化基因、强盛文化创造力、优秀文化价值和审美情趣，蕴涵并体现出了正蓝旗人民的智慧和特有的精神价值、思维方式、想象力及文化意识，已渗透到人们的生产和生活起居当中，塑造出草原人独有的耿直粗犷、办事认真和热情好客等性格，是承载草原儿女民族精神和情感的重要载体，是正蓝旗走向全国、走向世界的软实力。

非物质文化遗产这种文化延续非常脆弱，一旦消失就不可逆转，也不可再生，我们有责任将其保护和传承好。习近平总书记在全国文艺工作座谈会上指出，中华优秀传统文化是中华民族的精神命脉，是涵养社会主义核心价值观的重要源泉，也是我们在世界文化激荡中站稳脚跟的坚实根基。非物质文化遗产作为优秀传统文化，也是"看得见历史、记得住乡愁"的一种好的表现形式。2016年1月，非遗走进现代生活——全区非物质文化遗产年货展暨传统文化月宣传活动在内蒙古展览馆举办。展会以推动振兴传统工艺、非遗走进现代生活为宗旨，突出非遗"年文化"，精选与传统年俗有关的服饰、食品、纸艺、手工四大类150多个生产性保护项目集中展示，并专门设立非遗创意产品展区，鼓

励非遗传承人不断创新。

近年来，正蓝旗党委、政府立足于丰富的文化资源，重视非物质文化遗产的挖掘整理、研究保护和传承发展，全旗非遗保护工作取得了可喜的成绩。在正蓝旗，有那么一部分人，他们默默无闻不图名利，将非物质文化镌刻在心灵深处，用自己的辛勤劳动保护和传承着少数民族非物质文化遗产，使蒙古民族悠远的精神血脉得到延续。一个有着深厚文化底蕴的民族，更加懂得文化传承保护的意义，通过艰苦不懈的努力，正蓝旗元上都遗址成功申报为世界文化遗产。截至2015年底，正蓝旗有世界文化遗产1处，全国重点文物保护单位3处，自治区重点文物保护单位5处，旗级重点文物保护单位36处，不可移动文物点116处，境内有北魏长城6300米，有金长城108692米，其中南段长16593米，北段长92099米，馆藏文物400余件。有旗级非物质文化遗产63项，其中入选国家级非物质文化遗产名录2项，入选自治区级非物质文化遗产名录15项，入选盟级非物质文化遗产名录28项，非物质文化遗产数量位居全盟第一。有旗级非物质文化遗产名录项目代表性传承人66人，其中自治区级非物质文化遗产名录项目代表性传承人20人，盟级非物质文化遗产名录项目代表性传承人49人。这是正蓝旗文化遗产的家底，也是正蓝旗各族人民文化自信的"根"与"源"，成为全旗各族人民的共同财富。

事实证明，只有留住记忆，记住乡愁，护住根脉，草原的精神家园才会更加亮丽。无论历史如何变迁，岁月如何流转，社会如何发展，我们都必须把根留住，要像爱惜自己的生命一样保护好非物质文化遗产。源远者流长，根深者枝茂。保护和传承文化遗产，就是守护国家的独立品格，延续民族的精神血脉，进而推动着我们在前行中凝魂聚力，迈向中华民族伟大复兴的美好未来。

世界文化遗产——元上都遗址

　　蒙古族，是我们祖国大家庭中一个历史悠久、伟大而勇敢的少数民族。元上都是蒙古人建立在漠南草原上的第一座都城，是蒙古人从草原上崛起入主中原并统一全国的战略基地，是元朝重要的政治、军事中心，也是当时的国际大都会。

　　自公元1206年成吉思汗建立蒙古汗国以来，一直没有固定都城。据记载，元宪宗元年（公元1251年），成吉思汗之孙蒙哥汗在漠北即位，令其弟忽必烈总领漠南汉地军国庶事。忽必烈南下驻帐于滦河上游金莲川地区，广征天下名士，建立了金莲川幕府。宪宗六年（公元1256年），命刘秉忠选择桓州东、滦水北——今内蒙古锡林郭勒盟正蓝旗建城郭，历时3年建成，名开平府。宪宗九年（公元1259年），蒙哥汗率军伐宋时驾崩于四川钓鱼山。中统元年（公元1260年），忽必烈在开平登基，继蒙古汗位，建元中统，置中书省，总理全国政务，这里遂成为元王朝临时都城。中统四年（公元1263年），扩建改造开平城，诏改为"上都"。第二年，改金朝旧都燕京（今北京）为中都，改中统五年为至元元年，实行两都制。至元四年（公元1267年），又在中都东北建新城。至元八年（公元1271年），定国号为元，取"大哉乾元"之意。至元九年（公元1272年），改中都为大都。每年夏季，皇帝及其随行大臣有近半年时间在上都避暑理政。元上都是与元大都并列的草原都城，可以"北控沙漠，南屏燕蓟，山川雄固，回环千里"，"控引西北，东际辽海，南面而临治天下，形式尤重于大都"，先后有六位大汗在上都登基。所以，元上都是蒙古族掌握政权后，建立的第一座真正意义上的都城。1358年和1363年，上都两次遭受战火破坏。1368年，明军攻克上都，基本焚毁。

　　元上都遗址地处内蒙古高原东南边缘，传统的游牧区和农耕区交界地带，面积25131.27公顷，缓冲区面积150721.96公顷。遗址由城址、墓葬群及分布于整个175900公顷范围内的自然环境和人文环境组成。

　　上都城址，包括宫城、皇城、外城、关厢和铁幡竿渠等，面积近1800公顷。宫城、皇城和外城为元上都三重城垣，形成城区，平面呈方形，坐北朝南，边长2200米。宫城，

都城核心区域，为皇帝处理朝政和起居之所。宫城坐落于皇城中部偏北，南北长605米，东西宽542米，略呈长方形，与皇城呈"回"字形结构。城墙墙体以黄土夯筑，外层自地基开始铺四层石条，上以青砖平砌，在墙表皮与夯土之间夹砌一层厚约1.2米的残砖。现存城墙高5米，墙基宽10米，顶宽近5米，砖墙上略有收分。墙四角建角楼，现存圆形台墩，外凸于墙体之外。宫城设有三门，分别在东、西、南墙中部。旧有"东华西华南御天，三门相望凤池连"之说，即指东、西城门分别名为"东华门"、"西华门"，不设瓮城。南城门名为"御天门"，为宫城主城门，门外设瓮城，东、西两侧环绕瓮城建有两排曲尺形建筑，为百官上朝前歇息之所。北墙正中为高大的双阙式建筑，顾无北门。宫城内主要街道，以正中方形台基为中心，向东、西、南分别延伸出三条大街，各与城门相连，构成"丁"字形状。作为元上都大内所在，主要宫殿阁楼均在其间，以宫城北墙阙式建筑、正中方形台基和南墙正中御天门为南北中轴线，其余建筑随形就势错落分布于中轴线两侧，各自独立成组，其间多有道路连通。计有大型建筑基址40余处，以"丁"字大街为界，宫城北部最为密集，见于史籍的殿阁有大安阁、穆清阁、水晶殿、洪禧殿、香殿、睿思殿、崇寿殿、仁寿殿、清宁殿、鹿顶殿、歇山殿、隆德殿、玉德殿、明仁殿、兴圣殿、东便殿、五花殿、楠木亭、宜文阁、万安阁、统天阁、宫学场所等。如大安阁基址，东西长36.5米，南北宽30米，在宫城正中三街相对处。大安阁为元上都主殿，至元三年（公元1266年），忽必烈下令拆迁熙春阁而建。"大安阁，故宋汴梁（今河南开封）熙春阁也，迁建上都。"大安阁为元朝皇帝登基、临朝、议政、修佛事、接见外国使者等之所。穆清阁基址，在宫城北墙正中，为夯土台基，与城墙连为一体，外包青砖，建筑形体高大。现存台基高约8米，东西长137米，两端宽67米，平面呈"山"字形，其上建筑应由中央大殿与东、西两翼配殿组成，形成阙式建筑。据记载，"至正十三年（公元1353年）……上都穆清阁成，连延数百间"。穆清阁作为宫城中的重要殿阁之一，有元一代，是皇帝宴乐、议事与居住的大内宫殿，元人诗中称其为"北阙"。

皇城，坐落于外城东南部，环绕宫城而建。皇城东西宽约1410米，南北长约1400米，近方形。墙体以黄土夯筑，墙两侧表面以石块包砌，石灰勾缝。墙基宽12米，残高多在六七米左右，顶宽约5米，向上渐斜收。皇城城垣设有六门，南北墙正中各设一门，为长方形瓮城，瓮城门亦南北开；东西墙对称各设二门，为马蹄形瓮城，瓮城门分别折向南开。皇城北门名复仁门，专供皇帝出入，长期不曾开启。南门称明德门，青砖券顶拱形门洞，门洞长24米，宽5.7米。上建高大门楼。明德门与宫城御天门同在南北中轴线上。明德门与御天门间有宽约20米的大街，现仍清晰可辨。皇城四角筑角楼，高约10米，呈圆台状，角楼地表还留有石砌建筑台基。在角楼与城门内侧两端，分别筑有登城斜坡踏道。皇城四周墙外侧筑梯形马面，每面墙6个，共24个。马面底宽12米，凸出墙体5.4米，现存高度为5.8米。皇城内，官署、寺庙建筑基址较多，尤以儒、释、道建筑为主，如东南角为孔庙，东北角为佛教大龙光华严寺，西北角为藏传佛教乾元寺，西南角为八思巴帝师寺等。在遗址内，尚可见穆斯林墓顶石，说明这里曾生活过穆斯林。忽必烈对各种宗教兼容并包，注重笼络各种宗教上层人物。元朝皇帝每年夏季在上都时，全国的宗教领袖都要来朝拜。其中大龙光华严寺，建于宪宗八年（公元1258年），是元上都最早的佛教寺院。寺以中院为主体，东、中、西三跨院相连，东西宽325米，南北长200米。中院四周墙体完整，内建一周回廊式建筑，平面呈"回"字形。院内发现两座大型夯土台基，还有碑亭基址及小型院落。东院北部有3座建筑台基，建筑主体不大，但布局规整，为华严寺偏院。西院后半部与中院各以墙相连，其间有横"凸"字形的台基，后部为大片建筑，当为僧房和仓储之地。华严寺规模宏大，遗址上发现大量琉璃砖、瓦及大型石柱础等建筑构件，还出土了《皇元敕赐大司徒筠轩长老寿公之碑》碑额等重要文物。

外城，在皇城西、北两面，由皇城东、南两墙延伸修筑而成，西、北两墙长2220米，东墙长815米，南墙长820米。元上都城扩建和改造经历很多年，外城城墙应晚于宫城和皇城修建。外城整体平面呈曲尺形，其东墙和南墙分别与皇城东墙和南墙相接，使元上都城址整体为完整的正方形。外城城墙均以黄土夯筑，墙基宽10米，残高3至6米，顶宽2米，墙体无马面、角楼等军事性附属设施。外城设四门，元代文献有南门、西门和北门之称。北墙二门，南墙一门，外筑长方形瓮城，瓮城门为南、北向直开；西墙中部一门，外筑马蹄形瓮城，瓮城门折向南开。外城自西门北侧斜向修一条东西向隔墙，至皇城北门瓮城西墙，将外城分为南北两部分。北部为皇家苑囿，称"北苑"，是皇家豢养珍禽异兽和培植奇花异草的皇家园林。南部在皇城之西，称"西内"。西内北部，是蒙古族召开贵族会议的营帐驻扎之地，调查发现，有一处略微凸起的高地，较为平整，直径约140米，四周围以低洼的环壕，四角各有一高大的土丘。北侧环壕宽20米，深0.6米，距北苑隔墙26米。隔墙也在这里呈外弧形，当时在搭建了圆形宫帐之后，出于安全考虑，才随形就势加筑一道围墙，以与北苑分开；西内南部，街道、院落遗址较为密集，其间有大型院落遗址，与宫城内汉式宫殿区相对应。

元上都作为元朝重要都城，军事防御体系完备，如宫城、皇城和外城三重城墙外均设护城河，外城护城河宽达20至30米，除有保护都城的作用外，还有分散山洪的功能。城外四周山头上，一般都建有预警的烽火台。上都城外还设有关厢，紧邻外城城垣东、

南、西、北四门，向四方展开约2000米，每一关厢地带都如上都城址大小，四关厢遗址保存着大量建筑基址和纵横交错的街道，大致可分为官署、仓址、驿馆、大型院落、店铺、民居及兵营等。可以说，关厢是城市居民住居、商贸市场、手工业场所、军队驻防的主要分布地，其中三处粮仓遗址是草原城市维持居民，包括驻军生活生存的重要保障，体现出农耕区域的生活资源对草原地区的支撑作用。城外西北山上，立有铁幡竿以镇水，故称此山为铁幡竿山。元人记述："上京西山上树铁幡竿，高数十丈，以其下海中有龙，用梵冢说作此镇之。"为防洪水威胁，山下修建铁幡竿渠，由元代科学家郭守敬所设计修筑的一道拦河大坝是上都城重要的水利设施，体现出湿地建城的特殊需求，在元上都历史上发挥了重要作用。

墓葬群分布于城址周边区域，主要包括以汉人家族墓葬为代表的砧子山墓葬群和以普通蒙古人墓葬为代表的一棵树墓葬群。砧子山墓葬群，在多伦县西北蔡木山乡境内，西北距元上都城址9公里，是目前已发现的元上都遗址附近规模最大的元代墓葬群，属汉人家族墓葬群。墓葬群凭依砧子山主峰，在四面山麓缓坡地带成片分布，有1500余座墓葬，分布面积约292公顷。其墓茔多为长方形或方形，面积较大。墓茔分为一道围墙的单墓茔、内外两道围墙的双重式墓茔，以及在南侧围墙内再加筑一道或两道东西向墙体的二进式和三进式墓茔。墓茔墙体均为自然石块垒砌，较为规整。墓茔内常建有墓上建筑，地表可见石碑、石狮、石供桌、石凳和砖雕等，有的还建有砖塔。墓葬以长方形土坑竖穴墓为大多数，有的墓葬地表以砖或石块垒砌边框。还有少量砖室墓、砖石混砌墓和石砌墓，其中两座大型墓葬建有墓道。墓葬群以骨灰葬和尸骨葬较为流行。在已清理的198座墓葬中，有随葬品的约占半数以上，且多寡不一。随葬品有灰陶盆、茶釉长瓶、白瓷碗、影青瓷小碗、龙泉窑大碗、钧窑杯等陶瓷器，铜盆、铜镜等铜器，银壶、金银装饰品等金银器及骨器、木器、石器、漆器、料器等。出土的钱币以宋钱为主，余为唐和金代钱币，也有极少元代铸币。

一棵树墓葬群，在正蓝旗元上都城址西北约12公里的上都镇北面的山湾缓坡上。墓葬群分布在两个相邻地势呈北高南低的缓坡地带，分为两区，东西相距约1500米，分布面积约215公顷。墓向均为东北或西北向，其中Ⅰ区墓地墓葬分布较为分散，清理的8座墓葬中，有6座带有石砌墓茔墙，多为长方形；Ⅱ区墓地内各墓分布呈东西向排列，大致为南北两排。其中7座墓茔均为围有一道围墙的单墓茔，墙体以自然石块垒砌，较为规整。墓茔规格较小，无门道痕迹，皆为一茔一墓。没有墓茔的19座墓葬，均为土坑竖穴墓。多数墓葬的墓口地表均以自然石块垒砌有地面标志，形状多不规则。墓葬早期盗扰严重,出土随葬品普遍较少。就清理的墓葬来看,有8座墓无任何随葬品,有随葬品的数量亦多寡不一,一般在5至8件,最多者有61件,少者仅1件。随葬品中以钱币为主,也有剑、车辖、马蹬、镞等及少量铜镜、桦树皮器、金耳饰、银器、骨器、铜饰件、珠饰等。

墓葬群与元上都历史变迁联系紧密,反映了元朝社会生活的不同侧面,是蒙、汉民族在上都生活的物证。

自然环境,元上都遗址在内蒙古锡林郭勒草原东南部,总体地貌为燕山北麓察哈尔低山丘陵地带,平均海拔约1300米。气候为中温带半干旱大陆性季风气候,四季分明,寒暑变化剧烈,干湿周期明显。元人的"六月似秋时"、"六月如初冬"等诗句,反映了元上都气候的特点。元上都遗址的自然环境,包括与城市选址紧密相关的自然环境要素和反映城市地理环境特征的特色草原景观。自然环境要素,包括龙岗山、上都河和金莲川草原等,这些山、水、草原是元上都选址于此的重要因素;而草原景观,由典型的草原、沙地、森林草原和湿地组成,构成了元上都这座草原都城的基底环境。

元上都所在的广袤的草原,水草丰美,牛羊成群,其间点缀着沙丘、湖泊、河流、泉眼、榆树林及连绵不绝的座座低矮远山,风景如画。这里自古以来就是优良的天然牧场,许多北方游牧民族曾在此繁衍生息。其独特的自然风光和夏天宜人的气候,使这里成为辽、金两代皇家避暑胜地。

人文环境,元上都遗址所在的正蓝旗,是一个以蒙古族为主体的少数民族聚居区,这里至今保留着浓郁纯正的蒙古族传统文化,古老的敖包及与敖包相关的祭祀、那达慕大会等活动延续至今。此外,草原地区的居民以牧民为主,畜牧业为其主要经济来源,大部分牧民仍保留了蒙古族传统的居住方式和饮食习惯。

总之,元上都遗址规模宏大,当年元朝皇帝每年夏季来此,一方面带领文武百官处理国家大事,发布重要决策和命令;一方面举行盛大宴会,进行狩猎活动,举行祭天、祭祖、祭敖包等具有浓郁草原游牧文化特色的祭祀典礼活动。不仅如此,在13至14世纪时期,许多重大事件就发生在上都。忽必烈在上都即位后,设立中书省,总领全国政务。行省制度的创立,巩固了国家的统一。省作为地方一级行政区域名称,一直沿用至今。1260年,忽必烈下令在上都发行纸币,使金属货币制度发生重大变革。此后,世界其他国家也开始发行纸币。1274年,忽必烈在上都发布诏书,派20万大军伐宋。南宋皇帝投降,元朝统一了全国,结束了自唐末以来300余年的分裂局面。这些重大事件,对我国乃至世界历史产生了重要影响。

元上都遗址,作为元朝中创建最早、历史最久、格局最完整、保存最好的都城遗

址，其规划与建设是蒙、汉等不同民族与文化相互影响与融合的结果，是农耕文明与游牧文明民族文化融合的产物。其深厚的文化积淀，丰富的文物遗迹遗存，见证了亚欧大陆在蒙古帝国时期的重大文明转折，以及由此带来的国际多元文化兼容的盛况，在世界文明历史和城市规划设计史上具有不可替代的独特价值。

1964年10月22日，元上都遗址被确定为内蒙古自治区第一批重点文物保护单位；1988年1月13日，被确定为第三批全国重点文物保护单位。1996年7月，国家文物局将元上都遗址列入中国政府向联合国教科文组织世界遗产委员会申报世界文化遗产的预备清单，元上都申报世界文化遗产工作正式启动。2012年6月29日，在俄罗斯圣彼得堡召开的第36届世界遗产大会上，被联合国教科文组织世界遗产委员会列入世界文化遗产名录。

全国重点文物保护单位——侍郎城遗址

2013年5月3日，国务院正式对外公布了第七批全国重点文物保护单位，曾于1987年被列为内蒙古自治区重点文物保护单位的侍郎城榜上有名，成为正蓝旗继元上都遗址之后的又一处国家级重点文物保护单位。该城为金代新桓州、元代桓州及明桓州驿。

迎着温馨的夏季风，沐着暖融融的阳光，我们来到距正蓝旗上都镇北2公里处的侍郎城遗址。走出车门，一阵牧草和泥土的芳香向我们袭来，沁人肺腑，远处传来悦耳的牧歌声。放眼望去，东西长1165米、南北长1100米的侍郎城早已成为一片遗址，弯弯曲曲的上都河从它身边流过。上都河又名闪电河，发源于河北丰宁县骆驼乡孤石村东南海拔2206米的小梁山南坡大古道沟，向北流经河北省沽源县，经桓州城折向东流，流至元上都、多伦后又南折流入滦河。它在桓州、元上都、多伦间转了一个弧形的圈，其两岸形成了广阔的冲击平川，这样就孕育了辽阔的金莲川草原。风水宝地自然是人人喜爱，于是这里先后成为辽、金、元几代皇族活跃的舞台。在辽金元时代的500年间，侍郎城一带曾是契丹、女真、蒙古等少数民族政治、军事、文化活动范围，成为北方文明与中原文明交融汇通的胜地。

自古以来，乌桓、契丹、鲜卑、女真、蒙古人等先后在这里繁衍生息。据史料记载，金平契丹于金太祖元年（1115年），在这里造桓州城，即侍郎城。因为这里曾是乌桓的游牧地，故称桓州城，金朝太皇帝在桓州的凉陉建有离宫。金史史籍上还有"景明宫"、"杨武殿"等名称，有金世宗、金章宗、耶律楚材等人到过凉陉的记载。1215年，威震欧亚大陆的蒙古大汗成吉思汗曾把大营移至桓州城避暑。辽初侍郎城已经是帝后巡幸、避暑、狩猎之地。辽初时萧太后于统和元年与帝西行，恰逢重九节，率群臣在此猎虎，扎帐赐宴，狂欢达旦。金世宗完颜雍曾经多次来这里狩猎和宴请各部族首领。1185年，随从金世宗来此的赵秉文赋《金莲》诗云："一望金莲五色中，离宫风月满云龙。向来菡萏香销尽，何许蔷薇露染浓。秋水明边罗袜步，夕阳低处紫金容。长阳猎罢回天帐，万烛煌煌下翠峰。"诗中描述了金世宗在金莲川的狩猎情景，朝出夕归，边狩猎边遨游，观赏金莲川秀丽的自然风光。

侍郎城，蒙语称"库尔图巴尔哈逊"，当地人也把它叫四郎城。据当地人传说，这个城市是辽代萧太后为驸马杨四郎修的。1000多年前的一天，北宋名将杨业和他的儿子们与辽兵作战，杨四郎兵败被辽萧太后的公主所俘，这位像月亮一样美丽的公主，被这位面如白玉、目如朗星、威风凛凛的中原小将勾去了魂魄，她随生爱慕之情并禀告母后要嫁给杨四郎。萧太后把公主嫁给杨四郎后，又在这里为驸马修了一座城，名叫四郎城，令驸马和公主在这里驻军……。后来杨四郎回家探母，却遭到忠心爱国的老母唾骂：骂他把杨家忠烈的名声丢尽，他的兄弟们为国一个个命丧敌手，唯有他投降萧太后，做了萧太后驸马得意悠悠。杨四郎最后羞愧得以剑自刎，老太君失去了儿子，辽公主失去了夫君。

桓州有新旧两城，旧桓州城在今正蓝旗上都镇西南30公里处的黑城子示范区附近，新桓州城在上都河北岸丘陵南缘，与今天日新月异的上都镇隔河相望，侍郎城即指新桓州城。侍郎城呈长方形，由内、外两城组成，内城位于外城东北角。城墙系夯土构筑，城墙四面均筑马面，只是数量不等。马面有两个作用，一为加固墙体，二为防御敌人入侵。据考古调查，侍郎城西北城墙马面比东南城墙要密集，这说明当时筑城设计时，明显侧重防守西、北两面。不难看出，此城墙设计思路是以抵御漠北蒙古骑兵为中心点的。当时，金朝统治者为了抗击蒙古骑兵南下，在北部边境地带挖掘壕堑，派重兵屯守，沿着堑壕防线设置了东北路、西北路、西南路三大招讨司。西北路招讨司的所在地就设在旧桓州城，隶属金代西京大同府管辖。由于当时西北路招讨司驻扎地，也就是旧桓州城，就在皇帝行宫附近，多有不便，为保障皇帝的安全，西北路招讨司决定将桓州城北迁15公里，到金界壕附近，这就是今天的侍郎城。

侍郎城所在地北部为起伏不大的丘陵，南有东西横亘的大山，中间为自西向东流淌的上都河，地势开阔，土地肥沃，水草丰美，是一片天然的优良牧场，从古至今是中原通往漠北高原的重要通道，地理位置十分重要。侍郎城位于人口较为稀少的牧区，除了有几处城墙被挖开辟为便道外，城址布局及城内遗址保存较为完整，基本可以恢复城址原貌。城址分内城和外城，外城平面呈方形，城墙东西长1100米，南北长1165米，北城墙残高3至5米，基宽6至8米。侍郎城东、南和西墙正中各开一瓮城城门，平面呈马蹄形。内城平面呈长方形，东西宽285米，南北长288米，周长1146米，内城南墙正中开一城门。外城四角还建有瞭望性质的角楼，城墙西南两面有护城河围绕。江山代有才人出，各领风骚数百年。由于年代久远，损坏严重，城内建筑遗迹甚是稀少，我们所能看到的仅是地表露出的一些砖、瓦、陶、瓷等金代文物残片，但由于城址整体保存完好，所以仍不失为人们研究中国古代少数民族城市罕见的实物例证，这是极为珍贵的。

凭吊金长城

正蓝旗境内有北魏长城、南段金界壕（也称金长城）和北段金界壕三段古长城。正蓝旗境内北魏长城6300米，始于黑城子示范区东北约0.5公里的高岗地带，由此向东南方向延伸，有一条很明显的黑土岭，即北魏长城。2014年9月24日，北魏长城被列为内蒙古自治区重点文物保护单位。始建于金太宗天会年间（1123—1135年）的金界壕，全长5000余公里。正蓝旗境内金界壕全长108692米，其中南段长16593米，北段长92099米。2001年6月25日，金界壕被列为第五批全国重点文物保护单位。

南线金界壕是由多伦县进入正蓝旗黑城子三分场境内，向西偏北方向延伸。界壕大体呈东西向，之后又向西南方向延伸进入太仆寺旗骆驼山子。界壕墙基宽5至7米，残高1至2米，个别地段残高3米。界壕沿线加筑有瞭望台，间距200至250米不等。北线金界壕位于正蓝旗北部，由锡林浩特市巴彦库伦马场进入正蓝旗赛音胡都嘎苏木巴彦查干嘎查夏营盘，大体呈东西向，一直向西延伸，经那日图苏木乌日图塔拉古日图嘎查（三队）、巴斯海（207国道东侧）、扎格斯台苏木胡格吉勒图嘎查、那日图苏木与宝绍岱苏木交界处贺日木图嘎查进入正镶白旗。

长城作为抵御外族入侵的防御工事，自战国以来已被广泛运用。12世纪初，女真族南下占据了中原大地，逼使宋王朝南退，偏安于东南一角，形成金与南宋、西夏鼎立的三分天下局面。金朝建立不久，在它的故地新兴的蒙古民族成为与其不断发生战事的劲敌。为了安定其后方局势，镇压北部的蒙古等部族的反抗，大约从金熙宗时开始，经金世宗大定、章宗明昌至承安年间，在金朝北部沿边浩瀚旷野上设置堡戍，屯驻兵马，继而连堡戍而筑长城，完成了东北端起自金山（大兴安岭）南麓嫩江西岸（今呼伦贝尔市莫力达瓦达斡尔族自治旗尼基尔镇北），向西南至东胜州城东北33公里处（今呼和浩特市托克托县城东的黄河东岸台地），形成一条屏障防线。在修筑这条长城时，并非一线串通，当时为了局部地区防守的需要，有的地区还分筑了内外几条支线。

金长城，是我国闻名的历史古迹之一，它像一条巨龙，或蜿蜒于崇山峻岭之中，或盘

旋于连绵起伏的山峦间，或绵亘于旷野苍茫平沙漫延之原野上。金朝当时实际管辖范围都远在长城之外。金长城长约5000公里，它在我国历史著名古迹中，实可与秦、汉、明长城并提。金长城与北魏的长城一样，是我国古代北方的拓跋、女真游牧民族王朝统治下兴建的一项伟大的军事防御工程。它是各族劳动人民共同创造的历史奇迹，把我国塞北草原点缀得更加秀丽多娇，也是我国多元民族文化的历史见证。在正蓝旗北部沙地，金长城遗迹由于沙漠掩盖已无法看清。但在上都镇侍郎城附近有一段长城城墙、马面遗迹，依稀可见。这是金朝桓州城附近的长城。金朝桓州有新旧两城，旧桓州城在上都镇西南30公里处，而新桓州城在滦河（上都河）北岸丘岭南缘，与上都镇隔河相望。被野草漫湮的古城面貌，时隐时现，整个遗址保存较好。桓州城始建于金代，当时是女真人为了抗击蒙古铁骑南下所修建的战略要塞，1215年被成吉思汗的军队占领。清朝有位侍郎级别的官员居于此管理上都事务，故又名"侍郎城"。该城分为内外两城。外城方正，南北长约1150米，东西宽约1050米，墙体以夯土夹杂草根筑成，外墙设有马面、瓮城，城墙四角设有远眺的瞭望塔。内城位于外城东北角。全城比较完整地保存了古代北方草原上战略城池的风貌。站在高处鸟瞰全城，依稀可见街道纵横交错，若有风横扫而过，似乎可闻兵戈相交、人喊马嘶之声。当时金朝在此修建城堡，开壕筑垣，它既是保护北京的重要军事重镇，也是中原与蒙古高原地区经济、文化交流的枢纽要塞。千里长堤决无永固之时。金朝统治者实行民族压迫的暴政，这条工程浩大的长城和沿边坚固的戍垣重镇，并不能永保其江山的安宁。

金朝（1115—1234年）是发源于东北的女真人建立的朝代，自太祖完颜旻创国，经历了百余年苦心经营，成为称霸中国半壁江山的大金国。然而历史的车轮进入13世纪初，蒙古杰出的英雄人物成吉思汗，冲破了金王朝为防御北部民族南下而修筑的这条封闭状态的"金长城"（金界壕），使中国进入天翻地覆划时代变革的世纪。1211年2月，成吉思汗在克鲁伦河畔聚众誓师，开始了为期七年的第一次征金战争。蒙古骑兵越过浩瀚的大漠，向阴山南麓进军，首先进入了汪古部的驻地。汪古部原是替金朝防御北方游牧民族南侵，镇守净州边城界壕的一个部族。但是，汪古部的首领阿剌兀思看到金王朝日渐走向衰退，在成吉思汗创建蒙古国时投靠了成吉思汗，当时成吉思汗还把他的第三个女儿阿拉哈别姬嫁给汪古部主的儿子为妻，与汪古部结为世婚亲戚关系，后被赐封为蒙古帝国的第八十八个功臣。

当成吉思汗整军南下伐金时，汪古部将边城要塞拱手相送，变成成吉思汗驻夏修养军队的战略后方。于是金长城之险尽失，汪古部为成吉思汗率大军南下打开了畅通无阻的通道。然而，当时金朝统治者却对汪古部首领早已成为成吉思汗部将的事一无所知。同年7月，蒙古军队经过几个月的休整，开始大规模南下征金。金朝廷得知蒙古军进攻的消息后，为了阻止蒙古铁骑南下，被迫将五十万大军的主力集中到漠南的野狐岭（今张家口北部万全县偏西的得胜口），企图与蒙古军决战。同年秋天，成吉思汗率领蒙古军十万骑兵，命其四杰之一的木华黎为前锋，在野狐岭与金兵展开了决战。木华黎"率敢死士，策马横戈，大呼陷阵……大败金兵，追至浍河"，金兵"伏尸百里"，以惨败告终。赵珙《蒙鞑备录·征伐》中说："是役也，罄金虏百年兵力，销折溃散殆尽，其国遂衰。"野狐岭战役，是金朝彻底失败、蒙古军取得重大胜利的转折点，使金王朝的统治很快就土崩瓦解了。金界壕最终未能阻挡住蒙古骑兵的跃马南进。

蒙古族宫廷音乐——阿斯尔

阿斯尔是一种器乐合奏曲的统称，流传于内蒙古锡林郭勒盟南部和乌兰察布市的原察哈尔地区。通常由蒙古族传统的弓弦乐器、弹拨乐器和吹管乐器组合演奏，也见于各组成乐器的独奏，属于"丝竹乐曲"范畴。过去，察哈尔蒙古人举行祭敖包、祝寿、婚宴、婴儿剪胎发、小孩生日等民俗活动，都要请乐班来演奏阿斯尔。王公贵族加官晋爵等重大仪式的举行，更是成班搭套地演奏阿斯尔乐曲。

虽然蒙古族自古以来就是一个能歌善舞的民族，但在众多的蒙古部落中，唯有察哈尔部落有传统的丝竹乐曲，它是一种由蒙元时期宫廷音乐延续转化而来的一种蒙古族传统的原生态艺术。一切传统音乐都是传播的，又在传播中不断演变。蒙古族古老乐种阿斯尔的传播与传承，同样遵循着这条轨迹，延续着自己的艺术生命。

蒙古族传统音乐阿斯尔的传播与传承，是以"口传心授"、"即兴编唱"、"即兴演奏"等方式来进行的，在漫长的传播与传承过程中，阿斯尔始终保持着自己鲜明的风格特色。阿斯尔在传播与传承过程中，主要以官方和民间途径进行。官方以王公府邸"乐班"演奏，一代代乐师相传为主要传承关系，民间则以师徒相传为主要传承关系。王府音乐与民间音乐两者相互依存，彼此渗透，并在一定条件下相互转化。阿斯尔作为宴乐形式，既受到民间音乐的影响，也得到王府乐班乐师及文人雅士音乐家的青睐。另外，王府乐班的乐师们，大多数是来自于民间技艺高超的演奏家和艺人。他们在演奏阿斯尔的实践中，也参与了加工和丰富阿斯尔的创作活动，使其在长期的传播与传承过程中，具有了王府音乐与民间音乐的双重特征。

清初以来，随着察哈尔地区盟旗制度的建立，察哈尔各旗时常举行规模较大的宴会、那达慕等活动。民间的各种风俗活动及寺庙僧侣的佛事也从未间断过。阿斯尔作为本地区重要的艺术形式，与上述这些活动有着密切的联系，在本地区文化艺术的传播中发挥着重要作用。换言之，察哈尔地区广泛的社会民俗事项，需要阿斯尔乐曲，而阿斯尔乐曲也通过社会民俗事项得到广泛传播，在民众中得到普及，从而形成了良性互动的关系。

新中国成立后,内蒙古各民族的音乐文化进入了全新发展时期。20世纪40年代末50年代初,自治区主席乌兰夫鼓励内蒙古文工团从民间吸纳器乐人才。当时的马头琴大师色拉西、四胡大师孙良,以及阿斯尔高手巴布道尔吉、萨仁格日勒等人都调入了内蒙古文工团,使蒙古族传统乐器和乐种走上了专业文艺舞台。1955年,内蒙古歌舞团进京演出,开幕式就是《阿斯尔》歌舞和乐曲,率先将这一古老的宴乐搬上舞台,赢得首都观众赞美。同年,由内蒙古各文艺团体骨干所组成的文艺队,排演了大型合唱《内蒙古好》,其主题音调取自器乐曲《阿都沁·阿斯尔》,合唱获得专家的好评,中央电台专门派人来录制节目。1979年,国家对民间歌曲、民族民间器乐曲、曲艺音乐、戏曲音乐等多种民族民间音乐,有步骤地进行了采集出版,《中国民族民间器乐曲集成》便是其中之一。同年4月,内蒙古音乐家协会等单位联合组织了首届全区民族民间戏曲、曲艺音乐录音会,为民间艺人整理了个人小传。此次活动采录民歌、乐曲980首,二人台、漫瀚调等420首,总计1400余首。录音会上,来自正蓝旗的四胡演奏家巴布道尔吉等人,组成蒙古族传统乐队,演奏了《固勒查干·阿斯尔》《阿都沁·阿斯尔》《明安·阿斯尔》等乐曲,内蒙古电视台、广播电台现场录制播放。在此基础上,编纂出版了《中国民族民间器乐曲集成·内蒙古卷》,将阿斯尔列为古老器乐乐种。

2009年5月8日,正蓝旗成立了阿斯尔原生态艺术协会,旗文化馆搜集整理出了《察哈尔宫廷宴歌》《双八音》《大安之乐》《平安四季》《大清国》《原阳府》《平安州》《牧马歌》《三个恩赐》《行善积德》10首察哈尔宫廷音乐乐谱,《八音阿斯尔》《正白旗阿斯尔》《明安阿斯尔》《太仆寺阿斯尔》《正黄旗阿斯尔》5首旗阿斯尔乐谱,《牧马群阿斯尔》《苏鲁克牧群阿斯尔》《正黄牧群阿斯尔》3首牧群阿斯尔,《苏拉盖阿斯尔》《乐队阿斯尔》《查干阿斯尔》3首变奏阿斯尔,现已在旗内外为中外观众演出千余场,开发创作出了手机铃声、光碟等文化产品,为保护传承蒙古族宫廷音乐阿斯尔起到了积极的促进作用。

阿斯尔是正蓝旗旗级和盟级非物质文化遗产。2013年5月,正蓝旗宫廷音乐阿斯尔被列入到自治区级非物质文化遗产名录。2013年8月22日,正蓝旗桑根达来镇五星嘎查牧民海都布、塔本敖都嘎查牧民斯琴苏都,上都镇巴音查干嘎查牧民罗佈森扎木苏,宝绍岱苏木巴音宝力格嘎查牧民那木南、扎鲁特嘎查牧民高日布,赛音胡都嘎苏木的敖日布那木吉拉和赛音胡都嘎苏木塔日彦塔拉嘎查牧民德木其格,被正蓝旗政府确定为旗

级阿斯尔非物质文化遗产名录代表性传承人。2014年3月，宝绍岱苏木巴音宝力格嘎查牧民那木南、扎鲁特嘎查牧民高日布，被锡林郭勒盟行署确定为盟级阿斯尔非物质文化遗产名录代表性传承人。同年11月，那木南又被自治区人民政府确定为自治区级阿斯尔非物质文化遗产名录代表性传承人。

蒙古族的长调和短调民歌

　　察哈尔蒙古族民歌具有鲜明的民族风格与地区色彩。蒙古高原地域辽阔，不同部落的生活习惯和生活方式存在较为明显的差异，因此在民间产生了风格不同的民歌。这些民歌在民间艺人的传承创新中，不断完善提高，形成了不同的演唱风格。因此，蒙古民歌既有风格上的统一性，又有地区色彩的多样性，堪称绚丽多姿，异彩纷呈。察哈尔地区主要有长调民歌和短调民歌。

　　长调民歌——蒙古语称之为"乌日汀·道"，是蒙古人长期在草原上生活和放牧劳动中创造的一种民歌体裁。长调民歌本质上是一种抒情歌曲，用于表现草原上的美好事物，抒发蒙古人炽烈的内心情感，具有强烈的抒情性。其音乐形态基本特征是曲调优美、音域宽阔、节奏悠长、结构庞大、装饰华丽，深刻表达出了蒙古族人民热爱草原、热爱生活、崇尚自然的思想感情。

　　长调民歌是一种具有广泛群众性、社会性的传统音乐形式，蒙古族长调民歌并不是单一歌种，内部还包括许多类别。诸如牧歌、情歌、赞歌、颂歌、训诫歌、宴歌、祝酒歌、思乡曲、婚礼歌、"呼麦"合唱等，丰富多彩，琳琅满目，形成一套完整的长调歌曲系列。长调民歌具有很高的艺术性，经过千百年的流传，通过蒙古族人民的不断加工，日益完善，代表着蒙古族草原音乐文化发展的最高形态，堪称是蒙古族民歌艺术的高峰。蒙古族长调歌王拉苏荣认为，蒙古族长调是蒙古民族的文化符号，它是流淌在蒙古人血液里、铭刻在骨头上的艺术DNA。

　　蒙古族长调民歌，是蒙古社会特定历史条件下的产物。草原生态环境，游牧生产劳动，无疑是产生长调民歌的必要条件，但并不是唯一条件。换言之，并不是说只要有了草原环境，只要是一个游牧民族，就可以自然而然、随时随地创造出长调民歌形式来。事实上，我国境内的游牧民族，并非只有蒙古族一家。从世界范围来看，也不乏其他的大草原，那里也生活着许多游牧民族，但从民歌艺术的角度来看，恐怕只有蒙古人创造出了长调民歌，显然是有原因的。

13世纪的蒙古高原，处于由家庭奴隶制向游牧封建制飞跃的前夜。恰在此时，"一代天骄"成吉思汗跨上历史舞台，促进了蒙古社会的飞跃，引起了天翻地覆的变化。社会转型的总体特点是：从落后走向进步，从分裂走向统一，从封闭走向开放。社会进步的强大潮流，不仅推动了蒙古社会生产力的发展，同时也成为推动蒙古文化发展的强大动力。长调民歌的产生和发展，便是上述社会人文环境的必然结果。一个创造历史奇迹的伟大民族，总要寻找到某种适合于自己的艺术形式，蒙古族也不例外。长调民歌——震撼世界的强音，只能由震撼世界的蒙古族来创造，显然是一件合乎逻辑的事情。

蒙古人之所以创造出举世闻名的长调艺术，另一个重要条件之一，便是继承和发扬了匈奴、鲜卑、突厥等北方游牧民族的草原文化传统。我国北方民族草原文化的历史，比蒙古族本身的历史要漫长，蒙古族的迅速崛起，与草原文化的浸润是分不开的。阴山岩画、英雄史诗的精神启迪，《敕勒歌》中"天苍苍，野茫茫"的雄浑回响，无疑成为了蒙古族长调民歌的文化先导。

如果说古埃及人是通过建造巨大金字塔，来向苍天和大自然证明自身存在的，那么蒙古人则是采取创造巨大艺术形式的方法，同样向苍天和大自然证明自身的存在。"欲与天公试比高"，长调歌曲那超乎寻常的真声和假声，悠长的节奏，宽广的音调，以及洋洋洒洒的庞大结构，辽阔奔放的自由气息，不正是蒙古民族向大自然发出的最强音吗？

正蓝旗地处内蒙古草原的中心地带，幅员辽阔，气候温和，水草丰茂，其优良的天然牧场，是蒙古族畜牧业生产的主要基地。元朝时，这里一直是大元帝国的统治中心，比起内蒙古其他地区来，经济文化得到了高度发展。广袤的锡察草原，是蒙古族草原文化的中心区域，草原长调牧歌率先在这一带迅猛发展，并且达到了极高水平，对周围地区产生了重大影响。该地区的长调牧歌曲调优美、节奏悠长、结构庞大，且装饰音（诺古拉）运用得较多，富于华彩性，善于表达深沉委婉、清丽典雅的情感，具有很高的审美价值。其代表曲目有《走马》《小黄马》《圆蹄枣遛马》等。

自忽必烈、达延汗以来，正蓝旗一直是蒙古的中央汗帐所在地，故该地区宫廷音乐十分发达。诸如"潮尔"合唱、赞歌、酒歌等，对民间音乐产生了深远影响。反之，高度发达的民间音乐，也不断流入宫廷，一定程度上影响了宫廷音乐。经过近千年的发展，最终形成了独特的察哈尔—锡林郭勒宫廷长调风格。其代表曲目有《成吉思汗颂歌》《晴朗》《四季》等。同时，培养出了乌日彩湖等一批长调歌唱家。乌日彩湖于1972年在正蓝旗乌兰牧骑参加工作，后调入内蒙古广播艺术团任独唱演员。她的声音甜润，高亢明亮，富有浓郁的草原气息。其演唱的代表曲目有《辽阔的草原》《褐色的雄鹰》《凉爽宜人的杭盖》等。

蒙古族短调民歌，蒙语称之为"阿热德音到"。大凡曲调短小、节奏较快，不同于长调民歌的歌曲，统称为短调民歌。其音乐特点为曲调简洁，装饰音较少，旋律线起伏不大，带有鲜明的宣叙性特征。节奏多采用单一节拍，曲式多为对称的方整性结构。除大量上、下句乐段结构之外，也有三句、四句、五句乃至更多乐句所构成的复杂曲式。歌词多为四句一段，形成分节歌形式，在不同音韵上反复叠唱。简单易学，老少皆宜，具有广泛的群众性。

蒙古族短调民歌与长调民歌明显不同的是，短调一般是两行，有韵的两句式或四句式，节拍比较固定；歌词简单，但不呆板，其特点是在音韵上广泛运用叠字。短调民歌主要流行于蒙汉杂居的半农半牧地区，往往是即兴歌唱，灵活性很强。蒙古族短调民歌的题材广泛，几乎涉及蒙古族社会生活的各个领域，有抒情歌、叙事歌、婚礼歌、祝寿歌、对歌、酒歌、摇篮曲等。抒情歌一般反映人们的内心世界，歌唱生活、爱情等，歌词一般较短，这种歌曲在民歌中所占的比例最大。叙事歌是对一些民间故事、生活事件进行叙述的民歌，以叙事为主。对歌是几个人对唱的歌，有时还有伴舞，这种歌一般有两个以上的人参加，借助歌词和动作来表达思想，气氛比较欢快、热烈。

察哈尔地区流行较广的短调民歌有《额尔古勒岱》《成吉思汗出征歌》《察哈尔八旗》《下夜曲》《金凤凰》《嘛呢之光》《沁岱巴德玛》《挤奶歌》《达日扎安奔之歌》《摇篮曲》《美丽的世界》《东征曲》《莫杰安奔之歌》等。

回头看来，在世界四大文明古国中，唯独古老的中华文明没有中断，延续至今。我国诸多北方游牧民族中，唯独蒙古族的草原游牧文化，尤其是民歌没有遭到失传的厄运，一直流传至今。在大力弘扬优秀民族传统文化的今天，蒙古族民歌必然会得到更好的保护和传承。

察哈尔民歌是正蓝旗旗级、盟级和自治区级非物质文化遗产。2009年8月，正蓝旗桑根达来镇额尔登达来嘎查新浩特牧民都仁毕力格，被正蓝旗人民政府确定为旗级察哈尔民歌非物质文化遗产名录代表性传承人；2011年2月，被锡林郭勒盟行署确定为盟级察哈尔民歌非物质文化遗产名录代表性传承人；2012年11月，被自治区人民政府确定为自治区级察哈尔民歌非物质文化遗产名录代表性传承人。2009年8月，正蓝旗上都镇的娜仁其木格，被正蓝旗人民政府确定为旗级察哈尔民歌非物质文化遗产名录代表

性传承人；2010年3月，被锡林郭勒盟行署确定为盟级察哈尔民歌非物质文化遗产名录代表性传承人；2010年6月，被自治区人民政府确定为自治区级察哈尔民歌非物质文化遗产名录代表性传承人。2010年3月，桑根达来镇的都给玛被锡林郭勒盟行署确定为盟级察哈尔民歌非物质文化遗产名录代表性传承人。

富有灵性的草原文化——敖包

通过《敖包相会》这首歌被世人熟知的敖包，是蒙古族的重要祭祀载体。祭敖包是蒙古民族传统的习俗，已被列入我国首批国家级非物质文化遗产名录。"敖包"在蒙古语中意为凸起的堆子。在草原文化中所谓的"敖包"有其特定的文化内涵，是指具有祭祀文化含义的山峰或在地形高处用石块堆积而成（个别地区也有用草坯垒筑、用土堆积夯筑、用木料集成或架起）的堆子。敖包文化在北方草原出现的历史极其久远，可以追溯到人类文明起源时期，一直伴随着草原游牧社会的发展而发展，孕育了灿烂辉煌的草原文明。2015年7月1日，敖包被自治区人民政府确定为内蒙古十大文化符号并向社会公布。

在远古时期游牧社会形成之时，草原上出现的固定性建筑物只有祭祀祖先、苍天和大地之祭坛——敖包。在各个历史时期所修建的敖包，都有其特定的历史背景和文化寓意。比如镇压了可恶的仇敌，使其邪恶的灵魂永不得转世，或是思念英年早逝的晚辈，或缅怀名声显赫的博教宗师，或纪念部族首领及祖先之类，都要修建一处与世长存的敖包。

随着蒙古游牧社会的变迁发展，赋予敖包的寄情寓意和文化内涵也在不断丰富。蒙元时期的敖包：为了缅怀民族英雄和功绩卓越的战马；因为种种缘故，部落迁徙到新的游牧地域；为了防范和应对敌对势力而聚会密谋对策；敌对双方握手言和，并向苍天宣誓盟约；出征之前祈祷长生天赋予好运；庆祝征战凯旋；祈求出行平安吉利；万户、千户、百户氏族动员出征、发号施令、鼓舞士气等。这些与长生天取得心灵之沟通，获取长生天旨义，凝聚氏族或部落向心力的聚会场所，便是富有灵性的敖包祭坛。自此，蒙古民族崇敬自然、敬畏自然的生态理念更加坚定，崇拜山神敖包的习俗也更加广泛流传开来。

敖包一直是草原文化的中流砥柱，修建敖包的程序曾颇为讲究。尤其是择定建筑敖包的方位、施工修建开始动土的时辰及精确对准天干、地支和阴阳法则之坐标，绝不是

一般人随意可行的事情。世代逐水草迁徙、毡帐生息、骏马驰骋的蒙古人，出于对大自然的感恩与敬重，无论倒场游牧走到何处，始终慎重维护山川地貌和自然景观的原生态面貌完好如初。认为自己只有精心呵护万物生灵和顺应大自然和谐相处的义务，不具备任意摆布自然物种的资格。所以，凡是修建敖包都要邀请长生天使者博教宗师，根据主人的需求和意愿，结合蒙古博教崇尚自然的学说理念，在其所居草原选择四野开阔的制高点，按照宗教仪式程序，在敖包的根基中心先挖坑，埋设昭示当地人畜世代兴旺、富贵永恒、安泰久远的马、牛、驼、山羊和绵羊五畜的金、银、青铜铸造或石雕的动物形体，以及珍珠玛瑙玉器之类的宝物，五谷种子、五色布条和一些符咒等物件，以示永久的纪念和祭拜。

　　自古以来，修建敖包就地取材的石料也颇有讲究。所谓就地取材，绝不是挖地破土取料，而是在选定修建敖包的地址（也就是最佳通灵磁场）之后，从其四面八方的山坡草滩将那些裸露于地表上的明石，一块块搬运过来作为修建敖包的建材。有些平原地区由于植物的繁茂，或者是裸露于地面上的石头匮乏，为了修建一处敖包，需要从方圆数十里，甚至数百里之外运来一块块的地表明石修建而成。之所以用地表明石修建敖包，是因为崇尚自然的蒙古人认为挖山取石必然会破坏山川地貌的原生态形状，不符合顺应自然的生态道德观念，而且从土里挖出来的石头属于暗石，不具备大自然赋予的灵气。只有用裸露于地表、吸纳了日月星辉之精华、储存了古往今来信息的明石而建起的敖包，才具有通达天地万象的灵犀。所以，草原上的每座敖包从形成之日起，就具备呵护大自然万物生灵和天人合一的神能。在正蓝旗察哈尔草原，南部地区的敖包大多是用石头垒起的，少数用石头堆起后再用柳条围起来，主要以中间一个大堆，周围陪衬小的敖包为主；北部沙漠地区多用柳条围子堆土围筑，少数用石头堆筑，特征是以单独一个敖包为主。正蓝旗比较典型的敖包有乌和尔沁敖包、杭哈拉敖包、伊和海日罕敖包、小园山敖包、乌兰台敖包、额金敖包、哈登台敖包、一棵树敖包、乌拉敖包、大敖包、昌图敖包、阿土台敖包、查干敖包、葫芦苏台敖包等。这些敖包，直径一般在35到45米之间，高8至10米，一般呈底宽顶尖的锥体状。

　　为了更好地弘扬和传承敖包文化，2009年6月18日正蓝旗恭请著名活佛杨嘉葛根按照传统习俗开光，在上都镇生态园建起了大小三个为一体的正蓝旗敖包。自从藏传佛教统治蒙古草原以来，敖包的祭祀形式大体分为"荤祭"和"素祭"两大类。所谓的"荤祭"（通常称为红祭）其实是远古时期祭祀形式的延续，是以煮熟的全羊或牛肉之类为主，配上一些相关的奶制品、酒水之类作为祭祀品。所谓的"素祭"（通常称为白祭）是喇嘛教进入草原之后形成的一种祭祀形式。凡是以素食来祭祀的敖包普遍属于寺庙或由喇嘛主持修建的。佛教理念向来主张仁慈不杀生，不仅严格禁止将荤腥食物带到敖包上来，而且在举行祭祀的这天，所有前来参加朝拜的民众，从早到晚不得吃带有荤腥的饮食，其祭品是花样齐全的奶食品、乳液、清水、水果、冰糖、干果和熏香佛灯之类。

据了解，自蒙元时期以来，草原上大多数敖包在每年阴历五月十三这天举行祭祀活动。因为这一时期正值春末夏初，恰逢北方芳草吐青，草原上万物生灵繁衍成长的美好季节。关于选定敖包祭祀日为十三这一天的理由，在各地民间有着截然不同的解读：其一，先祖成吉思汗在年满十三岁时，就大显英雄本色，战胜了种种磨难困苦，最终创立了蒙古大汗帝国。由此，蒙古民族把"十三"看作逢凶化吉、兴旺发达的吉利数字。蒙古民族在日常生活中处处器重数字"十三"的现象极为普遍。当男孩年满十三岁生日的时候，要给孩子郑重其事地举办"成人礼"仪式。意味着孩子与其祖先一样，已经步入成熟的行列，从此以后就有当家做主、闯荡世界的资格了。其二，包括成吉思汗家族在内的十三个部落齐心协力、浴血奋战，终于统一了蒙古各部，缔造了草原蒙古帝国。由此，凡是属于官方性质的敖包都在阴历五月十三这天祭祀。

祭敖包的场面非常隆重热烈，牧民们都带上祭礼用品赶来参加。主要祭祀形式是献奶食、哈达，为敖包添加石头，向敖包跪拜、磕头。有条件的地方还要请活佛和喇嘛念经、焚香、酹酒。最后，所有参加者都要围绕敖包从左向右转三圈，祈神降福。参拜祭祀的人们离开敖包时，会将各自带来的一部分祭品食物带走，目的是为了让那些未能亲自前来参加敖包祭祀的人们，同样能够分享到已融入天地万象灵气与福祉的圣洁食物。在无限崇尚大自然的广大牧民心中，只要能够品尝到这种圣洁的食物，就会祛病消灾、富贵长寿、心想事成、大吉大利。

2014年7月至2015年8月，内蒙古自治区社会科学院成立敖包文化调查课题组，面向全区开展敖包普查，共调查到3747座敖包，摸清了内蒙古的敖包概况。此次敖包专项普查还根据敖包文化特点，以"古老的敖包、有较大影响的敖包、有特色的敖包、有故事的敖包和大型共祭敖包"作为评选标准，确定了70座知名敖包。此次敖包普查不仅调查到萨满敖包、女性敖包、墓冢敖包等特殊类型敖包详细资料，还发现了书敖包、歌手敖包、摔跤手敖包等新的敖包类型，为深入研究敖包文化积累了丰富资料。

敖包文化，是正蓝旗旗级非物质文化遗产。2009年8月，正蓝旗宝绍岱苏木努都盖嘎查牧民嘎拉登道尔吉、伊和海日罕嘎查牧民青佈，被正蓝旗人民政府确定为旗级祭

敖包非物质文化遗产名录代表性传承人；2010年，被锡林郭勒盟行署确定为盟级祭敖包非物质文化遗产名录代表性传承人；2012年，被自治区人民政府确定为自治区级祭敖包非物质文化遗产名录代表性传承人。2013年8月22日，正蓝旗上都镇孟克巴特尔，被正蓝旗人民政府确定为旗级祭敖包非物质文化遗产名录代表性传承人。

柳条编织制作技艺

　　柳这种植物包含两大体系：一种是旱柳，就是大家平常说的柳树；另外一种就是我们这里所说的柳条。柳条有黄柳、红柳、紫柳、灰柳、黑柳、沙柳、山柳等多种，蒙古语一律称作"包尔嘎斯"，汉语意为"柳条"。

　　在内蒙古正蓝旗北部草原上，生长着较大面积的黄柳、红柳、灰柳等柳条，这是一种非常好活的植物，有的牧人在围封草场时，不经意落下几把柳条，它们自己就会生根发芽，验证了那句"无心插柳柳成荫"的俗语。

　　柳条耐旱抗风沙，生长迅速，枝叶茂密，根系庞大，固沙保土能力强。生长在正蓝旗浑善达克沙地上的柳条，最深、最长的根可达30多米，以更好地吸取水分。柳条把被流沙掩埋的枝干变成根须，再从沙层的表面冒出来，伸出一丛丛细枝，顽强地开出淡红色的小花，给早春的沙地带来一道美丽的风景，使寸草不生的荒漠和沙丘变为林草茂盛的绿地。

　　20世纪80年代前，草原上的柳条长的比现在要好许多，如那日图、扎格斯台、宝绍岱一带，柳林方圆数百里，有的地方不透阳光，牧民称之为"黑柳林"。其主要原因之一就是那时牧民们的生产生活都离不开柳条编制品，人们每年都要分片割许多柳条。柳条每隔两三年必须割掉一次，叫作"平茬"，会越割越旺。如果不割，就会"顶死"，不像大多数树木那样怕砍伐。现在牧民们大都转移进城，留在牧区的也住上了砖瓦房，牲畜用上了暖棚，柳条编制品失去了原来的作用，人们不再大量采割柳条，天然柳条反而变得越来越少了。

　　2008年，正蓝旗的柳条编制已被列入自治区级非物质文化遗产名录。自治区非物质文化遗产柳条编制代表性传承人，赛音胡都嘎苏木巴音查干嘎查牧民吉·巴雅尔图给我们讲了不少关于柳条的传奇故事。他说自己年轻时曾把一根湿柳条抓住一端，让朋友在另一端使劲扭曲，结果柳条就是不断，而且越扭曲承担力越大，挂上一桶水都断不了。有时牧民在野外赶勒勒车，半路上牛鞍子下面与车辕子拴在一起的那根绳子断了，

人们便会找一根湿柳条换上去，完全可以坚持一天，走到家里。

过去，牧民住的是柳制蒙古包，牛羊圈是红柳扎的，草垛是黄柳围的，草库伦的围墙是用柳条编的，车上的固笆子是用柳条穿的。此外，制作奶食品用的笊篱，拾粪用的背篓和叉子，装草料用的大筐，接羔保育时节用的栅栏，当作仓库、伙房使用的崩克等生产生活用品，也都是牧民用柳条编制而成的。他们人人是制作者，人人又是消费者；他们不是职业匠人，没有传统的秘诀技艺，那时候也不谈什么柳编文化，但实际上柳编已经"化"在了生产生活的方方面面，成为蒙古族民间艺术的重要组成部分，到处散发着一种自然的清香和温馨。

柳条编制是一门科学，有许多要求和讲究。牧民由于长期和柳条打交道，对它的性能了如指掌，知道什么样的柳条适合编制什么样的生产生活用品，什么季节割的柳条最好用。据牧民老乡介绍，一般来说，最好在春天发芽前、秋天上冻前割柳。柳条春天发芽后开始生长，上手容易脱皮；夏天正在发育，质量欠佳；秋天已经成熟，皮与心结为一体，质量最好；冬天柳条上冻，脆而易折，也不好用。采割柳条时不能成片连根打光，察哈尔蒙古人有"背阳割柳，不抱阳打柳；落叶割柳，不绿叶打柳"的说法。割好的柳条不能马上用来编制，起码要在外面晾晒5天，让它变得更加柔韧有弹性，且不易折断。

编织柳制品不需要任何工具，有一双勤劳而灵巧的手就行。但前期需要一种特殊的镰刀，称为柳镰。柳镰柄儿比普通镰刀长，但刀头很短，看惯普通镰刀的人觉得它畸形，其实这是一种自然选择。柳条丛生密集，必须单根采割，刀头宽了不好出入且易割了别枝。打枝杈的柳刀刀头也小，刀柄短得出奇。这两种柳刀，刀柄不是长就是短，完全是为了适应柳编生产需要。编制柳制品的柳条，都要打杈，光光地留一根，不用旁枝逸叶。

随着现代化进程的加快以及牧民生产生活方式的转变，柳条编制用品从人们的视野中渐渐淡出。近年来，正蓝旗通过在旗蒙古族中小学校开办柳条编制工艺美术课、举办柳条编制讲座展览、为非物质文化遗产传承人录制音像资料、扶持民间艺人从事柳条工艺品编制、开展民间艺术作品交流评比等形式，不断加大对柳条编制这项自治区级非物质文化遗产的传承和保护力度，使人们从中感受到了其厚重的历史文化内涵和高超的传统技艺。

为了保护生态环境，近年来正蓝旗开展了人工种植柳条工程。柳条喜温好光耐寒，而且根系发达，宜繁殖，夏季小暑前后都可以种植。打好畦后先浇一遍透水再插，湿插的成活率较高。无论是干插还是湿插，株距都是10厘米，行距都是40厘米。不同的是干插后，一定要浇一遍透水，以保证土壤的湿度，充足的水分是保证柳条苗壮成长的关键。如今，在浑善达克茫茫沙地上，大面积生长着以蓝旗榆为主的沙地疏林，其间柳树幽深、湿地草浓、淖尔如镜。正蓝旗各族人民深爱着自己的家乡，并将付出更大的努力建设美好的家园，向着人与自然和谐发展的目标迈进。截至2013年，正蓝旗累计投入生态建设资金4.9亿元，通过种植柳条等草木，完成京津风沙源治理工程325万亩，全旗植被覆盖度平均提高20%左右，柳树丛中的生态屏障已初步形成，由10多年前的沙海茫茫变为现在的浓浓绿色、柳条青青。

苍穹、毡包、骏马、牧歌和那一片片柳条，构成了金莲川草原上一道奇特的风景线，形成了人与自然和谐发展的生存模式，展现了蒙元文化的无穷魅力。这正如同牧民老乡所说的那样："有柳条串起来的日子，人们的生存空间才更加清新洁净。"

柳条编织制作技艺是正蓝旗旗级、盟级和自治区级非物质文化遗产。2009年8月，赛音胡都嘎苏木巴音查干嘎查哈日茂都浩特牧民吉·巴雅尔图，被正蓝旗人民政府确定为旗级柳条编织制作技艺非物质文化遗产名录代表性传承人；2010年3月，被锡林郭勒盟行署确定为盟级柳条编织制作技艺非物质文化遗产名录代表性传承人；2010年6月，被自治区人民政府确定为自治区级柳条编织制作技艺非物质文化遗产名录代表性传承人。2013年8月22日，正蓝旗赛音胡都嘎苏木宝日胡吉尔嘎查塔日彦塔拉浩特牧民斯琴毕力格和那日图苏木道图淖尔嘎查牧民哈登巴特尔，被正蓝旗人民政府确定为旗级柳条编织制作技艺非物质文化遗产名录代表性传承人。

察哈尔民族服饰

对于任何一个民族，服饰永远是一个重要的文化符号。蒙古族是一个具有古老传统的民族，它继承了亚洲草原几千年来的游牧文明传统，或多或少地受到了匈奴、鲜卑、柔然、突厥、回鹘、契丹等民族的服饰文化影响。公元1206年，铁木真用武力统一蒙古高原的游牧部族，被推举为成吉思汗，建立了大蒙古国。从此，蒙古高原上出现了一个地域性统一共同体——蒙古族。

蒙古民族的形成把草原服饰文化提高到了崭新发展阶段。由于军事上的胜利和版图的扩展，欧亚两洲的金银财宝、绫罗绸缎云集蒙古地区，这在客观上为蒙古族服饰的发展变化提供了物质材料，达到了"他们的日常服饰都镶以宝石，刺以金镂"（《世界征服者史》作者志费尼所言）的程度。大蒙古国和元朝是对亚洲草原几千年的游牧文明进行规范，并把它提高到封建制高度的创新时期。在服饰领域也不例外，规定了很多制度，如蒙哥汗于1252年、忽必烈汗于1275年都颁布了法令。除包括官场礼服——质孙服的穿着规定以外，从皇帝到百姓，在什么场合、什么地点穿着什么样的服饰都作了严格的规定。

1368年，元朝统治者失去了对中原的统治，蒙古社会进入了一个动荡而变化多端的"北元"历史时期。北元政权同明朝政府打打和和，到了阿勒坦汗时期与中原建立了固定的商贸关系，土默特和东部出现了农业种植区，部分蒙古人改变了游牧生活方式，与此同时全面引进西藏佛教，蒙古人的价值观也发生了变化，这两件大事在表达审美意识的服饰文化中得到了体现。北元晚期在蒙古服饰中出现的另一个较大变化是各个部落服饰开始形成，这与蒙古故土上存在的"六万户"行政制度及其相对稳定的区域游牧方式有关。到了清代，清朝政府在基本不破坏蒙古游牧封建制的前提下，建立新的盟、旗制，施行"分而治之"的统治，甚至主张旗与旗之间的服饰差异，这无疑促进了蒙古部落服饰的形成和定型，出现了察哈尔、巴尔虎、科尔沁、巴林、喀喇沁、乌珠穆沁、阿巴嘎、苏尼特、土默特、乌拉特、鄂尔多斯、阿拉善、喀尔喀、布利亚特、翁牛特等服饰。

察哈尔是蒙古族最著名的部落之一，历史上号称蒙古中央万户，在北元时期是蒙古大汗的直属部落。在元代和北元时期，察哈尔部落长期居住于蒙古政治、经济文化中心——上都周围，察哈尔服饰吸收各地服饰的不同特点，形成了各地蒙古人都可以接受的较典型的款式风格。察哈尔人冬季穿绵羊皮开衩大袍子，用颜色重的布帛镶边儿，钉制布结扣或铜扣。察哈尔人把吊皮里子的长袍叫作"珠布查德勒"，吊羔皮缎袍为"森森德勒"。开衩处露出白色羔皮，衩根部缝制一种叫作"吉萨"镶有"亲达穆尼"（如意）盘纹的图案。察哈尔长袍的马蹄袖讲究用袍子颜色相同的面料制作，穿没有马蹄袖长袍的人，在寒冷季节戴约一尺长的护手筒套，蒙古语叫作"独格台"。

察哈尔男人多数情况下穿蓝色和青色长袍，妇女穿粉色和绿色长袍，袍子里面穿白色长衬衫，男女都系对比强烈的腰带，骑马时戴款式威武的斗篷，冬季戴毡制斗篷。小孩儿穿鸡心领后开口的袍子，缝制系带儿，称其为"巴仁提格"。也为身体虚弱或溺爱的孩子穿左开衽袍子，相信这样能够保佑小孩。察哈尔妇女在衣服外面穿后开衩的对襟式奥吉、坎肩和"奥吉玛格"（比奥吉短、下摆大）。前襟腰节以上部分缝制对称的"宝格楚"（兜盖装饰），肘关节处缝以环形装饰花纹，叫作"套海布其"（肘套）。未婚女子不穿上述衣着。察哈尔男子佩戴帽子，女子佩戴头饰和头巾。北部察哈尔人都穿靴子，南部半农半牧区的妇女近代以后穿"分鼻子鞋"。察哈尔男人的配饰同别的地方区别不大，只有腿带、扇子、金子或银牙签等较为特殊。腿带类似于现在的裤带，在马背上把长袍的下摆系在大腿上，起到防风保暖作用。

察哈尔姑娘长到18岁，梳单辫儿，垂与后背。长袍的袖口做边儿，腋扣以下不缝制镶边儿。前襟扣上挂精致胸袋或者盒子。姑娘出嫁前要为原来的亲朋好友缝制烟盒包等装饰品留作纪念。这与察哈尔部落清代被遣散和姑娘远嫁的辛酸历史有关。在他们的婚俗中，女方家为新郎准备服饰和新娘的父亲动手操持分发仪式等规矩很特别。老年妇女戴简单头饰，系扎暗色头巾。

察哈尔妇女头饰以新娘为典型。主要由"哈达尔嘎"、"穗和"、"稳吉拉格"、"塔图尔"、"浩力宝"、"阿如套尔"、"希哈拉嘎"、"奥尼苏"、"图得格"、"希博尔格勒"、"额市格"等组成。妇女戴上"塔图尔"——额箍之后，两边挂"哈达尔嘎"，它是用黑色锦缎缝制的一寸宽、末端带环的鬓角垂饰。"哈达尔嘎"的环上挂两侧垂饰"穗和"，在胸前把"穗和"相连的装饰叫作"浩力宝"。"稳吉拉格"是挂"穗和"末端的金、银、珊瑚串珠儿。把"塔图尔"——额箍在脑后连接的银制挂钩叫作"希力薄其"。"希力薄其"上有很多小环，在这个环上挂"阿如套尔"，即镶有珍珠玛瑙的后背网。网

穗儿部分也叫"稳吉拉格"。有时"稳吉拉格"的末端挂有很多小铃，走起路来叮当响。察哈尔人所说的"希博尔格勒"，专指发罩。察哈尔妇女胸前还带各种项链和"稿"（一般为小佛像盒），腋下挂数个"薄勒"（香盒）。其装饰较为典型。

自成吉思汗1206年建立大蒙古国到忽必烈入主中原，蒙古民族经历了千余年的沧桑与发展。在此期间，蒙古族既保持和弘扬了游牧文化的优良传统，又充分吸收了中原民族、毗邻国家和民族的优秀文化，而这一切都在蒙古族传统服饰及其发展、演变中得到最直观的反映。从中我们不难看出，在长期的历史变迁中，蒙古族不仅形成了显然区别于其他民族的服饰特色，也形成了较为丰富的内部多样性。特别是自17世纪中叶以来的300多年间，随着各个部落游牧地域的相对固定，察哈尔蒙古族服饰的部落性特征进一步增强，服饰文化日益丰富。

2012年6月1日，蒙古族服饰地方标准正式发布。作为全国首个民族服饰的地方标准，该标准填补了我国民族传统服饰地方标准的空白，为追溯蒙古族民族文化提供了依据，为蒙古族服饰的创新发展奠定了基础，为民族优秀传统服饰文化的保存、保护、传承、教学、科研及创新发展开辟了新的途径，建立了新的平台。

正蓝旗察哈尔蒙古族服饰文化历史悠久、底蕴深厚，是目前穿戴使用察哈尔蒙古族服饰最普遍、保持原始缝纫技巧最完整、研究开发和传承发展察哈尔蒙古族服饰文化最前沿的地区，使察哈尔蒙古族部落的民族服饰得到了很好的传承和发展。娜仁通嘎拉嘎原是赛音胡都嘎那日斯图嘎查的牧民，她是穿着母亲缝制的蒙古靴长大成人的。2000年7月，她来到桑根达来镇开办了刚根那日苏蒙古服装店。作为察哈尔服饰盟级非物质文化遗产代表性传承人，看到用手工缝制的布制蒙古靴技艺濒临失传，她心中十分着急。于是她找来布料，精心缝制出了靴头平，靴体宽大，穿着舒适保暖，行路时能防沙防害，减少阻力，适应牧区生活和自然环境的察哈尔式男靴和女靴，并把这项技艺免费传授给了当地5名中年妇女。娜仁通嘎拉嘎用黑色大绒缝制的蒙古靴，靴头和靴筒上的云纹、回纹等图案十分精美，令人赞叹。虽然手工缝制蒙古靴比加工制作民族服饰费时费力，现在已少有人穿，收入也低，但娜仁通嘎拉嘎仍无怨无悔地坚持着，她的初衷就是将真正的手工察哈尔蒙古布靴呈现在大家面前，让这一民族传统手工技艺能够传承下去。2008年，正蓝旗察哈尔蒙古族服饰入选自治区非物质文化遗产名录；2012年3月20日，正蓝旗成立了察哈尔民族服饰行业商会，对民族文化遗产的保护和民族文化产业的发展起到了积极的促进作用。

察哈尔服饰制作技艺是正蓝旗旗级、盟级和自治区级非物质文化遗产。2014年12

月3日，正蓝旗察哈尔蒙古族服饰列入国家级非物质文化遗产名录。2009年8月，正蓝旗上都镇的乌云格日勒，被正蓝旗人民政府确定为旗级察哈尔服饰制作技艺非物质文化遗产名录代表性传承人；2010年3月，被锡林郭勒盟行署确定为盟级察哈尔服饰制作技艺非物质文化遗产名录代表性传承人；2010年6月，被自治区人民政府确定为自治区级察哈尔服饰制作技艺非物质文化遗产名录代表性传承人。2009年8月，正蓝旗上都镇的其木格和上都镇白音高勒嘎查的牧民乌云其木格，同时被正蓝旗人民政府确定为旗级察哈尔服饰制作技艺非物质文化遗产名录代表性传承人；2010年3月，被锡林郭勒盟行署确定为盟级察哈尔服饰制作技艺非物质文化遗产名录代表性传承人；2014年11月，被自治区人民政府确定为自治区级察哈尔服饰制作技艺非物质文化遗产名录代表性传承人。2013年8月22日，正蓝旗桑根达来镇阿拉泰嘎查古吉海浩特的牧民阿拉腾其其格，被正蓝旗人民政府确定为旗级察哈尔民族服饰制作技艺非物质文化遗产名录代表性传承人；2014年3月，被锡林郭勒盟行署确定为盟级察哈尔民族服饰制作技艺非物质文化遗产名录代表性传承人。2011年，正蓝旗桑根达来镇的娜仁通嘎拉嘎，被正蓝旗人民政府确定为旗级察哈尔民族服饰制作技艺非物质文化遗产名录代表性传承人；2012年，被锡林郭勒盟行署确定为盟级察哈尔民族服饰制作技艺非物质文化遗产名录代表性传承人。

中国察干伊德文化之乡——正蓝旗

朋友，当你来到内蒙古正蓝旗，会看到你所渴望看到的苍茫天地间顶顶洁白的蒙古包、悠悠白云下疾驰奔腾的骏马，以及那缓缓行进在碧绿草原上的勒勒车。当你下榻在民族风情浓郁的上都宾馆、元上都夏宫大酒店，洗去一路风尘，怀揣着翌日前往草原的畅想，和朋友一起走进宴席时，会有一双热情的双手为您端上一碗浓香四溢的奶茶，就在同一时刻，将奶豆腐、奶皮子、图德、奶酪干等一盘盘乳白色的奶食品，琳琅满目地摆放在您的面前。此刻，您虽未踏上绿色的旅途，但草原已向您迎面张开了双臂，您已聆听到了她那遥远的母亲般的问候！因为一碗热气腾腾、飘香千里的奶茶，本身就是草原人对远方客人无声的问候和亲切的致意。还有那洁白无瑕的乳制品，就是古老草原自然环境、游牧生活和灿烂文化融合而成的结晶。由此，我们可以说，此刻它已不是单纯的佐茶点心，而且已成为了茫茫草原绚丽独特的饮食文化的一种象征。

正蓝旗位于内蒙古中部、锡林郭勒盟南端，面积10182平方公里，人口8.3万人。正蓝旗有着悠久历史和灿烂文化，蒙元文化源远流长，是蒙元文化发祥地，这里曾是元王朝的龙兴之地，闻名中外的元上都遗址位于正蓝旗上都镇东20公里处，750年前元世祖忽必烈在这里建立横跨欧亚大陆的大元王朝，作为元朝首都时间达百年之久，对元朝境内乃至整个世界都具有强烈的辐射作用。自忽必烈之后，还有五位皇帝在这里登基或复位。

正蓝旗察干伊德（奶制品）制作历史悠久、工艺独特、味道鲜美、营养丰富，在国内外享有盛誉，有"蓝旗奶食甲天下"之美誉，早在元、清时期这里就是皇家御用的奶食品供应基地。从元代开始，蒙古民族制作奶食品的技术日臻完善，品种也越来越多。据史料记载，元世祖忽必烈曾在上都城外设置过大型的皇室奶食品基地，其中光是用来酿制马乳的白马就有一万匹，匹匹毛色纯白，没有一根杂毛。元朝中统四年（1263年），元朝在上都（现正蓝旗）设立群牧，专为皇家供应奶食，元代著名回族诗人萨都刺就有"牛羊散漫落日下，野草生香乳酪甜"的生动描写。生活在正蓝旗一带的蒙古族察哈尔部落具有光辉的历史和灿烂的文化。察哈尔部落的奶制品加工和生产方式由来已久，以净、精、美等特点位于其他部落之首。蒙元时代，察哈尔作为宫廷卫队时期，他们把蒙古族各部制作奶食品的好方法传承下来，同时把其他民族的先进方法引进来，达到了尽善尽美的程度。骑射取天下的满清，未入关之前也是一个嗜食奶食品的剽悍民族。平定天下后，即封察哈尔蒙古八旗为其放马牧牛的游牧地。其中，居住在今正蓝旗境内的"乌呼日钦苏鲁克"（牧牛部落），就专司为皇室牧牛的职役。满清皇室一年四季食用的奶食品，也由他们负责提供。为保证供应，满清皇室在"乌呼日钦苏鲁克"专门盖了作坊，指派官员管理。制作奶食品的牛奶，规定必须挤黑色乳牛的。加工好的奶食品装入专用木箱，外加蜡封，验收合格后起解入京供皇家御用，这也促进了察哈尔对奶制品加工精益求精的要求。1987年，内蒙古曾出土过一个元朝时期平民所藏长20厘米、宽8.5厘米的木制奶豆腐模子，模底竟有"人面形、亚腰形、菱形、弧形"四种不同的模式，显示了元朝时期蒙古人已将对艺术美的追求渗透到了察干伊德制作技艺当中。

值得一提的是，蒙古族传统奶制品加工制作技艺，也曾得到党和国家领导人的认可。1984年9月14日，中共中央总书记胡耀邦到河北省张北县（元中都遗址所在地）视察，听完张北县畜牧业发展情况介绍后，胡耀邦说，奶子多了卖不出去可以向蒙古族学习，像他们那样把鲜奶制作成奶豆腐、奶皮子、黄油等奶制品，改善人们的食品结构和生活。只有生产和生活方式上的转变并举，畜牧业才能有很好的发展。现如今，曾为皇家养过牲畜和制作过奶制品的察哈尔蒙古族后裔仍然生活在正蓝旗，制作和传承着皇家奶食品制作工艺，其中从忽必烈时期开始传下来的"图德"，现在只有正蓝旗拥有该项传统奶制品加工制作技艺。尤其是围绕加工和食用察干伊德，产生了许多传统礼仪、民歌、谚语、祝词、赞歌、民间故事及禁忌，形成了正蓝旗特有的察干伊德文化，体现出了正蓝旗在中国传统乳制品加工历史上的特殊地位。

正蓝旗传统奶食主要有奶豆腐、奶皮子、奶油、图德、阿如拉、楚拉等30余种，以奶制作的饮料有奶茶、奶子酒、酸奶等10余种，同时开发出了奶糖、奶豆腐月饼等新产品。纯天然传统察干伊德含有丰富的乳、油、糖等物质以及多种维生素等营养成分，有促进人体新陈代谢、健脾开胃、延年益寿等功效。其传统乳制品名目繁多、品种丰富，古老的加工工艺、独特的保鲜方法、美妙的口感滋味、赏心悦目的色泽形状，都显示出了游牧民族无穷的智慧和非凡的创造力，成为人们礼尚往来、各种宴会、敖包祭祀等活动中重要的组成部分。

2002年，内蒙古电视台转播了正蓝旗人民政府录制的《浑善达克之韵》春节联欢晚

会。为展示察哈尔奶食文化的无穷魅力，正蓝旗政府在晚会上特别策划展出了一块108斤重的超大奶豆腐，间接勾画出牧民喜迎新春、欣欣向荣的欢乐祥和景象。这块奶豆腐就出自正蓝旗普通女工、下岗后创办杭克拉奶食品加工厂的通嘎之手。

为了弘扬这一传统文化，正蓝旗从2006年开始，每年都要举办察干伊德评比活动。曾在全旗察干伊德评比中连续三次荣获奶制品一等奖，获得图德制作一等奖的宝绍岱苏木努都盖嘎查牧民额日登毕力格介绍说，他家制作的奶制品全部使用土种牛奶，牛粪加温，人工制作。他家里养了60多头本地奶牛，牛不喂饲料，靠天然草场放牧。虽然每头牛日产奶仅5公斤左右，较黑白花奶牛少产奶10公斤左右，但奶源质量好，都按着传统技艺精益求精加工制作，保留了传统察干伊德的特点和风味。因在传承和保护传统奶制品加工制作技艺等方面表现突出，早在2006年7月10日，正蓝旗上都镇白音高勒嘎查牧民孟克的旅游点，便被内蒙古自治区民间文艺家协会命名为"民俗文化之家"和"察干伊德文化保护基地"。

上都镇社会青年乌宁其在父亲胡日查的引领下，2003年3月在上都镇办起了全旗首家按照元代宫廷技法和民间传统工艺生产加工民族奶制品的企业——正蓝旗腾格里塔拉民族奶制品厂，所生产的"萨利"牌奶豆腐、奶皮子、奶子酒、奶酪等八大系列21个品种的奶食品，不仅从元上古都绿草深处的牧民餐桌上，打入呼市、张家口、石家庄、北京等国内20多个大中城市百余家旅游景点和豪华超市，而且还出口东欧市场，成为全旗民族用品优秀企业、再就业基地、旅游定点单位、食品安全示范店、重合同守信用单位、全盟诚信单位、知名商标和内蒙古著名商标。在蒙古国举办的中国商品展览暨投资洽谈会上，该厂所生产的"萨利"牌奶制品，不仅成为我国参展企业中唯一荣获蒙古国贸工部和商展组委会颁发的"产品、服务、技术"优秀奖，同时还被蒙古国工商联命名为"消费者最喜爱产品"。历史上，蒙元时期的中国和阿拉伯地区是当时世界上文化发达的两大文明区。2014年4月8日至12日，胡日查又自费来到全球国际金融中心、阿拉伯联合酋长国最大的城市迪拜，参加了第四届迪拜国际投资年会。胡日查通过热情洋溢的演讲，使与会的美国、俄罗斯、澳大利亚、日本等80多个国家和地区的13000多名外国朋友，对美丽的内蒙古大草原和正蓝旗传统奶制品表现出了极大的兴趣和热情。中英文版《合作》杂志，以《胡日查把皇家奶食推向世界》为题，对胡日查进行了专访报道，并把他作为封面人物。胡日查，这位来自正蓝旗的蒙古族优秀民营企业家，使世界上更多的人了解中国，感受到蒙元文化和正蓝旗察干伊德的魅力所在。

为传承和弘扬民族文化，推动民族特色产业发展，打造传统察干伊德文化知名品

牌，2007年8月14日，正蓝旗成立了传统奶食品协会。2008年4月，正蓝旗被内蒙古自治区文艺家协会命名为全区"察干伊德文化之乡"。2010年7月，赛音胡都嘎苏木贺日斯台萨拉沁民族奶食品专业合作社的牧民，也自发举办了民间奶食节。2010年，桑根达来镇阿拉台嘎查陶高被命名为察干伊德制作传承人。2011年6月，正蓝旗被中国民间文艺家协会命名为"中国察干伊德文化之乡"和"中国察干伊德文化传承基地"。2013年9月10至11日，正蓝旗政府承办了全盟传统乳制品发展研讨会，锡林郭勒盟传统乳制品协会成立大会也同时在正蓝旗召开。2014年3月15至17日，又组织召开了传统奶酪及改进型奶豆腐家庭食用推广会，推广传统奶制品与西方现代美食相结合加工技艺，进一步扩大奶制品的销售市场。同时，旗有关部门启动了奶豆腐、奶皮子地理标志产品保护申报程序，国家质检总局依法受理了正蓝旗奶豆腐（正蓝旗浩乳德）和奶皮子（正蓝旗乌日穆）地理标志产品保护申请。2013年12月30日，经审查合格国家质检总局发布公告，正式批准正蓝旗奶豆腐和奶皮子为国家地理标志保护产品，自公告当日起实施保护。2014年8月，国家质检总局核实正蓝旗腾格里塔拉民族奶制品厂等全盟10家企业，使用地理保护产品专用标志。2015年3月，该产品的地理环境、文化背景、文化积淀、品牌建设和加工制作技艺等内容，被写入《中国地理标志产品大典》。

元上都民族文化特色产业园已于2013年建成并投入使用，奶制品生产加工销售企业已分批入住该产业园。2014年7月27日，正蓝旗察哈尔奶制品协会协同锡林郭勒盟传统乳制品协会，举办了全盟首届传统乳制品展示展销会暨发展论坛，来自全国各地和蒙古国、俄罗斯的传统乳制品加工企业代表参会。同年9月23至26日，正蓝旗技术监督局、察哈尔奶食品协会等有关部门，联合举办了全旗首届传统乳制品行业职业资格培训班，来自全旗各苏木镇场传统乳制品加工企业及小作坊的150多名法人、生产技术人员，分蒙汉语两个班参加了培训，为考试合格者颁发了国家人社部、农业部联合印制的"乳制品加工国家职业资格证书"。拍摄制作了奶食品专题片，在央视七套《美丽中国行》栏目中播出，传承和弘扬了蒙古族传统乳制品产业，推动了传统乳制品产业的规模化、标准化和产业化发展。

2011年4月29日，自治区出台了"民族特色乳制品地方标准及审查细则"，使传统奶制品生产企业的产品质量有了统一的判定标准，对提高民族特色乳制品质量起到至关重要的作用。对此，正蓝旗有关部门加强宣传和讲解，使全旗传统乳制品生产企业都能按照标准规范化生产经营。目前，正蓝旗已有长虹乳制品厂、蒙元萨利食品有限公司、阿格腾艾里、萨拉沁、杭克拉等20余家乳制品生产加工企业，产品畅销国内外。全旗从事察

干伊德加工行业的牧民有7000多户、14000余人，奶食品经销店有100多家，安排就业人员1500多人，户均增收2600多元，带动了当地奶牛养殖业的发展，转变了农牧业生产经营方式，改变了农牧民生产生活观念，解决了一批农牧民转移进城就业问题，培养出了一批从事奶食品营销的市场经纪人和牧民企业家。奶食品行业的兴起，也带动了正蓝旗奶牛养殖业的发展，全旗奶牛养殖基地日益增多，奶牛养殖户不断增加，奶牛存栏量日益提高，现有奶牛养殖基地17个，奶牛养殖户3427户，奶牛存栏2万头，年产鲜奶5.65万吨，奶牛养殖户每养一头奶牛利润在3200元左右，全旗仅奶牛养殖一项每年可为农牧民增收3360万元，确保了农牧民增产增收。察干伊德的加工制作和销售，已成为正蓝旗的"阳光产业"和新的经济增长点。

察干伊德是白色的食品。自古迄今，白色与蒙古人的生活息息相关。蒙古族认为，白色具有纯洁、吉祥的意义。每逢祭祀山水神灵、祖先圣灵、敖包、苏鲁锭的时候，蒙古人往往以祭洒洁白乳汁的方式来表达心中的无限敬意。迎娶新娘，进包前给她一口鲜奶，以此祝福她们恩恩爱爱、白头偕老。当亲朋好友、来客远行或返回时，在他们的背后，向他们前行的方向泼洒鲜奶，祝他们一路顺风。亲朋好友之间互赠礼物，尤其对尊贵的客人赠送礼物时，都以白色食品、白色布匹、白色的活畜为首。夸赞某人心地善良时，说他是"心底白"等等。蒙古人的生活中不能没有白色，更不能没有以白色物品来代替的祝福。蒙古人离不开白色，他们最崇尚白色，最喜爱白色。他们对"白色"的执着令人赞叹，令人感动。正是这种执着，创造并传承着一个民族独树一帜的灿烂文化——察干伊德；正是这种执着，让一个民族独树一帜的灿烂文化——察干伊德更加耀眼夺目。

察哈尔察干伊德制作技艺是正蓝旗旗级、盟级、自治区级非物质文化遗产，2014年12月3日，正蓝旗奶制品制作技艺（察干伊德）入选国家级第四批非物质文化遗产代表性项目名录。2009年8月，正蓝旗桑根达来镇阿拉台嘎查布东茂都浩特牧民陶高，被正蓝旗人民政府确定为旗级察哈尔察干伊德制作技艺非物质文化遗产名录代表性传承人；2010年3月，被锡林郭勒盟行署确定为盟级察哈尔察干伊德制作技艺非物质文化遗产名录代表性传承人；2010年6月，被自治区人民政府确定为自治区级察哈尔察干伊德制作技艺非物质文化遗产名录代表性传承人。2009年8月，正蓝旗赛音胡都嘎苏木巴音查干嘎查牧民岱庆，被正蓝旗人民政府确定为旗级察哈尔察干伊德制作技艺非物质文化遗产名录代表性传承人；2010年3月，被锡林郭勒盟行署确定为盟级察哈尔察干伊德制作技艺非物质文化遗产名录代表性传承人；2014年11月，被自治区人民政府确定为自治区级察哈尔察干伊德制作技艺非物质文化遗产名录代表性传承人。2009年8月，正

蓝旗那日图苏木巴音塔拉嘎查阿奇图希热浩特牧民苏义拉毕力格，被正蓝旗人民政府确定为旗级察哈尔察干伊德制作技艺非物质文化遗产名录代表性传承人；2010年3月，被锡林郭勒盟行署确定为盟级察哈尔察干伊德制作技艺非物质文化遗产名录代表性传承人。2013年8月22日，正蓝旗赛音胡都嘎苏木巴音胡硕嘎查乃仁塔拉浩特的牧民乌宁其，被正蓝旗人民政府确定为旗级察哈尔察干伊德制作技艺非物质文化遗产名录代表性传承人。

穿针引线的艺术——蒙古族刺绣

曾经，辽阔的金莲川草原上的蒙古族妇女个个能刺绣，在蒙古族人的衣、食、住、行中，刺绣装饰运用非常普遍。从蒙古包穹顶到毡壁，从门帘到地上铺的毛毡，从盖布到茶盐袋都要绣上各种图案。作为蒙古族刺绣的一种——毡绣技艺很早就已是她们的看家本领。空旷孤寂的游牧生活，在蒙古族绣女精心地装扮下，多了些温馨和诗意。

刺绣又名"针绣"，俗称"绣花"，古代称"黹"、"针黹"，因多为妇女所作，故又名"女红"。文字最早见自《尚书》，有"衣画而裳秀"的记载。东周设官专司其职，三国时孙权的夫人曾用刺绣绣山川地势军阵图，唐永贞元年卢眉娘以《法华经》七卷，绣于尺绢之上，因刺绣而闻名。根据出土的帛画和刺绣等实物可知，远在3000多年前的殷周时代，中国就已有华美的暗花绸和多彩刺绣。目前在河南发现的商代刺绣实物，是中国最早的刺绣工艺品。刺绣花纹为菱形纹和折角波浪纹，在花纹线条的边缘使用丝线，工艺达到了相当高的水平。西周的刺绣印痕发现于陕西省宝鸡茹家庄的西周墓中，采用的是今天还在使用的辫子股绣针法，运用了双线条，线条舒卷自如，针脚也相当均匀齐整。到了秦汉时期，刺绣技艺高度发展，绣品也成为对外输出的主要商品。中国是丝绸的故乡，自古以来，富者以"闺房绣楼"为贞，贫者以"善织巧绣"为业。清代民间绣品百花齐放，形成了著名的四大名绣，即苏州的苏绣、湖南的湘绣、四川的蜀绣、广东的粤绣。此外，还有北京的京绣、温州的瓯绣、上海的顾绣、苗族的苗绣等，产地不同，风采各异。

蒙古族刺绣，是蒙古族人民在长期生产生活中形成的一种手工技艺。自古以来，草原上的蒙古族姑娘，从小就学习刺绣，主要师从于母亲，刺绣艺术将伴其一生。《蒙古风俗鉴》等文献记载，在元朝以前，古代蒙古人在生活中就很注重刺绣艺术，而且应用范围广泛。心灵手巧的蒙古族妇女，仅凭一缕细线，几片绸缎，就能巧妙地缝绣出凝聚生活哲理、包含人间情趣的服饰及生活用品，可谓锦绣花团，竞相争妍。元代刺绣继承了宋代写实的绣理风格，入主中原的蒙古人，在全国各地广设绣局，刺绣的审美和功能更加趋于美术化。由于佛教传入蒙古地区，一些刺绣的题材出现了佛教元素。元朝信奉喇嘛教后，刺绣除了作为一般的服饰点缀外，更多的则带有浓厚的宗教色彩，被用于制作佛像、经卷、僧帽等。以西藏布达拉宫保存的元代《刺绣密集金刚像》为其代表，具有明显的装饰风格。

蒙古族刺绣，大多用于服饰上，如帽子、衣领、袖口、袍服边饰、长短坎肩、靴子、鞋、摔跤服、赛马服、荷包、褡裢等处，刺绣的图案都含有一种特殊的象征意义，或喻富贵，或生命繁衍，通过不同题材的造型表现，运用比喻、夸张等手法寓情于绣，形成独特的艺术风格。蒙古族刺绣不但在软面料上绣花，而且要用骆驼线、牛筋等在羊毛毡、皮鞭等硬面料上刺绣。从刺绣的针法上看，与著名的"苏绣""湘绣""川绣"相比较，蒙古族的刺绣艺术不以纤细秀丽见长，而以凝重质朴取胜。其大面料的贴花方法，粗犷匀称的针法，鲜明的对比色彩，给人以饱满充实之感，反映出了蒙古族浓厚的生活气息。

现代察哈尔地区蒙古族民间刺绣的用料及花色较过去有了明显的改进，刺绣图案的种类也呈现出多样化、美术化的特点，刺绣的针法也有所增加，有齐针、套针、扎针、长短针、打子针、平金、戳沙等几十种，丰富多彩，各有特色。绣品的用途包括服饰、台布、枕套、靠垫等生活用品及屏风、壁挂等陈设品。阿拉腾其木格是原旗民族服装厂下岗职工，她从小和母亲学习过察哈尔刺绣，现今仍珍藏着母亲年轻时刺绣的钱包、装鼻烟壶的布袋等物品。1994年6月，阿拉腾其木格凭借着自己的一技之长，在桑根达来镇办起了金凤民族服装店，一边做民族服饰，一边坚持用彩色丝线、棉线、驼丝线和牛筋线在棉布、丝绸、毡毯或皮制品上进行刺绣，其刺绣针法有平绣、结绣、补绣、锁绣、盘金绣、打子绣、拼花等20多种，现已绣出了"五剑教子图"、牧马人、母子图、龙袍等30余件作品，其中20多件作品被国内外游客购买收藏。其本人曾获全旗手工比赛察哈尔刺绣一等奖，全盟民族文化产品展示大赛二等奖。

察哈尔刺绣是正蓝旗旗级、盟级非物质文化遗产。2013年8月22日，正蓝旗上都镇浩雅尔宝恩巴社区的萨日娜和桑根达来镇阿拉泰嘎查古吉海浩特的牧民阿拉腾其其格，被正蓝旗人民政府确定为旗级察哈尔刺绣非物质文化遗产名录代表性传承人；2014年3月，又被锡林郭勒盟行署确定为盟级察哈尔刺绣非物质文化遗产名录代表性传承人。2008年，蒙古族刺绣入选中国第二批国家级非物质文化遗产名录。

蒙古族根雕和浑善达克沙地上的蓝旗榆

考古发现，古人不仅采用木、玉、骨、石及贝壳等物制作装饰品，同时也采用树根或竹根制作装饰品。西汉时期，孔子的后裔曾利用楷木自然弯曲的形态制作拐杖。南北朝时期，已出现了不少利用树根制作的杖头、笔筒、佛柄、抓背、烟斗等实用品和家具。隋、唐以后，根雕不仅在民间普遍流传，同时也得到皇室贵族的青睐。明清两代，根雕技艺已趋成熟。明代有以竹根雕著称的濮仲谦为代表的金陵派和以朱鹤为代表的嘉定派。根艺家们不仅利用木、竹根创作出供人欣赏的摆设，而且还雕刻具有实用价值的家具及其他实用品。从明代苏州画家仇英绘制的《金古图》《桃李园图》《赚兰亭》等画中，可观赏到画家细致描绘的树根太师椅、树根拐杖等多种根雕艺术品。民国时期，根艺制作和生产日渐衰落，许多艺人改行或转业，根雕技艺到了濒临灭绝的境地。

20世纪80年代初，随着我国旅游业的发展和人民生活水平的提高，根艺创作在中国复苏并掀起了一个新高潮。1994年9月6日，中国根艺美术学会在北京成立，推动了根艺事业的健康发展。从事根艺创作的艺人众多。

蒙古族根雕是中华根艺的重要组成部分，其创作劳动耗时较长，从选材、造型、构思和制作，直到命名，需一年半载甚至更长时间。根雕制作一般可分脱脂处理、去皮清洗、脱水干燥、定型、精加工、配淬、着色上漆、命名八个步骤。

选材是根雕制作的第一步，生长在浑善达克沙地的蓝旗榆，以其材质坚硬、木质细腻、木性稳定、不易龟裂变形、不蛀不朽、能长久保存等特点，成为根艺造型的上好材质品种。被流沙深埋的死根，经数百年炭化形成的古老阴沉根木，其质坚几乎接近化石，更是根艺的佳材。

"迎风斗雪沙地生，错节盘根兄弟情。叶茂绵延牧人家，丘横错落淖边映。千古王朝转眼去，欲与飞播牵手行。美景招来游客赏，虔诚祝福迎吉祥。"走进浑善达克沙地，你就会看到一点点或一片片的绿色，那就是蓝旗榆，她用自己顽强的生命力，把无垠的沙地装扮得更加壮观，更加奇特，更加迷人，更加令人叹为观止。

浑善达克沙地是中国十大沙地之一，也是我国著名的有水沙漠，同时也是内蒙古四大沙地之一。浑善达克沙地位于内蒙古中部锡林郭勒盟南端，地势西南高、东北低，距北京直线距离180公里，是离北京最近的沙源地。浑善达克沙地东西长约450公里，面积大约5.2万平方公里，海拔1050至1300米，平均海拔1100多米。正蓝旗位于浑善达克沙地腹地，面积10182平方公里，其中沙地面积6700平方公里，占全旗总面积的67%。在这片形成于22万年前神奇的浑善达克沙地上，生长着几百或上千年姿态各异的"蓝旗榆"。

蓝旗榆，又名沙地榆，是白榆的地理生态型变种。因产于内蒙古锡林郭勒盟正蓝旗浑善达克腹地，故得名"蓝旗榆"。蓝旗榆既是浑善达克沙地一种重要的珍贵稀有植物资源，又是研究植物区系起源、演化及森林植被历史变迁的"活古董"。蓝旗榆属于榆科落叶乔木，树皮呈灰黑色，纵裂。树冠呈圆球形，小枝纤细，灰色。叶椭圆状卵形或椭圆状披针形。蓝旗榆是一种喜光树种，耐寒性强，耐干旱、耐盐碱，抗风力强，不耐水湿，生长快，寿命长。有关专家学者曾这样形容过蓝旗榆的特点，那就是"生千年不死，死千年不倒，倒千年不朽"。

历史上，蓝旗榆在正蓝旗这一带分布很广，面积很大。史籍文献记载，从上都城向东北方向行数十里，便可见"平地松林"和"阴阴松林八百里"，这"松林"当中便包括数不清的"蓝旗榆"。若上推到辽金时期，浑善达克沙地面积不仅明显小于现在，而且其生长环境较今优越很多，形成与上都区域连为一体的疏林草原环境。由于几千年来人类生产活动、战争、人为破坏和自然灾害等方面的影响，导致我国天然榆树林面积不断缩小，致使在内地很难再见到大片天然的榆树林。

调查结果显示，蓝旗榆现今大部分呈集群片状分布在正蓝旗的宝绍岱苏木、那日图苏木、赛音胡都嘎苏木、扎格斯台苏木和桑根达来镇一带，全旗榆树疏林面积达到37230亩，自然生长态势良好。生长在浑善达克沙地干旱环境中的蓝旗榆，经过漫长的自然选择，其基因不断发生变异，形成了蓝旗榆特有的生态适应性。因此，浑善达克沙地上的蓝旗榆个体矮化，树干弯曲，枝密叶疏，分枝多而柔软，冠幅大，能够很好地起到防风固沙作用。

2011年，自治区有关人员在对525株蓝旗古榆树的研究中发现，其树高一般在10至15米，平均株高10.9米，平均胸径61厘米，平均基径77.8厘米，平均冠幅面积136.2平方米。宝绍岱苏木、那日图苏木高格斯台嘎查一带的蓝旗榆为"增长型"结构，幼龄林占有较大比例，而赛音胡都嘎苏木那岱庙一带蓝旗榆种群为明显的"衰退型"结构，严重

缺乏幼树。从整体上来看，蓝旗榆目前仍保持着较为旺盛的生殖能力，正蓝旗政府和当地牧民充分利用这一特征，自2000年以来采取围封禁牧、生态移民、严禁砍伐等措施，促进了蓝旗榆的天然更新。

蓝旗榆是以稀疏状态生长在浑善达克沙地上的树木，树下土壤比较干燥、地面凋落物很少，所以不能形成真正意义上的森林环境，称为沙地榆树疏林。榆树疏林灌丛草原是浑善达克沙地植被演替的顶级群落，是当地唯一能形成疏林的乔木树种。榆树疏林的存在不仅能够分散地面上的风动量，减少气流与沙尘之间的传递，直接阻止浑善达克沙地起沙，而且还为鸟类提供了栖息地，为林下植物提供了一个较好的小环境，对维持整个生态系统的结构与功能起到了不可替代的重要作用。

蓝旗榆的树根具有材质坚硬、木质细腻、木性稳定，不易龟裂变形、不蛀不朽和能够长久保存等特点，是根雕创作的理想用材。近年来，正蓝旗的民间艺人借助浑善达克沙地风化枯死的蓝旗榆，化腐朽为神奇，创作出了成千上万件蕴含大自然鬼斧神工和无穷魅力的根雕作品，被国内外前来旅游观光的人们购买收藏，用另外一种形式展示出了蓝旗榆的无穷魅力。

蓝旗榆是生长在内蒙古正蓝旗的一种特有树种。到过浑善达克沙地的人，都会看到在浩瀚的沙地中生长着的蓝旗榆，都会被它顽强的抗争精神所感动，为它给茫茫沙地带来的绿色所动情。蓝旗榆虽然没有云杉树那样新奇壮观，不如白杨树那样挺拔伟岸，不像白桦林那样层林尽染，但我仍喜爱蓝旗榆、赞美蓝旗榆，因为它是沙地的呵护者、草原的守护神、牧民生产生活中的好伙伴。它又如同朴实无华、坚忍不拔、不畏艰难、无私奉献的正蓝旗各族优秀儿女一样，在深化改革的道路上不断开拓进取，奋力前行。蓝旗榆，已成为正蓝旗的一种文化、一种品牌和一种精神。

蒙古族根雕是正蓝旗旗级、盟级和自治区级非物质文化遗产。2009年8月，正蓝旗上都镇斯琴巴图、乌尼日勒图，被正蓝旗人民政府确定为旗级蒙古族根雕非物质文化遗产名录代表性传承人；2010年，两人被锡林郭勒盟行署确定为盟级蒙古族根雕非物质文化遗产名录代表性传承人；2014年11月，又同时被自治区人民政府确定为区级蒙古族根雕非物质文化遗产名录代表性传承人。

游牧民族神奇的摇篮——蒙古包

辽阔的蒙古高原，苍苍蓝天，茫茫原野，气候无常，风雨难挡；草原的景物五光十色，蒙古人的历史源远流长。"随畜牧而转移，逐水草而迁徙"的游牧生活更是有些扑朔迷离，难以把握。但这一切有一个核心，或者说游牧人温暖的归宿，那就是蒙古包。蒙古包是草原生活的凝结点，是了解游牧蒙古人的窗口。2015年7月1日，蒙古包被自治区人民政府确定为内蒙古十大文化符号并向社会公布。

说到蒙古包，不能不提这个名称的由来。自古以来蒙古人和其他一些民族称这种房子为"格日"，到了17世纪，因为满族人叫格日为"蒙古包"（"包"是满语，房屋之意），蒙古包这个名称被广泛接受。另外，有人还管蒙古包叫"毡房""毡包"，古代中原人叫"穹庐"等。从建筑学历史说，不同的文化孕育出不同的建筑风格，世界各个民族在其历史发展过程中，创造了不同形式、不同风格的建筑样式，中亚和蒙古高原的游牧民族就创造了世界上独一无二的建筑形式——蒙古包。

蒙古包的骨架为木质结构，由陶纳（天窗）、乌尼杆（椽子）、哈纳（墙壁）、哈拉格（门）组成。蒙古包顶上覆盖物叫布日叶素，有时候也把天窗毡、顶盖、围毡、顶上装饰等统称为布日叶素。一般来讲，布日叶素都是用毡子做的，但过去也有用芨芨草、芦苇或柳条帘子等其他材料制作而成的。今天，丙纶毡、维纶有机硅帆布等新型材料也用作蒙古包的毡套，不仅防雨防潮功能好，还经久耐用。陶纳是蒙古包的"首脑机关"，它的尺寸是制作蒙古包时确定其他部件大小的决定因素。一般来说，天窗直径的长度与哈纳的数成正比，要盖四个哈纳的毡房，需要做直径约80厘米的天窗，依次类推。天窗本身的形状很像佛教的法器"浩日劳"（即法轮），而陶纳和乌尼杆在一起恰好形成一轮红日当头照的美好形象。蒙古人十分重视天窗，搬运时总是把它驮在上为，人不能跨过或坐在其上。当旧陶纳不能使用的时候，总是把它放到人畜少去的高地或敖包附近，使其在大自然的怀抱中风化永恒。乌尼杆连在天窗和网状墙壁之间，是蒙古包上半部的主体，它上撑陶纳，下接哈纳，形成伞状屋顶。乌尼杆的长度与陶纳的大小成反比。天窗

大，蒙古包就大，因此所用的乌尼杆也就又多又短。所有乌尼杆的木质、长度和粗细必须一致，串接乌尼杆的上端稍微弯曲，这样使蒙古包的天窗周围有点隆起，避免因覆盖材料的压力而房顶下陷，同时能够使顶部空间显得宽敞和谐。每个乌尼杆的下端穿孔并系上毛绳，以便固定在V字形的哈纳头里叉。哈纳形成蒙古包的圆筒形躯干，是蒙古包全部重量的支撑体。察哈尔蒙古人有个风俗习惯，在儿子娶媳妇时搭五个哈纳的蒙古包，等那个新的家庭有了孩子后，给原来的蒙古包增加哈纳进行扩建。一般人们不会减少蒙古包的哈纳，因为那样会被认为是不吉祥的。哈纳有三大特点，一是通过推拉可以变短或变长，并可折叠；二是可以调节高低大小，有相当大的灵活性；三是大小高低是由"乌得格勒"决定的，所谓"乌得格勒"是指做哈纳的柳条杆重叠牛皮筋作为钉子固定的地方。蒙古包的门框高度与哈纳的高度一致，蒙古包的门比农家房子的门略宽一点，略低一些。一般家庭用的蒙古包，木门外面还要挂毡门帘，门帘上绣有吉祥结、花鸟、云纹等许多美丽的图案，所以人们说，到一户人家的门口就知道这家妇女是否善于针线活。木门实际上是作为装饰的，所以要求制作工艺精湛，这种门有单扇和双扇之分。在蒙古人的风俗中，蒙古包的门槛被视为家庭的象征，因此蒙古人特别忌讳踩踏门槛儿。有的蒙古包有柱子，有的则没有，一般八个哈纳以上的大包有4个柱子，以免由于压力大而天窗下陷。尤其是串接式天窗比较容易下陷，所以有时候即便是七个哈纳的包，如果天窗是半串接式的，也应该用2个柱子。柱子有圆的，也有六边或八边形的。柱子上饰有各种传统图案，如龙凤吉祥图、云纹、水纹等。

搭建蒙古包是既复杂又容易的工程，说复杂是因为其程序要比盖一座普通砖瓦结构的房子严格得多，不懂得其程序几个大男人花半天时间也盖不起来，而熟练于盖包的一名妇女在两三个小时内就能完成。盖蒙古包时，要先把哈纳排放好，再一一立起来，按照原计划蒙古包的大小，把哈纳的网眼张开，根据门的高度确定好哈纳的高度，如果盖建大蒙古包，先把陶纳放在中间位置，再把柱子放到陶纳两侧，并把围板和方框架放好，在槽中插立柱子。从蒙古包右侧（靠门的）第一个哈纳着手，把它同第二个哈纳连接起来，连接的时候，要把两个哈纳的接口对好，高低一致，个别的叉口不合套，就让它自然斜过来，不要影响整体。拴绑这两块哈纳的绳子是专用的，要绑结实，不使它自然开结。一边绑一边让哈纳立起来，当连接到最后一个哈纳时，就把门也立好，使它们形成围墙。一般来说，蒙古包的门朝南或朝东南方向，这时候要校正好门的方向。确定好了，就把哈纳调整好，使它们的高低同地面协调起来，要保证上沿平整，特别要注意把门框同哈纳拴牢，防止开关时松动。这时候才可以把里边的围绳拴好，共一圈，这个绳子就是固定哈纳的，也是限定蒙古包的大小、高低的基础设施。当把陶纳和乌尼杆安装好后，如果发现哈纳比门高了，就在门的下框下面加垫木板；如果门比哈纳高了，就把门框下面的土层挖一些，把门框按进去。安装陶纳的时候，在地面的中央放一条高凳子，人站在凳子上双手把陶纳举起，其他人从四面把乌尼杆插进陶纳的插口里，把另一头拴在哈纳上。在具体操作时，首先要把陶纳的大梁对正蒙古包的中轴线，保证乌尼杆均匀分布、不歪斜，使乌尼杆均匀地承受压力，也能使哈纳的叉口都顶住了乌尼杆的尾端，蒙古包的整体也就端正牢靠了。

在蒙古包内空间的利用上，历史上形成了人和物品固定的位置。传统蒙古包内，正中央是被称为"高勒木图"的火灶，在一个方块平台上摆放着叫作"土拉嘎"的火撑子。这被认为是火神的位置，因而特别受人尊崇，而且"高勒木图"一词通常还有"发源地"、"家业"、"有子孙继嗣"之意。在"高勒木图"北边是"怀穆日"位置，即上首。在上首，挨着哈纳的地方供着佛龛、成吉思汗像，挂着家族的相片等。在佛龛前边是上首正座，按蒙古人习俗，正面座最为尊贵，平常男主人或者主客就坐在这个位置。以门户、火灶和佛龛为主线，西边是男人们的席位，东边是女人们的席位。靠西哈纳放男士的床铺，靠东哈纳放女士的床铺。靠近门户的右侧是放置马鞍、马具的地方，弓箭、猎枪等挂在西哈纳上。左侧是放置碗橱、炊具及妇女用品的位置。

新中国成立后，特别是改革开放30多年以来，由于蒙元文化意识的恢复，人们对蒙古包这一独特居住方式的重新认识，牧民生活水平的不断提高以及旅游业的发展，国内外对蒙古包的需求量空前增长，蒙古包不仅成为游牧、旅游、餐饮、文艺汇演、物资交流等方面的最佳选择，同时也是抗击各种自然灾害的极好临时住所。生产传统木质蒙古包的正蓝旗蒙古包厂、正蓝旗金莲川蒙古包有限责任公司等企业便是其中的佼佼者。这些企业技术力量雄厚，用料正宗考究，做工装饰精细，彩绘图案古色古香，不仅保持了古老传统木质蒙古包的风格，而且还有所创新和发展。正蓝旗目前已形成了传统木质蒙古包生产基地，由旗工商联牵头成立了正蓝旗蒙古包行业商会。2014年，全旗生产销售蒙古包18000余顶，年生产能力达到20000余顶。全旗现有20余家蒙古包生产企业，正蓝旗蒙古包厂被认定为全区首批"内蒙古老字号"企业，其产品被内蒙古人民出版社出版的《蒙古包文化》一书誉为"传统木质蒙古包产品生产的佼佼者"。全区现今使用的《内蒙古自治区地方标准——蒙古包》，标准代号DB 15/T326—1999，大部分内容是参照正蓝旗蒙古包生产技术标准制订的，为弘扬民族文化，振兴民族经济做出了一定的成绩和贡献。正蓝旗所生产的从直径3米到直径30米，八大系列21个规格的"牧星"、"金川"

牌蒙古包及蒙古族传统地桌、方凳、柜子等配套产品，不仅畅销北京、深圳、上海、青海、大连、重庆、新疆等20多个大中城市旅游景点，而且还出口韩国、日本、德国、法国、西班牙、加拿大、澳大利亚等国家，并搭建到了地球最南端的南极洲。蒙古包是北方少数民族智慧的结晶，产品集娱乐性、观赏性、实用性为一体，成为内蒙古自治区非物质文化遗产之一。四千年的发展历史，使它经久不衰，从绿草深处走向了世界，充分显示出了强大的生命力。

正蓝旗的察哈尔蒙古包制作技艺，是正蓝旗旗级、盟级非物质文化遗产，2010年又被列入全区第二批非物质文化遗产。

2009年8月，上都镇的赵富荣被正蓝旗人民政府认定为旗级察哈尔蒙古包制作技艺非物质文化遗产名录代表性传承人；2012年11月，被锡林郭勒盟行署认定为盟级察哈尔蒙古包制作技艺非物质文化遗产名录代表性传承人。

2013年8月22日，饮马井嘎查胡硕满哈浩特牧民陶干特木尔被正蓝旗人民政府认定为旗级察哈尔蒙古包制作技艺非物质文化遗产名录代表性传承人。

2013年8月22日，正蓝旗扎格斯台苏木希热图嘎查的牧民扎·赛音乌其日拉，被正蓝旗人民政府确定为旗级察哈尔蒙古包制作技艺非物质文化遗产名录代表性传承人；2014年3月，被锡林郭勒盟行署确定为盟级察哈尔蒙古包制作技艺非物质文化遗产名录代表性传承人；2014年11月，被自治区人民政府确定为自治区级察哈尔蒙古包制作技艺非物质文化遗产名录代表性传承人。

蒙古族民间古老的演唱方式——潮尔

潮尔是流传于蒙古民间的一种古老演唱方式，最早是在蒙古大汗宫廷音乐中经常演奏的一种乐曲，后随着各部落的融合，形成了"察哈尔潮尔"、"卫拉特潮尔"、"阿巴嘎潮尔"、"科尔沁潮尔"等。其中卫拉特潮尔又有四种形态，即"浩林潮尔"、"冒顿潮尔"、"托克潮尔"和"叶克尔潮尔"。据暴雅艳在《远古传来天籁声》一文中介绍，潮尔一词，其本意是两种声音发出的和谐音响，即共鸣。

蒙语"浩林"，是指人的喉头、嗓子，浩林潮尔就是由喉部发声构成的二声部音乐。其特点是将气息憋足后，先由声带发出低音，在持续低音衬托下，在相隔两个八度以上高位置，发出纤细而透明的旋律，其音色近似长笛或口哨声。浩林潮尔又称"呼麦"。"冒顿潮尔"是蒙古族吹管乐器。"托克潮尔"是一种二弦弹拨乐器。"叶克尔潮尔"是一种木制琴。

潮尔的共同特点是带有低音和声，而浩林潮尔、冒顿潮尔、阿巴嘎潮尔的低音都是由演奏（唱）者用嗓子发出的，其中浩林潮尔和阿巴嘎潮尔的双声部则完全是由演唱者发出的。

专家研究证实，潮尔是一种极为古老的演唱方式，特别是其中的浩林潮尔与屡屡见诸早期中原史籍中的一种演唱方法"啸"有着深远的渊源关系，或者可以说它就是流传至今的"啸"。在中原史籍中，对于"啸"的记载可以追溯到公元前660年前后。由此也不难看出，在我国历史上，北方草原民族与中原地区在文化上的密切联系。

《护卫绰克诨歌》是一种很早就流传于察哈尔地区的民歌。所谓"蒙古护卫"，就是指察哈尔，因为自成吉思汗组建怯薛军（护卫部队）以来，察哈尔就充当了这一历史角色长达500年左右。"绰克诨歌"现在一般称作"潮尔"，关于"绰克诨歌"的歌词了解收集的不多。据史料介绍，这种歌的歌词丰富多彩，并且由歌唱人根据需要就地取材，临场发挥。特别赞美表彰某某人时，歌唱者可以根据该人的身世、立功的内容，编唱出内容别具一格的歌词。在跳舞的间歇里，歌唱者可根据剧情需要，唱出恰当的歌词，起到

烘托主题的效果。在新的时期，这一古老的演唱艺术获得了新的生命，得到了推广和发展。内蒙古音协名誉主席莫尔吉胡认为，潮尔是音乐的活化石，是至今发现的人类最为古老的音乐遗产之一，具有很高的研究价值。2009年，潮尔被列入自治区级非物质文化遗产；2014年7月，被列入国家级非物质文化遗产。

潮尔是正蓝旗旗级非物质文化遗产。2013年8月22日，正蓝旗桑根达来镇阿拉泰嘎查的牧民罗佈森其仁，被正蓝旗人民政府确定为旗级潮尔非物质文化遗产名录代表性传承人。

蒙古民族胜利的象征——马鞍

草原养育了蒙古族，马则成就了蒙古人。北方游牧民族暨后来集大成者的蒙古民族，在传统手工技艺中，马鞍的制作技艺当属第一，在世界发展进程之中，马鞍具起到了举足轻重的作用，甚至影响了东西方的世界格局。

马鞍具最早的推想在汉代出现，因为汉代拥有了强大的骑兵队伍，对于一直能征善战的骑兵队伍来说，最重要的配置就是马鞍具。遗憾的是，这一论断迄今为止没有实物依据来证明，有专家认为汉代的马鞍仅是在马背上简单放置皮革布帛，防止掉落并适当增加了舒适度，而在战阵中能够体现巨大杀伤力的一体式马鞍很可能尚未出现。资料中显示，4世纪进入欧洲的匈奴人配备了高桥马鞍，马鞍两端从平坦转为高翘，限制了骑手身体的前后滑动趋势，提供了纵向的稳定性。第二个则是马镫的使用，它通过固定双脚提供横向稳定性，同时在马鞍的协助下将人和马结为一个整体，使骑兵利用马匹的速度进行正面冲击成为可能。由于有了木马鞍和马镫，匈奴骑手们能在骑马的过程中朝每个方向射箭。

公元1162年，在斡难河（今蒙古国鄂嫩河）畔诞生了一个伟人，他统一了蒙古族各部落，建立大蒙古帝国，一生征战无数，几乎难寻败绩。草原上的蒙古马驮载着马鞍及马鞍上的蒙古骑兵，实现了人马合一横扫欧亚，史称"蒙古旋风"，他的名字叫孛儿只斤·铁木真。1206年，铁木真在斡难河畔召开忽里台大会，树九游白旗，即蒙古国大汗位，号成吉思汗。马鞍借助了蒙古马的悠长耐力与铁木真的军事谋略，跋山涉水越岭攀塬走上了世界舞台，并逐步将实用性和文化性交汇融合，成为了一种精神意象。蒙古马是中国乃至全世界较为古老的马种之一，主要产于内蒙古高原，它们普遍体格不大，比欧洲的热血马低矮一些，但是生活在广袤的大草原上，独特的气候使得它们可耐严寒并性情凶悍，其常见的特点就是"头大颈短，体魄强健，胸宽鬃长，皮厚毛粗"。在人类最早驾驶马匹高速行进时，马鞍便是第一个中央操控系统，它连同缰绳、马镫及马尾共同控制着人和马的稳定与平衡，这所有连接的中枢之处就是马鞍。马鞍让骑兵的地平线高人一等，从

而产生了多重地平线，蒙古族诗人宝音贺希格在随笔中写道："马，给蒙古人赋予了与众不同的高度，跨上马背，他们的'地平线'自然会升高。"历史学中将13世纪称之为"蒙古马时代"。

关于马鞍的制作工艺，史料记载："其鞍辔轻简以便驰骋，重不盈七八斤鞍之雁翅前竖而后开，故折旋而不膊不伤。镫圆故足中立而不偏，底阔故靴易入缀。镫之革手揉硝，灌以羊脂，故受雨而不断烂，阔才一寸长不逮四总，故立马转身至顾。"（《黑鞑史略笺证》）。在探访马鞍制作工艺的过程中，笔者见到了诸多马鞍子，其中老马鞍（大约是清代的）大多破败腐朽色泽灰白，新马鞍则光鲜照人材料昂贵。这当然是现代人多将马鞍作为摆设装饰之用，故而金玉其外红木其中，以显示其高档奢华。

牧马人特别喜爱察哈尔马鞍，又称之"多伦淖尔"马鞍，在满清时期宫廷为笼络蒙古族王公贵戚所赏赐的马鞍多出自多伦匠人之手。制作马鞍需要很多原材料，由有手艺的木匠手工制作，所以也是蒙古民族手工艺术的重要组成部分。马鞍的前后双桥（日月桥）左右两侧的夹板及夹板的衔接处都用红桦、黑桦、柳、檀、栗等质地坚硬的木料制作，用鱼骨胶粘接而成，再凿出挂马镫、拴梢绳、固定肚带等各种用途的眼儿，然后涂成紫红颜色。马鞍的前桥镶嵌银边、铜边或骨边，鞍座上铺香牛皮、栽绒、绸尼或栽绒毯，然后用四颗银钱或银、铜、青铜的泡丁固定。马鞍两侧夹板的前后两端镶银泡或铜泡，以备拴系攀胸和后鞦。夹板上还要凿出洞眼，左右两侧各拴系梢绳八条、十六条、二十四条或三十二条，然后用皮条将马镫固定在左右两侧。马鞦用香牛皮和栽绒毯两种原料制作，有窄式马鞦、宽式马鞦（叶片般的马鞦）和三油马鞦，使用者可根据自己的喜好选择。马肚带分扁式皮制肚带和棕毛编织的棕毛肚带两种。鞍屉用棕毛制作，用各种颜色的布绸滚边。

马鞍在生活、工作以及战争中，形制有别，但地位超然则永恒如一。在北方游牧民族的生活概念里，没有置房置地这一说，所有的家当都是可随身携带的，最能体现经济实力的，就是男人的马鞍和女人的头饰。在蒙古族男儿中间，马倌是勇敢坚强的代名词，这一并无实质内容的职位在草原上处处高人一等，这得益于马。马鞍因谐音和寓意有"平平安安"的彩头，所以蒙古族马鞍没有任何提拽之处，只能双手抱捧以示敬畏。马鞍按照其不同形制和用途可以大略分为驯马马鞍、骑乘马鞍、佛像马鞍等。在"逐水草而居"的游牧人心中，家是天地之间的无尽草原，蒙古包只是哈纳（围帐）和套脑（天窗）围住的一盏灯光，马是高贵可信赖的家人与伙伴，而马鞍是伴随蒙古男人一生的精神和肉体的故乡。马鞍是蒙古男人的成年礼，也是沧桑岁月的梦中人，当一个男人捧起马鞍,他托起的是人生的叮嘱、寄托和责任。马鞍是蒙古男人勇往直前的灯塔,亦是舔舐伤痛的港湾。它是刚猛和柔韧的结合之处,是展示与隐秘的同生之地。在蒙古族一首古老的歌谣中唱道:别问男人多少岁数,看他磨破了几副鞍子,一副鞍子去放鹰,一副鞍子去打猎,一副鞍子去套生个子马,一副鞍子去追他的女人,还有一副最硬的鞍子,出征的路上做枕头用……

　　察哈尔马鞍制作技艺是正蓝旗旗级、盟级和自治区级非物质文化遗产。2013年8月22日,赛音胡都嘎苏木查干敖包嘎查的牧民淖民达来,被正蓝旗人民政府确定为旗级察哈尔马鞍制作技艺非物质文化遗产名录代表性传承人;2014年3月,被锡林郭勒盟行署确定为盟级察哈尔马鞍制作技艺非物质文化遗产名录代表性传承人;2014年11月,被自治区人民政府确定为自治区级察哈尔马鞍制作技艺非物质文化遗产名录代表性传承人。2013年8月22日,正蓝旗赛音胡都嘎苏木查干敖包嘎查牧民乌日图那顺,被正蓝旗人民政府确定为旗级察哈尔马鞍制作技艺非物质文化遗产名录代表性传承人;2014年3月,被锡林郭勒盟行署确定为盟级察哈尔马鞍制作技艺非物质文化遗产名录代表性传承人。2013年8月22日,正蓝旗那日图苏木道特淖尔嘎查达楞宝如浩特的牧民敖德格日勒,被正蓝旗人民政府确定为旗级察哈尔马鞍制作技艺非物质文化遗产名录代表性传承人。

察哈尔道木那哈疗法

　　道木那哈疗法（以震治震疗法），是传统蒙医学中的精华。蒙医学是在原始蒙古传统疗法和古代蒙医药学的基础上，广泛吸取了汉、藏、回等民族医学理论的精华，融合到自己的医术之中，创立了独特的医学理论体系。12世纪以来，蒙古民族发明了适合于游牧民族生产生活的灸疗、正骨、外伤和以震治震等疗法。元朝时期，通过对临床医疗经验的总结，产生了以寒热对立统一为核心的蒙医学理论。1292年，在上都城内设置回回药物院，《上都回回药方》曾在上都流传。元太医忽思慧于1330年著有《饮膳正要》。

　　道木那哈疗法（以震治震疗法），是蒙古民族民间广为流传、具有悠久历史的一种专治脑震荡的奇特疗法。通过人工震动的方法，治疗脑震荡，具有取材容易、便于掌握、用之有效等特点，是蒙医的一大治疗特色。18世纪，伊希巴拉珠尔在《四部甘露》中以《蒙医震脑术》为题，比较详细地介绍了治疗脑震荡的方法。《诊治百病古代方经》的蒙文手抄本载："小童脑震荡，挖地坑，将患童倒悬其中，拍打脚心三遍。"

　　察哈尔地区的蒙医震脑术治疗原则是"以震治震"、"震静结合"、"先震后静"．就如同中医学中的以毒攻毒，适用于牧民落乘、跌伤等外伤所致的脑震荡。治疗的用具只是一些日常用品，有布带、碗、筷、小锤、沙子或小米。震脑术要由有经验的蒙医师来完成，常用的方法有以下几种：

　　手震术：一是患者取坐位，医者面对患者站立，用两手掌分别扶住头部两侧，稍向上提起患者头部并向健侧微屈其颈，双手协同用力，将患者头部向前后两个方向小幅度地快速震动几下。二是医者面对患者而站其患侧，一手掌按扶患者的下颌部，另一手按扶患者的后枕部，双手协同用力，将患者头部向左右两侧小幅度地快速震动几下。三是医者站在患者身后，一手掌按于健侧项肩部，另一手将患者头颈被动置于功能活动明显受限位，然后手掌按于患侧头颞部，两手协同用力，将患者头颈迅速向健侧推压扳动。有时可听到一串"咯嘣"响声。

　　带震术：患者坐位，医者用震感带从患者前发际沿两耳上缠绕固定。医者一手掌按扶患者头顶,另一手从套管外端拿住震感带两端交叉处,从健侧开始依次向前后左右抖震患者头部各3次。

杆震术:施术方法是先用布带将患者的头部紧紧围裹一圈,然后将装满沙子的碗用布固定好,倒放在患者头顶,让患者横咬一根筷子,蒙医用另一根筷子敲打患者横咬筷子的两端,作为预备治疗,之后蒙医用小锤隔着布带在患者后枕部震敲3至9次即可。

板震术:患者取仰卧位,四肢伸直,手掌朝内,脚掌上翘90度。紧贴患者脚掌旋转一块震感板,医者用一手扶住震感板,另一手拿震感锤敲击震感板,先在患侧脚掌处敲击3下,后在健侧脚掌处敲击3下,依次敲击3次。

杵震术:患者仰卧在铺毡的平地上,枕在一个装满细沙的木碗上。医者用震感杵分别离患者患侧肘关节、肩关节、耳及头顶,对侧耳、肘关节、膝关节,患侧膝关节10厘米处的地面上墩击3下,依次反复墩击3次。

术后用震感固定带从患者前额部,沿两耳向上围头固定,松紧可以随时调节,静养3至7天。术后患者应在安静凉爽处静养,避免日晒火烤。完全恢复之前,不能高声呼喊和剧烈运动。饮食宜以稀粥、牛奶、奶酪等奶食和水果为主。

震脑术是一种特殊的蒙医民间治疗技术,治疗时存在一定的风险,需要医生有过硬的技术和经验,否则是不能实施的。

察哈尔道木那哈疗法是正蓝旗旗级、盟级和自治区级非物质文化遗产。2013年8月22日,正蓝旗宝绍岱苏木乃日音淖尔嘎查新宝力格浩特的牧民额日登布和、上都镇的阿拉腾陶古斯,被正蓝旗人民政府确定为旗级察哈尔道木那哈疗法非物质文化遗产名录代表性传承人;2014年3月,被锡林郭勒盟行署确定为盟级察哈尔道木那哈疗法非物质文化遗产名录代表性传承人;2014年11月,被自治区人民政府确定为自治区级察哈尔道木那哈疗法非物质文化遗产名录代表性传承人。2013年8月22日,正蓝旗上都镇的乃日木图,被正蓝旗人民政府确定为旗级察哈尔道木那哈疗法非物质文化遗产名录代表性传承人;2014年3月,被锡林郭勒盟行署确定为盟级察哈尔道木那哈疗法非物质文化遗产名录代表性传承人。

草原之舟——勒勒车

公元13世纪时，从意大利"水城"威尼斯来到中国的旅行家马可·波罗，一路从东向西走来，发现草原上的"勒勒车"很有特点，于是在他《马可·波罗游记》里，对蒙古族牧民使用的"勒勒车"的形状和使用情形作了介绍，"除了四轮车子外，他们还有一种两轮的优质车子，也同样用黑毡子盖着，并且制作得也十分精巧，即使整天下雨，车中的人也不会感到潮湿。鞑靼人（注：此处泛指蒙古人）的妻子、儿女、日常用具及所需食物，都用车子运送。车子由牛和骆驼拖着前进"，还用他的笔画下了蒙古官员乘坐豪华"勒勒车"的插图。

"勒勒车"曾经是蒙古族牧民们的主要交通工具之一，它的历史可以说跟蒙古民族一样久远。"勒勒车"是一种蒙古式的牛车，也可以用马或骆驼来拉，是适应草原上的自然环境和蒙古族的生活习惯而制造出来的交通运输工具，简单轻便，能载重350至450公斤。勒勒车车套极简单。初期只用一块弯曲的木条卡在牛脖子上，用湿柳条拧成绳将其拴住两辕，用以挽车，不致脱落。经长期使用，发现湿柳条干了会自行断开，便改用生皮条。"勒勒车"的特点是车轮高大，轮子的直径达到1.4米左右，相当或者超过了当地牛身的高度，与马的身高差不多。车轮原材料多数是桦木、柞木的。将桦木或柞木烘烤之后，使其弯曲，几段弯曲的树干连接在一起，便成为车轮，因此，有些车轮不够圆，车辕也不求直。车幅多数在15至20根之间。因为它可在草原上自由行走，还可以走山路、沙漠、沼泽和雪地，被誉为"草原之舟"。"勒勒"是个象声词，是根据赶车的牧民发出的"嘞——嘞——"吆喝牲口的声音模拟的。

由于游牧民族长期逐水草而居，迁徙不定，从而对交通运输工具的需要极为迫切，使车辆等交通运输工具在内蒙古草原上较早地得到应用。据《汉书·杨雄传》记载，匈奴的地方已有了车辆。公元3世纪的敕勒（也称为"丁零"）人以造车闻名，他们所造的车"车轮高大，辐数至多"，非常适应草原的环境。正因为如此，当时南方人称他们为"高车族"。到了辽代，蒙古族的造车业已经很发达，并且广泛地应用于游牧生活之中。历史

上，中国北方游牧民族比较多，大都擅长骑马征战，军民合为一体。由于"勒勒车"在深草和雪地中行走方便而且迅速，被人们称之为"草上飞"，因而又常常作为战车在战争中驮运军队的辎重。平时"勒勒车"是生产生活中不可缺少的主要运输工具，人们都用它来拉水、运送燃料、运输货物；遇到"走敖特"（倒场）迁居的时候，"勒勒车"又是牧民们装载蒙古包和家庭生活用具、用品的必要工具；有时牧民婚嫁时接送亲也使用勒勒车。一般每户牧民家都预备有一辆或者几辆"勒勒车"，最多的人家甚至有上百辆"勒勒车"。"勒勒车"不使用时，还可以将车轮连接摆放，作为栅栏。一般情况下，用牛挽车，一牛一车。有的车上设有棚架，用芦苇、毡子、皮张围盖，车上成为一个船舱似的车厢，"行则车为室，止则毡为庐"，一家人可以居住在"勒勒车"上。行驶的时候，一家人的"勒勒车"可以首尾相连，由一人驾驭就可以了。

晚清伊犁将军、珍妃之兄志锐从张家口途径察哈尔地区到乌里雅斯台的途中，见到"商贩皆以牛车载货，赴库（即库伦）、科（即科布多）二城。数百辆联为一行，昼则放牧，夜则行路。一人可御十车，铎声琅琅，远闻数十里。舆夫皆胡儿，暇则作歌。每宿一台（即台站）后，遇其来则彻夜不能寐。"于是，他写下了《牛车》一诗："百辆牛车列一行，铎声零断响郎当。胡儿闲理边城曲，一夜征人欲断肠。"志锐在诗中所说的牛车，包括勒勒车和汉板车，以及五条牛拉的大型牛车"碰倒山"，是适合察哈尔地区的主要交通运输工具之一。

勒勒车平常单车行走很少，往往七八辆头尾依次连接，组成一队行驶。在最后一辆车挂一木梆或铃铛，坐首辆车人凭借木梆或铃铛的声音判断车队是否中间脱节。这种勒勒车队，被后人称为"草原列车"。每当蒙古族牧民"走敖特"或者祭敖包、参加那达慕盛会的时候，常常是十里百里的牧民走到一起，几十辆、上百辆的"勒勒车"前后相连，鱼贯而行，十分壮观。赶车人的"嘚嘚"声，车轮的"嘎嘎"声，铃铛的"叮当"声，伴着姑娘、小伙子愉快的歌声，在广袤无垠、鲜花盛开的草原上空回荡，那情景，真是令人流连忘返。

在察哈尔草原，蒙古族牧民还将勒勒车进行改装，成为篷车，被称为"哈木特尔格"。它是用木条制成半圆形状的篷架，外面包上毡子或帆布，可起到防风防晒避雨的作用，主要用于拉运生活用品、搬家或"走敖特"。这种被改造过的勒勒车，又称为"毡车"。传说汉代王昭君出塞，远嫁呼韩邪单于时，就是坐的这种毡车。元朝翰林国史院编修官张翥曾写过一首《昭君怨》词，其中有这样两句："队队毡车细马，簇拥阏氏如画。"张翥的同事逎贤在《塞上曲》中更写到上百辆毡车连在一起，用骆驼驾辕，老妇

人赶车的情景："杂沓毡车百辆多，五更冲雪过滦河。当辕老妪行程惯，依岸敲冰饮骆驼。"此外，察哈尔蒙古族牧民还将勒勒车改装成储存肉食品等生活用品的"库房车"和专门拉水的"水车"。资料显示，1949年锡察盟地区畜力车42411辆，1952年畜力车达到45625辆，1958年为58253辆，1962至1963年为高峰，达到64600余辆。随着现代交通工具的迅速发展，20世纪70年代以后，"勒勒车"在察哈尔草原上逐步被汽车、摩托车等现代交通工具取代，现已成为草原上各大旅游景点用品。

察哈尔勒勒车制作技艺是正蓝旗旗级和盟级非物质文化遗产。2013年8月22日，正蓝旗上都镇侍郎城嘎查的牧民杨顺天，被正蓝旗人民政府确定为旗级察哈尔勒勒车制作技艺非物质文化遗产名录代表性传承人；2014年1月，被锡林郭勒盟行署确定为盟级察哈尔勒勒车制作技艺非物质文化遗产名录代表性传承人。

察哈尔地区的皮条制作技艺

早期的察哈尔地区，由于与内地的互市时有中断，布匹、棉花等生活用品比较紧张，所以牧民们常常用鞣制后的皮张来制作皮衣、被褥、口袋等。把生皮鞣制成柔软皮张的过程，就叫熟皮子。察哈尔人对牲畜的皮张，不仅有一套熟制加工的技术，而且其运用的范围，也是随着生活需求的发展而不断扩展的。他们用绵羊皮做成各种皮袍、皮裤、靴子、靴套、帽子等，以适应季节的变化穿用；用山羊皮缝成皮袄、手套、皮口袋、皮褥子、皮被子和皮囊，解决生产生活需要。过去，察哈尔地区皇家牧场的牧民，曾为皇族熏制过皮衣，就是将熟制好的皮张，卷成筒状放入熏窖内熏蒸。用熏蒸后的皮张制作皮衣，不怕雪，不透风，不生蛀虫，穿着美观。

熟皮子时，先要把生皮上的苍耳子（扎蒙圪蛋）、针茅（狼牙针）、鹤虱（粘然然）等异物清理干净，用铁铲铲掉皮张上残留的油脂，然后进行熟制。用于熟制的皮张有羊皮、牛皮、马皮、驼皮等。熟制皮张的方法有浸泡熟制、土埋熟制、手工熟制三种。浸泡熟制是将皮张放入装满乳清的大缸内，然后加一些硝盐，浸泡3天后捞出，用清水将皮张上的毛冲洗干净。土埋熟制是将制作皮囊的羊皮、山羊皮和做皮条的牛马皮，在皮里子涂抹上酸奶、青盐，一两天后再抹一层硝盐，然后将皮张埋在潮湿的土壤里，每天在土壤上面浇水，7天后挖出即可。手工熟制适合皮张不大的羊皮、羔羊皮和山羊皮。熟制时将皮子展开，倒上乳清将皮张泡软，再涂抹上酸奶和青盐，每天用手揉搓，六七天就熟软了。

用以上方法熟软后的皮张，拴住一头挂在立柱或墙壁上，用皮铲反复刮铲，直到将皮张熟成布匹一样柔软，而且光滑洁白，富有弹性。用这样的皮张就可以制作皮袄、皮帽、皮手套、皮褥子等。铲皮子是个技术活，皮张熟的好坏，关键是看熟皮人用皮铲铲的火候如何。铲得重了，皮张就发脆不耐用；铲得轻了，皮张发硬，制作的皮衣穿起来不舒服。制作皮条、皮鞋、皮囊、皮口袋等用的皮张，熟制时不能铲得太薄，要求有一定的硬度，柔韧性也要好，这样才可以经久耐用，不易破损、断裂。

用上述方法熟制后,便用脚蹬铲普遍均匀地鞣制,这样鞣制后的皮子就同绸缎似的柔软。如果用大畜的皮子做皮条,可将熟好的牛皮割成二指宽一些的条子,头尾相接,绕成直径4至5尺的皮条圈,然后悬空挂起来,下面吊一石块儿,皮条圈中间插一木棍。将石块转动时,抬高木棍,当皮条扭成麻花状时,两人将木棍用力往下压,这样鞣制几个小时后,柔软结实的皮条就制成了。再抹上油脂,放几天,就可以编织皮鞭,挽结马绊和马笼头了。

传统熟皮子的主要工具有泡皮木桶、刮皮铲子、熟皮钩刀、切皮弧刀、绞绳摇车、缝皮锥子和缝皮针。

皮条制作技艺是正蓝旗旗级非物质文化遗产。2013年8月22日,正蓝旗赛音胡都嘎苏木查干敖包嘎查的牧民乌日图那松,被正蓝旗人民政府确定为旗级皮条制作技艺非物质文化遗产名录代表性传承人。

蒙古族金银器锻造技艺

金银都是贵金属，金有很强的光泽，呈黄色，银是仅次于金的金属，呈白色耀眼光泽。早在新石器时代晚期，古代人就认识并使用了金银。隋唐以后金银器工艺得到了迅速发展，大量造型美观、纹饰精美的金银器被考古学家发现。在我国各民族中，蒙古族素以锻造使用金银器而闻名。

生活在中国北方草原上的蒙古族牧人，喜欢用亮晶晶的东西来装饰自己，而金银饰品不论从质地材料、加工工艺及款式造型等方面看，正好符合了蒙古族牧人们的这种审美趣味。因此，用金银材料打制的饰品被蒙古族牧人广泛接受，并进一步成为他们财富多寡、身份高低、审美爱好自然展现的外化物。在从事畜牧业生产生活过程中，蒙古族艺人制作出了银碗、蒙古刀、银壶、饮酒器皿、头饰银簪、各种马具鞍花等常见银具，其中桦木镶银碗（俗称蒙古碗）多用于迎送嘉宾，婚宴、祭祀等敬酒拜祭礼仪，民族特色浓郁。蒙古族银器图案一般采用几何纹样、无根草、动物、宗教神话故事、八宝图、回纹、瑞兽、龙凤及花卉图案。这些图案布局合理，花纹疏密得当，纹样主次分明，形体美观协调，体现出了蒙古族人民丰富的想象力和创造力。

就蒙古族金银首饰制作而言，早年的察哈尔草原上，手艺人并不多，只是一些牧人自己喜欢动手做些简单手工器物，饰品的制作并未出现职业化倾向，也没有成规模，主要是在物资交流中维系蒙古草原上饰品的供求平衡。清朝光绪二十八年（公元1902年）以后，清廷推行"移民实边"之策，察哈尔草原上的各种店铺才渐渐多起来。山东、山西等地的移民陆续来到察哈尔草原，其中有不少是手艺人，主要是汉族人和回族人，也有少许的蒙古喇嘛（专事法器等金银器物的制作）。他们到牧人居住比较集中的地方，开始经营各自的本行。许多蒙古族牧人，也开始学习各种手艺。他们从前是在草原上放牧牲畜，后来，看到来的汉人能凭手艺挣银子，自己也一边放牧，一边在空闲时学做手艺活。再后来，一些心灵手巧的蒙古族牧人干脆放弃了放牧，成为职业手艺人，并以此谋生。

察哈尔草原上的蒙古人，需要打制金银首饰时，都用的是地道的金银材料，不掺假，和穷富无关，和信念有关。蒙古人认为用真金纯银这些地道的材料制作首饰，是和蒙古人自身的价值观念相关联的，有诚信、踏实、满足、自豪的感觉。或者是以前的旧首饰回炉再造，或者是买来金银材料让草原上的银匠打制。在原材料的使用上，内地或工艺品厂制作的金银首饰显得精巧，但用料吝啬；而蒙古族银匠师傅制作加工的金银首饰，用料是实在厚重的。就重量而言，也比同类型的金银首饰重不少。而且，在款式造型上，许多蒙古族首饰看起来比汉民族的金银首饰略显"拙"，但草原上的牧人们喜欢，觉得这样才美，戴着也心里踏实。

如今，制作工具进步了，不少金银首饰的加工工具是自动化或半自动化的电动工具，但蒙古族民间金银艺人还是喜欢用传统的手工工具干活儿，认为这样制作出来的首饰比较地道，有味道。手工工具主要有三角锉、扁圆锉、小榔头、铁镫、工钳、锯弓、矸子、刮刀、冲头等30多种，其余辅助材料有硼砂、坩埚、稀硫酸、铣针等十几种。由于每个蒙古族匠人审美的差异，制作技术的差异等原因，使得蒙古族匠人制作的蒙古族首饰不是千人一面，而是形态各异。在不经意中，丰富和发展了蒙古族传统手工艺技法，使得蒙古族民间金银器锻造手工艺至今仍保持着顽强的生命力，融入牧人的生活，浓缩着北方草原的祝福和传说。

金银器锻造技艺是正蓝旗旗级非物质文化遗产。2013年8月22日，正蓝旗宝绍岱苏木努图盖嘎查查干达楞浩特的牧民苏和巴特尔，被正蓝旗人民政府确定为旗级金银器锻造技艺非物质文化遗产名录代表性传承人。

蒙古族绳艺

　　蒙古族是一个世界性的民族，千百年来以游牧为生计，以迁徙为活动范畴。在游牧和迁徙活动中，蒙古族的绳艺用于衣食住行各个领域，在畜牧业生产和日常生活中发挥出了重要作用，创造出了灿烂的绳艺文化。

　　草原上得天独厚的自然资源，为蒙古族绳艺提供了充足的原料。除了编织草绳外，还有皮绳、驼毛绳、马鬃绳、牛毛绳等，种类达到上百种，形式多样，仅蒙古包用绳种类就达15种。蒙古族传统绳技是用牲畜的毛、鬃、绒等制成，因材料的不同用处也不相同。比如蒙古包用绳，围绳用马鬃马尾制成，把马鬃马尾搓成六细股，再三股左三股右搓成绳子，这种围绳的好处是结实、没有伸缩性，使蒙古包哈纳牢固不易倒塌。捆绳是用骆驼膝盖上的毛和马鬃马尾搓成，坠绳用公驼的膝毛或鬃毛搓成。蒙古族绳索不仅数量繁多，工艺精湛，而且使用分工非常精细，每个牲畜都有专用绳索，春夏秋冬都不一样。

　　在牧民生产劳动和生活中如骑马、放牧、拉水和迁徙中都离不开绳索，绳索是牧民们生活中必不可少的日用品，因而蒙古族牧民不论男女老少都会搓绳。在调查中，正蓝旗收集到的牧民用牲畜的毛、鬃、绒等材料自制的压绳、马肚带、马笼头、鞭子、牵马绳、马绊子、蹬绳、套绳等达80余种。2009年，蒙古族绳艺列入第二批内蒙古自治区级非物质文化遗产名录。

　　蒙古族绳艺是正蓝旗旗级非物质文化遗产。2013年8月22日，正蓝旗桑根达来镇五星嘎查的牧民阿拉腾其其格，被正蓝旗人民政府确定为旗级蒙古族绳艺非物质文化遗产名录代表性传承人。

毛毡烙画制作技艺

毛毡烙画是一种以铁器作为绘画工具，通过加热达到需要热量在毛毡或木板上烙出各种图案的一项民间手工艺术。古代又称"火针刺绣""烫画""火笔画"和"毛毡烙画"等，它源于西汉末年，兴盛于东汉。后由于连年灾荒战乱，曾一度失传，直到光绪三年（1877年），才被一名叫赵星的民间艺人重新发现整理。距今已有两千多年的历史，是中国一种极其珍贵的画种。

毛毡烙画是采用蒙古族传统工艺制作的羊毛毡作为画纸，用"铁笔"通过不同热量，结合古代和现代烙画工艺，在羊毛毡上烫出黄色深浅不一的印痕而形成的作品。毛毡烙画具有独特美观、自然环保、落笔即成、不易更改、不掉色、易保存等特点，是真正原生态艺术品，从制作工艺、原材料等方面没有任何不利于健康的因素。毛毡烙画是蒙古族人民特别喜爱的艺术品，携带方便，不怕折压。早在蒙古民族居住蒙古包的时代，毡画就挂在蒙古包里。如今随着毡画工艺的不断创新，它已经使其精美的做工、独特的艺术表现形式走进了城乡家庭、宾馆、餐厅、会议室等场所。它不仅在国内受到很多人的喜爱，而且已走出国门，外国人也十分喜爱这种独特的民间艺术。

毡画是蒙古族民间艺术之一，在察哈尔地区很普及。早在元朝的游牧时代，蒙古族牧民就自己用羊毛毡子创作毡画，并悬挂在蒙古包内，或作为礼品馈赠亲朋好友。毡画的创作题材多来自于蒙古高原的自然场景和民间人文活动，内容丰富，特色鲜明，延续并记载着察哈尔蒙古人的勇敢、智慧和辉煌历史，承载着蒙古人对大自然和祖先的深厚祝福，具有较高的艺术价值。然而由于战乱等原因，留存下来的传世之作很少。

毡画用料简单，无特殊工艺要求，制作过程不使用化学原料，没有污染，符合察哈尔蒙古人追求自然、环保、健康的理念。毡画全部为手工烙制，有单色，也有彩色，制成后不掉色，易保存。

毡画多选取白色上等羊毛压制成毡，毡子的大小根据需要事先确定，形状多为长方形。制作毡子时，讲究边缘的整齐，以保证毡画的美观。毡子制好后，用烙铁在上面熨

烫出焦黄的痕迹而成画。画毡的上边安装挂轴或挂绳，下边缀有缨穗，以增加其美观效果。因烫迹的深浅、粗细不同，色泽、质感和视觉效果亦不同，远看有如用颜料画成。

毡画的画面古朴典雅，画笔清秀简略，富有草原气息和民族风情。特别是用羊毛毡烫制的成吉思汗、忽必烈等人物画更是栩栩如生，神情皆备，色彩独特，立体感强，是其他绘画形式不可替代的。毡画不仅能作为体现独特审美眼光的个性礼品，同时也是居家装饰的精品。近代的毡画常作为高档礼品赠送国外友人，受到外国朋友的称赞。

毛毡烙画是正蓝旗的旗级和盟级非物质文化遗产。2009年8月，正蓝旗上都镇李巨林，被正蓝旗人民政府确定为旗级毛毡烙画非物质文化遗产名录代表性传承人；2010年6月，被锡林郭勒盟行署确定为盟级毛毡烙画非物质文化遗产名录代表性传承人。

美不胜收的蒙古族图案

图案一词，蒙语统称为"贺乌嘎拉吉"。丰富多彩、美不胜收的蒙古族图案，是草原文化的活化石，是蒙古族文化艺术的母体，具有鲜明的民族特点。美好的幻想、艺术夸张及生活的真实描写，是蒙古族图案的主要特征。

蒙古族图案艺术，主要有自然纹样和吉祥纹样两大类。自然纹样中的花草纹有丹、梅、杏花、牡丹、海棠、芍药等，动物纹有蝴蝶、蝙蝠、鹿、马、羊、牛、骆驼、狮子、老虎、大象等，另有山、水、火、云之类。吉祥纹样中有福、禄、寿、喜、盘肠、八结、方胜、龙、凤、法螺、佛手、宝莲、宝相花等。其中不少纹样同其他民族，特别是同汉族和藏族纹样关系密切，但在运用纹样时蒙古族民族特色明显。

蒙古族喜欢组合运用纹样，如盘肠纹延伸再加卷草的云头纹，缠绕不断，变化丰富多彩。技法多以几何形卷草纹为主，利用曲直线的变化，表现不同的感情。蒙古族图案的组织形式分为三种：一是连续纹样的组织，二是适合纹样的组织，三是单独纹样的组织。

连续纹样，是用一个基本单位纹样向上下或左右连接，或向四个方向无限伸展，使它连续成大面积的图案，它的形式有二方连续和四方连续两类。这种连续纹样，可以循环反复以至无穷。二方连续是蒙古族图案中的一种组织方法，是一个纹样基本单位能向左右或上下连续，形成带子一般的图案。这与生活中的各种现象的联想有关，是从生活中总结出来的。如蒙古族牧民搬家时用的牛车队，总是由十几辆车连在一起走，骆驼的运输，骑兵队伍的行军等都给人以很强的连续感。蒙古族的二方连续图案常用在衣帽的边饰，各种器皿的花边美化等。二方连续主要分为两种格式：一种是上下连续的，叫作纵式连续；另外一种是左右连续的，叫作横式连续。二方连续基本单位主要由散点式、直立式、斜线式、波状式、折线式和几何式构成。四方连续是图案中的另外一种组织方法，是一个纹样单位能向四周重复地连续纹样和延伸扩展的图案。也可以说四方连续纹样，是由一个基本单位纹样向上下左右四方循环连续而成。蒙古族经常用万形四方连续和水纹、火纹以及各种几何形四方连续，一般喜用散点构成方法连接，经常在绣花毡、鞍具、建筑的天花板等处用四方连续图案。

适合纹样，蒙古语称为"套贺仁吉太贺乌嘎拉吉"。把一枝花或云纹等恰到好处地安排在一个外形内，这一外形有明确的轮廓，比如圆形、葫芦形、杏花形、桃形、方胜形、云纹形。适合纹样中有边缘纹样、角隅纹样、中心适合纹样等，其中最基本的一类形式是以边缘纹样、角隅纹样、中心适合纹样等综合在一起运用的形式。在运用这种形式时其边缘纹样、角隅纹样、中心纹样所占的部位、面积、大小比例适度。适合纹样，主要有对称和平衡两大类。对称，蒙古语称"特格希合木"，在蒙古族生活和图案中到处可以看到对称的形式。对称是等量等形的形式。人们观察一对对的车轮、成双成对的犄角、五角星毡帐和头饰都用对称的规律设计，在图案中也运用了这种规律。对称式的适合纹样组织方法有直立式、辐射式、转换式和回旋式。平衡是一种不规则的自由格式，依照力和量的均衡法则，使纹样保持一定的平衡状态，以取得灵活和优美的效果。古代人在狩猎、骑马、跳舞等发现了平衡的形式美，不论生物、动物、植物均可做成平衡的适合纹样，它的用途是很广的。

单独纹样从组织形式上看，是与周围环境没有连续，重复的一种独立性的个体单位。它是利用一个单位或几个单位配置在一定范围之内，并适应某种装饰形体的组织形式。单独纹样应用范围是多方面的，在日常生活中，到处可以运用这种纹样来装饰。在用法上又有规则和不规则两种组织形式，不规则比较自由灵活，规则则由于外形约束的变化而受到一定的限制。蒙古族有着悠久的历史和文化传统，其民族艺术十分丰富，民族图案绚丽多姿。在蒙古族人民的生活中，无论是衣食住行，还是宗教、文体等活动，到处可以看到大量精美的民族图案，它是蒙古族人民在长期的生产劳动和辛勤的艺术实践中创造的，表现了蒙古民族独特的艺术风格和鲜明的艺术特色，寄托着蒙古族人民对美好生活的追求和善良愿望。

蒙古族图案是正蓝旗旗级非物质文化遗产。2013年8月22日，正蓝旗那日图苏木高格斯台嘎查哈根塔拉浩特的牧民额日和木毕力格，上都镇的斯琴毕力格，被正蓝旗人民政府确定为旗级蒙古族图案非物质文化遗产名录代表性传承人；2014年3月，被锡林郭勒盟行署确定为盟级蒙古族图案非物质文化遗产名录代表性传承人。

马背民族的草原盛会——那达慕

  "那达慕"，蒙古语意为"娱乐、游戏或游艺"，也含有"戏弄"、"玩笑"之意，以表达欢庆丰收的喜悦之情。2015年7月1日，那达慕被自治区人民政府确定为内蒙古十大文化符号并向社会公布。

  草原盛会那达慕，是蒙古族历史悠久的传统活动，在蒙古族人民的生活中占有重要地位。在每年七、八月绿草如茵、牛羊肥壮的季节，草原上都要举行那达慕大会。早期的那达慕，是草原先民在向天地祖神祭祀祝福过程的同时，自己也娱乐嬉戏的一种活动。最早记载那达慕活动的是1225年用畏兀儿蒙古文（古蒙古文）铭刻在石崖上的《成吉思汗石文》。那达慕起源于蒙古汗国建立初期，公元1206年成吉思汗统一蒙古各部，在斡难河畔召开"忽里勒台"（大聚会），会上成吉思汗被推戴为蒙古的大汗，同时还举行了摔跤、射箭、赛马及舞蹈表演等活动以示祝贺。此后，出于推举大汗继承人、商谈军国要事、祭祀等需要，蒙古大汗多次举行类似的"忽里勒台"。从那达慕活动发展角度看，这样的"忽里勒台"已具有那达慕活动的性质，只是活动没被称作"那达慕"，开展的娱神、娱乐活动内容也不固定而已。

  到元、明两代，射箭、赛马和摔跤比赛结合在一起，形成了那达慕大会赛事的固定形式。清代，那达慕逐步变成了由官方定期召集的有组织、有目的的游艺活动，其规模、形式和内容较前均有发展。当时的蒙古族王公以苏木、旗、盟为单位，半年、一年或三年举行一次那达慕大会，对比赛胜利者分等级给予奖赏和称号。

  "耐亦日"或"娜雅尔"，是娱乐、快乐的意思，为蒙古族传统的娱乐活动。旧时，内蒙古大部分地区每当举行王公贵族聚会、祭祀山川敖包及喇嘛庙会时，一般都要举办"耐亦日"活动。1921年7月10日，蒙古人民共和国政府成立，将次日定为国庆日。从1922年起，蒙古国定期在每年7月11日至13日举行全国性的国庆那达慕大会。1948年9月初，为庆祝蒙古族人民解放，呼伦贝尔盟在甘珠尔庙举行了盛况空前的那达慕大会，这是内蒙古自治区成立后第一次举办盟一级那达慕大会，标志着草原民族开始用"那达慕"一词来称呼他们传统的聚会娱乐活动。1949年8月，锡林郭勒盟苏尼特右旗政府举办那达慕大会，会前有人主张按习惯将其称之为"郭哨乃日"，也有人认为这个称呼有较浓的旧社会味道。经过反复斟酌，认为还是仿照蒙古人民共和国的称呼，将其称为"那达慕"更好一些，于是把这次活动称之为"那达慕"。此后，"那达慕"一词在草原上广为流传，成为草原上人们娱乐聚会的固定名称。

改革开放后，传统的草原那达慕也被赋予了新的意义，获得新的发展。越来越多的地区、单位甚至牧民个人开始举办那达慕，参与的群众更加广泛，活动内容日益丰富，除了蒙古族传统的摔跤、赛马、射箭三项竞技之外，民族特色浓郁的蒙古象棋、走马、马球、赛骆驼、察干伊德制作、民族服饰等也都成为比赛或表演项目，有时武术、体操、马术、赛车表演等也被引入那达慕大会。那达慕活动还被广泛地与各类经贸、旅游活动结合起来，显示出新的强大生命力。"那达慕"一词，已成为在蒙古族聚集区广泛开展的群体性体育、娱乐及商贸、物资交流盛会的专有名称。

2006年，蒙古族传统民俗那达慕被列入首批国家非物质文化遗产。那达慕民俗活动是正蓝旗旗级非物质文化遗产，由正蓝旗察哈尔搏克协会、正蓝旗蒙古族中小学负责集体传承。

蒙古族木雕

　　木雕艺术在蒙古民族中历史悠久，源远流长。很早以前，蒙古民族在北方大草原便开始使用木材制作蒙古包以及木床、木桶、木碗等生活用具。在长期的生产生活实践中，他们观察到可以让木材的加工制作更加富有艺术化，由此派生出独立的木雕艺术，所雕刻的题材大多与牧区生活和牧业劳动相关，都是在表现牧民身边的事物。

　　蒙古族木雕人物造型主要有成吉思汗、忽必烈等历史英雄和日常生活中的人物肖像。动物造型则有牛、羊、马、骆驼、狗、猫等草原上常见的动物。所雕出的生活生产用品主要有蒙古包配件、木碗、酒杯、鼻烟壶和蒙古象棋等。

　　蒙古族艺人通过木雕来表现他们的日常生活，而生活在草原上的他们缺乏专业的雕刻工具，所以牧民生活中用来宰畜、吃肉、防身的蒙古刀自然就成了主要雕刻工具。除了刀之外，有时还要用到锉、锯、凿子、刨子等。老一辈的木雕艺人使用的工具大多都是自己手工制成的。

　　制作一件完整的木雕作品首先要构思，确定作品的形态、体积、颜色，其次是选择木料。当确定了作品的形状、体积、数量后，便需选择适当大小、材质的木料。圆雕及浮雕不能够选用有裂痕或者里面有黑色节疤和粗轮文的木料，一般采用形体平圆而直、无节疤的木料。根雕则是以树根的自生形态及畸变为创作对象，利用树根弯曲的自然形态，因材施艺，稍加斧凿，便可使根雕作品更加真实，富有天然的韵味。

　　随后对选择好的木料进行修整，去除多余的部分，使木料表面平整后就可以用笔勾画作品的几何形体了。通常是用铅笔在木料上勾画出作品的轮廓，要求做到有层次、有动势，比例协调、重心稳定，整体感强。这个环节体现了木雕艺人对生活的体悟以及表达、创造的能力，是整个木雕过程中一个重要的步骤。

　　勾画出整体轮廓以后，便是打坯了。打坯是用锯、凿、砍、刻等方法，将木材上多余的木料粗略去除的一道工序。相对于粗刻和细刻来说，打坯是大刀阔斧式的。第一步去除的是作品的外轮廓，就是除去轮廓外的余木。用钢锯沿外轮廓的边缘开始去除，这里

需要注意的是要掌握好力度，使作品留有充分余地，要循序渐进，不能操之过急，以免损伤木料的肌体和作品的整体比例。第二步是去除木料内部轮廓之外多余的木料。首先用钻打眼，要先判断木料的纹理走向，再选择下钻的位置，以防木料劈裂。钻眼的目的是因为作品的内部无法用凿、斧等工具直接削减，而是为弓锯取除内部多余的木料做准备的。

打好眼后把弓锯的锯条从才打好的小孔内穿过来，然后按照作品图形的轮廓去掉作品内部的废料，大致凿出物件的基本形状。需要注意的是防止因锯凿量过大，而使作品出现缺料报废的情况。通过打坯这道工序，可以高效地除去大量多余的木料，为下一步的粗刻工作做好准备。在这个阶段，作品的每一部分体积都要留有余量，给后面的粗刻留有一定的加工余地。

粗刻是打坯与细刻中间的一道工序，是对作品整体形状的塑造，需要按照自上而下，从前到后，由表及里，由浅入深的原则逐步层层雕刻，依据图样雕凿出作品的大致轮廓。因为在粗刻时，作品已经呈现大致的形状，所以仍需小心谨慎、留有余地。民间行话说得好："留得肥大能改小，唯愁瘠薄难复肥，内距宜小不宜大，切记雕刻是减法。"

作品大致轮廓被雕出以后，要用木锉对粗糙表面进行打磨，打磨时要顺着木纹锉，才能使表面光洁，反之则可能倒毛。这时的作品已具雏形，所以打磨时要特别细心地锉到作品的每个细节。这也是作品在细刻之前的最后一道工序。

细刻是通过铲、刻、修等手段，对木雕作品进行细致的雕刻，同时也要将作品上的刀痕、木纹大致修平。细刻是一项细致的工作，它决定了整个木雕作品的精细程度，是木雕水平的重要体现。在木雕工艺中细刻主要是对作品线条细部的刻画和局部细节的描写。其次，也要对作品的表面进行修光，使木雕作品花纹更加明显，表面更加光洁。细刻是木雕作品完成前最后的雕刻。在雕刻中，艺人对雕刻技法的要求是严格的。所谓技法，就是木雕创作中雕刻艺人对于形象和空间的处理手法。这种手法主要体现在削减意义上的雕与刻，确切地说，就是由外向内用刻刀一步步通过减去废料，循序渐进地将形体挖掘显现出来。在一次次的减法造型中，能感受到各种刀法运用过程中产生的特殊韵味，有些时候，能使作品产生新的意韵。因此，在木雕艺术创作中，优美的刀法之所以形成，是技术达到纯熟的表现。时常有人在临摹一张好画时，感到最难的技法莫过于笔触，因为笔触是作者心灵与技巧的产物。刀法也如此，它是任何模仿都难以体现的东西。所以只有掌握技巧并不断地积累经验，才能形成属于自己别具一格的刀法。

蒙古族木雕亦可分为浮雕、圆雕、根雕三大类。圆雕大多是仿真实人物、动物的雕

刻，又称立体雕刻，观赏者可以从不同角度看到物体的各个侧面。

蒙古族圆雕不适合表现太多的道具、繁琐的场景，要求只用简单的物品或其局部来说明必要的情节。蒙古族圆雕虽是静止的，但它可以表现运动过程，可以用某种暗示的手法使观赏者联想到已成过去的部分，也可以看见将要发生的部分。由于蒙古族圆雕表现手段是极精练的，所以它要求高度概括、简洁。正因为如此，硬要它去表现过于复杂、过于曲折、过于戏剧化的情节，将无法体现蒙古族圆雕的特点。它常常以寓意和象征的手法，用强烈、鲜明、简练的形象表现深刻的主题。

蒙古族根雕，是以树根的自生形态及畸变形态为艺术创作对象，通过构思立意、艺术加工及工艺处理，创作出人物、动物、器物等艺术形象作品。

选材是根雕制作的第一步。根材造型的选择标准可概括为"稀、奇、古、怪"四种类型，根艺创作的过程较为复杂繁琐，从选材、造型、构思和制作，直到命名，完成一件作品的时间周期较长。蒙古族根雕艺术是发现自然美而又显示创造性加工能力的造型艺术，所谓"三分人工，七分天成"，就是说在蒙古族根雕创作中，大部分应利用根材的天然形态来表现艺术形象，少部分进行人工处理修饰。根雕创作的构思，必须着眼于最大限度地保持自然之形，溢自然之美，而一切人为艺术的再创造的痕迹需藏于不露之中。构思中应对根材作多角度的全面观察，反复揣摩，依形度势，深思熟虑后方能定型。

蒙古族木雕浑厚、简练、精致，构思精巧而内涵深刻，有独创性，能反映作者的审美观念、艺术方法和艺术技巧。造型上力求精美，装饰上力求精巧，雕工上力求精细，整体形态精致优美。在造型和纹饰上表现出丰满、朴实、圆浑、柔和的风格，在刻制时，力求能于大处着力的气魄。简练不等于单调，它不以复杂而华丽的纹饰取胜，而以匀称的造型、洗练的线条、简而美的韵味，形成一种蒙古民族粗犷奔放和优雅细腻并存的独特艺术效果。

察哈尔木雕是正蓝旗旗级非物质文化遗产。2013年8月22日，正蓝旗赛音胡都嘎苏木巴音胡木嘎查龙哈图浩特的牧民孟克那松，宝绍岱苏木奎苏河嘎查北浩特的牧民乌兰，被正蓝旗人民政府确定为旗级察哈尔木雕非物质文化遗产名录代表性传承人。

具有独特文化内涵和神奇魅力的察哈尔婚礼

　　婚礼标志着一个人进入了建立个体家庭、成家立业的重要阶段，是人生的大礼。蒙古族在历史上分布地域广阔、部落众多，婚礼表现形式既有共性又有差异。察哈尔蒙古族婚礼，因其祖先来自宫廷卫队、侍从，所以程序复杂，礼仪繁多，具有独特的文化内涵和神奇魅力。

　　蒙古族男女青年结婚之前，要经过提亲、相亲、求婚、许婚、迎亲等程序。提亲，就是委托一个精通礼仪、能言善辩的人，去女方家向其父母献哈达求亲。提亲的人，也就是媒人，一般都是与双方的长辈有一定交情、能说会道且比较有威信的人。按照蒙古族传统习俗"多求则贵，少求则贱"的原则，男方须多次向女方家求亲，才能得到女方家长的许诺。提亲成功了，就进入到了相亲环节。相亲的过程，也称"放小哈达"。相亲时，媒人要带上礼物，与小伙子一道上午到女方家，让男女双方相看，如果大家都没有意见，就赠送哈达等礼品，作为定亲的信物。女方家长接受了礼物，就说明这门亲事已形成了约定，不能反悔。相亲后，要举行订婚仪式，也称"放大哈达"。订婚时男方需带足给女方长辈的礼品，一般是一人一份。订婚宴一般是在女方家举行，先献茶，后敬酒，再摆全羊席。双方父母和亲友要商量孩子们结婚时的服饰、头戴、聘礼等事宜。

　　订婚宴后，男女双方都要进入紧张的婚礼准备阶段。男方要尽其所有为新媳妇打造头戴首饰，为儿子、媳妇赶制新婚用的被褥及蒙古袍，建造一顶新的蒙古包做新房。迎亲的前一天晚上，男方要设宴招待客人和所有帮忙办事的人。在女方，出嫁前要为姑娘"开脸"，就是请嫂子或女性长辈，用缝衣服的白线，绞掉"黄毛丫头"脸上的汗毛，让脸部光洁好看，这也是过去女子嫁人的标志之一。出嫁的前一天晚上，女方家里要设姑娘宴，宴请亲朋好友和送亲的人。

　　迎亲时，人数最少是5人，并且是奇数，回来时加上新娘就成了偶数。迎亲的马队按约定时间到达后，女方要将迎亲的人拦在门外，双方的祝颂人进行诗一般的礼俗对答，唇枪舌剑之后，才让迎亲的人进屋。迎亲的人进到蒙古包后，新郎的伴哥伴弟拿出带来

的肉、奶食、糕点、糖果及哈达、绸缎等礼品，指点新郎向女方祖先神位献哈达、行跪拜礼，然后向女方父母、长辈一一敬献哈达和礼品，向岳父岳母行跪拜礼。新郎上马前，岳父家要给新郎系腰带，挂"万"字海蓝。迎亲队伍出发时，男方的迎亲代表让新娘骑上男方带来的吉祥马。途中，迎亲的队伍必须走在送亲的队伍前面，送亲的人为了取笑迎亲的，就跃马扬鞭，形成你追我赶的热闹场面。

送亲队伍来到新郎家马桩前下马，提前回来的男方迎亲代表、新郎等迎亲人和男方父母等都要出来迎接新娘一行。双方施过见面礼后，男方将新娘从马上连同马鞍一起抱下来，放到铺好的毡子上，希望新娘从此不会离开婆家而去。新娘、新郎品尝鲜奶和拜天仪式结束后，新娘在嫂子们的簇拥下，走到新蒙古包前。男方的年轻人先让新郎进到洞房，用松木椽拦住新娘不让进入，借机逗耍新娘。新娘进包后，嫂子们将新娘的头发编成辫子，然后再盘起来，这就标志着新娘正式成为了新媳妇。

新媳妇梳妆完毕戴好首饰后，到长辈包中向丈夫的亲人们认亲，接受新媳妇跪拜的长辈，都要回赠家畜、首饰等贵重礼品。进行完以上礼节后，男方的婚礼宴席正式开始。期间歌手们唱一些吉祥的歌曲为婚宴助兴，宾客欢呼举杯，宴席气氛欢快热烈。婚礼结束新娘的母亲返回时，会在女儿的袍襟上压上戒指或装有鲜奶的桶等物品，祝福女儿婚后生活美满。新婚夫妇入洞房前，由男方的哥哥和女方的嫂子为新婚夫妇并枕，然后向新郎新娘祝福，道一声再见后离开。婚后第五或第七天，新娘带着新郎回娘家，待新娘返回婆家后，婚礼的整个仪式才圆满地落下帷幕。

蒙古族婚礼有一个特殊的内容"耐吉宴"，也就是朋友宴的意思。姑娘结婚时父母从男方当地找一对跟他们年龄相仿、生辰属相相同的儿孙满堂之人，来做姑娘的"梳头父母"，也叫叩头父母，这样一来一对新人就有三对父母，这是其他民族不多见的婚礼习俗。

察哈尔婚礼是正蓝旗旗级、盟级和自治区级非物质文化遗产。2009年8月，正蓝旗上都镇的达·巴图那松被正蓝旗人民政府确定为旗级察哈尔婚礼非物质文化遗产名录代表性传承人；2010年3月，被锡林郭勒盟行署确定为盟级察哈尔婚礼非物质文化遗产名录代表性传承人；2010年6月，被自治区人民政府确定为区级察哈尔婚礼非物质文化遗产名录代表性传承人。

2009年8月，正蓝旗桑根达来镇乌日图敖包嘎查乌日图浩特牧民布仁毕力格和上都镇的赛音吉日嘎拉，被正蓝旗人民政府确定为旗级察哈尔婚礼非物质文化遗产名录代表性传承人；2010年3月，被锡林郭勒盟行署确定为盟级察哈尔婚礼非物质文化遗产名录代表性传承人。

巴拉根仓的故事

巴拉根仓的故事，是数百年来在内蒙古民间广泛流传的以巴拉根仓为主人公，表现其诙谐、智慧的民间故事。在正蓝旗草原上，几乎人人都能讲一到两个巴拉根仓的故事。

"巴拉根仓"是人名，蒙古语意为"丰富的语言"或"智慧的宝库"。巴拉根仓这个人物，是否有其人，说法不一。人们往往把一些幽默而机智的人称为巴拉根仓。巴拉根仓这个形象，在蒙古族民间的影响非常深刻，其原因是故事本身反映了蒙古族劳动人民与统治者之间的尖锐矛盾。劳动人民可以通过这个被理想化的聪明而幽默的人物，抒发自己心中的激愤和反抗情绪，讽刺和嘲笑残暴的统治者，揭露和鞭挞贪财如命的剥削阶层人物，表达了人民群众对封建时代的官僚、财主、奸商的憎恨与愤怒，表达了正义战胜邪恶的美好理想。

巴拉根仓的故事，风格独特，非常富于幽默感和戏剧性，是由许许多多各自独立的小故事组成的。在各个故事讲法上，讲述者亦采取各自不同的方式。如有的人把几个故事连起来讲，有的是独立讲述一个故事，但都统称"巴拉根仓的故事"。

巴拉根仓的故事是蒙古族民间故事的典型代表，各地方有很多变体，也有相对固定的母体，是广大蒙古族民众的智慧沉淀。2008年，巴拉根仓的故事被列入第二批国家级非物质文化遗产名录。

2009年8月，正蓝旗居住在呼市的忙·牧仁，被正蓝旗人民政府确定为旗级巴拉根仓的故事非物质文化遗产名录代表性传承人；2010年3月，被锡林郭勒盟行署确定为盟级巴拉根仓的故事非物质文化遗产名录代表性传承人。

正蓝旗神话

　　神话是反映古代人民对世界起源、自然现象及社会生活原始理解的故事和传说。它虽不是现实生活的科学的反映，但也表现了人们对自然力的斗争和对理想的追求，富有积极的浪漫主义精神。

　　蒙古族神话分为创世神话、人类起源神话、萨满起源神话、英雄神话和洪水神话等。正蓝旗神话主要来自于民间，是蒙古文学的重要组成部分，有着旺盛的生命力和广泛的群众基础。正蓝旗蒙古族民俗专家沙·东希格，曾整理出版了《正蓝旗神话故事》一书。

　　正蓝旗神话故事，是正蓝旗旗级和盟级非物质文化遗产。2009年8月，正蓝旗上都镇的沙·东希格、扎木苏和斯仁扎布，分别被正蓝旗人民政府确定为旗级正蓝旗神话故事非物质文化遗产名录代表性传承人；2010年3月，分别被锡林郭勒盟行署确定为盟级正蓝旗神话故事非物质文化遗产名录代表性传承人。

美轮美奂的察哈尔头饰

察哈尔妇女头饰分布于锡林郭勒盟南部正蓝旗、正镶白旗、镶黄旗、太仆寺旗和乌兰察布市察右前、中、后三旗等牧区，其形成与察哈尔部有直接的关系。成吉思汗时期从各个蒙古部落抽调精英之士，组成近卫军，后来就形成了著名的察哈尔部。来自不同部落的成员，自然就把各自部落的文化包括头饰文化带到察哈尔部。在吸纳各个部落头饰特点的基础上，又根据察哈尔部的特殊地位与使命，最终形成了独具特色的察哈尔服饰文化。清朝时期，因与满清皇室的关系，察哈尔头饰在保持自己风格的基础上，也吸收了满族服饰的一些特点，进一步丰富发展了头饰的款式和工艺。

察哈尔妇女头饰采用金银珠宝为材料，由民间银匠按蒙古族传统图案设计而成。据记载，一等头饰用珍珠10两，镀金1两，翡翠150块，小珊瑚5000个，大珊瑚60个，白银30两，价值可抵十几匹马，这样的历史原件已经失传。

察哈尔妇女头饰简洁不失细腻，简朴不失高雅。戴上"哈达尔嘎"，两侧的环上分别挂有"穗和"（垂饰），"稳吉拉格"是挂在"穗和"末端的金、银珊瑚串儿。前胸的装饰品叫作"浩力宝"，把"塔图尔"（额箍）在脑后连接的银制挂饰叫作"希力博其"。"希力博其"上有很多小环，环上挂"阿如套尔"，即镶有珍珠玛瑙的后背网。网穗儿部分也叫"稳吉拉格"。有时"稳吉拉格"的末端挂着很多小铃，随步而响。

察哈尔妇女头饰在蒙古族头饰中极具代表性，体现了灿烂的民族文化。它保留了古朴自然的风格，是蒙古族人民用智慧与技巧创造的生活必需品。察哈尔妇女头饰设计精巧、做工细致，吸收了满、汉、藏头饰的优点，佩戴十分华丽。它的产生、发展与蒙古族历史文化紧密关联，也与社会的变革和发展同步，有着较强的民族特点和极高的美学价值。

察哈尔头饰，是正蓝旗旗级和盟级非物质文化遗产。2009年8月，正蓝旗上都镇的乌云毕力格被正蓝旗人民政府确定为旗级察哈尔头饰非物质文化遗产名录代表性传承人；2010年3月，被锡林郭勒盟行署确定为盟级察哈尔头饰非物质文化遗产名录代表性传承人。

察哈尔毡绣制作技艺

　　毡绣制作技艺，是使用羊绒或驼绒毛在传统的毛毡上进行绣制，主要以驼绒毛为主，是蒙古族传统工艺。察哈尔毡绣同众多传统手工艺一样，在蒙古族民间工艺方面，毡绣艺术十分具有魅力。察哈尔地区的毡绣是蒙古族最有代表性的家庭工艺品之一。毡绣工艺复杂，图案繁多，耗工多，劳务量大，制品美观大方，结实耐用。一条花毡可用十多年。俗话说："千针万线绣花毡。"可见绣一条花毡确实不容易。

　　毡子曾经是游牧民族生产和生活的必需品，制毡是北方游牧民族的一大发明，北方少数民族毡绣技艺源于匈奴时期。到了13世纪，毡绣技艺初具蒙古族特色，得到了空前的发展。千百年来，察哈尔蒙古族毡绣技艺得到了良好的传承和发展，至今仍保留着毡绣技艺的原始状态。察哈尔蒙古族毡绣技艺的绣制首先从制毡开始，而且制毡大都在夏末秋初进行。毡绣工艺品包括用驼绒线等绣成的吉祥图案、花纹图案、五畜图案、鲜花飞鸟、蒙古包门、毡包帏幪、马鞍屉、毡靴（毡袜）、坐垫、各种绣花毡囊、拾羔袋、驼鞍等。

　　察哈尔毡绣制作技艺，是正蓝旗旗级非物质文化遗产。2013年8月22日，正蓝旗上都镇的陶古斯被正蓝旗人民政府确定为旗级察哈尔毡绣制作技艺非物质文化遗产名录代表性传承人。

察哈尔骨雕

骨雕，是一种以动物骨骼作为载体的雕刻艺术。骨雕历史悠久，古人很早就把骨做成针、刀，并把文字和图案刻在骨上。蒙古族骨雕的产生和发展与蒙古民族的生产生活紧密相关，同时又受到不同时期的宗教文化、民间信仰、社会哲学等诸多意识形态的影响。从成吉思汗时代，蒙古族就非常注重对各种工匠人才的保护，所以蒙古族民间的骨雕等艺术得以传承下来。察哈尔骨雕多见于牛角酒杯、蒙古刀鞘、乐器、号角、鼻烟壶、筷子、纽扣、梳子、首饰等物品。其造型小巧、雕刻精细，有很高的艺术价值。

察哈尔骨雕，是正蓝旗旗级非物质文化遗产。2013年8月22日，正蓝旗宝绍岱苏木奎苏河嘎查敦达浩特的牧民乌德玛和赛音胡都嘎苏木查干敖包嘎查的牧民哈斯朝鲁被正蓝旗人民政府确定为旗级察哈尔骨雕制作技艺非物质文化遗产名录代表性传承人。

祭天文化

祭天蒙语叫"腾格尔德海浩"。祭天仪式，是察哈尔蒙古族部落的传统习俗，其形成已有数千年的历史，目的是为了祈求平安和风调雨顺。正蓝旗至今还保持着这一习俗，每年农历五月初九，牧民都要举行祭天仪式。

蒙古族的祖先很早就有祭天这一习俗，到了成吉思汗时代，这一风俗得到了发展，《蒙古秘史》中就有成吉思汗祭典长生天的记载。五月初九早晨，主祭的人家要早早起来，挑选一只肥大的白色羯羊，屠宰后用于祭天。上午11时，来参加祭天仪式的男人们，在祭祀主持的带领下，骑马来到山上开始祭典仪式。过去的祭天仪式要由一位男性萨满，蒙语叫"博"的人来主持（女性萨满叫"伊都干"），现在没有"博"了，就由浩特里的长者主持。

来参加祭天的人都不能空着手，要带些白酒、砖茶或钱币等礼品给主祭的人家。过去，蒙古族祭天时不让女人和喇嘛参加，小孩子也很少到山上去，参加祭天仪式的都是男人。如果是家族祭祀，除了本家族的人，外人是不允许参加的。现在的集体祭天仪式，不那么讲究了，有好多的汉族朋友都参加祭天仪式，他们反而觉得有朋友前来参加，心里很高兴。这可能与祭天仪式中，萨满教的原始成分越来越少有关。

几个年轻人帮着主祭将带头蹄的羊皮头朝西北、毛朝下拉展，放在用大石头做成的祭台上，再把带来的羊肉按顺序放在羊皮上。祭祀的主持将带来的奶食、糖果、糕点等从袋子里取出来，放在羊肉的西侧。从口袋中取出蓝红白三种颜色的三块布，叠在一起，把一头折叠成角，角朝北摆放在羊肉的西侧。这三块布蒙语叫"哈布其古日格"，有人说，蓝布代表蓝天，白布代表白云，红布代表大地，也有人说蓝白红三色布分别代表天地火，还有人说三色布是代表苍天与大地、诚心和火。看来，关于三色布的象征意义，由于是口耳相传，所以出现了几种不同的版本。

祭天时，主持人切下几块羊肉和带来的羊奶、白酒、奶食、糖果等，围着供品边走边顺时针抛向四方，向苍天、大地敬献"德吉"。蒙语"德吉"是"圣洁"、"首份"的意思。

只有把"德吉"献给了苍天和大地，余下的食物人间才可以食用。主持人做完后，前来祭祀的人们分别拿出自己带来的白酒，照着主持人的方法，边走边向四方扬酒，一同围着供品绕场三周。众人绕完三圈后，点燃"千里香"草，在主持人的带领下，跪在供品的南侧，向着西北方三叩首。

过去，人们在举行完祭天仪式后，就围坐在山上喝酒、吃肉，吃剩下的骨头、肉食和奶食等食品，都不能带回家，要挖个小坑埋了。现在只是在山上象征性地喝杯酒，吃一点肉，然后回到家中正式坐席，男女老少都参加。席间，身穿蒙古袍、头戴礼帽的主祭，边唱歌边向前来参加仪式的亲朋好友敬酒，充分体现了蒙古人热情好客、活泼开朗的性格。

祭天文化，是正蓝旗的旗级非物质文化遗产。

察哈尔赛马文化

蒙古高原盛产著名的蒙古马，能跑善战，耐力极强。自古以来，蒙古人对马有特殊的感情。蒙古人从小就在马背上长大，都以自己有一匹善跑的快马感到自豪。驯服烈马、精骑善射是蒙古族牧民的绝技，通常把是否善于驯马、赛马、射箭、摔跤作为鉴别一个优秀牧民的标准。2015年7月1日，蒙古马被自治区人民政府确定为内蒙古十大文化符号并向社会公布。

察哈尔地区常见的赛马项目有三种，即快马赛、走马赛和颠马赛。快马赛，主要比马的速度，一般为直线赛跑，赛程一般为20，30或40公里，最先到达终点者为胜。在牧区祭敖包、庙会上举行的小型那达慕，是以快马赛为主。走马赛，主要是比赛马步伐的稳健与轻快，马的前后腿同向一顺前进。颠马赛，是蒙古族特有的马上竞技表演项目。这里的颠马是指马的一只前腿与另一侧的后腿同向运动，颠起来平稳且速度极快。颠马赛主要比赛速度和美观。

赛马为蒙古族"男儿三艺"之一，蒙语叫"毛日敖日勒达呼"。参加者有时全是少年，女孩子也参加。赛马不分年龄，具有广泛的群众性。赛马的方法有直线赛、转圈赛两种。还要根据马的年龄分组，一般分为3岁马、5岁以上马和公马组来比赛。

为减轻马的负重，快马赛的选手多是10岁左右的小孩子，且不备马鞍。小骑手们都穿着绣有吉祥结等图案的赛马服装，脚蹬马靴，头戴尖顶帽子，腰间围着红绿绸带，赛跑开始后，绸带随风飘动，非常鲜艳漂亮。

比赛开始前，所有的选手都要骑马绕场三周，向观众致意。然后一同站到起跑线上，随着一声号令，参赛的马儿如离弦的弓箭一般，向外冲出。赛马开始和结束时，都要唱长调赛马歌。获得前三名的选手，会得到丰厚的奖品，并对第一名的选手和马进行颂赞，还要对最末尾的选手和马进行十分幽默的祝颂并授予鼓励奖。

习近平总书记在考察内蒙古时指出，干事创业就要像蒙古马那样，有一种吃苦耐劳、一往无前的精神。在内蒙古改革发展的新阶段，倡导与弘扬赛马文化和"蒙古马精神"，对于激励各族干部群众艰苦创业、开拓进取，推动各项事业全面发展具有重要的现实意义和历史意义。

察哈尔赛马文化，是正蓝旗的旗级非物质文化遗产。

察哈尔搏克

摔跤这种游戏起源很早，秦汉以前管摔跤叫作角觚或角觚戏。新中国成立以后，中国式摔跤有了很大发展。1953年，中国式摔跤被正式列入国家体育运动竞赛项目，当年举行了全国比赛。1956年，我国颁布了《中国式摔跤运动员等级制》，1957年颁布了《中国式摔跤规则》，"中国式摔跤"也从此定名，以区别于世界上的"自由式"摔跤和"古典式"摔跤。

蒙语称摔跤为"搏克"，称摔跤手为"搏克庆"。摔跤是蒙古族特别喜爱的一种体育活动，在每年的祭敖包活动中，都要举行摔跤比赛，也是近年来那达慕大会上必不可少的比赛项目。蒙古旗的摔跤有其独特的服装、规则和方法，因此也叫蒙古式摔跤。

参加摔跤的选手，都要穿着专门的蒙古族摔跤服。上身穿着的坎肩，蒙语叫"昭德格"；腰间围的围腰彩带，蒙语叫"拉布尔"；下身穿着有套裤"陶浩"和裙裤"班吉拉"；脚上穿搏克靴子。著名的摔跤手脖子上佩戴一个用各色彩条挽成的彩色项圈，蒙语叫"江嘎"，是摔跤手在比赛时获奖的标志。

蒙古族的摔跤有其特点：按蒙古族传统习俗，摔跤运动员不受地区、体重的限制，采用淘汰制，一跤定胜负。参加比赛的摔跤手必须是2的某次乘方数，如8, 16, 32, 64, 128, 256, 512, 1024等。比赛前先推一位族中的长者对参赛运动员进行编排和配对，选手对阵的方法有"传统对阵法""交叉对阵法""表格对阵法"等。蒙古长调《摔跤手歌》唱过三遍之后，摔跤手挥舞双臂、跳着鹰舞入场，向主席台行礼，顺时针旋转一圈，然后由裁判员发令，比赛双方握手致意后比赛开始。

摔跤的技巧很多，可以用捉、拉、扯、推、压等13个基本技巧演变出100多个动作。可互捉对方肩膀，也可互相搂腰，还可以钻入对方的腋下进攻，可抓摔跤衣、腰带、裤带等。蒙古族摔跤的最大特点是不许抱腿，其规则还有不准打脸，不准突然从后背把人拉倒，不许触及眼睛和耳朵，不许拉头发、踢肚子或膝部以上的任何部位，手的动作不得超过腰部以下等。其他的竞赛规则还有：点名后忌讳不出场；不得酒后参赛；不得赤身；

比赛中不能说话，更不能谩骂或污辱对方；不得与裁判员吵闹，不得污辱裁判员。《宦海沉浮录》云："布裤者，专诸角力，胜败以仆地为定。"摔跤选手膝盖以上任何部位着地者为负。

20世纪初到中叶，察哈尔地区涌现出了许多著名的搏克手，深得广大蒙古族民众的喜爱。有记载的如正蓝旗的扎木彦，正白旗的阿努格楞、龙腾、宝音若布吉，镶白旗的色木腾尼玛，镶黄旗的毕力古太、兰沙格尔丹，商都马群的僧格仁庆、贡楚格丹巴、色热特尔等。2014年7月，正蓝旗文体局孟克巴特尔，编辑出版了蒙古文《正蓝旗搏克志》，对察哈尔地区搏克发展史作了具体介绍。

察哈尔搏克，是正蓝旗的旗级非物质文化遗产。

察哈尔搏克服饰

察哈尔搏克服饰主要包括坎肩、围腰彩带、套裤、裙裤、靴子和项环。

摔跤手穿着的坎肩式上衣，蒙古语叫"昭德格"。昭德格多用香牛皮或鹿皮、驼皮制作，也有用粗帆布制作的。坎肩的里子是用结实的棉布制作。皮坎肩上有镶包，亦称泡钉，以铜或银制作。坎肩制作工艺简捷、粗放、美观、结实，穿着后便于对方抓紧。最引人注目的是，摔跤手的皮坎肩背部的中央部分饰有精美图案，图案呈龙形、鸟形、花蔓形、怪兽形、云纹形等，有的是黑体蒙古文字，给人以古朴庄重之感。根据形状，可将昭德格分为封闭式坎肩和敞开式坎肩。敞开式坎肩又可分为蝴蝶坎肩和翘膀式坎肩。察哈尔地区比赛时多用敞开式坎肩。敞开式坎肩袖短，袖口在上臂隆起的肌肉之上，领口断面横跨脖颈下面，朝前披在两肩上。前面无襟，后背严整，两侧腋窝的切边从腋后向下直至胯上，然后顺腰间围到腹部，用腰带紧裹在肚脐的位置。

围腰彩带，蒙古语叫"拉布尔"，是摔跤手围在腰间的带子，可将坎肩的下摆、套裤、裤带重叠裹紧，起到稳固腰部的作用。拉布尔多用彩色的绸缎制作，绸缎采用三种颜色，上面是天蓝色，中间为金黄色，下面为草绿色，分别代表蓝天、太阳、草地，围在腰间非常漂亮。围腰彩带在腰后系紧，还可起到装饰的作用。

套裤，蒙古语叫"陶浩"，其实就是护膝，可以保护摔跤手的膝盖不被碰伤，同时也起到美观装饰的作用。制作套裤的原料也是选用锦缎或布料，年轻选手的套裤多用色泽艳丽的布料，而年龄较大的选手多选用颜色淡雅的布料。在套裤的正中膝盖处，绣有禽兽图案或地区名称等。

摔跤手下身穿着的裙裤，蒙古语叫"班吉拉"，是用十五六尺长的白绸子或各色绸料做成，宽大多褶。裙裤外面的套裤前面双膝部位绣有别致的图案，呈孔雀羽形、火形、吉祥图形等，图案底色鲜艳，图呈五彩，漂亮美观。宽松肥大的裤腿下垂至靴腰处，更显示出了摔跤手体格雄健、英姿焕发的形象。

摔跤靴子与平时穿着的马靴不同，靴腰较粗大，靴体厚重结实。靴子多用香牛皮制作,靴腰与靴底多用细皮条缝合,不易开裂。为了防止摔跤时靴帮开裂,还要用皮条将靴帮与靴底绑紧。由于靴体肥大,摔跤时还要穿上棉线纳制的布袜,防止脚与靴子之间出现滑脱、不跟脚等现象。

摔跤手戴在脖子上的彩色项环,蒙古语叫"江嘎",是专门奖给摔跤手的一种项环,是搏克手地位和荣誉的象征,其他人不可随意佩戴。江嘎是用3条哈达围成的项圈,外面挽一些彩绸制成。彩绸有蓝白红绿黄5种,分别代表蓝天、白云、太阳、草原和大地,表达了尊贵、快乐、吉祥、平安、和谐的含意。摔跤手在搏克比赛中获得名次或搏克生涯达到某个年龄段,就会得到举办搏克竞赛的组织者授予的江嘎。年老的搏克手,也会将自己的江嘎传给优秀的青年搏克手或有志于搏克竞技的孩子。

察哈尔搏克服饰,是正蓝旗的旗级非物质文化遗产。

察哈尔语言

正蓝旗是中国蒙古语标准音基地，世界文化遗产元上都遗址位于该旗境内。察哈尔正蓝旗标准语是中国蒙古语标准语为代表的察哈尔方言，是现代蒙古语言阿尔泰语系，蒙古语种中国蒙古语中部方言。

历史上，察哈尔部承担保卫蒙古大汗的重任，跟随历任大汗南征北战，这使察哈尔蒙古方言在形成过程中不断吸收其他兄弟部落方言中的有益成分，密切了察哈尔蒙古方言与其他部落方言的联系，在相互影响、共同发展中使其在语音、词汇、语法方面易听易懂，更具代表性。另外，以正蓝旗为代表的察哈尔土语作为蒙古语标准音，与元上都在蒙古语基础方言区域中的历史地位，以及在元朝政治、军事、经济、对外交往和科技文化等方面的重要作用也密不可分。此外，以察哈尔土语翻译、撰写、创作的佛经和辞典等，也为察哈尔土语成为蒙古语标准音提供了理论依据。如18世纪翻译出版的大藏经《丹珠尔》和蒙古语解释辞典《二十一卷本辞典》等都是以察哈尔语音为正音标准的。

中国蒙古语标准音是以察哈尔语音为基础，以传统的书面语为范例，参照现代蒙古语语音的共同特点而确定的。1979年9月，在新疆召开的全国八省区蒙古语文工作第三次专业会议上，与会代表一致讨论通过了以中部方言为中国蒙古语的基础方言，以内蒙古正蓝旗为代表的察哈尔土语为标准音，以拉丁字母为基础的蒙古语音标方案。请去了正蓝旗扎格斯台苏木巴音乌兰嘎查的图布新吉亚，对他纯正的察哈尔正蓝旗标准语音进行录制，作为所确定的中国蒙古语标准基础音标本。1980年3月31日，内蒙古自治区人民政府批转了八省区蒙古语文工作协作小组提出的关于确定蒙古语基础方言、标准音和试行蒙古语音的请示报告，要求有关部门认真贯彻执行，一年后在赤峰市召开了蒙古标准语音推广会。2009年11月10至11日，正蓝旗举办了中国蒙古语标准音确定30周年庆祝大会暨研讨会，来自中央民族大学、北京大学等地的近百名专家学者，围绕确定中国蒙古语标准音的重要意义、中国蒙古语标准音的推广和使用等内容进行了交流研讨。同

年,正蓝旗被自治区民委授予"中国蒙古语标准音基地"。

自被确定为中国蒙古语标准音基地以来,正蓝旗为全国各地培养输送了上千名蒙古语主持人、播音员、翻译和教师等优秀人才,多次举办蒙古语标准音培训班,收集整理了大量察哈尔部落民间音乐、乐谱和珍贵图片史料,培养出沙·东希格、巴·乌云达来、策·蒙古勒扎布和达·巴图那顺等一批优秀蒙古语专家,出版发行了《纳·赛音朝克图诗集》《正蓝旗民间故事》《金丝石项链》《察哈尔正蓝旗》《朝鲁》《大地的呼吸》和《我的故乡》等百余部蒙文优秀作品。在中国近现代著名蒙古族诗人纳·赛音朝克图的故乡扎格斯台苏木一带,至今有许多牧民能诗善文,充分显示出正蓝旗作为蒙古语标准音基地的独特文化魅力。

察哈尔语言,是正蓝旗的旗级非物质文化遗产。

方寸之间的智慧博弈——蒙古象棋

蒙古象棋是世界上最古老的博弈游戏之一。早在北方草原契丹王朝时期就有玩"喜塔尔"（蒙古象棋）游戏的记载。不过，当时的棋子和着法比现在的蒙古象棋简单一些。一般认为，蒙古象棋和国际象棋同出一源，由古印度的四人棋戏"恰图兰卡"演变而来，距今已有两千多年的历史。此棋于7世纪传入阿拉伯，改定新名为"沙特拉滋"。在15至16世纪时传入欧洲，几经变革，形成了现在的国际象棋。

但有人提出质疑，古印度的"恰图兰卡"是由大象、战车、骑兵和步兵等四种棋子组成，它们反映了古印度军队的组成兵种。但蒙古象棋是由诺颜（将军）、波日斯（狮子或者猎狗）、勒勒车（交通工具，而非战车）、马和骆驼（游牧民族日常生活和战斗中不可缺少的两种牲畜）、小卒等6种棋子组成。其次，蒙古象棋的诺颜与国际象棋的王不同。诺颜是将军，而不是国王。另外，蒙古象棋的波日斯与国际象棋的皇后、蒙古象棋的勒勒车与国际象棋的车（堡垒）、蒙古象棋的马与国际象棋的骑士、蒙古象棋的骆驼与国际象棋的象都不一样。

据《桥西杂记》载，蒙古象棋的棋制和着法是："局纵横九线，六十四格。棋各十六枚：八卒、二车、二马、二象、一炮、一将，别以朱墨，将居中之右，炮居中之左，车、马、象左右列，卒横于前，棋局无河界，满局可行，所谓随水草为畜牧也。其棋形而不字，将刻塔，崇象教也。象改驼或熊，迤北无象也。卒直行一至底，斜角食敌之在者，去而复返，用同于车，嘉有功也。马横行六，驼可斜行八，因沙漠之地驼行疾于马也。车行直线，进退自由。群子环击一塔，无路可出，始为败北。"也有的格局为一官长、一狮、二驼、二马、二车、八个小狮子。蒙古象棋的棋盘棋子形似国际象棋，是由深浅两色间隔排列的六十四个小方格组成的。据《小方壶舆地丛钞》第二卷载《塞上杂记》所云，蒙古象棋与中国象棋不同之处是"不尚儒生也……无河为界，所为水草以为畜牧也"，显示出游牧生活的浓郁色彩。

蒙古象棋的棋盘，和国际象棋的棋盘一样，也是一个正方形的棋盘，由颜色一深一

浅、交替排列的六十四个小方格组成。对弈时白格先走，以后双方轮流各走一步，蒙古象棋中的每个棋子，都雕刻成形态逼真，栩栩如生的人物、牲畜、野兽和战车的模样，不仅做工精致美观，其中王爷的造型，以及骆驼、猎狗等动物的造型，格外生动且具有鲜明的草原特色。

内蒙古博物院收藏的一套清代蒙古象棋中以动物形象居多，其中以深青色和红棕色区别敌我双方，双方均以八马代替八卒，仔细辨认，还有二驼、二狮，其中二车是套马拉车，双方各有一将，身穿清代官服坐在马上，狮子的形象不见于中原，其原型却是来自雪域高原的雪狮。可见蒙古象棋的格局并不是严格不变的，可根据需要与喜好，制作成棋手喜欢的角色。有趣的是，这组棋子都非常有趣味性，单单从红棕色一方来看，最下方的一只小马竟被塑造成用后蹄挠痒的姿态，让人看后忍俊不禁。

所有这些棋子的底座均雕刻成类似清代官服上的海水江崖纹状，且每个棋子的动态神情均不相同，有的呈跪姿，有的昂首阔步，有的颔首低眉，有的回头张望，并且从深青色一方的八卒来看，这八种动物似乎有马也有鹿，体现出制造者的精湛工艺和极强的观察生活的能力，将动物的神态刻画至如此小的棋子上并如此微妙非常不易。

而另外一套陶制的蒙古象棋则更加充满生活气息，其中一对人物棋子，形象非常憨厚可爱，人物形象经过变形处理，类似于今天的卡通形象，但是人物造型、表情、服饰都具有强烈的蒙古族特征，颜色也搭配得当，显得形态可掬。

收藏蒙古象棋时，要考虑棋子的材质，好的材质自然是保证其价值的最重要特点，但是也要注意棋子和棋盘是否属于完整的原装配套，如果是老棋子搭配新棋盘，或老棋盘搭配新棋子这样的情况，都会降低它的收藏价值。此外，棋子的造型是否非常程式化，雕刻是否精美，棋子是否齐全也都是衡量一副棋子价值的重要标准。

总之，蒙古象棋是一类非常具有生活气息的藏品，关于这种藏品已经不能用太多的诸如鉴宝标准来衡量其价值，它们的流传和传承通常与人的活动息息相关，也许一副棋子背后还隐藏着一些非常美好动人的故事和回忆，这些记忆恐怕才是想要收藏蒙古象棋的藏家最想珍藏的东西吧……

蒙古象棋，是正蓝旗的旗级非物质文化遗产。

察哈尔递鼻烟壶礼节

递烟，蒙语叫"达玛格敖格呼"。递鼻烟壶的习俗，由来已久。客人落座后，主人就要递上鼻烟壶。在传统的礼俗中，蒙古族牧民家中来客，如果是同辈，就要用右手互相交换鼻烟壶，待双方都将对方的烟壶吸一下，然后再互换回来。如若是长辈来，则要请长辈先坐在地毡上，自己站着交换。待长辈从容地吸过后，自己不吸，微微向上举一下，而后双手捧给长辈，把鼻烟壶换回。

妇女不吸鼻烟，但也人人拿一个，作礼节用物使用。妇女接到长辈的鼻烟壶时，用鼻烟壶轻轻碰一下自己的前额，并慢慢鞠躬，然后双手递给长辈。交换鼻烟壶用来表示热情和尊重，会使双方感到亲切温暖，特别是生客，会立即消除那种拘谨之感。未婚男女不使用鼻烟壶。

大年初一拜年时，两个人各拿一条哈达。见面时，双手把哈达撑开、弯腰，两人的手互碰一下。然后两个人的右手中拿着的鼻烟壶，在对方的手中转三圈，各自把自己的鼻烟壶拿回。在互换鼻烟壶的过程中，互相问好：你好，家人好，饲养的牲畜也好。

鼻烟壶除了在出门做客、节日往来时使用，还可以用于赔礼道歉、表示哀悼。如果自己做事欠妥，使对方受辱，可以拿上鼻烟壶前往对方的住处赔礼道歉，往往这种道歉的方式很容易被对方接受。如果亲友去世，自己因故不能前往，可以让别人将自己的鼻烟壶捎去，以代为表达悼念之情。

现代的察哈尔人已经不用鼻烟壶了，但敬烟的习俗却没有变，来了客人，就要把旱烟袋或卷烟递给客人。随着社会的进步，人们逐渐认识到了吸烟的危害，不吸烟或戒烟的人越来越多，递烟的习俗也会渐渐地退出人们的生活。

察哈尔递鼻烟壶礼节，是正蓝旗的旗级非物质文化遗产。

察哈尔拔罐疗法

拔罐疗法（俗称火罐）是以罐为工具，利用燃烧、挤压等方法排除罐内空气，造成负压，使罐吸附于体表产生刺激，形成局部充血或瘀血现象，达到防病治病目的。传统蒙医在治疗疮疡脓肿时用它来吸血排脓，后来又扩大应用于肺痨、风湿等内科疾病。新中国成立以后，由于不断改进方法，使拔罐疗法有了新的发展，进一步扩大了治疗范围，成为针灸治疗中的一种重要疗法。

很多爱在浴池洗澡的人常说："火罐和洗澡，一个也不少。"确实，温热的澡水和温热的火罐，洗完再拔，拔完再洗，想想都舒服。可是这顺序还真要注意，可以洗完澡后拔火罐，但是绝对不能在拔罐之后马上洗澡。拔火罐前，应先将罐洗净擦干，再让病人舒适地躺好或坐好，露出要拔罐的部位，然后点火入罐。点火时一般用一只手持罐，另一只手拿已点着火的探子，操作要迅速，将着火的探子在罐中晃上几晃后撤出，将罐迅速放在要治疗的部位；火还在燃烧时就要将罐口捂紧在患处，不能等火熄，否则太松，不利于吸出湿气，要有罐口紧紧吸在身上的感觉才好。注意不要把罐口边缘烧热，以防烫伤。一般拔10至15分钟就可将罐取下，取时不要强行扯罐，不要硬拉和转动，动作要领是一手将罐向一面倾斜，另一手按压皮肤，使空气经缝隙进入罐内，罐子自然就会与皮肤脱开。

还可以采用走罐法。走罐是指在罐子捂上以后，用一只手或两只手抓住罐子，微微上提，推拉罐体在患者的皮肤上移动。可以向一个方向移动，也可以来回移动，这样就治疗了数个部位。走罐时应注意在欲走罐的部位或罐子口涂抹一些润滑剂，如甘油、石蜡油、刮痧油等，以防止走罐时拉伤皮肤。

察哈尔拔罐疗法，是正蓝旗旗级非物质文化遗产。

察哈尔酸马奶制作技艺

　　察哈尔酸马奶(其格)的制作方法与酸奶(艾日格)差不多,只是制作酸马奶的工艺要求更为严格、更为规范一些。制作酸马奶的原料是鲜马奶、母曲,制作工具有若干个瓦缸、木桶、搅杆、过滤器等。把用于制酸马奶的瓦缸放在一个没有人居住的蒙古包内,将瓦缸彻底清洗消毒干净。先将母曲倒入发酵缸内,再加入凉的鲜马奶,用搅杆搅动,使马奶与母曲完全融合。然后用干净的纱布把缸口密封。以后每天往缸内加新鲜的马奶,并增加搅动的次数,直到马奶的量达到发酵缸的三分之二即可。搅杆的长度约高出瓦缸70厘米,在缸内的一头安一个木托,搅动时如同一个活塞一样上下翻动,使新加入的马奶与发酵奶完全融合。在制作过程中,要注意卫生,保持包内相对凉爽,严禁日晒,以防止马奶腐败变质。搅动的次数、适当的温度、干净的空气,都是保障酸马奶质量的重要因素,缺一不可。舀酸马奶的勺子必须是木制的,不能用铁制或塑料制的勺子。

　　察哈尔酸马奶文化,是正蓝旗旗级非物质文化遗产。

肩胛骨趣话

在正蓝旗，人们食用手把肉时，都要把羊肩胛骨留在最后.由客人中的一位把上面的肉剔下，根据座中人数，切成小条分给每个人吃，而后把肩胛上的肉啃得干干净净。有时也会将一长条绵羊尾巴和一杯酒置于其上，献给在座的民间祝赞家："扎，请您祝颂肩胛骨吧。"于是，祝赞家便有板有眼地把肩胛骨从里到外祝颂一番。末了还对主人赞扬道："愿这肩胛主人全家幸福安康，孩子成器，牲畜成群，资产丰厚，善及乡民……"祝颂完毕后，将那条长尾巴吸进肚里，把那杯酒一口喝干。

肩胛骨为何获此殊荣，且必须众人分食呢？相传一位老猎人打猎时总骑一匹白马，也总是满载而归。有个巴音（财主）看上了老猎人的马，要也不给，换也不给，便起了歹意。那天晚上，他骑上自己的黑马去老猎人家做客。老猎人摆下"肩胛宴"（即胸椎、前腿、肩胛和羊头）招待他，那家伙竟把肩胛上的肉一人全吃了。半夜风雪交加，巴音推说出外解手，把老猎人的马弄死了。第二天一早，他告诉老猎人说："不好了，刚才我看见您的马踢绊死了。"老猎人说："我活了70多岁，肩胛上的肉从未独吃过，哪会出现这种事情！"跑出去一看，果然死的是巴音的黑马。原来昨夜雪大风紧，他的黑马身上落了冰霜，被误认为是老猎人的白马，结果落了个自食其果。从那以后，便形成了大家吃肩胛骨的乡俗。

肩胛骨人畜都有，一头通过窝骨疙瘩连接前臂骨，一头通过脆骨连接着躯干的肌肉，独立而完整。上面有锅、马径、水井、草场等牧区常见的自然和人文环境，古人就以此作为占卜的根据，发明了肩胛骨卜。卜时先要洗手净面，对肩胛洒奶祝福，再向神佛祈祷，使其具备灵气，这才开始占卜。占卜的肩胛，分黑白两种：吃净肉以后使用来占卜的，叫作白肩胛；啃净肉以后再烧黑用来算卦的，叫作黑肩胛。

除此之外，肩胛骨还具有某种暗示、警戒的作用。至今牧区有些关隘险路，往往把肩胛骨和几根长肋骨一起挂在树上。风吹肋骨打在肩胛上，发出丁零当啷之声，提醒过路人前面有危险，不可贸然行进。或者于路的中间，横拉一条皮绳，把许多肩胛像旗帜

一样挂在上面，同样起一种警戒的作用，如同今日公路两旁的标志牌一样。肩胛骨上大下小，有柄可握，薄而易响。乡村孩子便在上面打两个孔，拴上两枚铜钱，像拨浪鼓一样满村里打着摇。这样虽能起到提醒的作用，但警戒的意味已经没有了。

肩胛为骨中奇者，讲究颇多。孩子不能啃肩胛骨，晚辈不能在长辈面前啃肩胛骨，外甥不能在舅舅面前啃肩胛骨。游牧倒场时，不能把完整的肩胛骨丢在旧营盘上，一定要砸碎再扔掉。如今牧区往来做买卖的三轮与日俱增，过去扔掉的骨头也成了收购之物，但牧民仍不会出售肩胛骨。

羊拐趣话

在连接羊后蹄和小腿的地方，有一块游离的骨头汉语称"踝骨"，俗称羊拐，也叫"嘎拉哈"。嘎拉哈为满语音译，蒙古语称为"沙阿"，或译作"髀石"，《西游记》写作"拐孤"。这种骨头有宽有窄、有凸有凹、有正有侧，六面六个形状，所以民谚说："高高山上绵羊走，深深谷地山羊过，向阳滩上骏马跑，背风弯里黄牛卧，倒立起来叫不顺，正立抓个大骆驼。"用五畜的名称给羊拐的各面命名。

牧区孩子长到三四岁，大人就把它拿出来，让其辨认哪面有什么牲畜，再大一点儿，就可以做羊拐的游戏了。牧区成长的蒙汉儿童，没有不会用羊拐做游戏的，所以他们的童年记忆，总是和羊拐联系在一起的。铁木真（后来的成吉思汗）十一岁跟扎木合成为盟友时，将一枚铜灌的羊拐赠给扎木合，扎木合也将一枚自己喜欢的羊拐赠给铁木真。后来两人反目，想起从前互赠羊拐时，"又重新亲爱着"，羊拐在这里成了友谊的纽带。1983年巴林右旗清理一座辽代古墓时，曾发现九枚拐骨。牛拐骨一枚，山羊、绵羊拐骨七枚，还有一枚钢铸的仿绵羊拐骨。由此看来，北方游牧部落接触羊拐的时间，还可以前推至更早。

草地有"玛瑙珊瑚稀世宝，牲畜之中肉是宝，肉之中拐骨是宝"一说，可见羊拐在他们心目中是多么重要。卧牛卧羊的时候，牧民杀多少牲畜也要把拐骨保存起来，不仅保存自家的，还要把赢别人的也一同装在皮袋里，有的多达几百几千枚。"拐多之家牛羊多"，就是说的这种意思。

一到冬闲季节，不论男女老少，都提着羊拐袋子玩耍起来，把赢得对方羊拐看作一大乐事，所以牧民中有"玩羊拐也是一技"的说法。羊拐有很多玩法，主要有掠射羊拐、掷四畜、纳羊拐、滑击、弹羊拐等玩法，通常是配沙包一起玩，手里抓一副羊拐，抛沙包的同时把手里的拐撒出去。散开的拐不同的面朝上，每抛接一次沙包，就要用手翻转拐的面，当所有拐都变成同一个面朝上时，再抛接一次沙包，同时一把把拐抓起来，就算完成一个回合。耍"嘎拉哈"在20世纪70年代还比较普及，以后随着城镇

化进程，人们逐渐告别了蒙古包、大杂院，住进了单元楼，人与人之间往来少了，孩子与孩子之间也陌生起来，加上各种现代玩具的冲击，让传统游戏渐行渐远。其实，耍"嘎拉哈"可以培养孩子们的社交意识，从中学会尊重规则，还能锻炼身体，比网络游戏要好许多。

关于牛的传说

在人类文明史上，牛发挥着很大的作用。种田靠牛，拉车靠牛，甚至连人的名字、姓氏、属相也与牛有着不可分离的关系。牛是人类的朋友，数千年来，留下了许多牛的美好传说。

中国老百姓没有几个不知道牛郎织女的故事。相传织女是天帝的孙女，也就是王母娘娘的外孙女，她和六姐妹在天宫给天织彩衣。地上有个牛郎，父母亡，哥嫂对他不好，牛郎分家另过，只给他一头老牛。牛郎依靠自己的力量，老牛的帮助，耕田种地，日子渐渐过得好起来。但他一个人总感到很寂寞。有一天老牛突然开口说话了，说七姐妹要下到温泉洗澡，牛郎可趁机把织女的衣服藏起来，让她答应做牛郎的妻子。牛郎照老牛的说法办了，在温泉旁说服织女，二人结成了夫妻。婚后，二人男耕女织，相亲相爱，还生下一儿一女。但他们的婚事被天帝知道了，派天神把织女捉回天庭问罪。牛郎追不上织女，抱着一双儿女痛哭。老牛说："我快死了，死后把我的皮剥下来，你穿在身上，能够上天，与织女相见。"老牛死后，牛郎披着牛皮，挑着孩子，上到天界寻妻。正当牛郎与织女要相见时，被王母娘娘拔下头上的金簪，沿着银河一划，清澈的银河一下子变成了波涛翻滚的天河，迫使牛郎和织女隔河相望。后来，天帝和王母娘娘受到了感动，允许他们每年七月七晚上相会。在这则神话故事中，老牛扮演了一个非常重要的红媒和神仆角色，每提起牛郎织女之事，人们都对它倍加崇敬。

道教学派创始人老子，骑着青牛过函谷关，被尹喜发现，行弟子礼，拜其为师。后来老子离开函谷关入秦，遍游秦国各地名山大川，最后隐居于扶风一带讲学，传播道教思想，他写的《道德经》，成了道教经典。老子死后葬槐里，就是现在陕西周至县东南的终南山麓。在《封神演义》中，黄臣虎的坐骑乃是五色神牛，反纣从周，成就一番功业。魏惠王时，庖丁解牛的技术令人赞叹，挂牛头卖马肉的故事见于《晏子春秋》。而弦高贩牛的故事更是传为千古佳话。郑国的弦高干的是长途贩牛生意。他赶着牛走在路上，正遇见一支打算偷袭郑国的秦国军队。弦高急中生智，把贩运的牛献给秦军主帅，说是奉郑国国君之命前来劳军,秦军主帅以为阴谋败露,便撤兵而回。

牛衣对泣说的是西汉时有个叫王章的人,家徒四壁,生活十分清苦。这年冬天,天气寒冷,王章夫妻只得在地上铺一层厚厚的草作床,身上盖的是乱麻和草编成的"牛衣"。有一次,王章得重病,失去了生存信心,躺在牛衣中哭起来。他一面哭,一面和妻子诀别。他妻子是个坚强、贤惠的女人,劝慰丈夫说:"我们虽然很穷,只要你养好身体,发奋读书,目前的困境是可以改变的,为什么要这样绝望呢?"王章听后,很受感动,决心生存下去。在妻子的照顾下,他的身体果然一天天好起来,终于功成名就。

"九牛一毛"出自于太史公司马迁。汉朝名将李陵带兵讨伐匈奴,不幸战败投降。汉武帝听说后大骂李陵叛国。司马迁认为李陵不是真心投降,而是在等待立功赎罪的机会,汉武帝听到不同意见非常生气,把司马迁关入大牢,处以残酷的腐刑。司马迁本想自杀,但又想到自己只是一个地位低微的人:"假令仆伏法受诛,若九牛之一毛,与蝼蚁何异。"司马迁坚定了要活下去的信念,含辛茹苦写成了《史记》这部伟大的著作,流芳千古。

蒙古族春节风俗

春节蒙古语叫"查干萨日因巴雅尔",直译为"白月之节"。

查干萨日到来之前,把蒙古包里里外外打扫得干干净净,有人还把蒙古包迁到新址。这些一般都要在"朱腊萨日"(点燃佛灯之月)23(或24)日祭火节前完成。祭火节是春节的前奏。在这个节日前,蒙古人还要挂出崭新的风马旗,象征在新的一年里全家人意气风发,万事如意。祭火神的主要祭献物是煮熟的山羊胸骨、五彩布条、阿穆苏(奶油粥)、酒、点心、草香、茶叶、干红枣等。先清除火撑子里的灰烬,换上新火台,点燃新火,周围点燃四盏佛灯,然后主祭人(一般是户主)诵读祭火词,同时把祭献物慢慢放进燃烧的火灶里。众人挥舞着双手做出召唤财富的动作说:"呼瑞!呼瑞!呼瑞!"然后向火灶叩头。

春节的前一天蒙古人称之为"闭特温",意思为"闭合之日"。那一天,牧民们把一年中未干完的工作全部结束或告一段落,并把牲畜赶回入圈或放在家附近。把书籍和各类工具擦拭干净后,用草香或白食献祭。女人们则把缝纫用具和材料收拾起来放在箱子里。除夕傍晚,要举行祭祀过世祖先的仪式。除夕是闭合之日,也是团圆之日,外出的人都会赶在这一天前回到家里团聚。因此,除夕的午夜饭以吃完整的羊头、包子、饺子等具有完整外形的食物为吉利。全家人欢聚一堂,享用团圆饭、弹琴唱歌、尽情欢乐。除了自己吃好喝好外,人们还要把家畜、狗、猫等喂饱,因为这是来年丰收的象征。除夕夜守岁也是蒙古人普遍的习俗。除夕这一天还有许多忌讳,如不串门、不争吵、不谈不吉利的话题、不打牲畜等。

大年初一也行的第一个重要仪式是祭天。在家的西南或东南方,用沙土堆起的高半米左右的祭坛在前一天就已堆好。初一凌晨,一家男女老少在主祭人(一般为户主)的带领下参加祭天仪式。祭坛前摆设一桌,其上放置羊背、各种白食、糖果、茶酒等。首先在祭坛上点燃火和卓拉(佛灯)。主祭人用特制的献祭勺(一般为九眼勺)向天献祭,大家在祭坛周围铺好的毛毡上向天叩头。主祭人诵读"伊金桑""苏利特因桑"等祭文

后，人们手捧招财袋、招财桶以及盛肉的盘、盛酒的瓶子、盛茶的壶等呼唤："呼瑞！呼瑞！呼瑞！"他们召唤的财运内容涉及牧人生活的好多方面，无所不包。最后主祭人问："福禄财运到否？"大家齐声回答："到了！"这样祭天仪式便告结束。

初一早晨全家人一起拜年。辈分小的向辈分大的、岁数小的向岁数大的人手捧哈达行拜年礼，互致新年的问候。拜年时，长辈人对后辈人致春节祝福词。在春节期间，人们穿着漂亮的衣服，骑着膘壮的马，成群结队地串门拜年。尤其是年轻人特别活跃。草原人的春节，就像一首令人陶醉、让人激奋的诗歌，醇厚绵长，美好难忘。

元代蒙汉诗歌概述

元代诗歌总数及诗歌作家丰富众多。杨镰在《元代文学编年史》里记述："流传至今的元诗有十二万余首，分属约五千诗人，这个数字是《全唐诗》的四倍，是《全宋词》的二分之一。"由于元曲代表了元代文学的最高成就，所以相比较而言，后人对元代诗歌的关注较少。事实上，元诗作为一代之诗，和当时的政治经济、宗教哲学和教育文化等有着密切关系，有着独具特色和值得称道的地方。

元代诗坛是中国诗歌史上包含作者最为广泛的一个朝代。除汉族诗人外，尚有蒙古、契丹、女真等几十个少数民族，这在中国其他朝代是少有的事情，其中耶律楚材父子、伯颜、贯云石、萨都剌、马祖常等少数民族诗人成为元诗名家。另外，元代实行宗教信仰自由政策，元末明初的著名高僧楚石等出家人或宗教界人士，也写出了《上都》《开平书事》《漠北怀古》等质量上乘的诗作。

从题材方面来看，边塞诗描写范围和所反映内容的空前扩大是元诗的显著特点。元朝疆域辽阔，其范围不再偏重于唐诗中所重点描写的西北边陲，而是地兼南北。诗中内容多描写风土人情、山川美色，较少战争场面的渲染与刻画。表现形式方面创造了纪行组诗的新形式，具有记史事、写风俗、地图方志等多种史料价值，对传统表现边塞题材的"饮马长城窟行""观山月""出塞"等乐府旧题较少沿用。其中少数民族诗人笔下的塞北西域之人情风俗、草原山川，别有一番亲切之意和真挚之感。如萨都剌《上京杂咏》之八言："牛羊散漫落日下，野草生香乳酪甜。卷地朔风沙似雪，家家行帐下毡帘。"迺贤之《塞上五曲》之五言："乌桓城下雨初晴，紫菊金莲漫地生。最爱多情白翎鸟，一双飞近马边鸣。"

汉族诗人的边塞题材诗歌，描写大都至上都（今北京至正蓝旗）沿途风光人情及上都景致是其集中点之一。元朝实行两都制，每年春夏之交，元帝必巡幸上都理政，待秋凉后返回大都。每年巡幸必有大批文人扈从，扈从文人吟诗作赋，创作了大批吟咏沿途塞外风光、习俗人情的诗篇。如袁桷、柯九思、杨允孚、张昱、许有壬、贡师泰、虞集、黄

潭、柳贯诸人，其中杨允孚有《滦京杂咏》（108首）等，张昱有《辇下曲一百二首》《宫词二十一首》等，柳贯有《同杨仲礼和袁集贤上都诗十首》《后滦水秋风词三首》等，许有壬有《上京十首》等，贡师泰有《和胡士恭滦阳纳钵即事韵五首》。这些诗都集中描写了塞北草原蒙古地区的自然风光、人情习俗、物产地理及宫中生活等方面。另外，题画诗较多亦是元诗的一个明显特点。其间蒙古人亦参与其中，众多文人雅士为达官贵人所藏书画题诗，为题画诗的发展起到了推波助澜的作用。

在元代蒙古族学习汉文化的高潮中，皇帝、宗王们出于交往和统治的需要，积极号召鼓励学习汉文化，并身体力行、舞文弄墨，创作出了一批艺术水平较高的汉文诗歌，具有一定的时代与民族特色。元朝开国之君忽必烈的汉文诗作《徒玩春山纪兴》，便被收入清代所编的《御选宋金元明四朝诗》。其诗云：

时膺韶景陟兰峰，不惮跻攀谒粹容。

花色映霞祥彩混，垆烟拂雾瑞光重。

雨霑琼干岩边竹，风袭琴声岭际松。

净刹玉毫瞻礼罢，回程仙驾驭苍龙。

此诗是元世祖忽必烈即位后，游览大都高山所作。春光明媚，景物迷人，世祖不畏登攀去参拜佛像，只见霞光映彩，烟雾袅袅，琼干岩竹，琴声岭松，景物描写生动，充满神佛景象。世祖以帝王的意识和气派，描写面前的万物谐和、生机勃勃和礼佛及归去的庄敬、煊赫，颇具帝王气象，表现了元前期的太平盛世景象和对佛教的尊崇，具有一定的时代特点。其语言富丽堂皇，风格阔大典重，格律谨严，对仗工整，表现了世祖熟练地掌握了汉文诗歌的写作技巧。

元代疆域空前扩大，各民族间的交往繁荣，中国境内的游牧文化与农业文化之间，已相对少了历史上的兵戎相见，友好交往成了主旋律。就蒙汉文学交流的角度来看，富有特色的蒙古地区自然风光、人民生活习俗、皇宫中的独特礼节、政治举措等，也成了对汉族文人学士极富吸引力的描写对象，丰富了元代文学创作。可以说，元诗坛上有名人物没有不涉及这一题材的。如号称元诗"四大家"的虞集、杨载、范梈、揭傒斯就有不少反应蒙古生活的诗作。另外著名者有柯九思、杨允孚、柳贯、胡助、周伯琦、张昱、袁桷、许有壬、杨维桢、王逢、员炎、张翥、王士熙、黄潜、贡师泰、丘处机、刘秉忠、郝经等人。在这些人物当中，有不少人在朝廷中任要职，有的人曾经到过蒙古地区，对蒙古生活非常熟悉，所以他们反映蒙古地区生活的诗作写来真切自然，从大漠旷野、山川河流、衣食住行、风俗习惯及皇宫礼仪等全方位地描绘了蒙古族及蒙古地区的生活画图。如杨

允孚《滦京杂咏》中所描写宫殿及其朝会中的诗作便有:"大安阁下晚风收,海月团团照上头。谁道人间三伏节,水晶宫里十分秋。""北极修门不暂开,两行宫柳护苍台。有时金锁因何掣,圣驾鬃毛殿里回。""千官万骑到山椒,个个金鞍雉尾高。下马一齐催入宴,玉阑干外换官袍。""锦衣行处狻猊习,诈马筵前虎豹良。特敕云和罢弦管,君王有意听尧纲。"上述四首诗中描写了上都大安阁、鬃毛殿、百官朝拜及皇室举办诈马筵等隆盛绚丽的场面。上都城垣现已成为遗址,所以诗人所描绘上都的诗作在这里便显得弥足珍贵。

元诗的上述特点,与元代的特定历史环境,特别是蒙汉文化及文学交流是密不可分的,也正是在这种情况下,蒙古族及其他少数民族文人学习汉文化,与汉族诗人建立了良好的互动关系,互相之间酬唱赠答、游宴题咏,涌现出了不少蒙古族汉文诗人和反映蒙古族生活的汉族诗人,他们共同为元代诗歌创作的繁荣做出了贡献。

《李陵台》诗词赏析

  《李陵台》是元代著名诗人黄溍《纪行诗》中的第11首,诗中写道:"日暮官道边,土室容小憩。汉将安在哉?荒台犹仿佛。低徊为之久,怀古增歔欷。长风吹旷野,飞雨千里至。萧条苍山根,草木余爽气。常怜司马公,予夺多深意。奏对实至情,论录存大义。史臣司述作,遗则敢失坠!"

  李陵台在今内蒙古正蓝旗黑城子示范区,元朝时是上都至大都的交通要道。诗人路过此地,睹物怀古,触景生情,抒发感慨,赋为此诗。

  前六句叙事明题,却又夹杂着强烈的感情成分。天近傍晚,暮色苍茫,官府修筑的大道边上有一简陋的居室,尚可容人休息片刻。接下两句用的是倒装法,本应因台及人,由台缅人,但却先点"汉将",后提"荒台",从而更突出人去台空的落寞之感。西汉一代名将李陵早已踪影不存,而以他的名字命名的李陵台虽已荒颓,但仍大抵可见。人筑台,台为人,如今物是人非,空于荒台,情何以堪!于是为它长久地低首徘徊,增添出许多缅怀古人的忧思。

  中四句描写边塞风光,诗句浑朴开阔。千里原野,空旷无际,劲风断续长吹,骤雨不时飞洒。群山已萧瑟,众壑成苍茫,山下的野草树木呈现一派清爽气息。

  后六句为议论。"常怜司马公,予夺多深意。""司马公"指西汉时伟大的史学家司马迁。"予夺"是褒扬贬抑的意思。司马迁所著《史记》,不论是记述史实,还是评述人物,都能实事求是,公允中肯,深刻具体,既未滥褒,也不乱贬,故受到诗人的喜爱。在李陵台,作者自然就联想到司马迁笔下的李陵。据《史记·李将军列传》所载,汉武帝天汉二年(公元前99年)秋,李陵率领将士出居延北千余里击匈奴,"而单于以兵八万围击陵军,陵军五千,兵矢即尽,士死者过半,而所杀伤匈奴亦万余人。且引且战,连斗八日"。此时,消息传至长安,"汉公卿王侯皆奉觞上寿",一片贺捷之声。后来,"匈奴遮狭绝道,陵食乏而救兵不到,虏急击招降陵。陵曰:'无面目报殿下。'遂投匈奴"。消息又传至长安,武帝大怒,群臣嗫若寒蝉,或趁机中伤。司马迁则在据理分析李陵的为

人和战功的基础上，诚恳上言："以为李陵素于士大夫绝甘分少，能得人死力，虽古之名将，不能过也。身虽陷败，彼其意，且欲得其当而报于汉，事已无可奈何，其所摧败，功亦足以报于天下矣。"武帝认为这是司马迁在为李陵的投降辩护，盛怒之下遂处于宫刑。司马迁仗义执言，不徇私情，就是"奏对实至情"。同时，不因个人的感情和遭遇而歪曲史实，而对"李陵既生降，颓其家声"，丧失民族气节的行为，也作了记述和谴责，这正是"论录存大义"。诗人当时"兼国史院编修官"，因而以情作诗，兼抒己志："史臣司述作，遗则敢失坠！"司，掌管。遗则，遗留下的榜样或准则。这是乃二义兼具，作为史家，应以司马迁为榜样，撰述史书，当用《史记》作准则，表达了诗人的宏愿和抱负。

　　此诗在章法布局上颇具特色，写情造境，富于变化，先六句叙事兼抒情，后六句议论兼抒情，而中间横插四句纯乎写景，似感与上下不接，实乃暗里承上启下，峰断云连。历尽沧桑台犹在，则千古之"风景不殊"，四句景语，正暗承今之"荒台"。如今，风景犹存，物是人非，古之"汉将"安在？遂以景逗情，稍启"深意"，引入议论，自然不觉。全篇明断暗续，不接而接，艺术表现手法奇妙。

小宏城——元代察罕脑儿行宫的尘封传奇

2014年6月23日，笔者和参加锡林郭勒盟诗词协会"2014年金莲川诗词笔会"的20多名文友专程来到河北省沽源县，在县作协常务副主席任作贵、副主席张沫末的引领下，对元代察罕脑儿行宫小宏城遗址进行了探寻。

元代确立以燕京（今北京）为大都，开平府（今内蒙古正蓝旗）为上都。由大都至上都的驿路，全长800公里，从元世祖忽必烈开始，建立了两都巡幸制度。为了便于两都之间的往来，也为了大宴群臣或游猎生活出行需要，忽必烈在上都东西两侧建造两座行宫，一座位于今内蒙古多伦县白城子，称为"东凉亭"；另一座位于河北省沽源县小宏城村的察罕脑儿（"察罕脑儿"蒙语意思为白色的湖泊或水淖）行宫，称为"西凉亭"。

小宏城村位于沽源县闪电河西岸，是闪电河乡的一个普通村庄。小宏城村的名气来自于小宏城遗址——750多年前的一座风景秀美、华丽壮观的元世祖忽必烈察罕脑儿行宫。

从沽源县政府所在地平定堡驱车向东北行走20多分钟后，汽车在路边停下，小宏城遗址石碑寂寞地竖立在那里。放眼望去，遗址已接近于"看不见摸不着"了，使人很难把它与华丽的皇帝行宫联在一起。小宏城遗址群是以小宏城遗址为核心，包括分布在四周的东小城、荄荄包、灰坑等遗址群。从遗址勘查，城垣呈长方形，四垣保存基本完好，南北长360米，东西宽330米，周长1380米，外有护城壕沟。门址在东、西两墙和南墙中间。南城墙已被小宏城村民盖民房占用，以前曾有村民在遗址上种庄稼，后来县里将土地置换回来，把遗址保护了起来。2006年5月，小宏城遗址被国务院确定为全国重点文物保护单位。

据张沫末介绍，城垣内正中偏北有南北长70米，东西宽35米，高3米的大型宫殿平台基址一座，这里就是察罕脑儿行宫大殿享丽殿遗址。平台为夯土筑成，台基平面南北呈长方形，周边已经倾塌，大台基北面有两排五座小台基，这些台基可能是后妃的居住宫室遗址。大台基南面东西对称各有两座小台基，这是皇帝在行宫办理政务时大臣上下朝休息等候宣召的偏殿遗址。整个行宫布局严谨、设计精巧、主次分明,体现了封建王朝皇城前朝后寝的建筑风格。

东小城距小宏城遗址西20米处,是察罕脑儿行宫建筑组群的一部分,和小宏城遗址并列,周围筑有高大围墙。东小城平面呈正方形,建筑方向和城垣结构与小宏城遗址相同。原城墙底宽3米,高5米。东小城中部是一组平面呈凹字形大型建筑,建筑基址表面为突起的平台,上面散落着大量的琉璃石片、布纹平瓦和元代流行的兽面瓦等。平台明显分为东、西、北三组建筑遗址,原建有东、西配殿和正殿,各殿之间地表微微隆起,像是有回廊式建筑将各殿连接起来,形成一个严密的建筑群。

早些年,当地群众在东小城东南角挖取砖石时,在一座平面长方形殿基下面,挖出铁柱子、铁门框等铁器。当时居民也没有收藏意识,大部分都卖了废铁。据推测,这可能是一座用铁柱做支撑,铁砖铺地,周围砌以砖墙的既坚固又华丽的殿堂。遗址地表散落有大量的方砖、长方砖、直纹砖、绿色琉璃和石柱。特别是出土的一些元代钧窑及磁州窑白地黑花瓷片、白釉、鸡腿瓶、碗、罐、盆等残片遗物,都具有典型的元代器物特征。从东小城的布局看,这里应是小宏城的附属建筑总管府所在地。小宏城遗址和东小城东北面,有一片由倒塌建筑物堆积而成的建筑遗址,上面长满了芨芨草,当地居民叫作"芨芨包"。遗址地面高低不平,房舍轮廓大多不清,没有围墙遗迹,从地面上散布的大量砖块瓦片和数量众多、粗细不等的黑釉瓷缸残片推断,这里可能是察罕脑儿行宫的仓储场所及供应行宫所需酒食的酿造场所。

蒙元宫廷大宴——诈马宴

　　蒙古民族,又称马背民族。世代逐水草而居,一直在茫茫的大草原上过着游牧生活,吃、喝、住、行,甚至燃料,无不仰仗于畜牧业,一谈到饮食文化就很难离开肉与奶。早期绝少接触粮食,但却吃出了自己独特的风味儿。

　　诈马宴,是大蒙古国和元朝时期的宫廷大宴,是蒙古王朝宫廷最高规格、最为隆重的宫廷宴会,是融宴饮、歌舞、游戏和竞技于一体的贵族庆典娱乐活动。诈马宴,又称"珠玛宴"、"质孙宴"或"只孙宴",2007年被列入第一批内蒙古自治区非物质文化遗产名录。"诈马"为波斯语,汉语意为"衣服","质孙"、"只孙"为蒙古语,汉语意为"颜色"。参加宴会者的服饰统一发放,共有十三种颜色,故而称为诈马宴或质孙宴。据记载,元世祖忽必烈在上都、大都先后摆过十次大型且有重要影响的诈马宴,用来庆祝平宋战争的胜利和四海一家、天下混一。当时的文武百官及各国使臣,包括马可·波罗叔侄等都出席了宴会。在诈马宴上,忽必烈与外宾、嫔妃、王子、将相欢聚一堂,畅所欲言,大家操刀割肉,大碗饮用马奶酒,绝少中原汉地那种多少碟子多少碗的婆婆妈妈,也没有后世"满汉全席"上那么多零碎和啰嗦,而一经展现却绝对可以让你目瞪口呆,馋涎欲滴。之所以称之为"诈马宴",乃说明此宴一经摆出便足以使草原众多马背英雄"闻香"策马而来。万马嘶鸣,马蹄欢动,颇为壮观,故名"诈马宴"。那到底是怎样的珍馐佳肴和盛况呢? 汪元量在其纪事诗中,便记录了忽必烈十开诈马宴的盛况:

皇帝初开第一筵,天颜问劳思绵绵。

大元皇后同茶饮,宴罢归来月满天。

第二筵开入九重,君王把酒劝三宫。

驼峰割罢行酥酪,又进雕盘嫩韭葱。

第三筵开在蓬莱,丞相行杯不放杯。

割马烧羊熬解粥,三宫宴罢谢思过。

第四排筵在广寒,葡萄酒酽色如丹。

并刀细割天鸡肉，宴罢归来月满鞍。

第五华筵正大宫，辘轳引酒吸长虹。

金盘堆起胡羊肉，乐指三千响碧空。

第六筵开在禁庭，蒸麋烧鹿荐杯行。

三宫满饮天颜喜，月下笙歌入旧城。

第七筵排极整齐，三宫游处软舆提。

杏浆新沃烧熊肉，更进鹌鹑野雉鸡。

第八筵开在北亭，三宫丰筵已恩荣。

诸行百戏但呈艺，乐局伶官叫点名。

第九筵开尽帝妃，三宫端坐受金卮。

须臾殿上都酣醉，拍手高歌舞雁儿。

第十琼筵敞禁庭，两厢丞相把壶瓶。

君王自劝三宫酒，更美天香近玉屏。

值得重视的是，至元世祖忽必烈时期已绝不仅仅是闷着头只顾大吃大喝了。既然称之为"饮食文化"，当然要杂糅百家，使人吃得更加尽兴。随之，便如汪元量诗中所说，这场国宴上出现了诸如"乐指三千响碧空"，"月下笙歌入旧城"，"诸行百戏但呈艺，乐局伶官叫点名"，"须臾殿上都酣醉，拍手高歌舞雁儿"种种欢腾景象。这才叫真正吃出"文化"来了：眼睛看着，耳朵听着，鼻子闻着，嘴巴品着，高兴过头了，还能来段"雁舞"……试想，"乐指三千"该是多大的乐队啊？而"乐局伶官叫点名"更说明了早在七百多年前，大元宫廷的国宴上早已可以指着歌星点歌了。盛况空前，足可以和美国总统尼克松七百年后访华的国宴相媲美。不过，当时的乐队也只是奏了一首美国乐曲《美丽的阿美利加》，热闹远逊于大元王朝的诈马宴。

质孙服饰习惯称为"金锦衣"、"金织文衣"。蒙元时代凡忽里台大会和内廷大宴皆服之，意在"亲疏定位，贵贱殊列"，"必上赐而后服"，且"其佩服日一易"。为此，参加诈马宴的皇帝、贵族、大臣等人有多套质孙服。按照马可·波罗的描述，所谓质孙服包括衣、带、靴等物在内，同时缀有珠宝的宴饮用服饰。其中，皇帝冬季和夏季质孙服有30余件套，官员等人的冬、夏质孙服分为九等和十四等。

元朝规定，"国有朝会、庆典，宗王大臣来朝，岁时行幸，皆有燕飨之礼"。凡新帝即位、大臣上尊号、册立皇后太子、过年、皇帝生日、祭祀、狩猎和诸王朝会等活动，都要大摆筵席，招待宗室、贵戚、大臣、近侍等人。朝会、庆典、新帝即位等诈马宴多在上

都举行，其他情况两都兼而行之。大都主要宴所为大明殿，上都主要宴所为"西内"（昔刺斡耳朵，意为黄色殿帐），由于覆盖大片棕毛，亦称"棕毛殿"。清晨，赴宴者各持彩杖，列队到昔刺斡耳朵所在之处。大汗通常也乘马而行。在一派管弦乐声中，君臣入帐各就其位，大汗坐在帐中高台上的七宝云龙御榻之上，入宴者须按贵贱亲疏等次就位，"以中为尊，右次之，左为下"。包括卫士、乐工在内，在场所有人员都要穿着皇帝颁赐的贵重服饰——质孙服。马可·波罗说诈马宴每年举行十三次，实际并无定制。诈玛宴开始的第一个项目是宣读祖训，其意在于笼络宗亲。宴会开始，先有"喝盏"之俗，意为进酒。大汗将进酒，侍者执酒近前半跪敬献，退三步全跪，全场同跪，司仪高喊"哈！"鼓乐齐鸣。大汗饮毕，乐止，众人复位，随后君臣畅饮。

诈马宴由酒类和食物的组织调运、位次排定和宴饮仪节、宴乐等内容组成。诈马宴短则三两天，长达两个月之久，场面宏大，内容丰富，包括马奶酒在内的酒饮是其中饮食活动的主要内容之一。因此，对酒的组织调运也受到特别重视。在统管宴饮的宣徽院下属机构中，专掌造酒与提供造酒原料的属司有九个，提供奶食、粮食、肉食、蔬菜、水果、茶叶、柴炭等物资的属司有十五个，皇帝与诸王权贵都有专供制造马奶酒的马群、毡帐和乳车。元朝的宫殿坐北朝南，诈马宴上皇帝和皇后坐在北面中央，男人们坐在皇帝的右边，即西边；女人们坐在皇帝的左边，即东边；南面坐着皇帝的儿子和兄弟们。主膳官员身着礼服，面北侍立或跪坐酒器左右，专司进酒，酒器形制繁复，气派非凡。正式开宴前，掌管金匮之书的大臣手捧大札撒，诵读其中若干条文，其后则"礼有文饮有节矣"。饮毕撤席，宴乐使诈马宴又进入了一个新高潮。每次宴乐，要到日暮秉烛时分才尽欢而散。众人策马出城，各回其所。

元朝的诈马宴场面宏大，从"大宴三日酺群惊，万羊脔炙万瓮浓"中，我们便可窥见蒙古族当年换盏醉饮的影子。这说明，忽必烈很善于利用本民族特有的仪节性传统，为元朝创造出了一套适应时宜、适合本民族性格特征的礼制。也正是因为如此，植根于游牧民族深厚土壤中的诈马宴才获得权贵们的认同，从而在一定程度上发挥出凝聚族众、维系等级秩序的礼制性功能。今天，我们有必要对诈马宴进行挖掘和传承，并在此基础上有所创新和发展，使之成为独具蒙元文化特色的旅游项目。

离北京最近的沙地——浑善达克沙地

  浑善达克沙地是中国十大沙地和内蒙古四大沙地之一。20世纪50至60年代，人们称浑善达克沙地为小腾格里沙漠或沙地。按照当地牧民的习惯，70年代将小腾格里沙地改称浑善达克沙地。"浑善达克"直译为"孤独的马驹"或"孤独的两岁公马"，它来自一个美妙的传说。很久以前，有一匹小马驹经常出没在这片水草丰美的草原上，孤独地对天长嘶，仿佛在寻找自己的主人。后来，一代天骄成吉思汗降服了这匹烈马，成为他征战天下的四骏之一。从此，人们称这片沙地为"浑善达克"。

  浑善达克沙地分布在内蒙古高原的东部。东起大兴安岭南段西麓达里诺尔，向西延伸到集二铁路线，总面积7.09万平方公里。地势由东南向西北倾斜，平均海拔1100至1300米，地面起伏不大，基底是沉积于今300万至8000万年的湖泊相黏土、沙砾层及距今100万年前后沉积的冲积沙。

  沙地受西北风向控制，使得流沙向东南方向移动，逼近内蒙古高原的边缘，距离北京市最近的地方直线距离仅130公里，浑善达克沙地又处在沙尘南下的东线上，保护好浑善达克沙地的生态环境，治理风沙危害关乎首都的生态安全和大气环境质量。

  浑善达克沙地由于降水条件较好，年降水量250至400毫米，植被生长良好，沙丘以固定及半固定居多。除草本植物外，还有蓝旗榆、山丁子、山樱桃和绣线菊等乔灌木。沙地丘间低处地当地牧民称之为"塔拉"，植物生长茂密，覆盖度在50%以上，是当地的主要牧场，有100多个湖泊分布其间，形成独特风景。

  公元13世纪前，尽管经历数次民族更迭，但这片沙地一直是北方游牧民族繁衍生息的优良牧场。13世纪初，蒙古民族统一北方草原，1256年开始在今正蓝旗境内修筑第一个都城元上都。1270年，在沙地北侧达里诺尔湖滨修筑应昌府，为此大兴土木，挖土烧制砖瓦，砍伐周围林木做建筑材料。据记载，仅保卫上都的虎贲军中就设有34个屯垦点，有3000人从事屯田，种地4000多公顷。这些人为的活动打破了沙质草原的脆弱平衡，沙地开始局部活化，风沙再起。在元代诗人的笔下，上都初期建设时周围环境是

"阴阴森林八百里",建设中"滦人薪巨松,童山八百里",对后期的风沙环境则有"种出碛中新粟卖,晨炊顿顿饭连沙","卷地朔风沙似雪,家家行帐下毡帘"的描述。

20世纪70年代至本世纪初,浑善达克沙地沙漠化加剧,沙漠化土地由2.57万平方公里扩展到3.05万平方公里,流动沙丘由20世纪60年代的172平方公里扩展到2970平方公里,平均每年扩展70平方公里。由于生态系统一度严重受损,生态防护功能明显减弱,浮尘、扬沙和沙尘暴天气频发,恶劣的生态环境不仅制约着区域经济社会可持续发展,而且直接影响到京津地区的生态安全。

浑善达克沙地横贯锡林郭勒盟,在浑善达克沙地总面积7.09万平方公里中,锡林郭勒盟境内面积为5.8万平方公里,其中正蓝旗沙地面积有6700平方公里。自2000年以来,正蓝旗依托京津风沙源治理工程,大力调整优化牧业结构与经营方式,把生态建设作为最大的基础建设,切实加大保护与建设力度,有效遏制了浑善达克沙地的扩展蔓延,全盟沙化土地净减少109万亩,防沙治沙取得了前所未有的成效,改善了区域生态状况和生产生活条件。

在正蓝旗上都镇西南有一处占地200万平方米的浑善达克生态园。该园原为上都镇一处工程建设采沙场,植被破坏严重。为改善生态环境,从2007年正蓝旗开始对该地进行修复,对园内进行了绿化,按照最初的生态环境,保存了沙地、丘陵和草地等多样性的地貌生态景观,并建设了部分休闲设施。生态园内分为植被绿化区、公路绿化美化区、沙地植物绿化区。绿化主要以针叶乔木和花灌木为主,树种有白桦、红柳、榆树、云杉、雪柳、樟子松等30余种。出入口修建花圃,夏季栽植多种花卉,形成层次分明、错落有致、树种多样、颜色各异的园林景观,成为当地居民和外地游客休闲娱乐的好去处。

初探太平城遗址

一场春雨过后，我们来到了正蓝旗黑城子示范区正西北一片神秘的土地。这里裸露的地表土质坚硬，视野开阔，飞鸟盘旋，地下水资源丰富，具有一千多年历史的太平城遗址便坐落其间。据初步考证，坐落在现黑城子第一居委会境内的太平城遗址，周长2200米，从闪电河西由太平城至边界，每2.5至5公里就有一古建筑群遗迹，可见当时人口居住的密集程度。据当地群众口传，过去在这里曾发现过古瓷器、玉盘、酒具、铜秤砣、铜镜、铜币、铁箭头、千手观音、铜盘、古钱币等物品，至今遗址上仍留存着质地细腻、不同颜色的碎瓷片30余种，另有残砖碎瓦、古钱残币、铁器碎片等散落其间。

黑城子示范区位于闪电河上游，是契丹、女真、蒙古等少数民族政治、经济、军事、文化活动范围，与元上都遗址、侍郎城遗址一脉相连，是北方文明与中原文明交融汇通的胜地。辽代这里被称作凉陉，辽代皇帝捺钵曾在这里筑建避暑山庄。辽初时萧太后（953—1009年）与帝西行，率群臣在今黑城子一带巡幸、避暑、狩猎、扎帐赐宴，狂欢达旦。统和十年（992年）颁诏，募民在旷野建廊，耕田种地，十年不交赋。先后17年，太后与帝在这一带活动。每当帝后出游，几乎举族出动，五里、十里一营，三十里、五十里一部，场面十分壮观。在这里，萧太后和圣宗接受属国的进贡和部族朝见，研究部署安邦定国大计。因建城时间现无据可查，笔者推测太平城很有可能就是金代时所建的的桓州城旧址。从太平城所处地理位置来看，它具有很强的军事功能，该城堡不仅前出至滦河西岸台地，而且还处于金界壕内缘的折弯处，对于军事上的攻防转换来讲，是一个绝佳位置。由于该城址具有良好的军事地理位置，所以桓州迁址后，作为一个重要的军事设施应该被使用了很长时间。直至元明，该城堡依然被不断修葺完善，继续发挥着重要的军事作用。如《明太宗实录》卷八记永乐十一年（1413年）"命开平备御都指挥章安，于威虏、桓州、赕宁、明安诸驿建立城堡，各以军二百守御"。其中威虏便是元代李陵台驿更名（1410年，明成祖北征返回途中，驻跸开元，改开平李陵台驿为威虏驿）。由于驿站内不可能驻军，也不可能建立城堡，于是在上都河西岸太平城旧址上经修葺后作为驻军

守御之所是最佳选择。

金代这里被称作曷里浒东川。金世宗八年（1168年），世宗率众北上，见此水草丰茂，幅员辽阔，金莲怒放，珍禽异兽时隐时现，遂将此地更名为金莲川。世宗执政29年，十几次亲幸这里避暑狩猎，施略军政大事。金世宗大定年间（1161—1189年），金世宗将西北路招讨使北迁至壕堑附近，在金莲川兴筑桓州城，史称旧桓州城。章宗明昌三年（1196年），改桓州为刺史州，在旧桓州城北15公里另筑新桓州，即今上都镇北的侍郎城遗址。1251年6月，忽必烈在桓州城建金莲川幕府，总领漠南汉地军国庶事，为忽必烈走向帝位、治国安邦奠定了坚实的基础。1256年春，忽必烈在桓州东、滦水北（黑城子北40公里）建立开平城。1260年3月忽必烈在此称帝，1264年改开平府为上都，成为与大都（今北京）同等地位的全国政治、军事、经济和文化中心。两都间开通4条驿站，黑城子当时称李陵台，为驿道、正道、黑谷道（也称辇路）之必经要冲，只许帝后、官吏、传递军情者通行，可见当时黑城子战略地位的重要。

在正蓝旗圆寂的三世达赖喇嘛
——索南嘉措

达赖喇嘛是西藏佛教格鲁派（黄教）中与班禅并列的两大宗教领袖之一。1578年5月，明代蒙古族土默特部顺义王俺答汗，在青海仰华寺会见西藏色拉寺第十三任池巴索南嘉措。俺答汗赠送索南嘉措"圣识一切瓦齐尔达喇达赖喇嘛"的尊号，索南嘉措也回赠俺答汗"咱克瓦尔第彻辰汗"的尊号。"圣识一切"是"遍知一切"的意思。"瓦齐尔达喇"是梵文"金刚持"的意思，"达喇"是蒙古语大海的意思。"喇嘛"是藏语，上师的意思。从此才有了"达赖喇嘛"这个称号，达赖喇嘛意为"德行科研成果像大海一样的上师"。后人把这一称号又追赠给索南嘉措承传的前两代黄教领袖根敦朱巴和根敦嘉措，分别称他们为一世达赖喇嘛和二世达赖喇嘛，索南嘉措便成为三世达赖喇嘛。

三世达赖喇嘛索南嘉措，出生于西藏拉萨附近一个贵族家庭，是藏族历史上著名宗教领袖和杰出政治活动家，他一生中的最大成就是把黄教传播到蒙古地区，在归化城建立锡热图召寺，使蒙古地区僧俗人等全部改奉了黄教，这是他与俺答汗共同完成的。其间，索南嘉措努力协调汉藏蒙民族关系及中央与蒙藏地方关系，为历代达赖喇嘛树立了榜样。据已故藏学学者牙含章先生生前所著关于西藏历史的学术力作《达赖喇嘛传》，乔吉的《蒙古佛教史》和乔吉、孙利中所著的《内蒙古寺庙》记载，1587年，察哈尔部首领图门汗派人邀请索南嘉措到内蒙古东部地区讲经说法，广收门徒。1588年三世达赖索南嘉措受明神宗邀请赴北京讲经说法，3月26日圆寂于喀喇沁万户的吉嘎苏台，即今内蒙古正蓝旗小扎格斯台淖尔，时年46岁。如今，在正蓝旗小扎格斯台淖尔附近，人们偶尔还会发现散落在草丛中的残砖断瓦，这是否与三世达赖喇嘛索南嘉措在这里讲经说法有关，目前笔者还没有发现这方面的文字记载，有待于专家学者进一步研究考证。

三世达赖索南嘉措圆寂后，其管家班觉嘉措和云丹嘉措的师傅贡桑仔巴及当地蒙古人认定俺答汗的曾孙，苏弥尔代青洪台吉之子，1589年出生的云丹嘉措为四世达赖。1602年西藏噶丹、色拉、哲蚌三大寺派出正式代表前往内蒙古，承认云丹嘉措为达赖

"转世灵童"，迎请入藏。1603年在藏北热振寺举行坐床典礼，在哲蚌寺居住学经。这是诸达赖喇嘛中唯一不是出身于藏族，而是出身于蒙古族的达赖喇嘛。

清顺治十年（1653年），清世祖福临正式册封五世达赖罗桑嘉措为达赖喇嘛。从这以后，达赖喇嘛这个封号和达赖在西藏的政治、宗教地位才正式被确定下来。

郭守敬与铁幡竿渠

郭守敬,1231年出生于今河北省邢台市邢台县郭村,1316年逝世,享年85岁。郭守敬是元代伟大的科学家,在水利、天文、数学、测绘及仪器仪表制造等方面成绩卓著,有多项发明创造领先于世界水平。中国人使用阿拉伯数字始于元代,郭守敬在编制授时历时,便采用了从阿拉伯世界传入的数学知识,特别是球面三角知识,为元代的文明进步做出了贡献。郭守敬32岁时便得到了元世祖忽必烈的赏识,被封为"提举诸路河渠"职务。他对元上都、京杭运河和华北等地的水利治理做出了巨大贡献,惠及子孙后代。

1256年,总领漠南汉地军国庶事的忽必烈,派刘秉忠督造开平府。其地址选在今正蓝旗上都镇东北约20公里上都河北岸的金莲川草原。中统元年(1260年)忽必烈在开平府立为蒙古大汗,中统四年(1263年)五月将开平府升为都城,赐名上都。第二年八月,又将燕京改名为中都,后来在其西北郊外建大都(今北京),由此确立了元代的两都制。元朝皇帝及随行大臣官员等,每年入夏便到上都避暑理政,秋后返回大都。

在元上都西北,当时有一条铁灯杆河,属于山区暴涨暴落的河流,经常泛滥成灾。大德二年(1298年),有人提议在上都西北的铁幡竿岭下修建一条宣泄山洪的渠道,向南通往滦河。成宗在审批这一方案时,召郭守敬到上都商议。郭守敬根据对上都的地势和往年山洪资料分析提出,这里的山溪平时流水不多,不易引起人们重视,但每到山洪暴发时,洪水滔天,水量变化剧烈,因此设计时要充分留有余地,必须加大堤防的厚度和排洪渠道的宽度。郭守敬根据实践经验还明确提出,渠道的宽度至少要达到50步至70步(80至115米),否则十分危险。可能是经办此事的官员认为郭守敬的这一忠告是夸大其词,不以为然;也可能是因为官方舍不得多花钱,在实际修建上都渠道时将渠道的宽度缩减了三分之一。翌年,天降大雨,山洪暴发,果然因渠道狭窄,洪水宣泄不及,泛滥成灾,冲走许多百姓、房屋和牲畜,还险些冲毁元成宗的行帐。事发第二天,成宗对大臣们说:"郭太史神人也,可惜不用其言。"据《元史》记载,元上都北依龙岗山,城西北有一山阙,雨季时,都城以及城外的行殿等常遭水患。为有效排泄来自上都城西北山阙

的山洪，著名水利专家郭守敬在这里设计了铁幡竿渠防洪工程。

考古调查发现，在元上都遗址西北部，东起龙岗东侧的山坡下，西至城西北角的哈登台敖包下，有一道古拦洪坝的遗迹。拦洪坝用黄土夯筑，外用石砌。遗址全长6公里，高4米，基宽12米，顶宽4米。坝北迎水，南侧又附土堤以加固。坝西头留溢洪口，下接溢洪渠，每当洪水暴发时，可有效地拦截分流洪水流入滦河上游的上都河，这些堤坝渠道便是著名的铁幡竿渠，它像一个簸箕围着上都城，对保障上都安全发挥了重要作用。铁幡竿渠是当时排泄山洪、防御水患、维护都城安全的重要设施，这一古老的水利工程被后人形象比喻为"草原都江堰"，成为我国古代北方水利工程史上的奇迹。元上都的铁幡竿渠遗址不仅是中国古代北方水利工程史上保留下来的一个完整实例，而且对于研究古代草原都城建设中的御洪系统具有重要价值。

大元帝国的设计师——刘秉忠

刘秉忠(1216—1274),元代邢州(今河北省邢台市)人,原名侃,字仲晦,自号藏春散人,又号寥休上人。曾出家为僧,法号子聪。至元元年(1264年)八月癸丑(二十日),元世祖忽必烈诏命"复其姓刘氏,易名秉忠",封为太保(元代汉人中唯一获此封号者),参领中书省事,同议枢密院事。刘秉忠是元代儒、释、道兼通的政治家、诗人,有《藏春集》传世。

蒙古王朝灭金后,刘秉忠出任邢台节度府令史,1238年出家为僧,归隐武安山,后从浮屠禅师云海游,更名子聪。元世祖忽必烈即位前,注意物色人才,1242年刘秉忠与云海禅师一起入见,忽必烈把他留在身边,商议军国大事。自此,刘秉忠得遇明主忽必烈,不仅改变了自己的命运,也改变了蒙古帝国的命运。

刘秉忠是最早北上为忽必烈所重用的汉文士,他在忽必烈藩邸和建元朝过程中主要做了四件大事,一是荐举中原人才;二是上万言书建言中原情势和革除弊政;三是从征云南和攻鄂州,建议"不杀"和北归抢先即汗位;四是建两都、定国号、创朝仪、制历法、立官制。元人王磐将他比作姜子牙和伊尹,徐世隆将他比作诸葛亮和黑衣慧琳等。在以忽必烈为代表的蒙古统治者实行"汉法"改革及建立与汉人士大夫等精英的政治联盟过程中,刘秉忠贡献杰出,由此促成和奠定了元王朝蒙汉杂糅的政治文化格局。刘秉忠充任了忽必烈藩邸和建元朝的主要谋臣,充任了汉法派官僚的领袖,成为大元帝国的设计师。

公元1250年,刘秉忠向忽必烈呈上一份千字的治国理政方略,史称《万言书》。其主要内容是采汉法,以儒治国;设学堂,选人才;禁屠城,安定民;轻徭役,减赋税,兴水利,劝农桑等内容,体现在政治、经济、文化、教育等方面。其中"采汉法,以儒治国"是刘秉忠治国理念的核心,也是《万言书》最重要的内容之一,对元代国家机器运转奠定了良好的制度基础。公元1260年忽必烈即位,刘秉忠的"采汉法,以儒治国"思想被采纳,其内容在后来的元朝政治体制建设中大多得以实现,对元代初期治国策略的形成具

有一定的规划意义。

　　元以前各朝代均以地域或封号命名。大蒙古建国初期既无国号也无年号,公元1206年成吉思汗建国以来一直沿用"大蒙古国"国号,纪年则以动物(十二生肖)而命名。忽必烈登上帝位后,遂接受刘秉忠建议,建元中统。然并未对"大朝"或"大蒙古国"使用新的命名,随着至元年号的确立和统治地位稳固,"大朝"已然难以适应中原传统王朝的政治文化口味,与传统中原王朝国号相一致的新国号命名问题便成了当务之急。刘秉忠认为,元朝这一时期取得的成就是历朝历代所没有的,遂一改以往其他朝代的命名方法,按照《易经》"大哉乾元"的意义,建议以"大元"为国号。至元八年(1271)十一月,忽必烈听从刘秉忠的建议,正式确立新的国号为"大元"。

　　至元十一年(1274年),刘秉忠随元世祖到上都避暑度夏。同年八月,刘秉忠在南屏山别墅无疾而终,时年59岁。元世祖得到丧报,非常吃惊,悲痛不已,他对群臣说:"秉忠事朕三十多年,小心缜密,不避艰险,言无隐情。其阴阳术数之精,占事知来,若合符契,只有朕知道,别人是不会了解的啊。"于是委派礼部侍郎赵秉温护丧,厚葬大都,最终改葬邢州祖茔(今邢台县贾村)。刘秉忠拜光禄大夫,位太保,参领中书省事,死后赠太傅,封赵国公,谥文贞。成宗时,赠太师,谥文正。仁宗时,又进封常山王。在元朝汉人为官者中有这样尊贵荣誉的人,仅刘秉忠一人。

元代包公苏天爵

提起宋代的包青天，在我国可以说是无人不知，无人不晓。然而，如果说在之后的元代还有一个类似包青天式的历史人物，其人其事恐怕就鲜为人知了。本文向读者介绍的，就是这样一位历史人物，他的名字叫苏天爵。

苏天爵（1294—1352），字伯修，真定人，今河北省正定县新城铺人。苏天爵在元代具有广泛影响，其事迹在《元史》和有关史料中均有记载。他24岁时经过严格考试选拔，在就读的国子学公试时"名列第一"，遂开始了其历时34年的从政生涯。苏天爵在世时因为官清廉、秉公执法而被称为"包公第二""元代青天"。苏天爵受到世人如此赞誉，究其原因大致有三：其一是从官职上看，苏天爵从政生涯中担任过的二十多个职务中，有关行政监察的职务就有8个，负责平反冤狱、监督百官、奏疏上谏，这与宋代包拯主要担任的通判、监察御史等职责大致相当。其二是从作为上看，苏天爵一生昭雪冤情、惩恶肃贪，办理了不少疑难案件，弹劾了很多大小官员，因其处事果断、思维缜密、逻辑严谨、断案如神，得到了官场和百姓的普遍赞誉。有的典型案例记于史册，有的被改编成戏曲，至今还在部分地区民间流传，这与包拯也颇为相似。三是从品性上看，苏天爵不畏权势、刚直不阿、清正廉洁、克己奉公，皇帝亲胄他敢碰，贪官污吏他能除，这与包拯又如出一辙。因此，与包拯类比，称苏天爵为元代的包青天有着充分的事实依据和深厚的社会基础。

从历史的角度考察，所谓的"青天"从本质上还应该是封建体制下的官僚。不过，他们用自身良好的德行在政治上为腐败的官场风气吹进了一缕清风，一方面担当了维系江山社稷的大任，一方面承载了黎民百姓的热切希望；一方面形成了冲击旧体制官僚作风的健康力量，一方面树立起了社会效仿的道德楷模。

古往今来，在漫长的封建时代，人们对一个好官僚的认定标准主要有两条：一条看他是否忠君报国，另外一条看他是否清正廉洁，特别是看他是否能为老百姓办好事、办实事。以这样两个标准来衡量，苏天爵是当之无愧的好官。尽管苏天爵在从政生涯中也

曾有过被罢黜的历史，但这种罢黜并不是因为与统治阶级离心离德、贪赃枉法、玩忽职守或者能力不行，而是由于其刚正的态度和藐视权贵的风骨。由于其过于执着地履行职责而得罪了王公贵族，触犯了最高统治者的利益。这正说明了独树一帜的苏天爵是为腐化的官场风气所不容，为错综复杂的官场争斗所排斥，而其自身忠君报国、为民请命的政治志向从来没有过丝毫的动摇。

当然，人们对清官的推崇更多的来自于对他们道德操守的敬重。古代的清官，他们在官场上往往是孤独的，朝廷所谓的"重用"，也往往出于政治上的需要。然而，清官的独特魅力在于，他们的人格已然臻于完美，道德近于完善，行为超凡脱俗，俨然成为特立独行的美好与正义的化身。在关于苏天爵事迹的历史资料中，我们虽然看不到更多的溢美之词，但是从他履行职责的鞠躬尽瘁、死而后已，办事为政的宵衣旰食、夙兴夜寐，惩治腐败的坚决果断、毫不留情，为民请命的侠骨柔肠、体恤怜悯，仍然能够窥见得他宽广丰富的情感世界、光明磊落的处事风格、正直善良的人文关怀、质朴高尚的个人操守。清官的道德境界与行为方式已经超然于历史和时代的局限，所以能够得到一代又一代人们的普遍敬仰。这样的历史人物即使在今天，也仍然能使人们心中油然而生敬佩与感动。

特别值得称道的是，苏天爵不仅仅是一个为政清廉的好官，也是在历史上很有名望的学问家、思想家。他自幼博览群书，博学强记，史学、文学的功底十分深厚，先后编成《国朝名臣事略》《国朝文类》等著作，著有《滋溪文稿》一书，至今仍在印行。

2013年4月20日，在中共中央政治局就我国历史上的反腐倡廉进行第五次集体学习时，习近平总书记强调，历史的经验值得注意，历史的教训更应引以为戒。深入推进党风廉政建设和反腐败斗争，需要坚持发扬我们党在反腐倡廉建设长期实践中积累的成功经验，需要积极借鉴世界各国反腐倡廉的有益做法，也需要积极借鉴我国历史上反腐倡廉的宝贵遗产。研究我国反腐倡廉历史，了解我国古代廉政文化，考察我国历史上反腐倡廉的成败得失，可以给人以深刻启迪，有利于我们运用历史智慧推进反腐倡廉建设。我们把苏天爵其人其事介绍给读者，就是要通过这个历史人物，昭示一种亘古不变的道理——为政之基在于民，为政之德在于廉。我们要从传统文化中汲取政治营养，以勤廉兼优的历史人物为榜样，延续苏天爵孜孜不倦勤奋学习的精神，执法如山忠于职守的风格，不徇私情廉洁奉公的态度，心系群众体恤民情的情怀，在新的历史条件下做到干部清正、政府清廉、政治清明，确保党始终同人民心连心、同呼吸、共命运。

元代的书法家和画家

　　元世祖忽必烈统一中国后，注重中国传统儒家思想，以文治之道为立国之本。元代虽实行民族歧视政策，但在思想上却并没有重大的钳制，比较宽松。政治上的不平等待遇，使汉族士人仕途无望，于是许多人转向文学艺术方面的奋斗，促使散曲、杂剧、书画在元代有了长足进步。

　　作为文字载体，书法是任何一个中国统治者都无法回避的事物。元世祖忽必烈虽不善书，却为了他的子孙能在这块汉文化的土地上坐稳江山，而令太子裕宗向指定的名儒学习书法，临写的大字珍藏于东观。其后英宗、文宗、顺帝都研习书法。赵孟頫是元朝最卓越的书法家之一，他以精妙绝伦的书画赢得元世祖恩宠和朝野好评，荣际五朝，官居一品，使得元代绝大多数的书法家仰慕于他。由于他书法推崇二王，提倡复古，影响甚大，因而形成了队伍庞大的赵派书家群。

　　元代是一个由少数民族为统治者的时代，其中也涌现出一些汉化的高层知识分子。他们大都长期生活在中原，与汉族文人接触而受到感染，其中也不乏朝中重臣官僚，如耶律楚材、康里巎巎、周伯琦等，都在元代书法家中身手不凡，并对后世书法颇有影响。这些少数民族书家对于交流各民族的文化艺术，做出了积极的贡献。

　　在元代绘画中，文人画占据画坛主流。因元代未设画院，除少数专业画家直接服务于宫廷外，大都是身居高位的士大夫画家和在野的文人画家。他们的创作比较自由，多表现自身的生活环境、情趣和理想。山水、枯木、竹石、梅兰等题材大量出现，直接反映社会生活的人物画减少。作品强调文学性和笔墨韵味，重视以书法用笔入画和诗、书、画的结合。在创作思想上继承北宋末年文同、苏轼、米芾等人的文人画理论，提倡遗貌求神，以简逸为上，追求古意和士气，重视主观意兴的抒发。与宋代院体画的刻意求工、注重形似大相径庭，形成鲜明的时代风貌，推动了后世文人画的蓬勃发展。在元代短短90余年内，画坛名家辈出，其中以赵孟頫、钱选、高克恭、王渊等和号称元代四大家的黄公望、吴镇、倪瓒、王蒙最负盛名。

元代绘画以山水画为最盛，其创作思想、艺术追求、风格面貌，均反映了画坛的主要倾向，影响后世也最深远。元初山水画家以钱选、赵孟頫、高克恭为代表，他们均对传统山水画进行了认真探索并寻求创新。元代人物画，远不如山水、花鸟画兴盛，与前代相比，呈式微状态。由于尖锐、复杂的民族、阶级、社会矛盾，使大多数画家消极避世，漠视人生。尤其是文人士大夫画家，主要借山川、枯木、竹石，寄情抒志，疏于表现人事。因此，直接反映现实生活的人物画极少。随着宗教的风行，在佛道人物画方面，有一定提高。在元代人物画家中，赵孟頫为一代大家，他善画人物、鞍马。其他名家还有刘贯道、何澄、王振鹏、钱选、任仁发、张渥、卫九鼎、王绎、颜辉等人。

另外，元代的壁画比较兴盛，分布地区也很广。在继承唐宋和辽金壁画传统基础上亦有新的变化。从实物遗存和文献记载看，有佛教寺庙、道教宫观、墓室、皇家宫殿和达官贵人府邸厅堂壁画。寺庙、宫观壁画的题材内容以佛道人物为主，殿堂壁画大都描画山水、竹石花鸟，墓室壁画主要反映墓主人生前生活，有人物，也有山水、竹石、花鸟等。参加创作的作者，大多数为民间画工，也有一部分文人士大夫画家。山水、竹石、花鸟等题材的增多，是元代壁画的显著特点之一，这与文人画的兴盛和当时艺术风尚及审美爱好有密切关系。元代绘画史论主要有夏文彦的《图绘宝鉴》、庄肃的《画继补遗》和黄公望的《写山水诀》等。

为了弘扬上都文化，世界文化遗产元上都遗址所在地的书画爱好者先后成立了正蓝旗书画家协会和上都书画院。大家拿起笔来相互切磋书画艺术，以书画的形式讴歌党的领导，歌颂改革开放，宣传美丽草原，积极开展为嘎查村送春联、书画比赛进校园等全民性的书画普及与教育交流活动，在当地营造出了学习传承书画艺术的良好氛围。

元代太医忽思慧与《饮膳正要》

　　蒙元宫廷饮食谱《饮膳正要》，是我国第一部专门讲述饮食和营养的专著，初刻于元天历三年（1330年），至今近700年，作者忽思慧，蒙古族（一说为回回人），生平无考，兼通蒙汉医学，曾于元仁宗延祐年间被选为宫廷饮膳太医，侍奉元仁宗之母兴圣太后。其后，他供职中宫，以膳医身份侍奉仁宗皇太后卜答失里。如果说从1260年起服侍忽必烈时，忽思慧20多岁，那么1330年写完《饮膳正要》，他已是90多岁了，加之他本身是一个营养学家，忽思慧寿超百岁的可能性是有的。

　　相传，忽必烈在上都称帝后举行国宴时，年轻的忽思慧采用大火烧沸、小火熬煮的方法，并加了一些山珍海味，为皇帝专门制作出了一道新式全羊肉。忽必烈吃后连连称赞，赐名为"烫全羊"，蒙古语叫"诈马"。此后，有元一代的皇帝每到秋季必在元上都举行一次"诈马宴"。

　　忽思慧长期担任宫廷饮膳太医，负责宫廷中的饮食调理、养生疗病诸事，因此有条件将元仁宗以前历朝宫廷的食疗经验加以整理。忽思慧总结了元世祖忽必烈80岁的长寿饮食之道，选择历朝食疗精粹和民族食疗方法，继承整理古代医学理论，结合任职期间积累的营养卫生、饮食保健及烹饪技术等经验著成了营养学名著《饮膳正要》。该书共分为三卷，全书约3.12万字。卷一载有三皇圣纪，养生、饮酒避忌、妊娠、乳母食忌及山珍海馐所做的羹、粉、汤、面、粥、饼等聚珍异馔，每种菜肴都说明其食疗效用、材料、调味品、烹调技术。卷二记载了诸般汤煎、食物治病、食物相反及食物中毒的救治等，主要阐述用于保健医疗的加药饮料与食品的配料及其制作方法，寓养生治病于日常饮食。卷三是可供食疗的天然食品，如米、谷、果、菜、鱼、禽、兽及料物等，详细叙述了每味食品的性味、良毒、功效、主治、宜忌等内容。对每种食品的性味与作用都逐一加以说明，大部分附有绘图。《饮膳正要》记有宫廷饮食谱153种，药膳方61个，服用方法24则，其中食谱方中有78个方是以当地羊的肉、脏、骨、血为主要原料，马奶在食疗中的用处也很广泛。另外，还有可供食疗的米、谷、果、菜等组成的食谱及药膳方230余种。该书集

营养学、药物学、养生学及康复学之大成，特别注重阐述各种饮馔的性味与滋补作用，具有浓郁的民族特色，有较高的实用价值和学术价值。书中以"养生避忌"冠篇首，具体阐述了饮食卫生、营养疗法和食物中毒的防治等。明朝代宗皇帝朱祁钰曾亲自为之作序，颁旨复刻；清代官印民刻，广为流传。2010年12月，国家将其列入中医非物质文化遗产临床经典读本出版，为中国乃至世界所用，得到广泛认同。

元代的饮食文化南北交融，汉族和少数民族交融。忽思慧《饮膳正要》卷一载蒙古皇室的食谱《聚珍异撰》以羊肉为主，如"马思答吉汤""八儿不汤""沙乞某儿汤"等都以羊肉和"回回豆子"为主要原料。但有些菜色将羊肉和产于南方的食品如鱼、瓜、菜等合煮，如"木瓜汤""团鱼汤"等，显示出南北饮食文化合流、各族饮食文化交融的特色。

蒙古族餐饮文化是富有历史性、地域性和民族性特征的文化现象，有着与众不同的魅力。元朝建都后，有许多原中原宫廷厨师和蒙古族厨师一道，用蒙古族传统的烹饪原料，在元上都（今正蓝旗）为当时的大元朝皇帝及王公贵族、达官显贵制作出了许多具有民族特色的经典美食，如手扒肉、烤羊腿、烤全羊、血肠、肉肠、肉粥、蒙古包子、蒙古面条等，使蒙餐的发展达到了登峰造极的阶段。据考证，时下各地流行的"分餐制"，就是蒙古人率先使用的，例如蒙古人都有自己的刀、银碗等用餐工具，西餐的分餐制应是蒙古人带过去的。事实上，无论是《饮膳正要》中达官贵人的营养食谱，还是蒙古族民间的传统饮食，都可归纳为崇尚食物精华的精品意识、注重食物新鲜度的保健意识、重视食物"德吉"（头一份）的敬畏心理、食物分份的平等观和"半饱为足食"的健康观。蒙古族的风味餐饮，这一独具民族及地域特色的饮食，因其营养、健康、绿色和环保而闻名天下。

《饮膳正要》中的膳食配制，多为食物与药物配合，经加工烹饪成菜肴，变苦口良药为美味膳食，既饱口福，又治病强身，延年益寿，为历代皇亲贵族所喜爱。目前，正蓝旗等地已有蒙餐店开始用《饮膳正要》为"食谱"和药膳方，推出系列营养保健型蒙餐，让国内外游客在大草原上找到舌尖上的美味，在蓝天白云下吃出了绿色和健康。

元朝民间航海家汪大渊

汪大渊是元代民间航海家,他20岁便搭乘商船出海远航,历经占城、马六甲、爪哇、苏门答腊、缅甸、印度、波斯、阿拉伯、埃及,横渡地中海到摩洛哥,再回到埃及,出红海到索马里、莫桑比克,横跨印度洋回到斯里兰卡、苏门答腊、爪哇,经澳洲到加里曼丹、菲律宾返回泉州,前后历时5年。几年后,汪大渊再次出航,历经南洋群岛、阿拉伯海、波斯湾、红海、地中海、莫桑比克海峡及澳洲各地。出海回来后,汪大渊整理手记,写出《岛夷志略》,涉及国家和地区220余个,对研究元代中西交通和海道诸国历史、地理有重要参考价值,西方学者称他为"东方的马可·波罗"。

汪大渊(1311—1350),字焕章,江西南昌人。长大后,他来到福建沿海地区。泉州港是当时中国南方最大的商港,也是世界上最大的商港之一。元顺帝至顺元年(1333年),汪大渊搭乘商船出海了。这时汪大渊才22岁。一天,船停了下来,汪大渊也跟着其他船员下了船。原来,他们到了戎国(马来半岛克拉地峡附近的春蓬)。因为船上商人要和这个国家的商人进行贸易,所以船只就停泊了。汪大渊本来是跟着这群人下来看热闹的,结果他留在了这个国家。戎国的人都是方头,这一点让汪大渊很吃惊,他很想知道这里边的原因。汪大渊在这里认识了一对年轻夫妇,后来年轻人的妻子生了小孩儿,汪大渊才明白了他心中一直不解的问题。原来,在戎国,婴儿刚出生,就要用几块木板夹住头颅,这样头颅慢慢就形成方形,所以戎国人都是方头。而当地人认为这样孩子才能健康地成长,这是当地的风俗习惯。

后来,汪大渊来到了爪哇国。爪哇国古名为阇婆国。爪哇国和元朝很早就有交往,汪大渊在这里受到了欢迎,被热情的民众留了下来。爪哇人民知道汪大渊从中国来,就让他讲中国的事情,因为他们对富庶的中国很向往。汪大渊游览完爪哇的风光,就给爪哇人民讲起了中国的事情,他与当地人民相处得很愉快。汪大渊发现当地的人们特别尊重女子,他很奇怪。后来,他见到了爪哇的女王,这位女王很有王者风范。女王问候了汪大渊之后,就向汪大渊介绍了自己的文武百官,汪大渊看到的都是女性官员,他特别惊讶。

女王说道:"女人都很善良,女人统治天下,可以为民众带来和平安定的社会环境,这也是为什么我们受到尊重的原因。"汪大渊说道:"无论是谁做统治者,只要可以为民众带来安定就可以了。所以,我很佩服女王。"女王听了,特别高兴,给汪大渊赏赐了很多金银珠宝。后来,汪大渊搭乘商船游历了缅甸、印度、波斯、阿拉伯、埃及等国家。汪大渊在埃及没有待多久,就横渡地中海到西北非的摩洛哥。游历完摩洛哥之后,又回到了埃及。这一次,汪大渊从红海到索马里,然后又折向南到达莫桑比克。在莫桑比克稍作休息之后,汪大渊横渡印度洋回到了斯里兰卡、苏门答腊,他再次回到了爪哇。汪大渊离开爪哇后,没有直接回中国,而是来到了澳洲,当时中国称澳洲为罗婆斯。汪大渊来到澳洲的时候,这里的人民还生活在巢穴时代。后来,汪大渊到了加里曼丹岛。休息了几天,他又穿越了菲律宾群岛,最后,他回到了泉州。

元顺帝至元三年(1337年),汪大渊又起航了。这次出行,两年后他才回到自己的国家。汪大渊回国后,就有了写书的念头,他想把自己的亲身经历记录下来,以供后人翻阅。元顺帝至正九年(1349年),汪大渊经过泉州的时候,参加了官府修补《清源续志》的工作,那时候《清源前志》已经散失,《清源后志》也不是很全。汪大渊把两次航海所看到的各国社会经济、奇风异俗记录成了文章,写出了《岛夷志略》一书。该书成了人们出海的必备手册,增加了人们对海外的认识。

元朝民间航海家汪大渊的两次航海增进了中外人民的友谊,使中外民间交往更加密切。

元代著名诗人萨都剌

"牛羊散漫落日下，野草生香乳酪甜。卷地朔风沙似雪，家家行帐下毡帘。"这首流传甚广、草原上家喻户晓、描写元上都（今正蓝旗）草原风光及北方民族生活的边塞诗歌，是元统二年（1334年）萨都剌前往上都公干，在上都居住期间写下的组诗《上京即事》中的一首。

萨都剌，字天锡，号直斋，元代著名诗人、词人，有《雁门集》传世，共存诗词700余首。他是元代诗坛、词坛的杰出代表，被视为"一代词人之冠"。萨都剌的先祖是西域回回人，答失蛮氏。在元代，"回回"泛指西域信仰伊斯兰教的诸部族，"答失蛮"本意是指伊斯兰教中有智识的修行者，后来被逐渐用作氏族的名字。萨都剌出生于代州的雁门，故自称雁门人，诗词集名为《雁门集》，雁门属于燕山山脉，所以萨都剌有时也自称"燕山萨都剌"。

"萨都剌"其实并非姓"萨"名"都剌"。这三个字是阿拉伯语的译音，"萨"意为"安拉"，即天神，"都剌"意为"赐予幸福、快乐"，"萨都剌"合起来是上天赐福的意思，他的字"天锡"也有同样的含义。由于相关史料缺乏，萨都剌的生卒年无法确知。目前关于他生年的说法有八种之多，最早的是元至元九年（1272年），这是萨氏裔孙、清人萨龙光的说法；最晚的是元至大元年（1308年）。两者跨度达36年，在目前没有发现更多新资料的情况下，人们大都采用萨龙光的说法。

萨都剌年少时家境尚可，有条件接受良好的教育。他的父亲虽然是武将出身，却不反对萨都剌接受中原正统汉文化熏陶。少年萨都剌既聪明又刻苦，精通书画，工诗词，很早就在当地小有名气。他与接受儒家教育的汉人子弟一样，充满雄心壮志，希望有机会实践自己的治国之策。然而不幸的是，他没能通过门阀获得入仕机会；另外，元朝统治者也一直没有开设科举，使他报国无门。不知道是什么原因，萨氏家族突然家道中衰，经济逐渐拮据，最后竟陷于"家无田，囊无储"的窘境。迫于生计，萨都剌只好像其他善于经商的回回人一样，离家南下，通过经商谋取微利来养家糊口。

年纪轻轻萨都剌便离家远行，开始奔波商旅生涯。"严霜烈日太行坡，斜风猛雨瓜州渡"（《芒鞋》），这种颠沛流离的生活使萨都剌原本就敏感脆弱的心灵充满了漂泊天涯的苦闷。他经常借诗抒发对生活艰难的感叹和浓郁的思乡之情。他写自己"寥落天涯岁月赊，每逢佳节美思家"（《客中九日》），"虽云少年惯作客，便觉此日难为情"（《崔镇阻分有感》）；又说"佳节相逢做远商，菊花不异故人乡。无钱沽得邻家酒，一度孤吟一段肠"（《客中九日》）。这些早期诗作多描述凄清的羁旅生活，散发出浓浓的乡愁。

除了乡思，萨都剌此时也在经历弃儒经商所带来的痛苦。他作为一个有抱负的儒士，却迫于生活负担而从事追求蝇头微利的经商之事，心理难免会有壮志难酬的愤懑。他早期的诗歌中，经常出现"南人求名赴北都，北人徇利多南趋。朝朝迎送名利客，身身消薄非良图"（《芒鞋》）之类的诗句，可见他心中时刻存在痛苦和矛盾：到底是屈服于生活的重压，还是坚持自己的理想抱负？在奔走江湖的行商旅程中，萨都剌接触到社会各阶层的民众，体验到百姓们的苦难生活，这深刻地影响了他的思想。他曾写道："红楼弟子年二十，饮酒食肉书不识。嗟于识字事转多，家口相煎百忧集。"（《醉歌行》）贵族子弟们不读书识字，却过着奢侈的生活，对比自己的境况，他不由得流露出怀才不遇的郁闷，以及对时世的失望、对社会不公的愤慨。

这种矛盾痛苦的经商岁月持续了好几年。终于有一天，他意识到"万事皆由天理顺，何愁衣禄不周全"（《安分》），决定结束自己不喜欢的经商生涯，返乡居家，以耕读度日。此后，他静心向学，广交志同道合的文友，相互切磋。这种田园隐居生活持续了大约二十余年，为他成为诗坛巨匠奠定了基础。

元仁宗延祐元年（1314年），朝廷决定开设科举考试，头几次科举，萨都剌因为父亲去世，在家守丧没有参加。元泰定帝泰定四年（1327年），他参加科举，中右榜，三甲进士及第，终于实现了入仕的愿望。这时他已五十多岁，虽然最好的青壮年时期已经过去，但是他感到自己的抱负将有机会实现，仍然万分欣喜，充满激情地写下"小臣涓滴皆君赐，惟有丹心答圣明"（《赐恩荣宴》），"满江风浪晚来急，谁似中流砥柱人"（《扬子江送同志》）等诗句，表明要报效朝廷、准备有一番作为的迫切心情。

在官场沉浮的二十余年中，萨都剌了解到官场的黑暗，看透了从皇室到小吏各级统治者之间尔虞我诈、争权夺利、过着荒淫奢侈生活的内幕。同时他进一步广泛接触民众，更加了解到百姓的喜怒哀乐，这使得他的诗歌里出现了一批针砭时弊、深刻反映现实的作品。

萨都剌的山水诗颇为后人所称道。从他的仕履来看，曾多次南下北上，到过江苏镇江、南京及福建等地任职，有机会游历南北景物。写景记游的作品成为他诗词的重要组成部分，这些诗作中最引人注目的是写景与怀古抚今相结合的诗词。他登临名山胜水，寻僧访道，借以抒发自己的政治抱负，表露自己对历史的看法。像《越台怀古》《望金陵》等诗歌，《念奴娇·登石头城》《满江红·金陵怀古》等词作，广为传诵。这些作品具有大浪淘沙的苍凉之感，体现出萨都剌磅礴大气、坦然而又进步的历史观。这些诗词里也蕴含着萨都剌忧国忧民的情怀。

晚年的萨都剌，眼看社会矛盾激化，天下大乱，自己又年迈而无能为力，遂心灰意冷，结束官宦生涯。这时他大概已八十岁了。萨都剌的诗歌在他生前没有结集出版过。他去世之后，明人为他编辑了《雁门集》。作为一名回回诗人，在萨都剌身上既反映出元代大一统格局下所产生的西域民族吸收汉文化成就的趋势，也体现了中国诗歌发展到元代所取得的新成就。元末干文传在《雁门集序》中总结萨都剌诗歌的风格时说："豪放若天风海涛，鱼龙出没；险劲如泰华云门，苍翠孤耸；其刚健清丽，则如淮阴出师，百战不折，而洛神凌波、春花霁月之婀娟也。"对萨都剌多样化的创作风格、独有的西域诗人特色，作了很好的概括。

漫话东凉亭

多伦县蔡木山乡白城子村三组有一处名为"白城子"的古遗址，这便是当年元朝皇帝的避暑行宫东凉亭。

当年，忽必烈统领漠南汉地军国庶事，驻帐金莲川，"征天下名士而用之"，建立金莲川幕府，兴建开平城，既而在开平即位，被拥为蒙古大汗，建元中统，奠定了元朝统治基业。统一中原后，定都燕京，是为大都。作为忽必烈发祥地的开平，因其地理位置的重要，为了便于联系蒙古各部，加强对北方地区的统治，又把开平府升格为都城，取名上都，进而形成了元朝特有的两都制。元朝历代皇帝每年夏天例行巡幸上都，大部分时间都驻跸此地，朝廷各职能机构也随之在上都理事，处理军政。

因避暑狩猎之需，1264年忽必烈以上都为中心，在驿站基础上兴建了四所行宫，即东凉亭（上都东25公里）、西凉亭（上都西南75公里，今河北省沽源县境内）、北凉亭（上都北350公里）、察汗脑儿行宫（即白海行宫，今沽源县境内）。因东凉亭地势平坦，临滦河之滨，水草相连，是距离上都最近的一处行宫。东凉亭修建的格外富丽堂皇，城墙与上都皇城一样，用黏土板筑，表层又用石头垒砌，建有殿宇、牌坊、驻跸凉楼、御马厩、游猎场等。因所用石头多为白色，故名白城。根据现存的遗址判断，东凉亭城池南北长408米，东西宽330米，有东、西、南三门，根据门址大量砖瓦来看，三门都有门楼。城的四面为垣墙结构，为板石砌筑，西墙最窄，地基宽3.8米，东墙最宽，残顶为4.5米。四面墙体或两侧生长着几十株榆树，其中东墙夹土中发现一棵朽断的榆树干茎，直径为27厘米。城的中央有一呈正十字形大土台基，四侧规则地布列着9个小台基，大小台基下遍布砖石瓦砾以及黄、绿、蓝釉琉璃瓦残片，汉白玉碎块。在城内先后出土了一对汉白玉质柱础、汉白玉蛹首3件、旗杆插座、螭首门墩和一根烧焦的红漆松木断柱等物。大台基至南门铺设着方砖道。城外以北及东北500米各有一个小城，其中东北的小城城垣墙残高约半米，城长67米，宽58米，内有房舍遗迹及瓷器碎片等。仅1958年在这个小城中掘出排列整齐的两行残碎缸片就有20多牛车，由此断定这是东凉亭尚供总管府库藏所用

器具。为守护东凉亭行宫并管理游猎供需之事，专门设立了"东凉亭尚供总管府"，配置了镇守和总管，由正三品官员担任。

元朝皇帝每年都携大臣从大都到上都处理政务、避暑、狩猎，往往是东出西还，都要在东凉亭驻跸，甚至一些御前会议也在这里举行。皇帝后妃们时常游幸东凉亭，扈从人员自然很多，其中不乏文人墨客。对于东凉亭的景致多有诗作，如"山拥石城月上迟，东凉亭前避暑时。往来饮马滦河畔，离宫金碧胜瑶池"，"东凉亭下水溶溶，敕赐游船两两红。回纥舞时杯在手，王奴归去马嘶风"等，反映了当年东凉亭游猎娱乐的情景。东凉亭既是元朝重要的游猎行宫，又是两都之间交通的重要驿站。凉亭驿站南有四条驿道直达大都，北通成吉思汗所建的哈喇和林都城，东至辽阳行省，西达河西走廊和中亚地区，是草原丝绸之路重要的交通枢纽，呈现出车水马龙的繁荣景象。

1358年十二月，元末农民起义军由大同直趋上都，攻破城池，焚烧宫殿。其后的几年间，上都和东凉亭成为农民起义军经常攻击的目标，不断经受战争的创伤，直至彻底变成废墟。明朝，在上都废址设开平卫所，明洪武二十七年（1394年），置东凉亭驿，东凉亭仍为东行的驿站。明末，开平卫废，清代称东凉亭废驿，东凉亭现今仅有残迹遗存。1987年，东凉亭被确定为县级重点文物保护单位。

悠悠岁月数百年，白云苍狗，物换星移，历史的风尘湮灭了东凉亭的辉煌，仅仅给后世留下了"白城子"这个地名。然而，或许是某种历史现象的回光返照，白城子曾几次出现有如"海市蜃楼"般的"显城"奇观，令人惊叹不已。

世界上最早的马拉松长跑赛事
——"贵由赤"

正蓝旗人杰地灵，物华天宝，是蒙元文化的发祥地和世界文化遗产元上都遗址所在地。千百年来，繁衍生息在这块土地上的各族人民造就了光辉灿烂的历史文化，形成了搏克、射箭、赛马等具有浓郁地域特色且丰富多彩的体育赛事，其中在国内外颇有影响、发源于元代上都的贵由赤长跑活动，便是其中的典型代表。

由于长期迁徙和逐猎的需要，建立金政权的女真人和建立元朝的蒙古族不仅具有良好的骑射技能，而且能逐善跑，这在金元政权建立以后的政治角逐中表现尤为明显。金元时期，为了能够及时传递军情、命令，统治者在北京城均设有急递铺，急递铺中的急递者都是经过严格训练而善于长跑的士兵，主要负责快速奔跑传递文书，急递者可日行150公里而不知疲倦。元世祖时沿用金制，专门组成了一支能跑善走的禁卫军——"贵卫赤"，主要负责都城的警卫工作。当时也设有急递铺，每铺间隔一般为5至7.5公里，铺卒以接力的方式，腰系皮带，并配有长枪、雨衣，负责传递文书，一昼夜可以行200公里路，这可以说是世界长跑运动的前身。

另一方面，元世祖忽必烈非常重视对士兵的体能和耐力训练，为了检验和鼓励士兵的训练效果，从至元二十四年（1287年）起，每年都要组织御林军进行一次长跑比赛，称之为"贵由赤"。"贵由赤"为蒙古语，意为"快行者"，"贵由赤"比赛也就是"快行者"的比赛。这种"快行者"比赛，由朝廷制订细致的律则并委派官员进行监督和裁判，比赛路线主要在元大都（今北京）和元上都开平府（今正蓝旗）之间进行，全长90公里。比赛有时以元大都为终点，有时以元上都为终点，以哪里为终点，主要视举办"贵由赤"长跑比赛时皇帝居住在哪里而确定，即以皇帝当时的居住地为终点。如果是以元大都为终点，则从河西务（今河北省武清县东北15公里北运河西岸）起跑；如果是以元上都为终点，则从泥河儿（今河北省宣化县东7.5公里）起跑。每次比赛都是从黎明时出发，要求在三个时辰（6小时）内跑完全程。为便于识别参赛选手和他人为选手让开道路，有利于参赛选手专心快跑，起跑前要通过"红帕"包头的标记来为运动员编号，然后在起

跑处用绳子拦住参赛士兵，根据监临官的号令将绳子放下，衣服上系着铃铛的参赛士兵一拥而起向终点奔跑。比赛开始后，在参加士兵到达终点前，皇帝在王公贵族的簇拥下，坐在终点的龙椅上等待冲刺时刻到来，并为优胜者赐奖。跑到终点的第一名俯伏在御前，高呼"万岁，万万岁"。"贵由赤"长跑比赛只取前三名优胜者，其余人员只记姓名，不记名次。第一名奖白银一锭，第二名奖绸缎四表里（表指做蒙古袍面的绸缎，里指做蒙古袍里子的绸缎），第三名奖绸缎二表里，其余参赛者赏绸缎一表里。此外，对成绩特优者甚至提官晋级，选拔重用。

起源于1896年的欧洲雅典，有着100多年历史的马拉松长跑，是现代体育比赛项目中长跑里程最长的项目，全程是42195米（42.195公里）；而起源于1287年中国元代的"贵由赤"长跑，比马拉松长跑早了600多年，而且赛程距离是90000米（90公里），比马拉松长跑多出一倍多。古代一天以12个时辰计算，三个时辰即现在6小时，6小时跑完90公里路，平均1小时跑15000米。若按照奥运会男子跑10000米比赛算的话，则需要时间40分钟；按照奥运会长跑距离最长的马拉松比赛的42公里195米算，元代"运动员"需要2小时50分钟左右，考虑到当时的路面条件，加上是双程马拉松的越野跑，则元代的"运动员"来参加今天的奥运会，是很有可能打破马拉松奥运会纪录的。如此看来，这不仅是我国体育史上的创举，也是世界体育史的奇迹。

自1287年元朝开展贵由赤比赛之后，直到元朝灭亡这项赛事也从未中断，由此可见蒙古族人民对于贵由赤体育文化及赛事的热衷。一般来说，在中国封建社会中，宫廷文化尤其是娱乐文化往往是全国优秀文化的汇集场所，是全国各地文化的折射。同时它作为较高层次的文化，反过来又促进并引导民间文化的兴盛和发展。正是因为如此，元代长跑体育项目"贵由赤"才具有普遍性意义，在宫廷和民间得以广泛发展。

改革开放以来，随着国家对蒙古族体育文化的整理挖掘，贵由赤长跑又重新进入历史舞台，不仅在内蒙古少数民族中广泛开展，2013年在纪念北京建都860周年之际，北京市还举办了以"弘扬传统文化，健身美丽街道"为主题的贵由赤长跑赛事。自2009年以来，正蓝旗已成功举办了四届元上都杯"贵由赤"长跑大赛。该赛事起跑点为元上都遗址，终点为正蓝旗忽必烈文化体育广场，全程22公里，参赛者来自内蒙古、河北、北京等省、市、自治区，当地牧民、学生也积极踊跃报名参赛，其中男选手的最好成绩是1小时13分50秒，女选手最好成绩是1小时36分。2016年1月，锡林郭勒马拉松协会也在盟民政局注册成立，全盟长跑爱好者近千人参与活动。这种特殊体育文化的传承和弘扬，不仅代表着古代蒙古族优秀体育文化的复兴，同时也是向世界展示我国厚重历史文

化积淀的重要途径。贵由赤文化不仅是人类发展至今历史最为久远、赛程最长的长跑赛事,同时也是古代劳动人民所创造的优秀体育文化的重要代表。举办各种形式的贵由赤马拉松长跑赛事,不仅可以弘扬蒙古族人民坚强忍耐、乐观向上、拼搏进取的民族精神,让传统的民族体育文化走向世界,同时对提升内蒙古的全民体育精神,增强人民体质和草原文化活力,都具有积极的影响和促进作用。

正蓝旗是中国蒙古语标准音基地

正蓝旗是中国蒙古语标准音基地,世界文化遗产元上都遗址位于该旗境内。正蓝旗察哈尔土语是中国标准蒙古语的音系基础,是现代蒙古语言阿尔泰语系,蒙古语种中国蒙古语中部方言。正蓝旗土语基本辅音音节有17个,有短元音和长元音各10个。正蓝旗土语平均词长0.68秒,接近双音节词的平均词长0.67秒,是正蓝旗蒙古语的典型词长。

蒙古族语言包括喀尔喀蒙古语、中国蒙古语、布里亚特语、卡尔梅克语、达斡尔语、土族语、东乡语等,语族总人口约900万,使用人口717万人。喀尔喀蒙古语是蒙古国的官方语言,使用斯拉夫蒙古文。中国的蒙古语是中国蒙古族自治区的通用语言,使用传统蒙古文。中国蒙古语分内蒙古、巴尔虎布里亚特和卫拉特三大语言,内蒙古方言是中国蒙古语标准的基础语言,下属察哈尔土语、巴林土语、科尔沁土语、喀喇沁土语、鄂尔多斯土语、额济纳土语,标准音取正蓝旗察哈尔土语音系。

历史上,察哈尔部承担保卫蒙古大汗的重任,跟随历任大汗南征北战,这使察哈尔蒙古方言在形成过程中不断吸收其他兄弟部落方言中的有益成分,密切了察哈尔蒙古方言与其他部落方言的联系,在相互影响共同发展中使其在语音、词汇、语法方面易听易懂,更具代表性。另外,以正蓝旗为代表的察哈尔土语作为蒙古语标准音,与元上都在蒙古语基础方言区域中的历史地位,以及在元朝政治、军事、经济、对外交往和科技文化等方面的重要作用也密不可分。此外,以察哈尔土语翻译、撰写、创作的佛经和辞典等,也为察哈尔土语成为蒙古语标准音提供了理论依据。如18世纪翻译出版的大藏经《丹珠尔》和蒙古语解释辞典《二十一卷本辞典》等都是以察哈尔语音为正音标准的。

1955至1956年,国家民委、中国社科院和中央民族学院对全国范围内的蒙古族语言、方言和土语进行田野调查,获得了系统的语言资料。随后,学者们提出了以东部方言为基础方言,以昭乌达土语为标准音点;以西部方言为基础方言,以察哈尔土语为标准

音点；以西部方言为基础方言，以锡林郭勒土语为标准音点三种方案。1962年颁布了《内蒙古自治区蒙古语工作暂行条例》，规定"为使蒙古语在语音上规范，以'正巴语音'即正蓝旗、巴林右旗地区所包含的语音为标准音。在这一地区内，语音上若干细小的差异，根据蒙古语发展趋势、各地口语普遍性和现行书面语相一致等原则规定取舍标准。"

20世纪70年代末80年代初，学者们对"正巴语音"提出质疑。1979年9月在新疆乌鲁木齐市召开的全国八省区蒙古语文工作第三次专业会议上，与会代表就清格尔泰提交的《中国蒙古语方言的划分问题》、哈斯额尔敦和那任巴图提交的《中国蒙古语基础方言问题》、满都呼提交的《中国蒙古语标准音问题》、诺尔金提交的《中国蒙古语标准音音位系统》、图力更提交的《蒙古语音标方案》5篇论文展开讨论并达成共识。通过了以中部方言为中国蒙古语的基础方言，以内蒙古正蓝旗为代表的察哈尔土语为标准音，以拉丁字母为基础的蒙古语音标方案。请去了正蓝旗扎格斯台苏木巴音乌兰嘎查的图布新吉亚，对他纯正的察哈尔正蓝旗标准语音进行录制，作为所确定的中国蒙古语标准基础音标本。1980年3月31日，内蒙古自治区人民政府批转了八省区蒙古语文工作协作小组提出的关于以中部方言为我国蒙古语的基础方言，以正蓝旗为代表的察哈尔土语为标准音，使用以拉丁字母为基础的蒙古语音标方案。内蒙古语委公布了《蒙古语标准音音位系统》，写入高等院校教科书。

从20世纪80年代末开始，在语言和语音研究中普遍使用电子计算机、语音实验技术与语料库语言学相结合，使蒙古语语音学出现飞速发展的局面，揭示出许多过去不可观察到的语音现象和规律，丰富和修正了传统语音学的理论观点和解释。出于信息产业发展的需要，蒙古语语音自动识别和语音合成研究也逐步展开。该研究采集并分析了蒙古语正蓝旗土语的声学特征，用音系学方法归纳并构建其音系，制作出了内含7000多条记录、80000多条数据的"蒙古语正蓝旗土语语系数据库"。2015年11月20日，全区蒙古语标准音培训测试基地暨锡林郭勒盟双语培训基地在锡林郭勒职业学院成立，负责承担蒙文翻译业务培训和党政机关、企事业单位国家工作人员蒙汉双语培训，更好地提升蒙古语标准音基地的蒙文翻译队伍业务水平和国家工作人员双语能力，促进蒙古语言文化事业发展。

2009年11月10至11日，正蓝旗举办了中国蒙古语标准音确定30周年庆祝大会暨研讨会，被自治区民委授予"中国蒙古语标准音基地"。自被确定为中国蒙古语标准音基地以来，正蓝旗为全国各地培养输送了上千名蒙古语主持人、播音员、翻译和教师等优

秀人才,多次举办蒙古语标准音培训班,收集整理了大量察哈尔部落民间音乐、乐谱和珍贵图片史料,培养出沙·东希格、巴·乌云达来、策·蒙古勒扎布和达·巴图那顺等一批优秀蒙古语专家,出版发行了《纳·赛音朝克图诗集》《正蓝旗民间故事》《金丝石项链》《察哈尔正蓝旗》《朝鲁》《大地的呼吸》和《我的故乡》等百余部蒙文优秀作品。在中国近现代著名蒙古族诗人纳·赛音朝克图的故乡扎格斯台苏木一带,至今有许多牧民能诗善文,充分显示出正蓝旗作为蒙古语标准音基地的独特文化魅力。

从生态角度来看元上都

上都城是元朝的夏都,在百年来的民族融合过程中,始终是全国政治、经济、文化、军事中心之一。区域内的经济发展既包含北方游牧、狩猎、渔猎、采集等经济类型,同时也包含中原地区传入的农业、手工业、商业等方面的经济类型。可以说,上都城辖境是融北方、中原等地各类经济类型为一体的聚集地和辐射传播地。民族融合带来的经济多元化与人口、自然的结合,促进了经济的突飞猛进,日新月异,达到前所未有的发展顶峰。

据《元史·地理志》记载:"上都贸守司,兼本路总管府事,管理户四万一千零六十二口,一十一万八千一百九十一人。领院一、县一、府一、州四。"这是上都城辖区内的固定户数人口,未包括前来上都城朝拜与往来的商旅、过客等人数,若加上不固定人口数,应当超出此数。春夏之季时上都人口最多的时候,最低可达15万之众。上都城常住人口,除驻守官员、居民、兵勇等人口居于城中外,关厢之地是百姓的主要居住地。考古资料证实三处关厢总延伸为2400米,面积最少12万平方米以上,至元三十年(1293年)仅工匠就有2999户。修筑城池、建造房舍、养育众多人口的上都草原,在一味发展、一味求坚固宏伟、一味追求享乐、过度采伐、任意践踏的过程中,以不堪重负的生态环境逐渐走向退化与衰落。

根据上都城墙夯土土质分析,该城为就地取材,城墙现残存平均高5.3米,下宽10.6米,上宽2.3米,每修筑1米需用夯土34.18立方米,仅用土方量一项就十分可观,这对本来就十分脆弱的草原生态环境无疑是雪上加霜。今上都城遗址北部的浑善达克沙地东部边缘地带仍有松、榆等木本植被覆盖,若前推到辽金时期,沙地面积不仅小于现在,而且其生态环境较今要优越得多,形成与上都区域连为一体的疏林草原环境。砍伐与无休止的滥用,使千百年来形成的植物群落遭到严重摧残,以至于难以修复。

蒙元时期上都区域的经济发展与繁荣过程告诉我们,人类在自身发展的过程中,始终要把自己摆在与自然生态系统相适应的位置,只有这样才能做到人与自然和谐发展。

从正蓝旗走出去的中国蒙古族
新文学奠基人——纳·赛音朝克图

　　纳·赛音朝克图（1914年2月23日至1973年5月13日），原名扎格普日布，又名赛春嘎，蒙古族，中国现代著名诗人，当代蒙古文学奠基人，被称为"蒙古族鲁迅"。他24岁开始文学创作，曾任中国作家协会理事、内蒙古自治区文联副主席、中国作家协会内蒙古自治区分会主席等职。是中国人民政治协商会议第四届全国委员会委员、内蒙古自治区第二届人民代表大会代表。1958年春，纳·赛音朝克图加入中国共产党。他的主要作品有诗集《幸福和友谊》《金桥》《我们雄壮的呼声》《正蓝旗组诗》《笛声与清泉》《红色瀑布》，长诗《狂欢之夜》《南德尔和梭布尔》，中篇小说《春天的太阳从北京升起》《太阳照亮了乌珠穆沁》《互助组变成公社》及蒙古族古典文学评著《阿茹鲁高娃》、散文集《蒙古艺术团随行散记》等。其作品继承了蒙古族古典诗词和民歌的凝练、整齐、音乐性强、对仗工整等特点，诗作铿锵动听，朗朗上口，自然优美，亲切感人。纳·赛音朝克图一生勤奋学习，他的文学创作为中国蒙古现代文学开辟了新纪元，为当代蒙古文学奠定了基础，对蒙古文学产生了深远的影响。

　　1914年2月23日，纳·赛音朝克图出生于原察哈尔盟正蓝旗第二佐，今锡林郭勒盟正蓝旗扎格斯台苏木希热图嘎查牧民纳顺德力格尔和冬吉玛家。少年时代的纳·赛音朝克图温和而又细心，他对母亲非常体贴，就像女孩儿一样帮助母亲照顾弟妹、分担家务。旧中国科学文化十分落后，尤其是在偏僻的牧区。尽管如此，正蓝旗公署还是在公署所在地那日图设立了一所小学。纳·赛音朝克图请求父母，不要让他去当喇嘛，他想去念书。经过多次商议，父亲终于答应了他的请求。15岁这年，纳·赛音朝克图走进了正蓝旗小学，接受启蒙教育。4年后，他以优异的成绩毕业，之后在正蓝旗公署做了3年文书。这段时间，他了解了封建官僚的腐朽，后来他在诗集《蒙古兴盛之歌》的《书信之五》中，发出了真实愤慨的评议。

　　1936年，纳·赛音朝克图被旗里选送到张北察哈尔蒙古青年学院学习。这是纳·赛

音朝克图第一次走出浑善达克沙地，对诗人是一次思想意识上的飞跃。在学院学习不到半年时间里，就写出了《文化与生活》等7篇散文。1936年12月，纳·赛音朝克图在《丙寅》杂志上发表历史小说《六盘山》，这是他第一篇公开发表的作品，也是他的成名作，1944年入选蒙文学会编辑出版的《古今蒙古故事》一书。期间，纳·赛音朝克图接触了许多进步书籍。1937年4月，纳·赛音朝克图去日本早稻田大学师范系学习，想通过文化教育挽救民族。在日本留学期间，他写了大量的诗歌和散文，对《成吉思汗圣训集》《蒙古青旗》等蒙古族古典名著进行了研究，编辑了中外名人格言录《心灵之光》。从中我们不难看出，从青年时代起，纳·赛音朝克图在为民族的解放和振兴而苦苦求索的同时，开始文学创作，用自己的作品唤起民族觉醒。

1941年纳·赛音朝克图回国后，出版了第一部抒情诗集《心侣集》，这部诗集收入他的32首诗歌。《心侣集》是蒙古族现代文学史上受外国诗歌影响并与西方现代诗歌交流、融合产生的第一部蒙古族现代抒情诗集。此后，纳·赛音朝克图回到锡林郭勒盟苏尼特右旗的家政实习女子学校任教，培养有文化、有素养的女性，传播和推广现代科学应用知识，灌输新文化教育思想，提倡关爱生命，热爱故乡和民族。期间，创作了关注蒙古族妇女命运、提倡解放妇女的诗集《蒙古兴盛之歌》。新中国成立前的纳·赛音朝克图，与其说他是诗人，还不如说他是民族文化心理和民族面貌的积极革新者。1942至1945年，纳·赛音朝克图在女子学校从事教育工作，在师生中颇有影响，也可能是因为这个原因，他在1945年1月被调到伪蒙疆自治政府当了4个月的秘书，主要负责教育管理工作。同年8月，苏联红军向日本军国主义宣战后进驻察哈尔，纳·赛音朝克图热情地迎接和协助红军工作，被委任为察哈尔盟临时革命政府盟长。9月，他经苏联红军介绍赴蒙古人民共和国苏赫巴托党校学习，在那里他了解了中国共产党及其所领导的革命，找到了内蒙古民族解放和兴盛繁荣之路。他也随着革命的大潮开始了新的航程，走上了寻找真理、寻找光明的征途。1946年1月，纳·赛音朝克图在蒙古国用笔名乌·朝洛蒙发表了长诗《乌兰巴托》。同年，蒙古国家出版社出版发行了纳·赛音朝克图在蒙古国的第一部诗集《乌兰巴托》。

用诗歌表达对世界的认识，同时改造世界，一直是纳·赛音朝克图的执着追求。1947年，纳·赛音朝克图回国后，服从党组织分配，到刚成立的内蒙古日报社工作。1950年，内蒙古自治区政府由乌兰浩特迁到了呼和浩特，他的工作也从内蒙古日报社调到内蒙古出版社，后又调到内蒙古党委宣传部工作，一直到1955年。这个阶段，他一边工作，一边不间断地从事诗歌创作。1945年抗日战争胜利后，纳·赛音朝克图的诗歌一扫往日的沉郁和迷惘，开始热烈地歌颂"自由"、"美好"和"黎明"。新中国成立后，纳·赛音朝克图更是诗情澎湃，文思泉涌，写下了许多广为传诵的感人诗篇。1956年1月，纳·赛音朝克图以文艺工作者的身份到北京参加全国政协第四届会议。2月3日，在人民大会堂与老舍、侯宝林等艺术家受到毛泽东主席的接见，写诗歌《握着敬爱的毛泽东主席的巨手》在宴会上朗诵，并同毛主席亲切拥抱。从1955年到"文革"前夕，他连续出版了《我们的雄壮呼声》《狂欢之歌》《正蓝旗组歌》等多部诗集，同时有小说、散文、文艺评论等大量作品问世，在翻译和学术研究方面也颇有建树，积极参与《毛泽东选集》翻译工作，对蒙古族文学和内蒙古文学事业做出了重要贡献。1973年5月13日，纳·赛音朝克图在上海病逝，终年59岁。

1984年，纳·赛音朝克图家乡的父老乡亲自发为诗人立纪念碑；1999年8月，正蓝旗党委、政府隆重举行了纪念纳·赛音朝克图诞辰85周年活动，内蒙古人民出版社也推出了《纳·赛音朝克图全集》，共8卷150万字，纳·赛音朝克图成为第一位出版全集的蒙古族作家；2006年，内蒙古文联、锡林郭勒盟文联、正蓝旗政府为诗人立碑；2014年，正蓝旗政府在纳·赛音朝克图的家乡重新为诗人立了一座5米高的汉白玉纪念碑，石碑正面写有"纳·赛音朝克图纪念碑"，碑的四面刻着纳·赛音朝克图的代表作之一《沙漠故乡》。

2014年1月18日，正蓝旗举办了纪念纳·赛音朝克图诞辰100周年新春歌舞晚会。2月28日，正蓝旗旗委机关报《上都新闻》刊出了纪念纳·赛音朝克图诞辰100周年专版。4月26至27日，由中国人民大学国学院西域历史语言研究所主办，内蒙古社会科学院文学研究所与正蓝旗政府协办的纪念纳·赛音朝克图诞辰100周年国际学术研讨会在中国人民大学举行。来自中国、蒙古、日本等国家的30余名专家学者，围绕纳·赛音朝克图诗歌作品的艺术特点、对文学及蒙古族文化作品的贡献等方面进行了重点研讨。同时，与会人员还专程赶赴正蓝旗扎格斯台苏木，实地考察了纳·赛音朝克图的故乡。同年6月，经过多方努力，正蓝旗政协从北京、呼和浩特市和日本、蒙古及美国档案馆搜集到了纳·赛音朝克图建国前出版过的5本诗集影印件，编辑出版了具有收藏研究和史料价值的《赛春嘎作品影印本》。协同盟政协、盟文体广播电影电视局、盟广播电台联合录制了光碟《矗立的青山》。7月5日，锡林郭勒职业学院举办"纳·赛音朝克图研究国际学术研讨会"，来自中央民族大学、内蒙古作协、蒙古国立师范大学、日本樱美林大学等国内外20多家高等院校及学术单位的70多名专家学者参加研讨会。8月7日，内蒙古文联、正蓝旗政府在上都镇举行了纪念纳·赛音朝克图诞辰100周年学术研讨会。8日，在诗人的故乡扎格斯台苏木希热图嘎查中有"沙地明珠"之誉的扎格斯台淖边，为诗人纪念碑和纪念馆举行了揭碑开馆仪式，该馆占地100亩，其中建筑面积1700平方米，馆内藏有诗人作品及相关文物300多件。纳·赛音朝克图的事业、追求和愿景，在正蓝旗草原上得到了继承、发扬和光大。

蒙古族近代著名画家——阿格旺

蒙古族传统绘画艺术内涵丰富，种类繁多，形象生动，实用性强，其图案是蒙元文化、草原文化、佛教文化等多种文化的大融合，具有深刻的思想内涵和精神寓意。蒙古族近代著名画家阿格旺，就是其中的典型代表。

阿格旺，1914年出生于正蓝旗宝绍岱苏木巴音宝力格嘎查（原正镶白旗正白羊群苏图河）牧民包尔敖恒家，是蒙古族著名画家，近代蒙古族美术事业的奠基人和传承人之一。阿格旺从小便有绘画的艺术天赋，5岁开始就能画出一些山水、树木和牛羊。儿时，阿格旺在正蓝旗羊群庙当上小喇嘛后，被殿堂里千姿百态的佛像和墙壁藻井的装饰图案所吸引，拜阿冉金巴桑宝为师，经常在麻纸或涂有脂油、灰烬的木板上作画，并且很快掌握了镌刻、雕塑技艺，13岁时便画出了《白虎神》《寿星》等画像和《毛龙和尚报恩记》连环画。17岁时为那若班禅庙制作出了宗教舞蹈的道具和服饰，受到人们的赞许。在锡林浩特市贝子庙当喇嘛时期，阿格旺设计制作的佛像、绘画、雕塑、粘贴等艺术作品及图案，被广泛运用到蒙古族日常生产生活中，很受牧民们的欢迎，被人们尊称为"察哈尔画匠"。1943年，阿格旺到张家口市参加绘画艺术培训班，向日本人大西学习现代绘画艺术，使自己的传统民族艺术创作提高到了一个新水平。

图案是一种实用性与装饰性相结合的艺术形式。蒙古族图案是一种渊源久远的装饰图案，其历史可以追溯到远古的石器时代，在那时的岩画或石刻创作中，它以图腾的形式出现。随着社会的发展进步，这一艺术形式也越来越成熟，它通过蒙古包、蒙古家具、蒙古族服饰、蒙古刺绣、蒙古靴、奶制品模具、马具、金银首饰、佛教用品、烟袋和烟荷包等形式，以丰富的构图方式和色彩，表现出了蒙古族对美好生活的无限向往和精神上的极大寄托。为了不使这一蒙古族非物质文化遗产失传，1962年2月，阿格旺走浩特进牧户，精心搜集整理创作出了《内蒙古蒙族民间图案集》。据阿格旺在该书前言中介绍，"这本图案集，主要是由察哈尔地区蒙古民族中的服饰和日常生活用具上的图案组成，有的稍加加工，有的是根据实物原封不动描绘下来的"。经中国美术家协会内蒙古

分会推荐，1963年2月该书由内蒙古人民出版社出版发行，是向中国共产党成立40周年和内蒙古自治区成立15周年的献礼书目。目前，在正蓝旗蒙古包厂和新一代的民间艺人中，有人收藏到了阿格旺的这本原版《内蒙古蒙族民间图案集》。该书在古老的民族图案和民族艺术风格中灌注了新的思想内容，以绘画的形式展示了蒙古族的艺术文化，具有很强的资料性。该书不仅是阿格旺装饰图案创作中的代表作，同时也是继承和发扬蒙古族传统花纹图案的杰作，值得人们进一步学习和研究。阿格旺画的佛像作品，以印度、西藏佛像形象为主并结合蒙古族的地方特点，与蒙古族人的形象和思维相适应，将蒙古族传统绘画风格与近代西洋绘画艺术相融合，有着自己独特的绘画技巧，堪称当代蒙古族画品佳作。

1950年，阿格旺参加革命工作，先后在察哈尔盟党委宣传部、察哈尔盟文化队、正蓝旗文化馆、乌兰牧骑等单位工作，创作出了《河岸上的牛群》《斗驼图》《草原上的牧民》《牧羊姑娘》《巴嘎额江之战》等优秀美术作品。建立内蒙古博物馆时，阿格旺还被聘请到呼和浩特市参加部分绘画创作，将所制作的"牛头神""阎罗王"等跳神面具赠送给了博物馆。1955年，阿格旺被中国美术家协会内蒙古分会吸收为会员。1962年5月14日，阿格旺病逝于张家口市，享年49岁。

2014年7月13日，正蓝旗为阿格旺的家乡宝绍岱苏木争取到国家文化建设资金20万元，旗有关部门在宝绍岱苏木为阿格旺建成了铜像，举办了纪念碑落成揭碑仪式，陈列展出了阿格旺的美术作品和生前用过的画具。同时，正蓝旗还通过举办中小学生画展、学术研讨会，重印阿格旺《蒙古族民间图案集》等形式，纪念蒙古族近代著名画家阿格旺诞辰100周年，使民族传统文化得到了很好的传承和发扬。

蒙古族著名男低音歌唱家——朝鲁

正蓝旗历史文化悠久，涌现出许多文化名人，闻名中外的蒙古族男低音歌唱家朝鲁就是其中的典型代表。一次偶然的机会，笔者经正蓝旗社保局副局长管永新介绍，有幸结识了正蓝旗蒙古族小学退休教师、旗政协委员娜仁格日勒，听着她对父亲朝鲁的深情回忆，一代歌唱家对生活和艺术的执着追求跃然纸上。

1930年5月15日，朝鲁出生在察哈尔盟明安旗镶黄牛群宝力根陶海牧民贡布苏荣家中，1938年随父搬迁至正蓝旗扎格斯台苏木。由于家里生活贫困，父亲将他送给隶属扎格斯台庙的伊和布尔汗庙（大佛庙）的僧人丹迪尔抚养。1940年至1944年，朝鲁在旗衙门读书，后服兵役加入蒙古军少年军校。1945年8月，朝鲁被送到蒙古国乌兰巴托十年制学校学习。在校期间，朝鲁演唱了《察哈尔八旗》《蓝色的旗帜》等歌曲，其歌唱天赋得以显现。1948年6月，经蒙古国国家歌舞团团长朝格吉玛推荐，朝鲁被选入国家剧院，走上演艺生涯。期间，朝鲁曾接受苏联名师指导，演唱技艺提高很快，在蒙古国成功扮演了《幸福之路》《三座山》等歌剧中的主角，获得国家级功勋演员称号和金奖。

在蒙古国时，年轻的朝鲁力大无穷，除了经常参加拳击和搏克比赛外，他还是个驯马高手，骑着驯服了的生个子马到处演唱，成了朝鲁的一大乐事。一次，朝鲁在为牧民套马驹子时，马的前蹄不慎陷入一个老鼠洞，结果连人带马被摔倒在地。在苏联医生的精心治疗下，昏迷了40多天的朝鲁虽然保住了性命，但导致右半身行动不便，可这并没有影响他对生活和艺术的追求。

1954年5月，无时不在思念祖国和家乡亲人的朝鲁，放弃了在蒙古国所有的荣誉和地位，回到了家乡正蓝旗。回国后，朝鲁先后在察哈尔文化队、内蒙古广播文艺队、内蒙古歌舞团、内蒙古广播文工团工作。1955年，朝鲁随团到北京为毛主席等中央领导演出，一曲《草原上升起不落的太阳》唱红了大江南北，受到国内外广泛关注和好评，周恩来总理亲自赠送给朝鲁一套银酒盅留作纪念。

朝鲁创作的主要歌曲作品有《绣金叶的手帕》《故乡》《小学生》《摇篮曲》《戈壁

滩红花》《牧羊人的故乡》《纳林河畔的蝴蝶》等。演唱过《嘎达梅林》《雪白的山》《锡林郭勒》《兴安岭》《东盖姑娘》《富饶的夏营盘》《粗壮的大树》等数百首深受广大群众喜欢的歌曲。朝鲁除具有男低音共有的洪亮婉转、音正腔圆等特点外，他在声音技巧与艺术表现上结合得十分完美，特别是在蒙古语歌词与曲调的融合上，更有着自己行云流水般的演唱风格，他的吐词完美到胜于说话，他的演唱自如到随心所欲。在舞台上演出，只要朝鲁登台上场，观众就会铺天盖地地为他鼓掌喝彩。只要广播中播放他的歌曲，牧民无论吃饭还是放牧都会专心倾听，尽情享受和欣赏他充满魅力、让人陶醉的歌声。听众如果不能经常听到播放他的歌曲，就会给电台编辑部写信，询问他的情况。朝鲁用他独特鲜明的演唱风格和出类拔萃的表现技巧，征服了一代观众和听众。人们从朝鲁的演唱中，感受到了从草原深处提炼出来的蒙古民歌演唱新方法，对后人和社会产生了深远的影响。

在娜仁格日勒的记忆里，朝鲁不仅是一位名扬天下的蒙古族歌唱大家，更是一位慈爱有加的好父亲。在娜仁格日勒两岁的时候，她的母亲因病去世，朝鲁从此担起了父亲和母亲的双重角色。《摇篮曲》是朝鲁创作并演唱的代表作之一，至今娜仁格日勒还记得父亲为她哼唱《摇篮曲》，哄她入睡时的情景。1971年9月，朝鲁因故退职，回到正蓝旗上都河苏木巴音高勒嘎查（朝鲁的妹妹家在这里），一家人在这里度过了一段艰难困苦的日子。1973年5月，娜仁格日勒在旗直属中学班主任老师阿其拉图的资助下，和父亲一起找到自治区电台等有关部门，帮助朝鲁办理了退休手续，一家人的生活才有了保障。1977年，正蓝旗召开那达慕大会，朝鲁一口气演唱了7首歌曲，旗乌兰牧骑也经常请朝鲁去教歌、参加演出，为家乡的艺术事业贡献力量。

1986年7月14日，朝鲁因病去世。朝鲁生前曾任中国音乐家协会内蒙古分会会员、内蒙古文联委员、归国华侨协会委员、内蒙古第二次文代会代表，锡林郭勒盟和正蓝旗政协委员、归国华侨委员。1987年，家乡人民为朝鲁立了纪念碑；2003年，内蒙古电视台为纪念朝鲁制作了《雪白的山》录像带；2004年，正蓝旗组织召开纪念蒙古族著名歌唱家、爱国主义艺术家朝鲁生平座谈会，举办了以朝鲁创作与演唱的作品为主题的文艺演出；2006年，内蒙古电视台《每周之约》节目制作专题片纪念歌王朝鲁同志；2010年，自治区有关部门举办了纪念著名歌唱家朝鲁诞辰80周年研讨会暨《天籁歌手》发行仪式；2013年7月，正蓝旗党委宣传部出版了朝鲁的歌曲专辑《故乡》。朝鲁活在了各族人民的心中，他的歌声永远回荡在辽阔的草原上。

上都情怀

穿越时代的伟人魅力

——纪念毛泽东同志诞辰120周年

领袖的本质是人民意志和愿望的表达者,是国家和民族利益的守望者,是历史进步的领航者。渐行渐远的岁月,把许多被称为领袖人物的荣辱成败,积酿成为或甜或苦的老酒,供人们品评论说。过去了的岁月似乎常常按历史的法则收回属于自己的东西,不断前进的生活浪潮冲刷着一些领袖人物留在政治沙滩上或浅或深的脚印。于是,领袖人物身后的境遇,也就演绎和印证着一些不可回避的历史法则,但这只是问题的一个方面。后人的评说,同时还彰显着任何外力都难以动摇的历史公平。因为我们不难看到,依然有一些领袖人物的身影,在21世纪曙光的映照下,在大浪淘沙的涌潮中,昂热矗立在人们视野的地平线上。中国的毛泽东,就是这样的领袖人物。

"毛泽东"这三个字,蕴含着怎样的历史真谛?他又是怎样穿越时代之门走向今天的呢?他曾经在湘江的波涛中舒展长臂拥抱"五四"大潮,成为湖南革命的播火者。在大革命的洪流中他被称为"农民运动的王",领导了著名的秋收起义。在令人窒息的白色恐怖中,他走出一条新路,发动土地革命,创立了第一个农村革命根据地,点燃了星星之火。在远行的红军将士们濒临绝境的时候,他硬是让中国共产党的历史急拐了一个大弯,拨正了航道。在陕北高原的黄土窑洞里,他开始更为艰苦的理论进军,使为理想而奋斗的人们接受了一次特殊的精神洗礼。在牛羊嘶叫的农家小院,他以运筹帷幄的战略智慧,导演了一场波澜壮阔的战争史剧。在开天辟地的庄严时刻,他和战友们踏着古旧尘封的皇城砖道,宣告中华民族迎来了一个历史的新纪元。在百废待兴的日子里,他和战友们领导站起来的中国人民重振山河,涤荡了旧社会的污泥浊水。在战火烧到国门口的时候,他毅然决策,打了一场让中国人扬眉吐气的抗美援朝战争。在凯歌行进的岁月中,他把目光投向历史的深处,开创了一条适合中国国情的社会主义改造道路,确立了一个崭新的社会主义制度。在发展经济为首要任务的年头,他构想和探索着中国式的社会主义建设道路。面对东西方的冷战对峙和风云变幻的国际局势,他始终警觉地关注着祖国的独立和安全,并在迟暮之年开创了崭新的外交格局,使中国走向了整个世界。还是

他，率领站起来的中国人民，一贯维护世界和平，主持国际正义，在全球不同肤色的人们中赢得了崇高的声誉……。这就是穿越时代之门，从风风雨雨中走过来的毛泽东。

毛泽东离去了，他留下的精神财富，却不会随风飘逝。作为中国共产党、中国人民解放军和中华人民共和国的主要缔造者和领导者，毛泽东最伟大的功绩还在于，他集中了中国共产党和人民群众的奋斗经验与智慧，成功地把马克思主义的普遍原理和中国革命的具体实践相结合，创立了中国的马克思主义——毛泽东思想。正是这面旗帜，以其独创性的内容丰富了马克思主义宝库，培养了一代又一代的领导者和广大干部，教育了全国各族人民。正是这面旗帜，从昨天飘扬到今天，成为民族精神的一个象征，赋予了中国人一种特别的理想和信念，同时也获得了一种创新发展的激情和灵感。正是这面旗帜蕴含的实事求是的灵魂，让马克思主义在中国发扬光大，让中国共产党的指导理论一脉相承且又总是能够与时俱进。

毛泽东是一个文韬武略、多才多艺的领袖。他是非凡卓越的无产阶级革命家，思想深邃、见解独到的理论家，胸怀广阔、远见卓识的战略家，决胜千里、指挥若定的军事家，还是一位独领风骚的浪漫主义诗人，博古通今的学问家，别具一格的书法家。正是这种文武兼备的气质，挑战进取的性格，雄才大略的豪情，审时度势的睿智，不拘一格的洒脱，使他在中国革命的一个又一个历史关头，能够把握住时机，迅速决策，力挽狂澜。也正是这些丰富多彩的角色品质，使他体现出非凡的人格魅力。在从昨天到今天的艰苦漫长的岁月中，毛泽东体现出来的革命精神，具有强大的凝聚力；他的个性品格，具有动人的感染力；他的深邃思想，具有非凡的穿透力。这样的魅力，使毛泽东成为了一个说不完道不尽的话题，使他在人们的记忆中永远是那样的鲜活和生动。

诗行康巴诺尔草原

2014年8月29日，正蓝旗上都诗词学会会长高家鑫，副会长兼秘书长郭海鹏，带着诗一样的激情，应邀从内蒙古辽阔的金莲川草原，来到河北省美丽的坝上草原康巴诺尔，参加康保县委宣传部、文联举办的中国康保"佳益杯"海内外诗歌大赛颁奖、世界诗人大会中国康保创作基地揭牌暨中国康保首届草原诗会，并向大会赠送了100册《上都诗刊》。

在此之前，康保县委宣传部、文联、非遗办公室的有关同志和专家学者，专程到正蓝旗探寻元曲及元代宫廷音乐阿斯尔与康保县东路二人台之间的关系，感觉这种想法很有创新和独到见解之处，对我本人的影响和启发也很大。这次，我们到康保县参加草原诗会，从中强烈感受到当地党委、政府对文化工作的重视，干部群众发自内心对二人台等传统文化艺术的喜爱和传承。近年来，当地通过举办草原冰灯艺术节、二人台邀请赛、草原马拉松赛、草原风筝邀请赛和中国康保首届草原诗会等一个接一个的文化活动，让塞外边城康保县的知名度不断提升，拉动了县域经济的发展。

当晚8时，中国当代著名诗人韩文戈，中国网络诗歌学会主席赵奇伟等来自全国各地的30多名诗人文友，不顾旅途疲劳，毫无生疏之感地坐在一起，谈"悟性"找"诗味"，感受诗歌沉淀在一代又一代人血脉相连中的文化底蕴，认为作为当代中国人写出的中国诗，要有民族性、时代性和群众性，让"诗人梦"更好地服务于"中国梦"。

县委书记冯印涛在座谈中表示，举办草原诗会的目的，就是要通过文化亮县这种形式，提升康保县的人文情怀和创业精神，在朗朗诵读的诗情画意中，让浮躁的小城安静下来、留住乡愁，这也是一种责任。

8月30日上午，中国康保"佳益杯"海内外诗歌大赛暨世界诗人大会中国康保创作基地揭牌仪式在县二人台大剧院举行。整场活动在诗歌朗诵中穿插首批国家级非物质文化遗产康保二人台、少儿舞蹈等艺术形式，并以当地自然风情、人文景观和经济社会发展为背景，通过艺术性的舞台设计与多变的灯光效果，为观众献上了一场唯美的诗画盛宴,世界诗人大会中国办事处主任北塔先生与县委书记冯印涛为世界诗人大会中国康保创作基地揭牌。

来自康保县及中央戏剧学院、河北北方学院的朗诵者,字正腔圆、感情充沛地朗诵了李俊功、韩有平等诗人的获奖作品,他们通过或柔美或雄厚的声音,让那些简短的诗行掷地有声,在人们的心里留下了深深的记忆和激情。沽源县获奖作者张沫末说:"这么朗诵我的诗,我的心都醉了,他们简直把诗歌都给演绎活了。"在《驼铃声声》《二人台的故乡》《梦向康巴诺尔》等16首获奖诗歌中,诗人们以"梦觅金元,寻不尽的文化在这里张扬","我的马,向天的腾跃,是草原顽强的心跳","散落的元曲和唢呐在粗狂的风中赛跑"等优美诗句,舒展出了坝上草原的无限风情。

诗歌朗诵会分为古韵康保、绿色康保和梦想康保三个篇章,以诗歌的形式表现和讴歌了康保县的人文历史、自然景观及经济社会发展。太仆寺旗的武雁萍是内蒙古地区唯一的获奖选手,这是她第一次观看这么精彩的诗歌朗诵会,有机会近距离接触到了许多著名诗人,她认为这样的形式非常好,同时她也期待这样的诗会能够在锡林郭勒草原上举办,让家乡更多的人领略到诗歌的艺术魅力。

咸菜的滋味

我有一个爱好,可能有这种爱好的人不多,那就是喜欢腌咸菜。每当秋季来临,我心里便充满了期待,又到腌咸菜的季节了。周末到菜市场转上一圈,满怀欣喜地买回一些菜园村地里不上化肥的芥菜缨、芹菜、香菜、胡萝卜等新鲜蔬菜。晚饭后席地而坐,摘去黄叶、削掉菜根,然后清洗干净切成段,配上一些雪白的小蒜瓣,加盐、揉搓、装坛、压上石头。几天后,一股清新芬芳诱人食欲的特殊清香便弥漫开来。

我从小生长在农村,养成了吃咸菜的习惯,对咸菜情有独钟,骨子里便浸透着浓浓的乡情。现在,在家吃饭时餐桌上也是少不了几碟咸菜,哪怕不吃,摆在那看着,心里也舒服,那是一种说不出的踏实。如今,在超市买回来的咸菜是吃不出家乡味的,加上有次买来放在那,竟有好几个月未发生一点儿化学反应,便很少买着吃了。不敢吃还想吃,那就只能自己动手了。家里冰箱里常年都会有不同的咸菜,有客人来时我会把几种拼装在小盘里,当下酒小菜。有时,也会送给朋友一玻璃罐头瓶咸菜,令朋友满心欢喜。

过去,每到收获的季节,男劳力去地里收割庄稼,女人们便在家里腌咸菜。咸菜在一家人的饮食中占有重要地位,凡是和填饱肚皮有关的事,人们从来都不马虎。那时腌咸菜的原料大部分都是自家地里产的,胡萝卜、圆白菜、芥菜,自家屋前房后的菜园里要下架的黄瓜、辣椒、豆角等,只要是嫩一点儿的蔬菜都可摘下来腌制,甚至连大葱的叶子也可以用来腌制。记得上高中时,住校的同学每周从家里返校时,都会装上几罐头瓶子的咸菜,大家换着吃,比谁的母亲腌的咸菜好吃。

咸菜的腌法多种多样,像小黄瓜可以腌整条的,加入适量的盐,盐要原来的那种大粒粗盐,便宜且够咸。适当翻动即可,方便快捷。但也有人家将黄瓜切成碎块,调入盐、辣椒、花椒、生姜、橘皮、大蒜末及五香面等,放入坛中,这样腌制的味道更加爽口鲜美。

记得儿时家里最爱腌的咸菜当数碎咸菜了,绿叶白盐红椒,色彩鲜艳,这也是我最喜欢的,现在我自己也做。原材料就是圆白菜、胡萝卜、香菜、芥菜、红辣椒,把它们搅拌

在一起，加入盐和少量的味精、花椒便可。圆白菜清白爽脆，胡萝卜深红浓郁，芹菜翠绿诱人，红辣椒勾人食欲。如果吃时再浇上一勺滚烫的胡麻油，吃起来会有一种香喷喷的感觉。

现在生活一天天地好起来，吃咸菜毕竟少了。腌咸菜的那些坛坛罐罐只能到一些村子里才能找到，但我却始终怀念那段艰难的生活，一大家子人在老屋中相互关怀和拮据中走到了现在，虽然饭菜不丰盛但是温暖安静。虽然现今住在有暖气的楼房内，但周边杂音大、挡光遮阳，住得也很憋闷，怎么也找不到当年那小屋里的安逸了。

咸菜应该放在凉爽的平房里，但楼房里有暖气，只能置于室外。咸菜也如同人一样，在一种环境中生活习惯了，一旦有了改变也会不舒心的。咸菜的滋味，说白了就是个咸，味道单一。有人说过，咸菜不咸了，日子也就淡了许多，听起来挺有感觉的。

沙地明珠——小扎格斯台淖尔

正蓝旗有包括小扎格斯台淖尔在内的大小湖泊147个,全部为内陆湖,主要由风蚀形成。其中淡水湖泊68个、咸水湖泊79个,常年性湖泊89个、季节性湖泊58个,分布于全旗9个苏木镇镇场,多分布于北部沙地,湖泊总面积110.43平方公里,蓄水量9101.7万立方米。当地较大的淖尔由河水流入汇集而成,部分是以地下水露头的形式形成,大部分由大气降水形成并补给水源。

扎格斯台淖尔,蒙古语意为"有鱼的湖"。有"沙地明珠"之称的小扎格斯台淖尔,位于正蓝旗浑善达克沙地东南缘与低山丘陵的交汇处,距世界文化遗产元上都遗址40公里,面积6700亩,其南部为乌和尔沁敖包林场次生林区,北部为浑善达克沙地,湖光、山水、森林与沙漠融为一体,景色独特。

由风蚀原因而形成的小扎格斯台淖尔,紧靠海拔1794米的正蓝旗最高峰乌和尔沁敖包。以小扎格斯台湖为中心,周围十几个小湖和水泡子汇入后,形成湖群,水源由地下泉眼和雨水补给,集水面积5.2平方公里,水面积3.1平方公里,水量395.3万立方米,淖尔中水位最深处2.58米,平均水深1.5米,水量增减随年度降水变化而变化。

小扎格斯台淖尔湖水为淡水,湖底为沙底,水质清澈透明,岸边有沙滩草木,置身于淖尔中有海水沙滩的感觉,是夏季消暑、游泳的理想之地。小扎格斯台淖尔水资源丰富,盛产鲫鱼、鲤鱼、草鱼、鲢鱼、泥鳅等。游人可以在这儿垂钓捕鱼,一展厨艺,既有眼福又饱口福。夏季,小扎格斯台淖尔是草原上百灵鸟、天鹅、红嘴鸥、遗鸥、野鸭、灰鹤等候鸟的乐园,它们将巢筑在水边的苇秆间草丛里,产下的各色蛋散布其间,孵化出新的精灵。当清风拂去一缕淡雾,十里水域像金莲川草原上高悬的明镜,倒映着蓝天变幻的彩云,还有淖尔边那迷离的沙丘、洁白的蒙古包、耐旱抗风的红柳和那姿态各异的"蓝旗榆"。淖尔中,不时有一串串水鸭子"呀呀"地掠过水面,蹚起一溜水花后又悠悠地散去。人们在领略鱼香与湖光水色的同时,还可以体验到蒙古族骑马、唱歌、摔跤、赛驼等民俗风情和手把肉、奶酒的香甜。

小扎格斯台淖尔周边是桑根达来镇塔本敖都嘎查牧民的夏营地。每到夏天，牧人乘日出披晚霞将成群的牛羊放养在淖边。小扎格斯台淖尔水中含有少量矿物质，牲畜喝了既助消化又杀菌。千百年来，东胡、匈奴、乌桓、契丹、女真、蒙古等，有哪一个游牧民族秋深马肥、牛羊茁壮不是依赖淖尔的赐予呢。

1588年三世达赖喇嘛索南嘉措受明神宗邀请赴北京讲经说法，3月26日圆寂于喀喇沁万户的吉嘎苏台，即今正蓝旗小扎格斯台淖尔，时年46岁。在小扎格斯台淖尔附近，人们偶尔还会发现散落在草丛或沙丘中的残砖断瓦，这是否与三世达赖喇嘛索南嘉措曾在小扎格斯台淖尔讲经说法有关，目前笔者还没有发现这方面的文字记载，有待于专家学者进一步研究考证。小扎格斯台淖尔的北岸是绵延起伏的沙丘，有寺庙遗址。20世纪40年代初，小扎格斯台淖尔北岸还建有白塔，淖尔四边以铁索相环。

听当地老乡讲，早先这儿没水。有一次成吉思汗南征路过这里，人饥马渴，掘地三丈不见一个水珠子。成吉思汗策马察看，突然马蹄一陷，一股清泉"咕嘟咕嘟"冒上来，一夜工夫便形成这片淖尔。这一泓清水，从地心中喷涌出来，带着草原母亲般的温热，牵动着上都文化的活力，让蒙古包、勒勒车、牧草碧连天，使马头琴、奶子酒、歌声传天外。无论历史如何变迁，岁月如何流转，小扎格斯台淖尔这片原生态水域都会让人们记住乡愁，护住根脉，使草原的精神家园更加亮丽。

走进"多彩草原" 触摸"活力西苏"

——苏尼特右旗采风漫笔

2014年9月25日至27日,记者随盟报社副总编马瑞祥,通联部主任申玉全、副主任朝克图及阿巴嘎旗、镶黄旗、西乌旗的驻站记者一行8人,应邀来到苏尼特右旗,参加由该旗党委宣传部组织的"多彩草原、活力西苏"主题采风活动。采访期间,记者看到了该旗农牧业生产稳步推进、工业经济快速发展、第三产业日趋活跃、民族文化事业繁荣发展、民生保障日益增强的喜人局面。下面,让我们一起走进"多彩草原",去"触摸"活力西苏。

文化底蕴深厚的多彩草原

您可能不熟悉苏尼特,但您一定听说过有着"恐龙基地"之称的"二连盆地",二连盆地的大部分就在苏尼特右旗境内。这里是亚洲最早发现恐龙化石的地区之一,驰名中外的亚洲最大恐龙——查干淖尔龙的骨架化石就是在该旗查干淖尔碱湖发现的,它为揭开中生代历史奥秘提供了见证,为探索生物的起源与进化、地球变迁史、鉴定和比较地层结构提供了依据;也许您可能不了解苏尼特,但您一定知道植根草原、心系牧民的文艺轻骑兵——乌兰牧骑,这支"愿借明驼千里足,踏遍草原万里行"的全国第一支乌兰牧骑,就诞生在苏尼特这片多彩的草原上。近年来,该旗在发展经济的同时,注重文化品牌建设,使其进入到了全国民族团结先进集体、全国科技进步旗和中国骆驼文化之乡,"蒙古族传统祝颂文化"被列入自治区"一旗一品"文化品牌,成为锡林郭勒盟唯一入选的旗县。

始建于1863年的德王府,位于苏尼特右旗朱日和镇乌苏图敖包山下,是全区重点文物保护单位。自1937年起,德王曾在德王府开办过兴蒙学校、女子家政学校、蒙古军幼年军官学校、喇嘛学校等8所学校,培养出了500多名有文化、有志向、有技能的牧民子女。女子家政学校,旨在培养有文化、有素养的女性,掌握持家过日子的本领,传播和

推广现代科学应用知识，灌输新文化教育思想，强调学以致用，与时俱进，提倡关爱生命，热爱故乡和民族。其最大的特点是学生每天除上文化课外，还学习放牧、接羔、起羊砖、晾牛粪、挤奶、做奶食、剪羊毛、做毡子、编绳、缝制衣裳和做饭。最重要的是品行教育，要求她们尊老爱幼，做一个贤妻良母。女子家政学校将传统游牧生活中的家庭非正式应用教育与现代西方学校的正式理论教育相结合，在内蒙古西部牧区产生过重大影响，所培养的学生有许多活跃于20世纪五六十年代锡林郭勒盟各基层政府部门，有的成长为教育战线上优秀的女知识分子。

现如今，苏尼特右旗民族教育有了更大更好的发展。旗蒙古族中学以"先做人，后读书"为育人理念，致力打造具有民族特色教育的校园文化体系，开设了马头琴班、长调班、古筝班、民族舞蹈班、搏克班、射箭班、蒙古象棋班等特色兴趣小组。十余年来，先后培养出了200余名马头琴手，获得了八省区蒙古族长调比赛少年组一等奖，荣获"走马"、"原野"等长调歌曲比赛声乐组一等奖，群舞《狼》获得国家级奖项。该校先后被评为旗级文明单位、爱国主义教育基地，盟级标准化民族学校，自治区学习使用民族语言文字先进单位和全国群众体育先进单位等。旗民族幼儿园的13名教师，利用课余时间自己创作绘制原稿，研发出了蒙语授课学前教育"蒙古文动漫教学资源库"课件。该课件投资50余万元，制作质量达到国内一流水平，在全国八省区蒙古族幼儿园中得到推广使用，为振兴民族教育起到了示范引领作用。

在牧区，也有那么一些人不图名利，默默守护传承着民族传统文化。赛音朝克图是宝拉格苏木额尔登塔拉嘎查牧民，他从1999年开始，利用放牧之机从草原上拾到了磨板、磨棒、斧、锥子等60多种700余件新旧石器，并坚持整理和自学研究，成为全旗特色文化牧户。赛音朝克图这位普通的牧民，用实物见证了早在新石器时代苏尼特右旗境内便有人类繁衍生息的历史。

虽说苏尼特右旗是一个典型的荒漠草原，境内无常年河流，地表水贫乏，但奇特的是在距旗政府所在地赛汉塔拉镇西南15公里处，有一处常年上涌的温泉。占地1.3万平方米，内设宾馆别墅、生态餐厅的温都尔疗养中心便建在这里。据专家介绍，该温泉井深890米，内含有益人体健康的锶、偏硼酸、偏硅酸等30余种矿物质和微量元素，属于复合型医疗热矿水。经常浸泡，具有调节自主神经，促进新陈代谢，改善心血管，调节内分泌，治疗关节炎、皮肤病，提高机体免疫力等功效。由于该温泉含铁和其他微量元素丰富，水呈黄色，故被称为最珍贵的天然"黄金泉"。自2013年该疗养中心营业以来，已接待游客7.5万人次，成为草原生态旅游的好去处。

经济社会统筹发展的活力西苏

广播电视对农牧民来说，是最有效的传播方式和科教手段，苏尼特右旗将广播电视"村村通"和"户户通"工程列为重点民生项目。自2010年以来，该旗积极争取广播电视"村村通"设备，使6168户农牧民告别了收听收看广播电视难的历史。2012年以来，在广播电视"村村通"的基础上，又投资50余万元实施了"户户通"工程，共安装广播电视设备12368套，牧民不用花一分钱收视费便可看到50多个中央及各省市和当地的自办节目，农村牧区人口覆盖率达到了98%。提到广播电视"户户通"的好处，朱日和镇东达乌素嘎查牧民哈斯额尔德尼告诉记者，今年羊的市场行情不好，前不久他从电视上看到乌兰察布市后旗一家企业可上门收购活羊，每公斤16元的信息后，他及时与该企业联系出售了100多只羊，现在每公斤14元送上门还没人愿意收。通过有线广播电视了解到的信息，让哈斯额尔德尼家的羊多卖了8800元。

苏尼特右旗地处干旱荒漠草原，农村牧区人畜饮水困难。近年来，该旗先后投资1700万元，打水源井164眼，为水质不达标地区配发改水设备100套，解决了3680人、23万头只牲畜饮水困难和饮水安全问题。额仁淖尔苏木吉呼郎图嘎查的3户牧民，过去要到6公里以外的一眼浅水井去拉水，现在旗里补贴12万元，他家自筹2万元，打了一眼140多米深的机电井，人畜饮水方便不说，水质也好。

作为国家级贫困旗，虽然苏尼特右旗经济欠发达，但他们不以牺牲环境为代价，积极转变思想观念，坚持经济发展与环境保护齐头并进，下大力气解决矿山地质环境历史遗留问题，使以往被破坏的土地恢复原貌，改善了生产生活环境。截至目前，全旗47家矿产资源开发企业均编制了矿山地质资源综合治理方案，存储保证金255.3万元。该旗累计投入矿山地质环境治理资金1.1亿元，其中企业自筹1234万元，治理面积达80公顷，收到了良好的环境、社会和经济效益。

苏尼特右旗属资源匮乏地区，但该旗的交通、区位优势和从事绒毛行业的人员较多，具有行业发展的独特优势。经过认真分析和科学研判，该旗决定引大带小，全力打造以赛汉塔拉镇为中心，辐射周边地区的羊毛、羊绒集散基地。旗委、政府相继出台了有关优惠政策，在企业购机、用电补贴和增值税、所得税地方留成等方面给予奖励扶持。截至2013年底，累计发放税收优惠和补贴资金680万元，为绒毛企业提供担保贷款2900万元，使该旗绒毛企业由2005年以来的8户增加到28户，新建了以绒毛加工为主导产业的轻工业园区，吸引了河北、上海等地的企业在当地投资建厂，初步形成了全盟企业户数最多、市场交易量最大的绒毛收购加工集聚区，促进了当地畜产品转型升级。2015年，该旗又引进江苏客商，计划投资1.6亿元，成立了集绒毛收购、分梳、纺织一体化的内蒙古牧都羊绒制品有限公司，提升了绒毛产业层次。目前该公司所生产的20多万件衣服都已出口，产值近3个亿，同时还解决了当地牧民绒毛出售难、价格低的问题。预计2015年该旗绒毛行业总产值将达到15亿元，占全旗工业总产值的23%，实现税收1000万元左右，安置各类就业人员千余人。

　　3天的采访时间虽然短暂，但苏尼特右旗旗委宣传部安排的时间紧凑，材料准备充分，采访内容丰富，让我们感受到了多彩草原的魅力和活力西苏的风采。在这片古老而又充满生机的草原上，还有更多能够拨动心弦、滋润智慧、激发灵感的东西期待着人们去感受。如果有机会，让我们踏着牧歌优美的旋律，伴随着蒙古族长调，倾听着马头琴的诉说，一起走进美丽的苏尼特草原，去触摸马背民族灿烂的文化和科学发展的脚步。

正蓝旗人民的母亲河——上都河

一提起上都河，我的心就有一种冲动和渴望，那曾经的一湾河水，昔日曾经干枯的河床，如今又重新潺潺流动的碧水，无时不牵动着每一个正蓝旗儿女的心。在正蓝旗各族人民的心目中，上都河是成吉思汗渡过的河、元朝古都诞生的河、金莲川草原浇灌的河，上都河是纳·赛音朝克图诗歌流淌的河、朝鲁歌声传唱的河、阿格旺彩笔绘过的河，是正蓝旗各族人民的母亲河。

上都河又名闪电河，是华北境内第二大河滦河上游的常年流水河，发源于河北省丰宁县骆驼乡孤石村东南海拔2206米的小梁山南坡大古道沟，向北流经河北省沽源县，内蒙古太仆寺旗、正蓝旗、多伦县等地，折回丰宁县境内，南下隆化县汇入库尔奇勒河，再一路曲折辗转后，流经河北滦平、承德、宽城、兴隆、迁西、迁安、滦县、昌黎、滦南、乐亭，在昌黎和乐亭的兜网铺之间注入渤海。滦河全长877公里，流经27个旗县，流域面积5.4万平方公里。滦河一路吸纳了黑风河、上都河、吐里根河、库尔奇勒河、伊马图河、武烈河、瀑河、老牛河、洒河、青龙河、溯河等500多条支河。

在郦道元的《水经注》里对上都河有专门解说，它是坝上草原的母亲河。古称濡水，为滦河上游，穿过沽源迤逦北行，绕内蒙古正蓝旗折向东流。上都河流域北魏建有御夷镇，辽代为皇帝夏"捺钵"的地方，在滦源大马群山有"炭山"或"凉陉"等避暑胜地，辽人称作"旺国崖"。金世宗多次到此避暑，并筑有景明宫、扬武殿等宫殿。这里野生的金莲花，"化瓣似莲，较制钱稍大，作黄金色，金黄七瓣环绕其心，一茎数朵，若莲而小。六月盛开，一望遍地，金色灿然"。大定八年（1168年）五月金世宗以"莲者连也，取其金枝玉叶相连之义"，将原名"曷里浒东川"改为金莲川。虽然朝代更迭，但金莲川这个名字一直沿用至今。

1215年夏天成吉思汗亲征漠南时，曾在金莲川驻扎避暑，休整军队。1251年36岁的忽必烈看准了这块令人如痴如醉的宝地，此后几年金莲川成了世界瞩目的地方。他建立了有名的"金莲川幕府"，在金莲川北部的上都河边上，崛起了蒙古族在漠南草原上的第

一座城市——上都。满腹经纶的学者、精通治道的谋士、身怀绝技的巧匠纷至沓来,元上都成为蒙古族入主中原并统一全国的战略基地,元朝鼎盛时期的政治、军事、文化中心,当时的世界大都会。元朝11位皇帝中有6位皇帝是在上都举行即位仪式的。元代"儒林四杰"之一虞集在《贺丞相墓志铭》中这样评价上都:"控引西北,东及辽海,南面而治天下,形势尤重于大都。"

滦河在内蒙古境内流域面积6900平方公里,锡林郭勒盟境内总长143公里,其中正蓝旗境内83公里,流域面积1325平方公里,这一段河流史称"上都河",是正蓝旗各族人民赖以生存的母亲河。千百年来,她像母亲一样滋育着金莲川草原,使这里山清水秀、天蓝云白、鸟语花香、牛羊肥壮。风水宝地自然是人人喜欢,于是这里先后成为辽、金、元几朝皇族活跃的政治舞台。

在当地,关于上都河还有一个美丽而神奇的传说。据说,有一次,成吉思汗带领着他骁勇善战的士兵围猎来到了现在的上都镇。当他们猎后准备做饭时却发现附近找不到水源。这时,成吉思汗就把手中的宝剑抛向不远处,锋利的宝剑牢牢地插在一块洼地上,只听成吉思汗在祈祷:"长生天保佑,请赐予这里甘甜的水吧。"说着,便把宝剑拔了出来。当时就有一股泉水喷涌而出,慢慢汇集,最后形成一条河。人们为了纪念此事,就将这条低洼处的河流叫作上都河,而坐落在河边的塞外小镇也就被叫作上都镇。当代台湾著名诗人、散文家、画家席慕蓉女士的祖籍,就是正蓝旗(原明安旗,后与正蓝旗合并)。由她作词的歌曲《父亲的草原母亲的河》唱遍了中华大地。歌名短短9个字,便把草原父亲豁达的胸怀,草原母亲的恩泽尽收心底,字里行间孕育流露出丰富的草原文化内涵,歌词中"母亲总爱描摹那大河浩荡"的大河,或许就是金莲川草原上著名的上都河。

对于游牧民族来说,水资源同草场一样重要,二者缺一不可,好的草原常常被称为"水草丰美的草场"。上都河作为正蓝旗地下水的重要补给源,对维系沿河两岸生态平衡,保障居民生产生活正常用水发挥出了重要作用,沿河两岸也因水资源充沛,成为当地水草最为丰美的地区。20世纪70年代,由于上游修建水库、生态恶化、气温升高、降水减少、蒸发量增大等原因,导致上都河失去径流补给,地下水位下降,河道断流干涸,湿地逐渐消失,湿润草原生物物种减少,原有的草甸草原曾经一度退化为干旱草场。

2012年,经国家水利部海河水利委员会、内蒙古水利厅协调,正蓝旗与河北省沽源县就向正蓝旗上都河段补水事宜达成协议,补水的成功增加了上都河的补水量,改善了

沿河两岸的生态环境，使昔日的草原又现绿草如茵的美丽景象。与此同时，正蓝旗又选定羊肠子河下游的骆马湖为上都水库库址，建设正蓝旗第一座水库，使其在丰水期和枯水期能够调配使用，以保障上都河上都镇段的良性循环，改善世界文化遗产元上都遗址的水环境及周边生态环境，让弯弯曲曲的上都河永远流淌下去。

走进滦县感知滦河文化

2015年9月13至15日，第五届中国滦河文化节在河北省滦县举行。应滦县县委宣传部热情邀请，作为滦河流域的代表，笔者和正蓝旗党委宣传部高家鑫、吴建庆等参加了本届文化节。据了解，自2011年以来滦河文化节每年举办一届，文化节立足滦县，面向海内外，每届突出一个区域共同关注的话题，本届的主题是"滦河同源、文化同脉、发展统筹"。

滦河古称濡水，唐代后期称作滦河。滦河流经内蒙古、河北、辽宁3省区的27个旗县市区，是华北境内第二大河，滋养着其两岸儿女，孕育了瑰丽多姿的滦河文化。滦河作为连接中原与北方少数民族的纽带，流域内曾生活过山戎、匈奴、乌桓、鲜卑、蒙古、女真、契丹、东胡、突厥等众多民族的先民。如今，滦河流域拥有满、汉、蒙、回、壮等20多个民族，1000余万人口。古往今来，滦河流域各民族由碰撞交汇走向和谐共荣，形成了独特的区域文明，成为华夏和人类发展史上的一个缩影和标本。

滦河文化是滦河两岸儿女智慧的结晶。她承载着自然规律，流动着人文哲理；她蕴涵着滦河儿女追求美好生活的共同价值取向，包含着道德规范，体现着文化判断；她是滦河儿女生生不息的血脉与灵魂，是滦河儿女乃至人类共同的财富，在华夏文明的天空闪耀着璀璨的光芒；她润物无声，以无形力量影响着有形的现实和存在，作用于社会的发展和实践中。滦河流域是农耕文化、游牧文化、皇家文化、近代工业文明等多元文化交汇地。丰富多彩的文化衍生了蒙古族长调、承德清音、丰宁剪纸、滦州皮影、地秧歌、评剧等艺苑奇葩，成为人类举世瞩目的非物质文化遗产，彰显出了滦河文化的魅力。

滦县是滦河流域多民族融合的前沿，多元文化交融的腹地，是滦河文化的富集之地。基于近年来滦县对弘扬滦河文化所作出的努力，2011年10月中国民协授予滦县"中国滦河文化之乡"称号，在滦县成立了中国滦河文化研究中心，现已成功举办了五届"中国滦河文化节"，建立了滦河文化博物馆，创办了《滦河文化》双月刊，编辑出版了滦河文化系列丛书《魅力滦州》《滦河文化成果集》《触摸滦河岸边的乡愁》等30余种，建立了中国滦河文化和滦河文化研究中心网站。世代传承在民间的皮影、评剧、地秧歌、剪纸等

非物质文化遗产展演和传承空前活跃。通过一系列活动，使滦河文化在国内外产生了广泛影响，聚集了社会各界关注滦河文化的目光，同时也为深入挖掘交流和传承滦河文化搭建了一个平台，成为弘扬滦河文化的基地和窗口。

河流是人类栖息和繁衍的摇篮，是人类生存和发展的根基。她滋养万物，维系生命，使我们这个美丽的星球充满生机和活力，因而人们把哺育和滋养自己的河流称为母亲河。滦河，不仅是滦县的母亲河，也是800多公里滦河流域的母亲河。滦河文化是区域人民共有的文化财富。在本届中国滦河文化节上，400余名参会专家学者和三省区27个旗县市区的代表，称"滦河文化节触动了地域人的共同记忆和乡愁"。正如滦县主要领导所说的那样，任何文化资源，一旦得到地域人的共鸣与支持，那就成了引领地域发展的品牌与旗帜。

滦河全长888公里，总流域面积4.46万平方公里。滦河在内蒙古境内流域面积6900平方公里，锡林郭勒盟境内总长143公里。其中正蓝旗境内83公里，流域面积1325平方公里，是滦河上游的常年流水河。这一段河流史称上都河，又名闪电河，是正蓝旗各族人民赖以生存的母亲河。2012年6月29日，在俄罗斯圣彼得堡召开的第36届世界遗产大会上，元上都遗址被列入世界文化遗产，为滦河文化注入了新的生机和活力。千百年来，她像母亲一样滋育着金莲川草原，使这里山清水秀、天蓝云白、鸟语花香、牛羊肥壮。风水宝地自然是人人喜欢，于是这里先后成为辽、金皇族活跃的政治舞台。1251年36岁的忽必烈看准了这块令人如痴如醉的宝地，此后几年金莲川成了世界瞩目的地方。他建立了有名的"金莲川幕府"，在金莲川北部的上都河畔上，崛起了蒙古族在漠南草原上的第一座城市——上都。满腹经纶的学者、精通治道的谋士、身怀绝技的巧匠纷至沓来，元上都成为蒙古族入主中原并统一全国的战略基地，元朝鼎盛时期的政治、军事、文化中心，当时的世界大都会。意大利旅行家马可·波罗旅居中国17年，并在元朝为官，一部《马可·波罗游记》，使元上都名扬中外。英国诗人柯勒律治那梦中仙境般的元上都，使欧美雅士极为羡慕上都的美丽和繁华。当代台湾著名诗人、散文家、画家席慕蓉女士的祖籍，就是正蓝旗（原明安旗，后与正蓝旗合并）。由她作词的歌曲《父亲的草原母亲的河》唱遍了中华大地，歌词中"母亲总爱描摹那大河浩荡"的大河，就是金莲川草原上著名的上都河。

滦河文化源远流长、博大精深。滦河文化的研究、传承和弘扬是一项巨大的工程和事业，需要滦河流域各地政府和专家学者团结携手，持之以恒地共同努力。正蓝旗作为滦河上游，将同滦河流域兄弟旗县市区一道，手拉手、肩并肩地承担起这一历史使命，共同光耀滦河文化，让文化产业成为各地经济社会发展的新引擎。

不离不弃的苦菜情结

立夏一过，北风渐弱，东风又绿田野。这时候，如果你蹲在北方的田间地头仔细观察，你就会发现在微风的吹拂下，隔几步准会有两个小芽芽，嫩嫩的、绿绿的，像一个小精灵探头探脑地张望着世界，这便是苦菜。

苦菜为菊科植物，当地农区老乡也称之为"青么菜"。苦菜味苦开黄花，叶及茎嫩时可食用。苦菜是一种医食同源的野菜，多年来深受老百姓的青睐。《本草纲目》中说它"主治五脏邪气，厌谷胃痹。久服强力，虽冷甚益"。现在科技测试证明，苦菜中含有18种丰富的氨基酸和维生素，食用后有利于清热利尿、明目败火、消炎止咳，对治疗糖尿病、冠心病、高血压、习惯性便秘等都具有一定的疗效。关于苦菜的神奇疗效民间还有这样一个故事：城里有一名出身中医世家的名医，面对患病的妻子用尽了所有药方都不见起色，无奈之下只好求助于西医，术后取出一块结石，但他的妻子最终还是因并发症不治而去。悲痛欲绝的名医把他妻子留下来的结石，轮换着用了上千种中药浸泡，试图找到一种化解这种结石的药，结果无药可蚀。于是，名医便请首饰匠将他妻子的结石切割后镶嵌在一双象牙筷子上，随身携带，不管在哪里吃饭只用这双筷子，试图找到化解结石的食物。有一年夏天，名医应邀到北方乡下的朋友家做客，朋友上了很多农家美食来招待他，名医依然用那双镶有结石的筷子，一边和朋友畅谈一边慢慢品尝。突然，名医怔住了，因为他看到筷子碰到一盘野菜的时候，筷子头上的结石居然像冰块放入热水中一样化掉了。他急忙问"这是什么菜？"他的朋友说是苦菜。名医又是一怔，随后看着那盘苦菜号啕大哭起来，哭得好伤心好伤心……

苦菜的生命力极强，即便是三五个月不下雨，它依然可以紧紧地贴着地面生长。在过去荒年的日子里，苦菜就是人们的主食。当它被采撷过一遍以后，不久又会迅速地生长出来，供饥肠辘辘的百姓食用，不知救了多少人的命，所以有歌谣唱道："小苦菜呀天天长，你是穷人的救命粮。"

小时候，我每天放学后都要拎着筐，拿个小铲到生产队的地里挖苦菜。苦菜叶子狭

长，叶子里含有奶子一样的浆液，从根部被挖断的苦菜，也会留出又白又苦的液体，沾在手上一会就变成黑色，如果沾在衣服上则很难洗掉。挖回的苦菜可以放入盐水中或蘸酱食用，也可以洗净用开水烫好，晾干后冬天拌着吃。

过去，农家人养猪，大都用苦菜作为主要饲料，人们把采回来的苦菜煮熟了再放点麸皮，有余粮时放点面，或者干脆生着喂。秋天，人们将开花起苔、长得尺把高的苦菜拔下来捆成捆，晒干后用木棒砸成碎末，在冬天用来喂猪。吃了苦菜的猪长得油光油光的，过年时家家户户都会杀头猪，人们觉得农家日子过得美滋滋的。

如今，山珍海味，荤素佳肴，对于城里人已是习以为常了；温室蔬菜、药物催熟，已改变了食物的原本味道，污染已让人们望菜心悸了。在倡导天然绿色饮食的今天，被开发出的苦菜茶、罐头、饮料已成为消费者的新宠，昔日位卑身贱的苦菜身价倍增，吃苦菜成为了一种时尚，人们在不知不觉中又和苦菜联系在了一起。

又见小人书

　　小人书,也称连环画,是一种文学和绘画的结合体。对于20世纪六七十年代出生的人们,小人书在他们的童年记忆里刻骨铭心,亿万中国人曾受到过它的熏陶,在相当长的一段时间里,小人书是中国人的文化大餐,在人们内心深处留下难以忘怀的美好记忆。无论在城镇还是农村牧区,曾经随处可见捧着小人书津津有味阅读的孩子们。小时候,我最喜爱的读物就是小人书,《水浒传》《铁道游击队》《草原英雄小姐妹》等小人书中的故事情节至今难忘。看小人书不仅开阔了眼界,丰富了知识范围,而且雷锋、黄继光、王进喜等英雄人物故事,还给了我勇气和战胜困难的决心,让我的少年生活充满快乐和阳光。谈到小人书,作家梁晓声曾动情地说:"小人书不仅引我走上文学写作的道路,也培养了我对绘画欣赏的趣味,在我的少年时期,它给予我的心灵营养是双份的。"

　　那时候,家境普遍困难,一两角钱也不是小数目,大人们很少主动给孩子们买小人书,买一本小人书是很奢侈的事情。为了买到小人书,我利用课余时间拾麻绳头、小铁块、牙膏皮,挖甘草、割马莲卖给供销社收购站,卖来的钱全部用来买小人书。买回的小人书,每一本都要用牛皮纸做成的书皮包好,睡觉的时候压在枕头下面。几分钱或者是一两角钱一本的小人书,成了当时孩子们必不可少的心爱之物,甚至是在小朋友面前炫耀的资本。小人书在孩子之间通常是交换着看,但一般不可带回家过夜,谁都怕给弄坏了。你用《东郭先生》换我的《南京路上好八连》,我用《林海雪原》换你的《平原枪声》,各取所需。学校也用勤工俭学挣来的钱买些小人书,每到班会或课外活动时,老师总结安排完班级工作后,都会拿出许多小人书,同学们就在教室里看,叽叽喳喳议论不停。在校门口和大街上,偶尔也会有人摆书摊,那时看一本小人书只需要一分钱,我把有数的零用钱都花在看小人书上了。有时,会趁租书人没瞅见,偷着和小伙伴们换着看,一看就是一整天。因为看小人书多了,脑子里装了好多故事,于是我便成了班里的故事员,经常利用课余时间给同学们讲故事。一本本小人书,它直接形象的将做人的道理潜移默化地传给了少年儿童,影响着他们优秀品格和世界观的形成。我本人对文字的热爱、对新闻事

业的追求，也是从那一本本小人书开始的。遗憾的是，由于当时家里穷无处存放，几次搬家后，近百本小人书就再也找不到了。现如今，虽然书柜中存放着上千册各类精美书籍，但仍感觉缺少点什么。

俗话说，万事皆随缘。2012年8月，我随盟报社组织的赴外学习采访团来到北京延庆县龙庆峡，在一家书市，我本想买一本介绍当地景观方面的资料，结果意外地发现了《奇袭》《地道战》《红色娘子军》等保存完好的小人书。匆忙中选购了十几本，便起身追赶大家随车而返。事后，每每想起，心中总惦记那些未购回的小人书。和朋友孙广元、王继安说起，大家都很兴奋。"十一"长假期间，我们开车专门赶到龙庆峡，将这家店内的100多本小人书全部给买了回来，其中《小兵张嘎》封底还印有"内部参考"字样，十分珍贵。我们感到物有所值，书店老板赵金海也十分高兴，热情地帮助我们联系食宿。回来后，把重复的小人书送给吴建庆等喜欢小人书的朋友，看到他们那眉开眼笑的样子，自己也很开心。如果旗里以后成立民俗博物馆，我准备将这些小人书捐出来，让人们从中感受一种久违了的历史和文化。

随着社会的发展，曾经陪伴了几代人的小人书，在市场经济多元文化的冲击下无可奈何地衰落了。现在各种各样的音像制品、卡通书可谓五花八门、品种繁多，小孩子已经不看小人书了，看这些书的都是些成年人，这是一代人挥之不去的情结。虽然如此，小人书的价值还是不可忽视的。中国传统的文学、史学、音乐、戏剧等知识，都在过去的小人书中有所体现，它文字简洁、图文并茂，曾是中华文化一种极好的传播载体。著名主持人崔永元在他的《小人书情结》中曾说："小人书造就了这么一代人：他们揣着支离破碎的知识，憧憬着灿烂辉煌的未来，装着化解不开的英雄情结，朝着一个大致的方向，上路了。"事实上，正是因为受到小人书潜移默化的影响，许多昔日小人书的读者，才得以成为今天社会各个工作岗位上的骨干力量。从某种意义上讲，我们应该感谢曾经拥有过的小人书。

捡牛粪

　　朋友老管是正蓝旗摄影家协会主席，工作之余痴迷摄影且小有名气。近日，他拍了一些反映草原民俗民风的图片，其中便有在宝绍岱苏木巴音宝力格嘎查拍的"捡牛粪"。信心满满的他在网上搜了一下，结果怎么也找不到他想要的文字说明。受其传承民族文化热情之感染，特此"以图配文"，共勉共进。

　　捡粪，蒙语叫"阿日格拉图古呼"。过去，农村牧区取暖做饭都是烧牛粪，不烧煤，也无电可用。一是没有卖煤的地方，二来即使有卖的也没钱买。牧户养的牛羊多，就用不着捡粪，光是牛羊圈里的粪也够用了。如果养的牛羊少，牛羊粪不够用，就要背着背篓或挎着筐到野外去捡粪。在野外捡粪时，要拣干或半干的牛粪捡，这样的牛粪便于拾取，分量也轻。有时候，浩特的几户牧民也会合起来赶着勒勒车出去捡粪，今天我家，明天你家，这样一次可以多捡一些。劳动结束后，免不了要小坐一下喝上几杯，也算一种小型聚会，非常开心。

　　在牧人家里，有专门捡牛粪的粪车。走营盘（搬家）时，在单独使用的粪车中装满牛粪。平时，粪车放在蒙古包的东南方向，搬家时走在勒勒车的最后面。牧民定居后，大都在住房的东南方向砌一个长方体的粪垛，外面用羊砖或大块粪砌成墙，用湿牛屎抹平，以免牲畜糟蹋和风雨倾注。养牧大户家中的牛羊多，砌的粪垛也会有好几个。碎粪牧民也会堆好，用于冬天给牲畜垫圈。所捡牛粪，牧户除自家做饭和冬季取暖外，有时也会运到旗里卖上几块钱买些日用品。

　　捡牛粪用的背篓用粗细一样的柳条编制而成，柳条四面半去皮，不能全脱皮，柳条放蔫巴后上木架围成半圆形，晾干定型后取下来打十字架，用生皮筋固定成圆形篓状，上下两道柳条圈，上口直径50至70厘米，每一个柳条都要用皮筋拴紧，间隔一指空间。篓背上两条带子搭于双肩，回折带套在胳膊肘子上，不耽误拿粪叉子，用叉子捡起粪投入背篓中，捡满以后一篓一篓倒成堆，春天风干后垛起来备用。捡牛粪用的筐是用细柳条编制而成，筐的大小各异，中间带有用木棍弯成的手提梁，可以手拎也可肩挑，捡粪取草

灵活方便，农村牧区家家都有。捡粪用的粪叉用几根二指宽30多厘米长的柳条，水煮或抹油后火烤，软化上木架弯曲30度冷却定型后取下来修整，上下排列成扇形，横放两根柳条，用生皮筋拴紧固定，安1米长的木把便可使用。

如今，牧区已很少有人用牛粪来生火做饭、烧炕取暖，捡牛粪这种传统的生产生活方式已成为草原上的一种民俗活动和旅游景观，这种变化令人欣慰。

又到小杏采摘时

每到春末夏初，在家乡正蓝旗上都镇、哈毕日嘎镇一带的山坡上，便会开满粉白相间的杏花，很远便能闻到阵阵花香。

草原上的山杏没有市场上卖的那种杏大，所以当地人都称这种山杏为小杏。小杏生长在一种落叶乔木树上，这种树生命力极强，它不怕贫瘠，耐旱抗寒，在无人问津的荒山野地甚至岩石缝隙，不需要谁来照料，便能生存得很好，静静地开花结果。每年6月1日前后，是当地采摘小杏的季节。小杏太小的时候味道微苦，待稍大一些且没结核之前，是小杏最好吃的时候。小杏成熟后有手指肚儿大小，翠绿的小杏肉厚无皮，酸甜适口，有润肺定喘、生津止渴等功效。成熟后的杏仁营养丰富，含有蛋白质、磷、铁、钾和多种维生素，是草原上一大纯天然绿色食品，深受人们喜爱。

小时候，每逢小杏成熟的季节，我们便徒步上山采摘，那年代满山圆圆绿绿的小杏就像"人参果"，对儿时的我们有着无穷的诱惑。因那年月吃不着什么时令的新鲜水果，能吃到最鲜嫩的地产果就莫过于小杏了。曾经有一次上山去得很早，采回一口袋小杏，袋子里放上一个小碗，进城蹲在路边卖5分钱一碗。就这样用卖小杏的钱，在书店买回了几本自己喜欢的小人书，手捧飘着墨香的图书，心里那个美。金秋时节，小杏杏核成熟时，大人们便三五成群，骑着毛驴或赶着马车去采摘小杏，回来后取杏核卖给旗医药公司或供销社，换取零花钱补贴家用。

如今，随着人们生活水平的提高，小杏也有了新的吃法，许多牧人家或农家院将采回的小杏洗干净，加入适量的白糖放在锅里蒸，那酸甜酸甜的味道，成为对外待客中一道绝美的地方小吃。另外，哈毕日嘎镇一带农民在退耕还林中，还将杏树成片种在村庄周边的山坡上，既能防风治沙美化环境，又可以通过采集出售杏核增收致富。家乡的小杏树，已成为一道令人陶醉的风景。

有平房的日子

随着社会的发展，短短几年，许多人都搬进了宽敞明亮的新楼房。住上楼房后集中供水供暖供气，还有物业、保安给提供服务，干净方便安全，作为平民百姓这是过去连想都不敢想的事情。可人总是怪怪的，吃上了鸡鸭鱼肉、生猛海鲜，却常常念叨野菜、莜面是多么有味；落户繁华都市、享受现代生活的同时，却经常向往农村牧区的田园风光；住进了宽敞舒适的楼房，却依恋平房带给自己的温馨与快乐，脑海中常常萦绕着住平房的日日夜夜。

我家原来也曾有2间60多平方米的平房、180多平方米的小院，院子里种有一颗山杏树和一片蒲公英。一到春天，全家人在院内翻地下种，种上西红柿、黄瓜、豆角、香菜、小葱等蔬菜。每天下班吃过晚饭后，锄草施肥、拎水浇菜，既锻炼身体又融洽了家庭关系。每年，山杏树是第一个报春的使者，洁白的小花散发出淡淡的清香，迫使你走近她，用鼻子贴近花瓣，猛吸上几口。夏秋之季，蝶飞蜂恋，花红瓜绿，想吃就摘，省钱省事，小猫小狗相互嬉戏，整个小院一片田园风光。后来，我家的平房在开发前被卖掉了，我也住上了楼房，但内心还是很依恋平房，依恋住平房时的怡然自得，哪怕是受苦的日子，现在想起来，都是我人生的宝贵财富。

除了睡觉，平房的生活是透明的。二十多年前，邻居家有一台黑白电视机，每到晚上他家便挤满了大人小孩，早去的人坐着，晚去的人站着，大家喝着主人准备好的凉白开，嗑着主人家自产的瓜子，虽是人满为患，但主人从不厌烦。最令人感动的是邻居们走动的亲近，谁家遇上难事不用说，邻居们隔墙听话就知道，便会有人主动上门提供帮助。你帮我打水卸粪，我帮你做饭腌菜，邻里之间的帮助是那么自然随意，心甘情愿，没有任何私心杂念，不图什么回报。孩子们前后院相互玩耍，兴奋得又蹦又跳，亲如一家。如今大家都住上了楼房，尽管门对门，但交往却少了，偶尔打个照面，最多也只是点头表示友好。事实上，不是人们不想交流，而是不太方便，那高楼大厦，那门卫保安，那保险门防盗锁，还有进门脱鞋换鞋，真是挺烦。从平房搬进楼房，没有了平房的

喧闹和嘈杂，却失去了平房的亲情和乐趣，这也成为许多中老年人始终不能释怀的平房情结。

平房的建筑痕迹在消失，平房的生活习惯在改变，但人们对平房的记忆永远不会抹掉。

永远的同学

马桂枝

　　年年岁岁人相似，岁岁年年人不同。34年前青春年少的我们怀着对未来美好的憧憬，从家乡正蓝旗宝绍岱中学初中毕业后，便匆匆散去。也许有太多的话没有来得及说，也许是岁月积淀了对家乡太沉的思念，当时光的脚步走到2012年7月8日，正蓝旗宝绍岱学校初15班的24名同学，从四面八方赶回到原宝绍岱苏木所在地，成就了这样一次弥足珍贵的相聚。

　　时间过得真快，一转眼34年过去了。34年前我们曾共同求知于同一所学校，从小学一年级读到了初中毕业，在一起度过了天真无邪的美好时光。沙地上、草丛中、淖尔旁、教室里，嬉戏逗趣的欢笑声犹在耳边，互帮互助共同进步的身影历历在目，当时我们所做的一切，现在想起来都是那么亲切美好。虽然昔日的宝绍岱学校现在已经撤并，苏木所在地也已撤迁到新址，当年的建筑物只剩下了弃之不用的供销社门市部，但母校和家乡一直在我们心中。在这里，我们快乐成长，不仅收获了学业，更收获了真挚和纯洁的友谊。34年来，我们经历了命运的选择和考验，有困难和坎坷，也有成就和辉煌。34年的如梭岁月把我们推到了淡然处之的年龄。如今，我们少了轻狂多了成熟，少了浮躁多了沉稳，我们肩上挑起了对家庭、对社会的责任。34年前，我们依依惜别，扬帆远航。今天，虽然同学之间的社会地位不同，有的成了处级领导干部，有的还在牧区养牧，但无论人生沉浮与贫贱富贵如何变化，当同学们欢聚在家乡圣洁的绿草地时，现代人浮躁的、没有着落的身心，一下子平静地着陆了，静静地回归到人类生活的本源。这次饱含着同学真情和对家乡眷恋的相聚，使我们仿佛又回到了昨天。

　　同学相聚，分外亲热。大家相见的第一刻竟是那样的放纵，那样无拘无束的惊喊，大家相互握手拥抱，仿佛忘记了自己的年龄，仿佛又回到了家乡的校园，一张张曾经熟悉而又陌生的脸庞，一句句朴实无华而又真挚的问候，让人泪流满面。留守在原宝绍岱苏木所在地养牧的同学李秉有、张洪荣早早为大家煮好了手把肉，翘首以待。会餐时，大家拿出了自己最大的酒量，用最真诚的心碰杯，一切无需言语，真诚的情感都融在了相互碰撞的酒杯中。和同学们回到家乡聚会时的一切,都刻在我的脑海里,此生难以磨灭。

俗话说,一辈子同学三辈子亲,同学友谊就是这割不断的情、分不开的缘,就像陈年草原白酒一样,时间越久越是醇香甘甜。正是因为有了同学间这浓浓的情意和家乡那延续多年关爱的目光,大家一路走来,才会越走越宽阔。当我拿到在家乡供销社门市部老屋门前同学聚会的合影照片时,如同有什么东西漫过我的喉咙,堵住我的呼吸。我知道,这是触动了我内心深处那长久不为所动的情感。一次短暂的相聚,能了却我们一时的怀念,但却了却不了我们一生的思念和对家乡的热爱。

挥挥手,34年前的同学难说再见;挥挥手,34年后的同学渴望再见。真诚祝愿我的同学们在今后的日子里,年年平安,岁岁如意。

寻根问祖外沟门

　　我和父亲郭占芳、儿子郭宇航在填写履历表时，其"籍贯"一栏均填写"河北省丰宁县"。事实上，我们祖孙三代都是内蒙古正蓝旗生人，只是由于祖籍在河北省丰宁县，所以一直沿用至今。据父亲回忆，1932年6月，因生活所迫，时年20多岁的爷爷郭凤岐和奶奶刘喜荣，带着两个年幼的女儿，一路风餐露宿，徒步来到内蒙古正蓝旗葫芦苏台乡朝阳村，在这里安居下来，繁衍生息。

　　年近半百、经过人生历练的我平时心静如水，但一提到老家丰宁，潜在意识里总会有一种思念和牵挂，并且随着年龄的增长越来越强烈。为了弄清老家的具体方位，根据父亲提供的线索，在朋友曹喜泉的引领下，2012年9月7日至9日，我踏上了寻根问祖之路。首先，我们乘车来到曹喜泉的家乡河北省隆化县郭家屯镇。在这里，受到了退休老干部蔡文仲先生的热情招待，并有幸得到了他亲笔签名的诗集《丹枫集》。蔡老热爱生活，喜欢读书交友，退休后从县城回到乡下与老伴温馨厮守，安度晚年。次日一大早，蔡老亲自下厨做了一桌丰盛的早餐，拿出外地朋友送给他的中华烟、茅台酒，请了当地几位老友前来作陪。虽是初次见面饮酒，年龄又相差20多岁，但大家彼此十分投缘尽兴。结果，自认为酒量还算可以的我，未曾想被几个老友给放倒了，虽然醉了一路，但让人感到高兴和温暖。

　　在郭家屯，小曹的一位朋友听说笔者是报社记者，便希望我能够顺便采访一下他的老父亲。于是，我们在早饭前专程赶到郭家屯镇河北村4组，采访了左莲丰老人。1947年7月，左莲丰报名参军，成为中国人民解放军第四野战军48军428团的一名侦察兵，后担任侦察班班长。曾随军挺进东北，南下江西，参加过辽沈战役及解放石家庄、隆化等战斗。在江西赣州剿匪时，左莲丰化装成老百姓外出侦察，途中碰上3个土匪让他举起手来。左莲丰嘴上说着"我举手、我举手，先让我把筐放下"，右手则趁放筐的瞬间，从腰里掏出手枪当场将土匪击毙。听着老人讲述他出生入死的战斗经历，感受他精心珍藏的军功章和证书，再看他那破旧的住房和室内简陋的家具，总感觉那些退伍返乡务农养牧的老兵,是付出的多得到的少,社会和家人都应该尽力善待他们。

在丰宁县,我同样受到小曹亲属李浩然的热情招待。由于当地书店没有介绍丰宁方面的书籍,到有关部门找又赶上是星期天,所以难免感到有些遗憾。应邀前来作陪的袁立国先生见状连忙打电话帮我寻找,几天后通过班车将书给我捎了过来。一路走来,都是小曹的亲朋好友热情招待和专车相送,让人感到憨厚朴实的小曹有着宽广的人脉关系。看来,人只要学会善待别人,懂得付出和感恩,走到哪里都会如鱼得水。

9月9日,朋友找车将我们送到了外沟门乡后因事返回。在乡政府大院门口的牌匾前,我照相留影作为纪念。据了解,河北省丰宁县外沟门乡位于县城北部,原为森吉图乡,1989年1月改为外沟门乡,因乡政府驻五条沟谷外口的交汇处外沟门而得此名。老家曹家窝铺村案板沟,位于该乡西南13公里处,这里群山环抱,沟谷狭长,景色迷人,是丰宁县革命老区之一。听说我是专程前来寻根问祖的,在乡政府门口碰到的一位陌生人热情地从办公室为我找来了资料,因复印机没有油墨,他便让我将资料带回复印后将原件给他寄回。后来才知道,他叫刘建坡,是乡政府的一名干部。临行前父亲告诉我,在他10岁的时候,老家曾有一个叫郭明的人来过。刘建坡马上又给案板沟的熟人打电话询问此人情况,结果得知当地不仅有一个叫郭明的人,而且还说当时该村曾有郭氏家族成员迁徙到内蒙古正蓝旗一带谋生。郭明的两个侄子,一个在当地开班车跑客运,一个在县城里开饭店。凑巧的是,其中开饭店的还是小曹的好朋友。

由于时间关系,虽然我的这次寻根之旅未能见到老家的亲属,但毕竟弄清了自己"籍贯"的来龙去脉,可谓不虚此行。返回途中,看到周围一片片大树立于天地之间,感觉到那庞大的枝蔓以及发达的根系如同一个延续久远、血脉相连的家族。事实上,无论人在何处、家在何方,每个人只要爱国守法、尊祖敬宗,胸怀感恩之心,通过拼搏努力就一定会拥有幸福美满的生活,让家族生根,对社会有益。

上电视

　　1982年7月，正蓝旗哈叭嘎乡举办物资交流会，我和新婚妻子马桂枝在逛会时，看到一摄影摊上放着一个用纸箱子做成的电视机，我俩坐在"电视"里面，便拍出了下面这张"上电视"的照片，我身上的领章、帽徽也是临时私自戴上去的。虽然照相时电视和军装都是假的，但我们相爱的心是真的，那一年妻子20岁，我19岁。如今，年轻人全都玩起了手机"自拍"，电视机家家都有，人们的生活变得越来越好了。

写给妻子

周日，我喝完早茶，又习惯地拿起了一份报纸。妻子从厨房走出来，挨到我的身边说："咱们去照张相吧。"时间过得真快，不知不觉我跟妻子已结婚三十年了。照完相，妻子兴奋得一路唠唠叨叨，盘算着如何利用暑假把家里好好地收拾一下，我静静地倾听。此刻，妻是幸福的，她的脸上洋溢着遮不住的愉悦。

和妻子成家时，我没有工作和房子，甚至没有一件像样的家具，但她还是因为一个爱字与我走到了一起。那时候，我们的心里只有两个词：坚持和努力。在坚持和努力中企盼，在坚持和努力中忍让，在坚持和努力中渴望，在坚持和努力中谨慎地过着日子。在坚持和努力中，我们学会了节俭、承受、奉献、感恩、知足和快乐。也许，正是因为有了那段艰苦的日子，才使我们渐渐地读懂了生活，改变了人生。

随着时间的推移，我们少了许多脾气，多了许多体贴；少了许多浮躁，多了许多沉稳。三十年来，"持家"是妻子每天的必修功课，"辛劳"更是她生活中的主要内容。她利用工作之余养鸡喂猪、缝衣做饭，为远离父母无人照顾的农牧民子女辅导功课，像对待自己的孩子一样管着他们的饮食起居，用自己勤劳的双手，让生活变得一天天美好起来。从中我感受到，有时男人并非是家庭的脊梁，女人才是擎起家庭的大柱。在生活中妻子是个强者，在工作中她也不甘示弱。妻子原是一名代课教师，后通过自学取得了中专、大专和本科毕业证书，在公开考试选拔中转为正式教师，并被评为全旗优秀班主任，她所带的班级被评为优秀班集体，她所设计的教学课件在全盟评比中获奖。回头看看，人生只有曲折前进的快乐，没有直线上升的成功，正是因为有了风雨的洗礼，才能看见斑斓的彩虹。

生容易，活容易，生活不容易。事实上，婚姻是一种实实在在的生活，夫妻之间的感情并不需要惊天动地的证明，也不需要有支配不完的财富，它只需要实实在在的关爱和真心的呵护。俗话说得好，"百年修得同船渡，千年修得共枕眠"。只有妻子才是你留住真爱的庄园，她会全身心投入到你生活的空间，会与你相扶黄昏后，相伴到永远。在今后的生活中，我会更加珍爱我的妻子，同时也真诚地祝愿天下夫妻百年好合。

儿子今年春节不回家

随着2010年春节脚步的临近，在外辛苦奔波一年的人们纷纷踏上了返乡回家的路程。但我们的儿子郭宇航今年春节却不能回家，作为一名公安特警队员，此时他正和战友们远在新疆执行维稳任务。几个月来，全体参战队员以出色的工作、严明的纪律、热情的服务和优良的作风，为维护新疆社会稳定、民族团结、祖国统一做出了成绩和贡献，展示了内蒙古公安队伍良好的精神风貌，塑造了内蒙古公安特警队伍的铁军形象，赢得了当地党委、政府和各族群众的广泛赞誉。

儿子1.78米的个头，英俊帅气，从小就有当警察的志向。在他很小的时候，我问他长大干啥，他说当警察，然后还不忘奶声奶气地补充一句："茶叶的茶。"说到这里，我们都被他逗笑了。高中毕业后，他考取了警察职业学院，回来后经参加当地统一考试，成为一名文职警员，从事文秘工作。在单位领导和同志们的帮助教育下，使他认识到怎样才能成为一名合格的警察，同时也提高了他政治和文化业务素质。工作之余，他曾在《锡林郭勒日报》、锡林郭勒人民广播电台、《内蒙古法制报》等新闻媒体刊播了100多篇新闻作品，受到旗委宣传部和旗公安局的表彰奖励。2008年，他光荣加入了中国共产党。2009年，他又报名参加国家公务员考试，凭着执着的信念和一定的工作经验，一路过关斩将，从众多考生中脱颖而出，有幸考取了呼和浩特市公安局特警支队，真正实现了他当警察的梦想。在接下来的训练当中，他摸爬滚打，不怕苦不怕累，练就了"十八般"武艺，成为了一名合格的公安特警。

自从儿子2009年10月接到命令，随队到新疆执行维稳任务后，新疆卫视便成了我和妻子收看的重点，千方百计关注着有关儿子的情况。我还特意买了一张全国地图，挂在卧室墙上，从中可以看到新疆的具体位置，这样才会感到离儿子近一些。由于当地通讯中断，我们曾一度和儿子失去联系，在这种情况下，我们更加牵挂他……当他的手机突然打来时，我们的心才会变得轻松。记得有一天晚上，儿子突然打来电话，让我们收看中央三套节目，打开电视一看，原来是电视台正在播放锡林郭勒盟的民俗风情，从中看得出儿子很想念亲人和家乡。

　　共产党员、人民警察，这个和平时期看似平常的称谓，自从儿子远赴新疆参加维稳任务后，我们才感到是那么不平凡。虽然我和妻子都很盼望他春节能回家团圆，但儿子是党员、是警察，呵护平安，情系于民，这是儿子的选择，也是儿子的职责。

　　春节前夕，我们收到了呼和浩特市公安局特警支队寄来的贺卡和慰问信，对此我们感到十分高兴和荣耀。虽然儿子今年春节不能回家，但我们理解支持并祝福他和他的战友们！

我的姑父

　　我家亲戚很多，其中最让我敬重的就是我的姑父。多年来，我一直想把这篇文章写出来，毕竟这个人对我们的关心和影响，远远超过了其他人。

　　姑父叫高俊美，是妻子的亲姑父。第一次见到姑父，是三十年前我和妻子到北京新婚旅行，当时他在太仆寺旗一家企业工作，初次见面，姑父便给我留下了深刻印象。他高高的个子，浓眉大眼，说话慢言慢语，永远是乐呵呵的样子。姑父还做得一手好菜，每次去姑父家他都会大显身手，一道道美味佳肴使人食欲大增。

　　姑父从小生长在太仆寺旗农村，1963年12月应征入伍，在部队担任过文书和副排长。1969年3月退伍后，先后在盟公安处、党校、阿巴哈纳尔旗人保部、宣传部和太仆寺旗公交办、砖瓦厂、五金公司等单位工作，1998年11月从企业退休。作为一名共产党员，姑父在工作中从来不讲条件、不计较个人得失，真正做到了党叫干啥就干啥。

　　当年，我和妻子都在农村小学任代课教师，工资低，生活条件差，无社会背景，很少有人关心和看得起。姑父告诉我，你虽然输在了起跑线上，但输在起点不是最后的失败，不输在终点才是真正的赢家。就这样，我们在姑父的教诲和帮助下，一路拼搏走来，有了自己的事业和美好生活。妻子在宝昌教师进修学校学习的二年中，一直住在姑父家。有一次，在乡下教学的我接到别人捎来的口信，说妻子患病住院。匆匆赶到姑父家才知道，妻子患急性阑尾炎穿孔后，被姑父及时送到医院手术，已康复出院。这些年来，无论亲朋好友谁家有事，姑父总是有求必应，把别人的事情当成自己的事情办。二姑没有工作，身体不好，常年吃药，又不能累着。几十年来，朴实厚道的姑父无微不至地关心呵护她，不离不弃一辈子。

　　前不久我们去看他，发现姑父在不知不觉中老了许多。虽然脸上的皱纹印证着岁月的痕迹，但改变不了他乐观开朗、健康向上的人生态度。姑父是属于当今社会中最普通人群中的一员，他们有时普通得常常被人们忽视。可在这个世界上，正是因为有了他们发出的善和暖，生活才变得如此温馨和谐。

兄弟广元

在整理书稿的过程中，我的心里总感觉缺少了点什么，缺点什么呢? 用另外一个好兄弟李宏昌的话来说，就是必须要有一篇写孙广元的文章。

广元小我两岁，我们虽不是亲兄弟但胜似骨肉情。提起笔来，回想起我们共同走过的日子，一种温暖和感动包围着我。就在前不久，朋友家亲属办事让我去帮忙，本已答应好人家，不曾想盟报社又通知我去镶黄旗为通讯员作经验介绍。两难之时找到广元，他二话没说便替我去给人家帮了好几天的忙，误工受累不说还贴上了好几百元贺礼。在正蓝旗，广元给大家的印象是勤快能干，谦让有礼，诚实守信，乐善好施，接人待物宁亏自己不欠别人。

20世纪80年代，广元高中毕业后应征入伍，靠着勤奋好学和遵规守纪，小伙子在部队上立功受奖，光荣地加入了党组织。复员后，被分配到正蓝旗政府招待所从事财务工作。后因政策性原因，政府招待所改为金莲川宾馆，他任宾馆副经理。改制前，旗政府招待所属行政事业单位，期间他有很多机会可以调到党政机关任职，但因工作出色、领导信任而未能及时从原单位华丽转身。结果单位是事业变国企、国企改民营，最后广元也和其他几十名职工一样下岗失业。广元下岗后不久，他的妻子也从当地一家国有企业下岗。这些年来，他们没有怨天尤人，不等不靠自主创业或打工谋生，积极乐观面对生活。凭着勤劳和智慧，他们购买了住宅楼和私家车，女儿大学毕业后也考上了公务员，成为一名光荣的人民警察。

2003年，我也在当地一家国企下岗，广元和我先后应聘到民营企业元上都夏宫大酒店打工。我们发挥各自的特长优势，广元干业务经理，我负责办公室工作，在这里我们得以深交并成为互帮互助、无话不说的好兄弟。在我们的日常交往中，广元更多的时候是考虑别人。朋友聚会，他总是打车将大家安全送到家后自己才回家，他的私家车如同我的专车一样，保证随叫随到，锡林浩特市、沽源县、康保县、多伦县等地都留下了他陪我买书的身影。同学和战友谁家有个大事小情，他都会伸出关爱之手，起早贪黑跑前跑后将事情安排的十分周到。每年冬天和春天，广元所在的雪源马铃薯种业公司不算太忙，但广元总也闲不着，人缘好热心肠自然操心的事多。

　　人生的路总是需要帮扶的。在这里，亲情是一种责任，爱情是一种目的，只有毫无血缘和利益关系的兄弟情才是令人最为感动的，它只讲付出而无所求，甚至可以包容你的任性和缺点，这是一种可遇而不可求的缘分，人生有这样的知己足矣。

屋顶广播传全村

20世纪70年代中期,我在公社所在地红星大队上小学。虽然每天放学后,学校不会留家庭作业,但我和几个小伙伴也闲不着,因为班主任薛彩珍老师给我们安排了一项政治任务,那就是"屋顶广播"。

那时,正蓝旗农村牧区都还没通电,也没有高音喇叭。学校就让高年级朗读水平好的同学,组成一个红小兵屋顶广播站,拿上几张新出版的《锡林郭勒日报》,爬上路边村民家的屋顶,用事先卷好的铁皮话筒开始广播。我们扯着嗓子大声读报,也不管是否有人在听。遇有阴天下雨,我们便将室外屋顶广播改为"入户直播"。第一次"直播",我们来到公社中学的席老师家,当时他们一家人正在吃饭,见到我们进来,一家人连忙放下碗筷,一直听我们将报纸上的文章读完……

有一次,大队接到紧急通知,说第二天有中到大雨。当时,起出的白菜正在地里晾晒着,如果当晚不收回,等第二天遭了雨淋,损失可就大了。可是,时间又太紧了,挨家通知已来不及。这时,我们的红小兵屋顶广播站就派上了大用场。几个组员连夜分片爬上村民的屋顶,开始发布紧急通知。我们的声音在夜空中循环往复地回荡着,很快这个消息就传遍了全村,社员连夜出工将地里晾晒的白菜收回。次日,真的下起了大雨,集体成千上万斤的白菜保住了。

现在,普通百姓家都有了电视、安上了宽带、接通了互联网,信息传播方便快捷。但是,我怎么也忘不了三十多年前的"屋顶广播",那袅袅余音至今仍在心头回荡。事实上,人类进步的每一个脚印,哪怕是歪歪扭扭的,都应该格外珍惜,因为没有人能够建起空中楼阁。偶尔回忆一下过去,也是对心灵最好的慰藉。

塔安图嘎查有个"经文泉"

出正蓝旗上都镇，沿着207国道向北行驶30多公里，然后沿着草原路向西插入浑善达克沙地腹地深处，你便会来到远近闻名的草原圣泉——"经文泉"，蒙古语称之为玛尼图宝拉格。"玛尼图"蒙古语意为经文，"宝拉格"则为泉子，直译为"经文泉"。

经文泉，位于正蓝旗桑根达来镇塔安图嘎查玛尼图浩特。这里泉水清澈妩媚，百鸟低旋，两岸绿草如茵，树木成荫，牛羊似珍珠般撒满两岸，恰似一幅美丽安宁的草原风景画卷，成为浑善达克沙地一道奇特的景观。经文泉泉水丰富，一年四季水流涌出，冬暖夏凉。泉水中含有一定的矿物质和微量元素，饮用和洗浴后可治疗肠胃病、皮肤病和风湿性关节炎等疾病，所以经常有旗内外的人们慕名前来饮用。在每年的端午节，人们更是骑马或开车在太阳没出来之前，三五成群结伴而来，手捧哈达虔诚祈福求安康，饮用洗毕后还要带上一些圣水回家。经文泉泉眼现已被当地牧民用砖铺砌并加井盖保护起来，泉井深1米左右，泉水沿着约3米宽的河道日夜不息向东流去，流经1公里左右后渗入沙地。经文泉周围绿树成荫，北面粗大的树木上系有数不清的蓝色哈达，让人顿生一种神秘和圣洁之感。

据旗蒙古族中学退休历史教师布仁毕力格介绍，满清时期，在经文泉背后小山上一个天然的山洞里，住着一位德高望重的喇嘛。山根前立着一块石碑，石碑上用藏文写有"阿弥陀佛"。20世纪50年代，在山洞中还可以看到写满经文的纸片，洞内有明显被烟火熏过的痕迹。如今刻有经文的石碑早已不知去向，20世纪60年代山洞也被人为损坏。由于该地住过传经布道的喇嘛和立过写有"阿弥陀佛"经文的石碑，所以当地牧民将其称为"玛尼图宝拉格"，意为"经文泉"。关于经文泉，还有一个美丽动人的传说：在很久以前，有个叫巴特尔的牧马人，把马看作最亲密的朋友，视马为命根子，他的枣红马在赛马中曾多次夺冠。有一次，巴特尔的马病了，怎么也治不好，他十分着急。在一位喇嘛的指点下，巴特尔牵着马来到一片美丽的草原上，只见彩虹高挂，清风习习，在丛林绿草中出现一股清澈的泉水，喝过泉水后的枣红马立刻变得强悍有力，疾驰如飞。从此，一传

十、十传百，人们纷纷来到这里繁衍生息，将古老的牧歌传唱了一代又一代。

泉水是我国民间特别认可的一种饮用水，陆羽在其《茶经》中写道："山水上、河水中、井水下，认为用来泡茶的水，以其自然涌出的泉水为最佳。"泉水最大的优势在于，水源来自环境清新的大自然，水质卫生干净，未受到任何工业污染。正蓝旗浑善达克沙地腹地的经文泉，便是草原上一种独特的自然景观和纯天然优质饮用水。在全社会高度重视保护和改善生态环境的今天，正蓝旗各族干部群众一定会用实际行动，让这片古老而神奇的草原变得生态更美好，生活更富裕，人民更安康。

随心所欲的快乐童年

小时候,乡村生活十分艰苦,缺吃少穿,日子过得都是紧巴巴的,过年穿件新衣裳、吃顿白面饺子,别提有多高兴了。

那个年代,乡下孩子都没有玩具,但玩得很开心。每天放学吃过晚饭后,小伙伴们就会三五成群聚在一起,玩老鹰抓小鸡、挤旮旯、打阎王、推铁圈、耍风车、砸宝、弹泥球,女孩子还要玩丢手绢、踢毽子、跳皮筋、拍皮球、过家家、抓骨头子……

身边所能利用的东西,小孩子们都可以当成玩具,甚至小石头、红胶泥、山杏核都能耍出花样来。比如说狼吃羊,随地用小木棍画个棋盘,捡两块小石头当狼、石子作羊,也都杀得"硝烟四起"。过去的孩子动手能力很强,简单的玩具都是自己做的,根本就没有买的概念。男孩子能用烟盒叠三角、用废纸叠宝"砸"输赢,用铁丝、胶皮做成弹弓比"枪法";女孩子则自己缝沙包、用废布头和鸡毛做毽子。这些自制的玩具,孩子们玩得不亦乐乎——不耍个满头大汗、日落西山就不回家。再不就拿一把木头手枪和随手拾到的木棍,去玩打仗的游戏。小伙伴们戴着用柳条编成的帽子,兵分两派,霎时间喊叫声一片。玩着玩着,有的就玩恼了,游戏变成了"实战"。

小学五年级时,过"六一"排练团体操,要到公社汇演,学校要求每个小学生手持红缨枪。老师的话哪个学生敢不听?心里好为难,因为红缨枪头早被我卖废铁给买小人书了。没办法,只好找了一块尖木头,锛子劈、刨子推、刀子刮,一会儿工夫便成了红缨枪的枪头,用蜡笔将枪头画上红颜色,再把白麻染的红缨枪穗拴上,更显得红缨枪头闪闪发光。

每到秋天,我们几个小孩就提着用绿麻秆编成的篓子去地里逮蝈蝈。中午,蝈蝈喝足了露水、吃饱了食物,会爬出来边晒太阳边站在庄稼头上唱歌。"唧唧、唧唧……"循声悄悄靠近,迅速用拿在手上的上衣扣住,这只蝈蝈就完成了从流浪歌手到家庭乐师的嬗变。蝈蝈笼一串串挂在院子里,它们拼命地赛歌,吵得大人睡不着觉。

那时候虽然日子过得很苦,但我还觉得童年比较幸福。儿时自制的玩具都带着浓郁

的乡土气息,让人无拘无束尽情玩耍,给我们这些生在20世纪60年代的人留下了美好的回忆。我国著名作家丁玲曾经说过:"淘气的男孩是宝,淘气的女孩是巧。"今天,作为跨世纪的年轻父母,也应多给孩子一些自由玩耍的机会,让他们自己动手动脑制作玩具,培养他们的创造力和想象力,让他们在玩耍中快乐成长。

手牵着手去采黄花

盛夏七月，不仅是草原上最美的季节，同时也是草原上采摘黄花的季节。

黄花是一种多年生草本植物的花蕾，又名金针菜，原名萱草，也叫忘忧草。《诗经》中有赞美黄花的诗歌，三国时的《养生经》中也有"萱草忘忧亦食之"的记述。黄花因色而称，金针因蕊而得。黄花花瓣肥厚，色泽金黄，味鲜质嫩，含有丰富的蛋白质和维生素，是一种营养价值高、具有多种保健功能的花卉珍品野菜，常与黑木耳等斋菜搭配同烹，也与蛋、鸡、肉等做汤喝或炒着吃，黄花菜被人们视为"席上珍品"，在内蒙古大草原上采摘的纯天然、无污染的黄花更是珍品中的珍品。

听说黄花已有开的了，朋友们都蠢蠢欲动、摩拳擦掌，因为采摘黄花最好的季节就是在它含苞欲放的时候采它的花蕾，这个时候的黄花营养价值最好，看到有个别的花开就不能再等了。选了个艳阳高照、万里无云的日子，我和妻子骑上摩托车一路风尘，直奔黄花生长的地方。一路上，风在我们的耳边呼呼作响，远处的蓝天白云，近处的牛马羊群，伸手可触的黄柳条都被我们一一甩在了身后，我们在平整的草原路上急驰了30多分钟后，看到在一片碧波荡漾的草原上，点缀着一抹金黄，映衬着山丹丹点点鲜红，有着"晚上醉落了太阳，白天醉落了月亮"的感觉，我不由得蹲下身去做个深呼吸，好新鲜的空气呀。继续向草原的深处走去，看见了、看见了，我们看见了可爱的黄花。黄花也是草的一种，在没有开花的时候乍一看上去就是一株草，只有结出花蕾时才与草有了区别，每一株都会分结出两到三个或更多的花蕾。盛开着的黄花其外形酷似一个小喇叭，有六片金黄的花瓣，花瓣尽情地向外伸展着，在微风吹拂下它正落落大方地向我们点头。一株、两珠、三株……开的，没开的，都连成片了。再看那三五成群的采花人，肩背袋、手提篮，都在弯腰低头聚精会神地采摘。我们也迅速融入其中，用拇指和食指夹住花柄，从花蒂和苔梗连接处轻轻取下，小心地放入袋内。

时间一点点地过去了，我们的袋子也一点点地鼓起来。看看表已近中午，我张罗着要回家，妻子却执意要坐下来歇会再走。躺在那绵软的草原上，呼吸着沁人心脾的草香，聆听着小河那潺潺的流水声，任暖暖的阳光照耀在身上，有一种说不出的舒展和轻松。采黄花，不仅是一种收获，更是一种亲近大自然的过程，这个过程能让我们更好地树立起热爱生活、保护生态的意识。

连绵细雨中，一片绿草延伸到远方，黄花依旧，草原依旧，声声牧歌中人们在感恩草原，在享受大自然对人类的恩赐中，一代又一代知足快乐地健康生活着。

神 树

在世界文化遗产地正蓝旗元上都遗址皇城东城墙外的石缝中，侧生着一棵具有传奇色彩的老榆树，令人叹为观止。这棵大树高约6米，主干粗壮，三五个人拉起手来也无法合拢，其形苍劲古朴，其态饱经风霜。考古人员曾在树干上钻孔取样，据植物年轮测算，树龄在500年左右，堪称榆祖。由于该树高大茂盛、粗壮古老、形状奇特，当地牧民和游客都对它奉若神明，恭敬有加，尊称其为"神树"。

神树树干表面粗糙纵列，树杈盘根错节、造型奇特。此树虽然是在元上都城毁100多年后从断垣残壁的缝隙中"冒"出来的，看似老态龙钟，但实际上是枝叶茂盛，郁郁葱葱，生机勃勃。每到春天，那看似光光如也的枝杈上会冒出密密麻麻的叶芽，过不久整棵树就会呈现出醉人的新绿。到了夏天大树绿叶婆娑，树冠硕大无比，树荫覆盖着元上都遗址的城墙，无数的鸟雀藏身于此，游人是只闻其声而不见其影。到了秋天满树浓密的叶片慢慢转为金黄，随着秋风的吹拂纷纷扬扬洒落在金莲川草原上。

多年来，神树不仅吸引了当地许多牧民老乡前来顶礼膜拜、祭祀祈福，近年来先后还有斯琴高娃、腾格尔等名人及众多的国内外游客，虔诚地为神树献上蓝色的哈达。来此树下讨药治病者有之，求生儿育女保平安者有之，渴望升官发财者也有之。在众多凝视这棵神树的目光里，不仅蕴含了虔诚，更充满了敬重。在虔诚的仰望中，人们可以感受到物质并不是精神，更不是我们的信仰，如果神性的东西在人的身上流失过多，我们的人性就会发生变异，真善美就会丢失。

事实上，这棵老榆树之所以能够被尊称为"神树"，不仅仅是因为它树龄老，主要是因为它长在了上都文化的发祥地、中国农耕文明与游牧文明的融合点、东西方文化的交流点——元上都遗址，理所当然地被披上了一层神奇的色彩。虽然历经朝代更迭，结束了元朝大一统的局面，但在神树的陪伴下，元上都遗址以其重要的历史、文化、科学和艺术价值，成为世界文化遗产，得到了全人类的重视和保护，神树之"神"果然名不虚传。

千里寻亲书为媒

罗布桑策仁，是正蓝旗桑根达来镇阿拉台嘎查的牧民。罗布桑策仁祖先是藏传佛教葛尔丹锡勒图五世活佛的弟子，当时有18户人家随活佛从青海省塔尔寺到内蒙古多伦县汇宗寺传教诵经。1939年，罗布桑策仁的舅舅、岳父的表哥等一行3人，从多伦县到青海省去服侍年仅7岁的葛尔丹锡勒图十一世活佛。1958年，罗布桑策仁的舅舅从青海返回，而岳父的表哥和另外一个人留在了青海，从此杳无音信。正是因为自己的家族曾有过这样一段经历，所以罗布桑策仁对这段历史特别感兴趣并认真研究。经过多年努力，2010年8月他编辑出版了《葛尔丹锡勒图葛根和他的徒弟们》一书。

2012年7月，另外一名当年留在青海的后人巴达玛阿日希，代表自己的家人和罗布桑策仁岳父表哥的后人，专程赶到内蒙古锡林郭勒盟寻亲。虽然15年前他们寻亲未果，但这次巴达玛阿日希还是抱着一线希望找到了盟文体局寻求帮助。盟文体局的有关同志恰好看到过罗布桑策仁所著的《葛尔丹锡勒图葛根和他的徒弟们》这本书，所以将巴达玛阿日希直接带到了罗布桑策仁家，一交谈大家果然对上了号。

正蓝旗的昌图敖包是锡勒图活佛世俗弟子祭祀的敖包。大家约定，在8月19日农历七月初三祭祀昌图敖包时，70多年失去联系的亲友在这里共庆团圆。

欧李红了

金秋时节，正蓝旗上都镇青格勒图嘎查的朋友巴特尔、斯琴两口子热情地给我打来电话，说欧李红了。

欧李又名钙果，是我国特有的一个野生灌木树种，含有多种对人体有益的矿物质元素。欧李果肉可食，仁可入药，茎可作饲草料，具有较高的经济价值和市场开发前景。野生欧李主产于内蒙古、河北及东北等地，历史上曾作为贡品供皇室食用。康熙皇帝从小就对食用欧李情有独钟，曾派人到草原上采挖后在皇宫专门种植。据巴特尔听老人讲，过去正蓝旗金莲川草原上的欧李遍地，马群驰过蹄子都是红的。

今年雨水好，拇指大的欧李成串地结在欧李秧上，一丛丛一片片，像晶莹的红宝石，洒满草原，煞是喜人。欧李果甜中带酸，清爽可口，可加工成果汁、果酒、果醋、果奶、罐头、果脯等食品，具有润肠通便、利尿消肿等功效。欧李根水煎外洗可治疗静脉曲张和脉管炎，疗效明显。欧李也是一种营养价值高的牧草，不仅含有牛羊生长发育所需的糖、蛋白质等营养物质，更是牲畜骨骼发育的重要补钙来源。欧李抗旱抗病虫能力强，固土保水作用好，适宜在广大农村牧区推广栽种。如果在庭院、公园、街道、高速公路两旁等地栽植，还可以形成春天观花、冬天赏叶、秋天品果的环境效果。

返回的路上，微风吹在脸上，欧李的甜汁在体内涌动，让人感受到一种纯天然的享受和快乐，实施生态治理后的正蓝旗草原，变得越来越美了。

那满山遍野的艾蒿

艾蒿又叫"艾草",是一种多年生植物,在家乡的草地山坡,到处都长有艾蒿。

每年端午节清晨,在太阳露头之前,孩子们便随大人来到路边、草地、山坡、河边、林中等地采拔带露珠的艾蒿。采艾蒿时,孩子们也学着大人的样子,将几片艾蒿的叶子塞入鼻孔,据说可使鼻子灵敏,不闹毛病。早饭前和晚饭后,还将新鲜的艾蒿煮水洗脸、洗脚,据老人们讲,这样可以使两眼明亮、走路精神,不患眼病和脚气。把艾蒿直接或编成各种形状挂在门前,还可以祈福驱邪。还有一些细心的主妇,用五彩花布缝制成各种花样的口袋,里面装上艾叶,袋子下端有穗带,佩戴在小孩子的胸前,利用"艾"与"爱"的谐音,表达对孩子的关爱。尤其有闺女的家庭,特别希望借此习俗,能够让自己家的女儿一辈子都有人疼爱。

孩子们照大人的样子做,不在乎管不管事,只图快乐有趣。端午节时,家家户户到处布艾,微风吹来,便有一股淡淡的芬芳飘逸弥漫在家乡的山村中,令人陶醉。

20世纪70年代,父辈们的生活尚很清贫,不少家庭买包火柴都很困难,更不用说买蚊香了。于是,每逢盛夏,人们就上山割艾蒿,回来后摊开晒一下,趁烈日中午,坐在树荫下搓艾蒿绳,搓好后放在院外晒干,用于熏蚊、点烟和引火做饭,节省火柴。艾蒿的生命力极强,根儿扎得很深,茎叶长得茂盛,若风调雨顺,集中连片的艾蒿能长到1米多高。尽管每年的端午节人们对艾蒿都要进行一次"斩草除根",但艾蒿却越采越旺,展现出了一种不屈不挠的生命力。

斗转星移,父亲带我上山采艾蒿的情景已成为历史。而今,我也领着儿子上山采艾蒿。事实上,当我们越来越习惯于生活在钢筋水泥的高楼大厦中,习惯于现代化带来的种种便利时,我们更要珍惜与大自然的亲近。欢度端午,寄托祝福,传承中华民族优秀的民俗文化,会使现代人浮躁的、没有着落的身心平静地着陆,静静地回归到人类生活的本源。

煤油灯照明的年代

近日，朋友安飞从乡下帮我寻回了一盏煤油灯和一个玻璃灯罩，遗憾的是缺少个灯口。我将煤油灯和灯罩洗了又洗，擦了又擦，像宝贝一样小心收藏起来。煤油灯是电灯普及之前的主要照明工具，以煤油作燃料，多为玻璃质材，外形如细腰大肚的葫芦，上面是个形如张嘴蛤蟆的灯头，灯头一侧有个可把灯芯调进调出的旋钮，以控制灯的亮度。也有的人利用墨水瓶和药瓶自制煤油灯，先在盖上打一个圆孔，用棉花或布条做灯芯，在瓶内注入煤油，用火柴点上就可以照明。随着社会的发展，过去千家万户都有的煤油灯离我们远去了，当今人们只有在民俗博物馆中才能看到。偶尔停电，人们也是用蜡烛来照明。然而，在我的记忆深处，煤油灯依然跳跃在乡村那漆黑的夜晚，远逝的岁月正是那灯火通红的背景。

记忆中的乡村，从不缺少光明。白天有炽热的日光，黄昏有燃烧的夕阳，傍晚有清浅的月光，黑夜有飞舞的流萤，还有家家户户的照明工具——煤油灯。煤油灯可以随便放在桌子上、柜子上、窗台上，有的人家在炕沿边的土墙上掏个方洞，专门摆放煤油灯。虽然煤油灯的光线很暗淡，但家家户户仍舍不得早点，怕浪费凭票供应的煤油。只有天黑透了，月亮的光也淡了，各家才陆续点燃煤油灯，做饭的时候在外屋，一家人便都在外屋。做好饭后，把饭端到里屋，灯便也跟着到了桌上。除了孩子写作业时，大人们总是把灯芯拨得很小，按了又按，灯火如豆，连灯下的人也都是模模糊糊。即使这样，勤俭的女主人也不会让灯光白白浪费掉，就着灯光缝补衣服、纳鞋底，把艰辛和希望一缕缕缝织成对生活的热爱。

灯是夜的眼，煤油灯伴随我走过了30年的人生历程。无论是在灯前做出喜鹊登枝、老鹰展翅、小兔奔跑等形状，把影子照在墙上，嘻嘻哈哈乐上一阵子的快乐童年，还是晚上伏在煤油灯下写作业，因脑袋离灯太近，不留神被烧焦头发，鼻孔吸满油烟的学生时代，或是那点着煤油灯读书和"爬格子"到深夜的青春年华，都会时常萦绕在心头，令人难以忘怀。煤油灯那闪烁不息的光焰不仅点燃了一代人的理想之火，同时也让人从中体会到长辈的辛苦，品尝到亲情的温暖。煤油灯，自始至终在我心头燃亮，在未来的岁月里，将会燃得更亮更亮……

记忆中的乡村电影

20世纪六七十年代，乡村的文化生活和物质生活一样贫乏，能看上一场露天电影那是很难得的。露天电影是我这个"60后"人永恒的记忆。

那时候，乡村还没有电，一到夜晚到处是一片漆黑，大人小孩都无事可做。人们通常聚在一起，东家长西家短地评论着，只有少数人家有收音机可以听听评书或戏曲选段什么的。如果听说哪个村要演电影，乡亲们别提有多高兴，见面时的第一句话也就变成"某某村今晚要演电影，你去不去呀"，大人们高兴，小孩子自然也异常活跃。

在没有电视的年代，能从银幕上看到活动的人、汽车、飞机……真是太让人兴奋了。尤其是每逢看电影时，家里总会炒一些过年才能享用的大豆、瓜子之类的小吃，然后每人分上那么一小捧，孩子们捂着热乎乎、香喷喷的小吃，跟着大人往人堆里挤，真是有一种无限的满足和快乐。

乡村里临时挂起了银幕，像一面旗帜，召唤和吸引着乡亲们。电影未曾开演，"旗帜"下便聚满了人。放映机一般都会安置在村里打麦场的中央，发电机则放在离打麦场较远的僻静处，比煤油灯亮得多的电灯泡把打麦场照得如同白昼。露天电影是不卖票的，当然没有固定的座位。看露天电影大都自己带凳子，人们可以选择自己喜欢的位置。吃过晚饭，人们就早早地准备好板凳去占地方。外村来的不便带凳子，就找亲友借，或者在周围搬块石头就坐下了。不少孩子老早就用板凳、石头、土块占据"有利地形"，电影开演再"对号入座"；没有实物占领的，就用粉笔头或者木棍在地上画一个圆圈，标明是某某的"领地"。在正式放电影之前，往往会先打一会儿幻灯片或加映"新闻简报"，宣传有关政策，同时等待那些因农活忙而来得晚的乡亲们。有时大队干部还借机讲话，通知些事情。

随着"嗵嗵嗵……"几声，发电机响了，在雪亮的电灯下人们兴奋的面容清晰可见。放映员照例是先调试机器，在银幕上打出一片雪白的方块，小孩子们站在凳子上举着手臂让手影映在银幕上。随着电影的开演，原本嘈杂声一片的场地立即安静下来。

　　记忆中，我曾徒步到10公里外的村庄看电影，在返回的路上因天黑而掉沟、掉河的事情经常发生。甚至有一次在家门口站在凳子上看电影时，被后面的人挤得掉了下来而摔伤，但仍感到十分快乐。直到现在，有些电影的故事情节居然还能清晰地记得，像《小兵张嘎》《地雷战》《地道战》《红色娘子军》等革命题材影片，有的甚至看过十几遍都不会感到厌倦。

韭菜花儿开满坡

　　七月的正蓝旗草原,成片的野生韭菜花白中透绿,或顶着雪白的花伞,或撑起像绷着嘴笑的骨朵,在微风中摇曳,引诱着蝴蝶和蜂儿在花朵上飞来飞去,一股带有原始的纯天然香辣味道扑面而来,这表明收获韭菜花儿的季节到了。

　　韭菜花,简称韭花,是正蓝旗草原上一种特有的野生植物,是大自然奉献给人类的美味食品,具有生津开胃、增强食欲、补肾润肠、促进消化等功效,含有钙、磷、铁、胡萝卜素等有益人体健康的成分。五代杨凝式《韭花帖》中曾有"当一叶报秋之初,乃韭花呈味之始"的赞誉。

　　小时候在哈毕日嘎镇农村时,每年秋天父母都要采摘一两筐韭花,摊开晾上一夜跑跑小虫,洗净后上碾子碾成细末,放些盐面,再掺上一些嫩豆角和草原上野生的"地地瓜",然后封坛放到干燥阴凉处,几天后便可食用。家人围在餐桌旁,用韭菜花就着莜面土豆汤,那叫一个香。现在来到城里,上都镇四周的草原上也长满韭菜花,每年秋天我和妻子都要骑着摩托车出去采摘一些。没有碾子就用绞馅机绞,看着白色的花蕾在绞馅机的摇动中,一点点变成清香醉人的翠绿,心里十分惬意。绞好的韭菜花一部分放到冰箱里自用,一部分装瓶送给亲朋好友,邻居也是东家一碗西家一碟吃得唇齿留香。野生韭菜花,要比商店卖的好吃许多。是啊,来自大草原上的诱惑,谁能抵挡得住呢? 不仅腌好的韭菜花能够一年四季当小菜吃,还可以和鸡蛋放在一起炒和蒸,更是草原传统美食涮羊肉中不可缺少的调料。

　　采摘韭菜花要选择最佳时间,采得过早韭菜花尚未成熟,味道不够,与韭菜叶无异;采得太晚,韭菜花结出黑籽,韭菜莛枯萎变黄,也就没法吃了。虽然家乡俗语中有"草熟一秋,麦熟一晌"之说,但野生韭菜的最佳花期,也不过在一周左右。在正蓝旗,以每年的7月20日左右采摘为宜。在这里,让我们由衷地感谢大草原,毫不吝啬地送给人类纯天然、无污染的美味佳肴,在采摘野韭菜花的同时,我们要用实际行动与草原传递相互友爱的信息,使子孙后代的餐桌上,都能够品尝到来自大草原纯天然绿色的野生韭菜花。

渐渐老去的村庄

从城里回乡下探亲，在村里待了几天，给我的总体感觉是，村庄在人们的不经意间已渐渐老去。

一头花白头发的表哥，黝黑的脸上，被岁月犁出的皱纹一道比一道深。他依然那么风风火火地忙碌着，但已明显力不从心，对在外打工的儿子接他去城里租房生活的建议，也不像原来那么强烈地反对了。

在吃粮困难的年代，独自一人推一车农家肥就可以爬上山坡的黑叔，如今壮硕的身板也不见了，已被岁月的刻刀雕成一个弯腰驼背的老人。原来一嗓子能吼起全村人出工的老队长，如今连说句话都显得有气无力。

表哥坐下来和我唠叨，黑叔家的俩小子，常年不回家，宁愿在外又脏又累挖煤也不回村种地，他爹有病捎回个千八百块钱，就不管了。村东的张老三地也不要了，带着老婆和女儿到城里打工，听说最近把女儿嫁给了城里一个离过婚的包工头。表哥掰着手指头给我算着，村里40岁以下的青壮年几乎都走了，农忙时节也不回来帮忙，有的逢年过节才回家看看。

我不由想起了童年。那时的村庄，夏日流淌着清清的河水，到处长满绿油油的庄稼，杨树下荡漾着孩子们的笑声和吵闹声，收工回来的大人们还不忘忙里偷闲采一把野菜回来喂猪。那灿烂的朝霞、迷人的黄昏、成群的牛羊、房前的菜园、满院的鸡鸭、屋里屋外的小猫小狗和那飘荡着温暖的炊烟，曾经是多么可爱的家园啊！现在，村庄四周到处布满了荒草，有的蔓延到了农家的破院墙内。留守的老人们只能顾上那些肥一点的好地，种地时也是雇人机播，不用人工，中间没人锄地、拔草、施用农家肥，收成一年不如一年，好像这些地也累了、老了。

村里那些房屋，都是二十多年以前盖的，连相对较好的村里原来"万元户"家的砖房，墙壁上也爬满了泥水侵蚀后留下的道道痕迹，好多人家的土墙头、石头院墙都倾倒坍塌了，好多房屋已是叉窗封门，人去屋空。近几年，村里也有年轻人结婚办喜事儿，但他们都是在城里办喜事儿，回村里给乡亲们报个信儿，顶多住上几天，就又离开了，村里已经不需要再增添新房了。

对于我们这些在村庄里长大的"城里人"，村庄一直是我们精神的后花园，泥土一样的淳朴与坚韧是我们对抗都市浮躁的精神之源。如今，作为我们精神后方的村庄已经老去，甚至正在消失。

汽车爬过一个陡坡，我的村庄隐身而去，老去的村庄啊，若干年后，我们还会被你接纳吗？

家有老猫

猫是生活中的艺术家，无论是在高寒还是沙漠地区，猫不依靠人类照样可以生存。它们之所以心甘情愿地留在人类身边，不仅仅是因为我们喂养它们，更主要的是它们流连于爱猫族的抚爱。

我从小就喜欢猫，成家后养过好几只猫，但由于诸多原因都没能养住。2004年6月，父母从邻居家给我抱回了一只巴掌大的小狸猫，它身上披着纹路清晰的黑色、白色和灰黄色相间的"毛外套"，机灵又顽皮，煞是可爱。当时小猫刚断奶，自己不会吃食物，妻子就拿着针管给它喂奶子，吃饱耍累后卷成一团倒头便睡。

这只猫自会吃食后，只喜欢吃猪肝，鸡鸭鱼肉一律视而不见，不仅死老鼠不吃，活老鼠也是只捉不吃。现在，这只心宽体胖的老猫体重已达6公斤，肥嘟嘟的像个浑圆的皮球，尤其是那条大尾巴，毛茸茸的甩来甩去，十分可爱。老猫聪明伶俐，喜欢离群索居，独来独往，叫它也装听不见，卧在那里眯着眼睛一动不动，只有饿了或要出去方便时，它才会主动走到你身边，用头轻轻拱你，闭着嘴发出"咕噜、咕噜"的声音。如果你不理它，它就会冲你"喵喵"地叫，眼中充满期待。这只老猫，可以说是一个名副其实的"猫精"，什么话都听得懂，还很擅长察言观色。每当你训斥它时，它就会耷拉着耳朵低垂着脑袋，鼻子和脸皱到一块，一副很无辜的样子。老猫生性怕水，不喜欢洗澡，它常常用湿漉漉的舌头，自己把毛从头到尾一点点地舔干净。

常言道，猫是恋家不恋人，狗是恋人不恋家。因此，很多猫咪在主人搬到新家后便失踪了。五年前，我们从平房搬进楼房，我也很担心这一点。一大早，我们将锅灶搬回后，便将猫抱了过来。谁知老猫对新家毫无生疏之感，径直走到为它准备好的便盆里，哗啦哗啦撒了一大泼，便心安理得地安营扎寨了。每到"走春"的时候，老猫便几天几夜不回家，回来匆匆忙忙吃饱喝足后，便又继续"寻爱"去了。老猫经常与别人家的猫和小狗打架，但少有战败记录，偶尔也会带着纠结的毛发和伤痕回来。最严重的一次是老猫被邻居家的小狗把腿给咬骨折了，找来在医院工作的弟弟给它打上夹板，喂了一些治疗跌打损伤的药片，很快便治好了，仍是一副趾高气扬的样子。

猫不仅听觉好，而且能够牢牢记住它们来的地方的声音和方位，在5公里的范围内，它们总能轻松地找回家。老猫经常出走，有时三五天不回家。三年前，老猫走失了半个多月，家人多处寻觅未果。有一天早晨，我和朋友到市场里去喝早茶，在一家菜铺门口，意外地发现了骨瘦如柴的老猫，我连忙将它抱了回来，家人高兴不说，老猫也咕噜咕噜地唱了一天。前不久，儿子在街上看到一只饥寒交迫的流浪狗，便给它买了一根火腿肠，聪明的小狗吃一半留一半，紧跟不舍，儿子便将小狗抱回家。老猫见小狗侵入它的领地与主人争宠，非常不高兴。它先是若无其事地向旁边看，随后竖起耳朵，高举着尾巴，用前爪朝小狗的脸上突然一击，打得小狗直叫。虽然猫狗天生就不是一家，但似乎它们也懂得求同存异这个道理，在家人的调教下，老猫和小狗开始和平相处，并渐渐成为好朋友。

过去人们养猫，是因为老鼠多，粮食紧张。现在养猫，是当作宠物来养，是一件快乐的事情。儿媳李晓娟曾逗趣地说："我可不敢惹老猫，它比我的资格老。"在我们家，老猫已不是宠物而成了"家人"，它可以上桌吃饭，也可以睡在床上，成为家庭中一个不离不弃的成员。宠物养久了，仿佛就像家中多了一个人，一个虽然不会说话，但是什么都听得懂、什么都可以跟你分享的家里人。事实上，无论养什么宠物，关键是要有一颗持之以恒的爱心，一旦选择就不要虐待和遗弃它，有这样一个可爱的小生命陪伴你的人生，也是一种缘分和很幸福的事情。

记忆中的春种秋收

20世纪90年代以前，正蓝旗农区三乡曾大面积种植过小麦和莜麦。那时，村里种地几乎不用化肥，全靠农家粗肥。冬闲时，村民们早早起来背着粪筐，从村里到村外，来来回回到处转，见一泡粪都要你争我抢，为的就是多积点肥，给来年春耕生产做准备。

"人误地一时，地误人一秋"。农村人家总是按节令行事，春分一过，农民们便忙着用牛马车往地里送粪施肥、翻地播种。春播时，往往是男人赶牛扶犁，女人挎着"面斗子"朝垄沟里撒籽儿，老人或小孩儿牵着马拉着石磙子覆盖地垄沟。在春天风和日丽的蓝天白云下，不时你会听到"啪啦、啪啦"的甩鞭声或"哎驱、哎驱"的吆喝声，人和老牛在劳动中形成了一种默契，优哉游哉地耕耘在一片片黑土地上。当一粒粒种子被土地所接纳，农民的眼中便露出一种期待，期待着种子的发芽生根、开花结果。从春到秋的每一天，是农民追梦的日子，这期间的辛勤会让人的信心随着麦苗的生长而生长，随着植物的开花而开花，随着果实的成熟而喜悦。

俗话说，锄头自带三分水。夏日里，农民们头顶烈日手握锄头，全家老少齐上阵，要把地锄上好几遍。入秋后，那满山遍野的庄稼是一片金黄。乡亲们开始修打场院，小毛驴拉着碌碡一圈圈把场院碾轧得瓷实、光溜。生锈的镰刀在磨刀石下，瞬间变得锋利明亮。人们甩开膀子你追我赶，大把大把的庄稼在"嚓嚓"声中被割倒捆成麦个子，然后互相搭接着斜放在一起，在地里风吹日晒几天后，就可以上场了。

关系不错的几家搭伴，男人们天不亮便赶着马车三番五次往回拉，女人们在场院里将麦个子铺开，便用牲畜拉着碌碡碾了起来。闲了一年的五齿木杈、木锹、刮杷、筛子、大笤帚、木扇车都派上了用场。看着堆积如山的小麦抓上一把，颗粒饱满，老少爷们的脸上满是喜悦。蒙上红布眼罩的小毛驴，拉着吱吱呀呀的石碾子，围绕磨道，一圈又一圈，饱满的麦粒在驴脖有节奏的铃铛声里变成了白面。女人们在锅底熬上一大锅猪肉酸菜粉条，上面蒸上一箅子白面馒头。满屋飘香之时，猛一揭锅盖儿，那才是原汁原味呢！

　　自古以来，中国农民对土地的感情胜过任何一个国家，对土地的钟情来源于土地母亲的奉献。现如今，昔日农民兄弟"脸朝黄土背向天，一颗汗珠摔八瓣儿，腰酸背痛忙不停，手掌老茧割不伤"的传统劳动场面已成为历史，取而代之的是现代农业中的机械化种植，科学化管理，市场化运作，农民在轻轻松松中便可享受到丰收的喜悦。但无论过去和现在，人类生存都离不开土地，春种秋收是千古不变的道理。

草原上的野果"地地瓜"

在草原的绿草深处，你如果顺着开满喇叭花的沙梁寻去，就会发现有种很矮的灰色植物，细长细长的叶子，上面开着一堆小米粒大小的黄花，每到七月中旬的时候，上面便会结满大大小小的地地瓜。小地地瓜圆鼓鼓的，像葡萄一样，可以直接食用。大一点的地地瓜两头尖、中间鼓，像橄榄。刺破青翠的外皮，便流出像乳汁一样的液体，里面的芯儿白白的、一丝一丝的，咬一口满嘴喷香，非常好吃。它的缨子也一样，扯断了或者将地地瓜摘下来，便会流出乳一样的汁。地地瓜喜欢生长在沙窝子里，喇叭花越多的地方这种植物也越多，一直可以采到初秋。地地瓜老后皮便会裂开，芯儿里的白丝变成絮状，像蒲公英一样，秋风一吹便飞在空中。在吃不饱更吃不好的孩提时代，地地瓜是改善生活的美味佳肴，不仅可以直接吃，还可以用来和小米、玉米面一块煮粥吃。记忆中，远比苦菜和地皮菜拌饭好吃多了，它是我儿时最爱吃的一样瓜果，也是采食最多的一种野菜。有时，我和小伙伴们也会将老地地瓜摘下来，在灿烂的阳光下，深深地吸上一口气向茸毛吹去，然后一直看着这白色的茸毛在空中飘散，飞到很远很远的地方，心里那种过上好日子的渴望就越强烈。

今天这种渴望变成了现实，地地瓜虽已不再是人们充饥的必然选择，但人们还是离不开它。初秋，许多人走出家门来到野外，将香嫩可口的地地瓜采回和山韭菜花放在一起腌制，成为现代餐桌上一道不可替代的纯天然绿色食品。

草原上的圣果——沙棘

在草原上片片绿洲中，有一种被称为"草原圣果"的植物——沙棘。关于沙棘，在正蓝旗牧民当中还有一个美丽的传说。相传，古时候有个蒙古族部落，他们将一群老马放逐于山野。不久，这群老马又出现在毡房前，匹匹雄姿剽悍，浑身油亮，他们以为有神相助，于是跟马群来到一片茂密的沙棘林内，见马群采集沙棘果和沙棘嫩叶，遂尊此果为"圣果"。

在正蓝旗浑善达克沙地内有占地近30平方公里的纯野生沙棘林，它们对防风固沙起到极大的作用。每年秋季果实成熟的时候，漫山遍野一片金黄。特别是在冬季万物枯荒的季节，金黄而水灵的沙棘果仍挂在枝头，显得分外耀眼和珍贵。沙棘果可用来做饮料，叶子可做沙棘茶，沙棘籽可制成沙棘油、化妆品等系列产品。其中沙棘油含有300多种营养成分、近200种活性物质。沙棘果酸甜，叶子呈线性或线状披针形，所以又叫醋柳，枝上有灰褐色刺针，又叫酸刺、黑刺。沙棘是落叶小乔木，最高可达10米，是我国北方地区分布较广的树种之一。沙棘繁殖容易，经济价值高，广大群众有长期的栽培经验，在华北、西北黄土丘陵和风沙地区被广泛用于荒山造林和保土固沙。

沙棘是喜光树种，也能生于疏林下，所以可栽植在防护林边缘。沙棘对土壤要求不严，耐水湿和盐碱，也耐干旱瘠薄。沙棘生长较快，根系发达，萌蘖性极强。根系主要分布在40厘米深的土层内，根幅可达10米，3年生开始产生根蘖苗，在撂荒地林缘每年可向外扩展2米。沙棘有根瘤菌，枯枝落叶量多，改土作用强。它的根与短状固氮菌共生，固氮能力超过豆科植物花棒。7至8年生的沙棘林，枯枝落叶层可达2至3厘米厚，能提高土壤的氮、磷、钾含量。

沙棘是治理荒漠的先锋树种，能忍耐50℃高温的煎熬，也能经受零下50℃严寒的考验，耐干旱。沙棘枝叶稠密、萌芽力强、耐修剪，通常5年生树高可达2米以上。沙棘的嫩枝叶含粗蛋白24%，粗脂肪4%，粗纤维17%，各项指标超过其他优良牧草，牲畜吃了，膘肥体壮，可提高肉的品质和产肉率。据当地牧民介绍，羊如果常吃沙棘叶，毛会变得又

光又亮。

　　沙棘最神奇的还是它的果实，被国内外学者誉为"维生素宝库"。沙棘果中维生素C的含量为每100克含0.8至1.5克，是西红柿的60倍、山楂的20倍、葡萄的200倍，超过了被西方人称为"维生素C之王"的猕猴桃5至8倍。维生素E的含量是其他植物的数倍，胡萝卜素的含量也相当高。更为神奇的是沙棘果中含有18种氨基酸，几乎是合成生命蛋白质的全部。据国内外科研和临床实验表明，沙棘果有增强记忆力、抗衰老、增强体质、提高免疫力、软化心脑血管等功效。沙棘如此神妙的作用，早在古代便被人们所认识。元朝时被认为是长生不老药，皇宫御医给忽必烈经常服用，忽必烈活了80岁，是历代皇帝中的长寿者。正因为沙棘果有如此神奇的功效，因而被现代人制成沙棘饮料、冰酒及保健药品，全国各地开发沙棘热方兴未艾。

草原上的蘑菇圈

每到夏季雨过天晴，在正蓝旗上都镇青格勒图嘎查一带的草原上，便会出现一个个神秘的圆圈，直径小则十几米，大则上百米，周围的牧草呈现出深浅不同的颜色。走近看，那圈子是由带着水珠的黑蘑菇或白蘑菇组成。据当地牧民老乡介绍，蘑菇圈是一种蘑菇真菌用"孢子"繁殖后代的结果，孢子在菌褶里成熟后，随风飘落在枯草腐根中长出菌丝，然后不停地向四周延伸，在草原上形成圆环状蘑菇圈。如果延伸时受阻，便会形成半圈形或马蹄形。刚形成的蘑菇圈较小，随着菌丝年复一年不断向外延伸扩展，蘑菇圈也会越来越大，大的蘑菇圈外圈直径可达20米左右，如果超过百米，"圈龄"至少有五六百年。这些生长在草原上纯天然无污染的野生蘑菇，是食用菌中的极品，顶根粗壮、肉质鲜嫩、味道奇香、营养丰富。在其未张开伞状之前所采集的幼蘑，被称为"蘑菇丁"。

过去，当地牧民将所采摘的大量蘑菇卖到供销社收购站，再由供销社统一调到河北省张家口市加工销售。这样，张家口市便成了草原野生蘑菇产品的集散地，于是人们习惯上将其称为"口蘑"。事实上，口蘑并不产于张家口，它的原产地在内蒙古锡林郭勒盟正蓝旗等地的草甸草原上。另外，蘑菇圈偶尔还会有"滚圈"现象的发生，也就是说今年明明在这片草地上，明年却跑到了另外一片草地上。也有在草地上散乱生长着的蘑菇，相比之下人们自然愿意找蘑菇圈，不仅蘑菇集中而且量多个大。采过之后记住方位，第二天来又会有新的蘑菇冒出来。

草原上的野生蘑菇味道很浓，可以清炒、炖鸡块，也可以用来做馅包饺子、蒸包子，但不管怎样做，事先都要用开水烫一下，去掉土腥味。如果一时吃不了，就应洗净晾干，以便冬季食用。当地牧民在采集蘑菇时，一般只采中等大小的蘑菇，把那些特别大的，尤其是看起来有些发蔫的"老蘑菇"都留下来。老蘑菇已有大量的孢子留下来有利于蘑菇圈的繁茂，对太小的蘑菇也留下来，让其自然长大。现在，采蘑菇已成为当地"牧人之家"一项旅游服务项目。如果你有兴趣，在雨后清香的草原上，会有人骑着马儿，陪你一起去挖野菜、采蘑菇，从中让人感受到与南方截然不同的异域风情。

远去的吆喝声

"磨剪子来抢菜刀""锯锅锯碗锯大缸"……那一声声特有的吆喝声，已经随风飘进了历史的深处。沧海桑田，往日奔波于街头巷尾的箍桶匠、磨剪刀的、锯锅锯碗的、剃头的民间手工匠真的离我们远去了。那一声声的吆喝，埋藏着我们上代人几多生活的艰难。

小时候的冬天好像很漫长，也特别冷。白毛风吹得家家关门闭户，大人们都躲在屋子里"猫冬"。我们小孩儿可不管这些，依旧在街上三个一帮、五个一伙儿地跑着玩。傍晚，风终于停止了吼叫，太阳也像个快灭的火球，没有一点热力地挂在天边上。忽然，空地上来了一个推着独轮车的老大爷，他把家当支好后，就坐在那里抽旱烟。当我们看到他那崩爆米花的小炉子，边叫边撒着欢地往家跑。不一会，那片空地就热闹起来了。在家躲了一天的大人们，有的用簸箕，有的用柳条筐装着玉米，聚在那里排队。我们小孩儿则在一边嬉笑打闹，炉火越烧越旺，映红了大爷的脸。大爷用手咕噜咕噜地摇着，玉米在那个长冬瓜似的黑炉膛里拥挤着、翻滚着、膨胀着，大爷看看放在地上的马蹄表，一声"好嘞！"我们就躲得远远的，只听"砰"的一声，炉膛连接的口袋里全是冒着热气的爆米花，放一点糖精吃着是又香又甜。

如果天气晴朗，大人们就穿着厚厚的棉衣抄着手，坐在墙根晒太阳。不远处，传来一阵清脆有节奏的敲击声，一个推着自行车的中年人走了过来。立刻，大人们有的便站起来，拍着屁股上的土："告诉我老婆一声去！"一会儿工夫，就来了一大群大姑娘小媳妇，看着绑笤帚的人坐在地上，用大家拿去的芨芨草来绑笤帚。有些人不放心地叮嘱着："你给多绕几圈铁丝，能多使几年嘞……"

"磨剪子、抢菜刀嘞！"正在屋里做针线活的妇女们都停下了手中的缝缝补补，随手关了"戏匣子"，侧着耳朵再仔细听听，听准了，赶紧爬下炕，趿拉着棉布鞋，拿着剪子往外走，走到大门口，又想起了什么，转身进外屋，抄起了菜刀。磨剪刀的老人把坐得锃亮的板凳放好，戴上老花镜在磨石上噌噌地上下推来推去。那张满是皱纹的黝黑脸上，写满了沧桑，一双粗糙的大手已被冻裂，手纹里全是洗不掉的黑泥儿。磨好后的剪刀，老人让主人自己铰布头试试，主人挺满意地点点头："就是不赖，俺家那小子淘气，把剪子摔得没尖了，你还把剪子尖都给磨出来了……""这回剪子快了，别叫娃儿们拿着耍了，可不是闹着玩的！""知道，知道了……"

随着人民群众生活水平的提高，儿时那经常听到的吆喝声已不经意消失在岁月深处，昔日贫穷的乡村，如今已是万象更新，一派现代生活气息。

金莲川草原上奶茶香

　　奶茶，又叫蒙古茶，是蒙古族除酒以外最为重要的饮品，具有解除疲劳、防寒降暑、增强食欲、帮助消化、降低血压、防止动脉硬化等多种功效。凡走草地的人，无论蒙汉生熟，主人必先双手给你捧上碗奶茶。如今，蒙古人仍保持着每天喝奶茶的饮食习惯，这就是"宁可一日无饭，不可一日无茶"谚语的由来。牧民喝茶讲究配套，炒米、酥油、奶皮子、奶豆腐、手扒肉、白糖等样样都不能少。

　　据史料记载，早在成吉思汗时期就有专门为他熬制奶茶的后妃，从此这门绝技的传承似乎便落到女人身上。熬制奶茶大有学问，如火候、成色、调配的比例、搅动的适度、恰当的口感等，初来草原的旅游者喝奶茶时总觉得是一个味儿，但行家却能喝出千差万别，不仅能喝出这个女人的手艺高低，甚至还能喝出这个女人的个性和贤惠不贤惠。至今，在别具草原风情的蒙古族婚礼上仍保留着这样一个古老的风俗，新娘子在婚宴上要亲自动手熬制一锅奶茶，与新郎一起捧献于公婆及众宾客面前请他们品尝。随之，另一个更重要的婚礼仪式也就开始了，即眼含热泪的婆婆要把自己掌管大半生熬制奶茶的勺子交给儿媳妇，婆婆将放心地退居二线尽享天伦之乐，新媳妇完全可以放手去当家做主。这不但表明婆家无条件地接纳了新人，而且体现出一种别具民族特色的传承关系。将勺子作为亲情的传承物，足见茶文化在马背民族生活中的地位。

　　蒙古人的奶茶礼俗，不但敬茶有很多讲究，而且接茶、饮茶也有不少礼节。清人志锐在他的《奶茶》一诗中便有"砖茶舂碎煮成糜，牛乳交融最合宜。不受姜辛受盐咸，想他渴饮涤肠时。"煮奶茶最好用新打的净水，烧开后冲入放有茶末的净壶或锅里，慢火煮2至3分钟，再将鲜奶和盐兑入，烧开即可。斟茶时，茶碗不能有裂纹，一定要完整无缺，有了豁子是不吉利。往碗里倒茶的时候，一定要把铜壶或勺子拿在右手里，从里首倒在茶碗里。倒茶的时候，壶嘴或勺头要向北向里，不能向南（朝门）向外，因为蒙古谚语里有"向里福从里来，向外福朝外流"的讲究。给老人或贵宾添茶的时候，要把茶碗接过来后再添茶，不能让客人把碗拿在手里，由主人来添茶。新熬的茶在未喝之前，不管什么时候，都要向天、向地、向神灵做"德吉"泼洒，之后才开始倒茶。蒙古族以"满杯酒半碗茶"为礼貌。"半碗茶"不是说正好半碗或小半碗，而是不能倒太满。这种习俗，也有它的缘由和道理。奶茶一般都用大口茶碗来盛，若盛茶太满，一旦敬茶或接茶人的手指伸进茶水中，既易烫伤又不卫生、也不雅观。如果担心手指伸入茶水而将手指翘起，同样也不得体，甚至被视为对对方的不尊重。另外，进入蒙古包后客人一定要遵循蒙古人以西为大、以右为尊的古老习俗落座。当主人献茶时，应欠身用双手或右手去接。不能撩起衣襟，挽起衣袖，或左手去接茶，那是不懂礼貌的表现，接过茶后应先品尝一口再放到桌子上。还有，就是不能把喝不完的奶茶随便倒掉，更不能从蒙古包的门口往外泼掉，要尽量把它喝完。因为奶茶与其他茶水不同，它有鲜奶成分，对蒙古人来说，洁白的鲜奶是至高无上的特殊食物，它是幸福吉祥的象征，是草原人乳汁般纯洁心灵的象征。

蒙古族特别喜欢喝青砖茶和花砖茶，视砖茶为饮食之上品，一日三餐均不能没有茶。若有客人至家中，热情好客的主人首先斟上香喷喷的奶茶，表示对客人的真诚欢迎。客人光临家中而不斟茶，此事会被视为草原上最没有礼数的行为，而且这种事情会迅速传遍每家每户，从此"不斟茶之户"的名声便会传播出去，各路客人绕道而行，不屑一顾。

中国是茶的故乡，制茶、饮茶历史悠久。早在秦汉时期，中原人饮茶已成习惯。到唐宋时期，饮茶之风尤盛，并且逐步扩展到边疆地区，城市里出现了专门做茶叶生意的商人，砖茶大致就是在这个时期出现的。从宋朝开始，朝廷设置了茶马司，专门管理用砖茶和其他茶叶与边疆的少数民族兑换马匹事宜，这一制度一直延续到明清。除砖茶外，蒙古高原上可用来做茶的植物也很多，就地取材熬制奶茶，也各有千秋。蒙古族人如若去亲戚朋友家中作客或赴重大的喜庆活动，都要带去一块或几块砖茶，在各类砖茶中，最受牧人欢迎的是湖北省所产带有"川"字记号的砖茶。

奶茶原为中国北方游牧民族的日常饮品，至今已有上千年的历史，自元朝起传遍世界各地。奶茶有文化，也有声音。如歌曲《故乡的奶茶》中所唱"故乡的奶茶，醇香的奶茶，你讲述着草原上古老的故事"，让人宛如看到奔腾的骏马，聆听到淖尔的欢歌。是呵，无论离开草原多久，我们都能闻到奶茶的飘香。

镶黄旗印象

7月的镶黄旗草原，天高云淡，绿浪奔涌，工业腾飞，牧业出彩，乳香飘飘。

因为新闻，2015年7月9至10日，盟报社副总编马瑞祥，通联记者部主任申玉全，蒙文网络部主任朝克图，带领正蓝旗、西苏旗、正镶白旗和阿巴嘎旗的7名特约记者和通讯员，参加了由盟报社和镶黄旗党委宣传部成功举办的"欣欣向荣的镶黄旗——石材之乡《锡林郭勒日报》主题采访活动"。

镶黄旗宣传部副部长王海金分管外宣工作，也是锡林郭勒日报社的特约记者，他深知通讯报道工作的重要性和写稿人的甘苦。年初，他将邀请盟报社组织特约记者到镶黄旗进行异地采访的想法汇报给了部长张玲玲，被列入到该旗年度宣传重点工作之一。多年来，当地宣传部门高度重视新闻报道工作，坚持不定期召开全旗骨干通讯员座谈会、举办新闻报道培训班，及时兑现通讯报道奖金并授予相应荣誉称号，增强了党报通讯员的责任感和荣誉感，为通讯员写稿创造出了一个鼓舞人心的大环境，使当地通讯员写稿数量和质量明显提高，成为全盟兄弟旗县市新闻宣传工作中学习的榜样。

既然是以"石材之乡"为主题的采访活动，石材产业自然是我们采访的重点。据了解，在5172平方公里的镶黄旗草原上，储藏了121亿立方米的石材，得天独厚的花岗岩资源给镶黄旗带来了无限的商机和可发展空间。该旗确定了石材工业"国际、高端、循环、节能、环保"的发展思路，用精深的加工水平和产业链条，实现石材产业集约式发展，擦亮了"中国塞北石材之乡"的名片。目前，当地已开发的石材有白、红、黑、黄4种颜色7个品种，各项指标均符合国家规定标准，属于安全天然花岗岩石材，备受市场青睐。今年1至5月份，全旗46家花岗岩开采加工企业采荒料46.93万立方米，加工板材1408万平方米，完成产值22.52亿元，同比增加2.96亿元，实现工业增加值9.8亿元，同比增加1亿元。

在矿区记者看到，一边是矿区在安全有序地作业，一边是牛羊在悠闲地吃草，人与自然和谐相处。镶黄旗规定，凡矿山企业占用牧户草场，牧户享受矿山企业利润分享金，每户每年按企业生产用电量每度0.02元核算。去年，该旗收取草场补偿费495.8万元、安置补助费18.2万元、植被恢复费151.9万元，并及时发放到牧民手中。按照"边开采边治理"和"谁损毁谁复垦"的原则，镶黄旗与矿产企业签订了协议书，投资485.6万元，覆土治理面积14.28公顷。

当地牧民在享受企业利润分享金的同时，在家门口还可以实现就业，增加非牧收入，企业也主动伸出援助之手，帮扶困难群众，形成了你中有我、我中有你、互帮互助、团结协作的发展氛围。低保户呼格吉勒图巴雅尔是音图嘎查牧业运输合作社的一员，他没有牲畜也没有其他收入。在政府的扶持下，他花18万元购买了一辆运输车，加入了运输合作社，跟着大伙跑运输拉石料。谈起运输合作社的好处，呼格吉勒图巴雅尔满脸喜悦："运输队的成立，为我们增收提供了最大的帮助，在家门口一年也能赚个10多万。"

除此之外，采访团一行还深入到该旗察哈尔羊养殖基地、教育园区、满都拉社区、牧民欧式新居等地，围绕镶黄旗察哈尔羊繁育、文化教育事业发展、社区活动阵地建设、十个全覆盖工程推进等方面进行了采访。同时参观了该旗经济社会发展成就展览和建在巴音塔拉镇胡日东高勒嘎查的马文化博物馆，朝拜了历史悠久的哈音海尔瓦庙，浏览了风景独特的鸿格尔乌拉山。一路走来，我们深深地为当地厚重的草原文化底蕴而惊叹，为各族干部群众拼搏向上的工作激情所感染，为镶黄旗经济社会发展成就感到自豪。

两天采访，匆匆来去。来时阳光灿烂，去时雨声淅沥，让我的心感到充实丰润。去时我只带了几本《上都诗刊》，返回却满载而归，收获了镶黄旗的志书、旗报、民间故事集和朋友们的友情，见到了牧民优秀通讯员侯亮。我的心原本空空，此时已被激情萦怀，被求知欲填满，被恋恋不舍的情意柔软。真心感谢锡林郭勒日报社和镶黄旗宣传部，给我们提供这么好的学习交流平台。返回后，我意犹未尽，突然希望时光倒流，永远定格在布局合理、环境优美、特色鲜明的草原小镇新宝拉格……

"金莲川诗词笔会" 散记

2014年6月20日上午，参加锡林郭勒盟诗词家协会"2014年金莲川诗词笔会"的青格里、刘东红、李爱国等一行21人，来到正蓝旗进行诗词创作采风。在与正蓝旗上都诗词学会会长高家鑫、常务副会长吴建庆进行热情而又简短的沟通后，诗人们不顾旅途疲劳，马不停蹄地驱车来到侍郎城遗址，开始了为期8天的诗词创作采风活动。

采风期间，我盟诗人先后深入到正蓝旗、多伦县和河北省沽源县的元上都遗址、卧龙岗、铁幡竿渠、东凉亭、西凉亭、李陵台等地进行实地采风，上都河的微波细浪让大家神清气爽，八百里金莲川碧野又让大家浮想联翩。诗友们诗心萌动，笔走龙蛇，创作出了《元上都怀古》《忽必烈》《题总理视察点》等80多首诗词。在多伦县蔡木山乡白城子三组元代东凉亭遗址，笔者见到了一个可爱的6岁乡村女童，她光着小脚丫、穿着一双家做布鞋，手里拿着一本计生部门发放的宣传画册，看的有滋有味。女童一双清澈的大眼睛，让人体会着一种柔软，一种对简单、对自然、对生活的美好回归，就像暖春里微风拂动嫩柳，就像潺潺溪水柔柔地绕过手指，天真无邪的村童本身就是一首美妙的诗。

在创作笔会上，正蓝旗、多伦县诗词学会的有关同志和来自全盟各地的诗人欢聚一堂，各抒己见，气氛热烈。海毓诚、张巨林等新老诗友，对诗歌创作中遇到的问题进行了探讨交流。许多时候大家都会屏住呼吸，沉浸在诗友们朗诵诗词作品的意境中，转而又会爆发出热烈的掌声和叫好声。正蓝旗诗词学会会员丁洪才优美的葫芦丝和笛子独奏，盟诗词协会会员张彩虹字正腔圆的戏曲表演也都给大家留下了深刻的印象。

在黑风河、在牧人之家、在小扎格斯台淖尔……诗人们各自握着一瓶醇香的草原白，对着辽阔的草原，对着静静的淖尔，眯着眼睛在风中吼、在雨中跑，让笔会一下子便充满了不一样的诗意和欢乐。特别令人高兴的是，1980年毕业于太仆寺旗骆驼山乡的盟诗词协会会员焦玉海，在五一种畜场采风期间，偶遇30多年不见的老同学苏海林，两人自然是不醉不休。

吴兴杰，是参加本次笔会中的唯一一位农民，家住多伦县九号村。他脸色黑红、身体瘦弱、言谈朴实。他说，自己农忙时留在村里种地，闲时到城里打打工，不论在什么地方，唯一丢不下的就是对文学的钟爱。他写诗也写小说，用传统的方法，白纸黑字追逐着自己的理想。当大家互留电子信箱以方便联系时，他只是在一边看着自己写好的诗。或许他没有时间和机会接触网络，但这并不影响他写出朴实而深刻的诗词，对这样的人我是发自内心表示敬佩。

当今时代，诗人是被边缘化的，不再是才华和荣耀的代名词，那么我们还需要不需要诗歌？近年来，我盟诗人青格里出版了诗集《游牧人的追求》《绿地琴心》，洋浴海出版了诗集《白刃柔情》《绿草锋芒》《生命的馈赠》《守望那片苍翠》，李慧兰出版了诗集《生命底色》《又见彩虹》，王建国出版了诗集《行吟草原》《我从草原来》，这就是诗人们最好的回答。从这次金莲川诗词笔会上，我看到了锡林郭勒盟诗词的希望所在，对正蓝旗创建中华诗词之乡更加充满信心。

拾柴火

我出生于20世纪60年代，那时乡村庄户人家的生活都很困难，即使是职工家庭也不富裕，没有电也买不起煤，做饭烧水都是用大锅烧柴火。所以，拾柴火成了我和小伙伴们放学后和星期天的主要任务。

拾柴火也是有讲究的，不同季节，拾的柴火也不同，夏天主要是割草。那时的草，不像现在这样好割。凡是草木茂盛的山坡，都被生产队圈了起来，不允许放牛羊，更不允许随便去割，留到冬天喂牲畜。由于未围起山坡上的草较少，割草的人又多，加上还要放牧，往往我们在山坡上忙上大半个下午，也只能割一小捆。如果是星期天，我们就会到山里面去砍伐那些荆棘等矮小灌木，用绳子捆好背回家。这些硬柴火，烧火做饭特别旺。到了秋天主要是搂柴火和树叶。拿一根绳子，到庄稼地里去搂柴火，将大铁耙子用绳子套在肩上，在收割过的麦地里来回搂，然后打成捆摇摇晃晃背回家。拎一条麻袋，手里拿着竹耙子到树林里去搂树叶。如果哪天搂的树叶没装满麻袋，在走进家门之前我会偷偷把只有半袋子的树叶做一下假，将其弄蓬松，其实父母也都看在眼里，但自己总认为能瞒过父母了。到了冬天，主要是刨草疙瘩和树桩子。树桩就是树被放倒后留下的树墩子，挖树桩可是一个力气活，先把树桩周围的泥土刨松，然后用铁锹把土铲走，这样树桩周围就成了个大坑，再用斧子把扎在土里的树根截断，有时候几个人忙活一天，也只能刨出一个树墩子。这样的生活陪伴着我整个童年，直到上高中时，才算告一段落。

现在，即使是乡下的孩子，也不用拾柴火了，夏天用电冬天用煤，乡村生活也和城镇一样变得越来越好。

新年感悟

桌上的台历越来越薄。2008年,如雪后飘零的落叶,一去不归。我也清晰地听到了渐行渐远的岁月足音,时间老人在不经意间悄悄转换了岁月的年轮,日子如淡淡的清风悄悄从指尖滑过。

在历史的长河中,尽管一年只是人生悄然而逝的一个瞬间,然而静下心来仔细盘点,这一年我们经历了雨雪冰冻灾害、"5·12"汶川大地震、北京奥运会、全球金融危机等洗礼,逐渐学会了从浮躁中平静下来,走向从容和理性。

人的一生,谁都会有痛苦和不幸,它们是人类的终身伴侣。面对人生的痛苦和不幸,我们应该多一些快乐,少一些忧愁。后悔过去和担心将来都是无济于事的,岁月从来不关心这些。所以,不高兴过是一生,高兴过也是一生,何必不去快乐过一生呢?

"该来的都来了,该去的都去了,在这来去之间又是那么的匆忙",我们每个人都是在来去匆匆中打发着光阴,评估着自己一年来的收获与得失,作为新一年的借鉴和经验。面对纷杂与浮躁,我们只有积极应对,把握好前进的方向,才能收获人生的幸福。

辛劳了一年,应该给心灵放个假,十指成栅栏围成一块心园,仔细倾听月岁缓缓流动,悄悄送时光斗转星移,看人间花瘦月圆。人生就是这样,想哭的时候就哭,该唱的时候就唱,不必装腔作势,不必忸怩作态,远离卑鄙和名利之争,独享那份纯朴、真爱、从容和美丽。

雪舞寒冬送春到,新的一年就要来了。幸福与花草一同生长,希望与努力一起飞翔。只要我们满怀希望,只要我们信心还在,只要我们干劲十足,在新的--年里我们就会无比的快乐和幸福,我们的日子也会更加美好和甜蜜!

年　味

　　年味是大街上偶尔传来的几声鞭炮声，年味是市场上冻不住的叫卖声，年味是火红的灯笼一排排一行行地挂在街道的显眼处，年味是各级领导走访慰问老弱病残时的温暖……

　　年味还是腊月初八，要吃腊八粥。接下来就是杀猪宰羊，置办年货，买新衣，购新帽，全家人屋里屋外大扫除，扫掉一年到头的晦气。剃头要赶在二十七，"二十七，剃精细；二十八，剃傻瓜。"另外还有"二十八，贴年画；年三十，贴对联。"讲究可多了。

　　年味是除夕之夜一家人围坐在一起，看晚会、包饺子、拉家常、话人生，直熬到小孩子犯困打盹儿。第二天鸡叫头遍就响起了鞭炮声，大人们早早打开大门，叫作"开门进宝"，祈盼来年更美好。

　　年味，是我们人生记忆中最美好最柔软的情结；年味，是我们难以忘怀的根！

用"票"愁与刷"卡"乐

20世纪80年代以前，国家实行的是计划经济。由于物资匮乏，商品短缺，柴米油盐酱醋茶这"开门七件事"，事事不离票，一切都得凭计划供应。在我童年的记忆里，大人们的衣袋里，总是小心翼翼地揣着粮票、布票、油票、肉票等各种票证，这些票证成了老百姓养家糊口的必备品。

用票的年代，老百姓的生活过的都是紧巴巴的。记得一个冬天的早晨，寒气逼人，母亲让我上学时顺便拿上十几个鸡蛋和当月的煤油供应票，到学校附近的供销社去换几包火柴、打一斤煤油。回家时，我不小心把煤油瓶摔破了，结果我家的煤油灯"挨饿"了20多天，母亲看我写作业没有煤油灯用，整天都愁眉不展。那时的煤油是凭票供应的紧俏商品，别说没钱，就是有钱没票也照样买不到。当时，每人两个月发半斤肉票，人们一般都选购肥肉，因为肥肉可以用来炼油，能保证家里炒一两个月土豆。过春节时，每户人家领到的票证也多了起来，可以买到平时根本看不到的东西，像红糖、散白酒、肥皂等等。但有了票证也不见得就能买到东西，因为票证上的定额经常多于商店中货物的存量，排长队凭票购物成了当时乡村供销社一道风景线。

随着改革开放的春风吹遍祖国大地，老百姓紧锁的眉头舒展开了。各种票证悄然退出历史舞台，随之而来的银行卡、电话卡、购物卡、医保卡等各种卡陆续进入到了百姓生活中。刷卡消费，凭卡结算，即省劲又省心，给人们的衣食住行增添了许多方便。前些日子，在呼和浩特市工作的儿子购买手提电脑缺少资金，我在旗银行没用几分钟，就给儿子卡上汇到了一笔"赞助资金"。如今，各种各样的卡已成为百姓的随身之物，"刷卡族"正在日益壮大，刷卡消费已普及到生活的方方面面。从"凭票供应"到"刷卡消费"的转变，正是我国改革开放以来社会结构深层次的变革。那些穿过岁月风尘存留下来的票证，已成为收藏爱好者的珍藏品，它见证了我国从计划经济走向富裕的艰难历程。而各种各样的卡进入寻常百姓家，给我们带来的是喜悦和快乐，折射出祖国的欣欣向荣和人民生活水平的不断提高。

婚车的变迁

一天上午，一辆白色的加长型豪华轿车停在了单位附近的元上都夏宫大酒店，从车上下来一对结婚的新人，眼前一幕，开启了我尘封的记忆，40年来在家乡正蓝旗农村看到的几种结婚用车——浮现出来，令人感慨颇多。

笨重的牛车。我记忆中最早用车迎娶新娘的是一位远房的本家叔叔。所谓的结婚用车，也就是生产队用来往地里送粪的牛车。两个轱辘是木头的，车厢是长方形的，非常笨重。进入冬季，"车把式"便把车厢清洗得干干净净，等到结婚用车时就在里面铺上一些麦秸，再铺上一层被褥，上面用自家的炕席扎一个窑洞形状的棚子以防下雪，前后用红布遮住，里面放上崭新的被子和新娘的嫁妆。然而，就是这样落后笨重的婚车也不是谁想坐就能坐的，一来车小，二来大家都心疼生产队里的那几头瘦牛，能够乘坐的也只有新娘、伴娘等关键人物。小孩儿们跟在婚车后面抢喜糖、看鞭炮，场面好不热闹。

时尚的大马车。20世纪70年代初，随着电影《青松岭》在广大农村的热播，用马车当婚车成了一种时尚。由于马车的外胎是橡胶的，可以充气，跑起来要比木轱辘的牛车快得多，很气派。但毕竟生产队里的马车数量有限，而且那时没有计划生育政策，农村的年轻人很多，再加上他们大都把婚礼定在春节前夕农闲时节，这样一来人多车少的矛盾格外突出，想用马车当婚车着实不容易。

轻便的自行车。20世纪80年代，农村经济状况虽有好转，但紧俏商品还是要凭票供应，那时谁家能买一辆"永久"或"凤凰"牌自行车，不亚于现在买一辆高档小汽车。所以，用自行车娶媳妇又成了一种新时尚。进入冬季，便会有街坊邻居拿着红布条，到有自行车的人家提前"系车"，只要收下红布条，这辆自行车那天就不能再借给别人了。

先进的拖拉机。党的十一届三中全会以后，广大农村发生了翻天覆地的变化，为了生产和运输的需要，不少农户家中添置了拖拉机，结婚使用拖拉机当婚车比牛车、马车、自行车更加方便快捷。几辆拖拉机载着新人、嫁妆和亲戚朋友，车头上扎着大红花，喜气洋洋，热闹非凡。

骄傲的小轿车。近日,我回乡下参加外甥的婚礼,虽然新郎新娘两家相距不过3公里,但还是用了10辆小轿车去迎娶,姐姐高兴地说:"现在生活富裕了,咱农村也时兴用小轿车娶媳妇了,孩子的终身大事,一辈子就这一回,不能太寒酸了……"

透过农村婚车的变迁,我感受到了身边生活发生的巨大变化,更加珍惜这来之不易的幸福生活。

"酒席"的变迁

受人之邀，到农村参加一个婚礼。记忆中农村人办喜事，总是提前3天请厨子来备菜，找人垒锅灶、借桌椅、凑餐具……

40多公里的乡村砂石公路，打车不到一小时便到了。没想到的是，虽然也是人来人往，热闹非凡，但并不见厨子们的身影和帮忙的人们，一问才知道："明天待客在镇里的如意酒楼，全部进城吃。"

坐在明亮宽敞的新房里，与主人一家唠起了嗑儿，说到待客话题，年迈的主人深有感触地说："真没想到，这几十年变化这么快。以前，天天都是玉米面做的窝窝头，有时还要吃野菜，只有过年才能痛痛快快地吃一顿白面馍。后来，实行土地包产到户，日子渐渐有了好转，农家自办婚礼酒席上有了鸡、鱼、肘子，但一大家只随一份礼，全家老少一起上，吃的主人直心疼。办完酒席，欠了一屁股债。这两年又变了，档次提高了，在家待客嫌麻烦，也学城里人，钱往酒店一放，吃完走人，多省事。"

"可不是嘛，你看，光这套结婚照就花了1000多块，人家还不太满意，跟我说，不算多，出去打工只需一个月，这些钱就挣回来了。今年我家光土豆就卖了3万多，正好够结婚用。现在我们也'不差钱'了。"新郎官喜气洋洋地说。"你看，我这屋里屋外的电视机、洗衣机、摩托车等都享受到了家电下乡补贴，省了1800多元钱，党的惠民政策就是好。"

是呀，从玉米面窝窝头到省钱不省力的自办酒席，再到今天酒楼待客，也就是30多年的光景，但农牧民的生活却发生了翻天覆地的变化。

"千层底"布鞋

"最爱穿的鞋,是妈妈纳的千层底……"每当我听到这熟悉的歌曲时,内心深处总是热乎乎的。在记忆中,对妈妈给我做的"千层底"布鞋有着一种特殊的感情。

做"千层底"布鞋的工艺很简单,但过程却很复杂。首先是制鞋底毛坯,一般是用碎布头做成,依着鞋码的样纸,把一些新旧碎布展平,用糨糊将他们一层层粘在一起,叠成好几层后铺在饭桌或面板上,再在太阳下晒干取下。鞋底的毛坯出来后,接下来的工作是纳鞋底。在做布鞋的所有工序中,这纳鞋底是最费工夫的。纳鞋底就是把麻搓好线绳后,用针线在这些鞋底毛坯上来回地上下穿梭,须细针密线加工后,这鞋底才会结实、有弹性且耐磨。由于白天忙,这些活儿大多要在晚上才能做。那时候家里没有电灯,因此这些活儿都要在煤油灯下完成,母亲纳成一双鞋底,大概需要10天左右的时间。然后是按照样纸剪出鞋帮,最后就是将鞋底和鞋帮用针线连在一起。这时,一双鞋才算见到了雏形。到了年底,母亲为了让我们兄妹4人都能穿上一双新棉鞋,夜晚常常在煤油灯下飞针走线纳鞋底做布鞋。现在想来,做好一双鞋要花费母亲多少心血啊!就是这看似普通的布鞋,表达着母亲对儿女的爱意和呵护,传递着母子间的深厚情谊。

我穿着母亲做的平底布鞋,走遍了家乡的山山水水、沟沟坎坎,走出了天真烂漫的童年,走过了充满梦想的青年时代,从瘦弱的小男孩儿长成了结实硬朗的男子汉。多亏了一双双"千层底"布鞋,使我自小走路极少跌跟头,紧紧跟随勤劳朴实的父母,在改革开放中从贫穷的日子走向了今天富裕的新生活。

又到九九重阳节

农历九月初九，为传统的重阳节，又称"老人节"。因为古老的《易经》中把"六"定为阴数，把"九"定为阳数，九月初九，日月并阳，两九相重，故而叫重阳，也叫重九。重阳节早在战国时期就已经形成，到了唐代，重阳被正式定为民间节日，此后历朝历代沿袭至今。"重阳节"名称记载最早见于三国时代，据曹丕《九日与钟繇书》中记载："岁往月来，忽复九月九日。九为阳数，而日月并应，俗嘉其名，以为宜于长久，故以享宴高会。"

重阳节首先有登高的习俗，金秋九月，秋高气爽，这个季节登高远望可达到心旷神怡、健身祛病的目的。和登高相联系的有吃重阳糕的风俗。高和糕谐音，作为节日食品，最早是庆祝秋粮丰收、喜尝新粮的用意，之后民间才有了登高吃糕，取步步高的吉祥之意。

重阳日，历来就有赏菊花的风俗，所以古来又称菊花节。农历九月俗称菊月，节日举办菊花大会，倾城的人潮赴会赏菊。从三国魏晋以来，重阳聚会饮酒、赏菊赋诗已成时尚。在汉族民俗中，菊花象征长寿。古代还风行九九插茱萸的习俗，所以又叫茱萸节。茱萸入药，可制酒养身祛病。

古人认为重阳节是个值得庆贺的吉利日子，并且从很早就开始过此节日。重阳节是杂糅多种民俗为一体而形成的传统节日。庆祝重阳节的活动一般包括出游赏景、登高远眺、观赏菊花、遍插茱萸、吃重阳糕、饮菊花酒等活动。九九重阳，因为与"久久"同音，九在数字中又是最大数，有长久长寿的寓意，况且秋季也是一年之中收获的黄金节，重阳佳节，寓意深远，人们对此节历来有着特殊的感情。唐诗宋词中有不少贺重阳、咏菊花的诗词佳作。

1989年，我国把每年的农历九月初九定为老人节，倡导全社会树立尊老、敬老、爱老、助老的风气，因此重阳节又多了一层新含义。2006年5月20日，该民俗经国务院批准列入第一批国家级非物质文化遗产名录。

祝贺并被感动着

——写给《锡林郭勒广播电视报》出刊1000期

随着广播电视事业的发展，为方便广大读者及观众选择自己喜爱的节目，丰富群众的业余文化生活，1994年7月18日，由锡林郭勒盟广播电视处主办的《锡林郭勒广播电视报》正式创刊。时任盟党政主要领导的道尔吉帕拉木、包俊臣及盟委宣传部、盟广播电视处的领导分别为锡林郭勒广播电视报创刊题词祝贺。同年7月25日，《锡林郭勒广播电视报》在锡林浩特市举行了创刊暨首发式。

如今，承载着我盟广播电视报人20年的默默耕耘和不辱使命，《锡林郭勒广播电视报》出刊1000期了。20年来，《锡林郭勒广播电视报》从对开4版的小报，发展到今天拥有30多个彩版的"本儿报"，华丽转身的背后既有艰辛更有喜悦。在纸质媒体日益受到网络冲击的今天，作为一份行业专业报纸，《锡林郭勒广播电视报》扬长避短，通过刊登休闲、娱乐、服务类等文章，精心打造"旗县市专版""草原119专刊"等特色版面，了解民生、关注民生、反映民意，走出了一条本土加特色的办报之路，做到了人无我有、人有我精、人精我特，使报纸的内容和读者的生活、工作和学习息息相关，增强了"全盟家庭生活第一报"的贴近性、生活性、趣味性、可读性和服务性。

《锡林郭勒广播电视报》是我喜爱的报纸之一，每期读来字里行间都有着一种说不出的亲切和感动。作为正蓝旗委机关报《上都新闻》的一名编辑记者，职业的原因使我有幸与《锡林郭勒广播电视报》结缘。自2011年12月以来，我先后在电视报上发表了《记忆中的春种秋收》《有平房的日子》《又见小人书》等168篇文章，并坚持每年自费和带动当地读者订阅《锡林郭勒广播电视报》。2012年8月10日，我又协助报社在正蓝旗建起了工作站，使更多的人从中了解《锡林郭勒广播电视报》，同时通过电视报上的"正蓝旗专版"又使盟内外读者多了一个了解正蓝旗的窗口，《锡林郭勒广播电视报》已成为正蓝旗不可缺少的外宣窗口。对于《锡林郭勒广播电视报》"养身保健""人物春秋""文苑漫步"等栏目中的文章，只有细细读过之后才能够领略到文字间的内涵与锡林郭勒草原的本土气息，使人在"全盟家庭生活第一报"中，尽情享受着一次又一次的精神之旅。

几年来，从和冯晖、高楠等报社同志的接触中，我深深感受到了他们吃苦耐劳、勇于开拓的敬业和创新精神。虽然由于《锡林郭勒广播电视报》受预告节目的限制，每周只能出刊一期，从某种角度上影响了报纸的订阅和发行，但由于报社全体同仁在报纸内容上真正把读者的需求放在第一位，在发行过程中做到了"质量第一、服务第一、情感第一"，所以在报纸发行逐渐走向市场化的今天，《锡林郭勒广播电视报》自费订阅的读者才会越来越多。说实在话，在党的新闻宣传事业中，我很庆幸能够与锡林郭勒广播电视报社的领导和采编人员结识，并成为该报的一名兼职记者，与团结奋进的报社朋友一路踏歌而行。时值《锡林郭勒广播电视报》出刊1000期暨创刊20周年之际，让我们共同努力并祝愿她越办越好，让更多的读者了解和喜爱上我们的《锡林郭勒广播电视报》。

上都记忆

第一次参加通讯报道会

1984年7月27至30日，我第一次参加正蓝旗通讯报道工作会议，那一年我20岁。

会前，哈叭嘎乡秘书赵才到我父母家通知，让我准备一下，到旗里参加旗委组织召开的全旗通讯报道工作会议，这让我感到十分惊喜。7月26日一大早，我便骑自行车从葫芦苏台乡朝阳村赶到哈叭嘎乡汽车站，乘班车兴冲冲地到旗委宣传部报到。报到后，宣传部的有关同志将46名参会的通讯员全部安排到金莲川宾馆食宿，给每个通讯员发了一个手提文件夹，以便大家相互交流学习。会议结束时，会务组不仅为我这个来自基层的待业人员报销了1.60元的往返车票，还每天发给3元钱的误工补贴，我用这12元钱从书店买了《中国现代散文选》《新闻写作技巧》等6本书，从商店买了10本稿纸，从邮局买了一些信封和邮票。事后我想，别领这些钱就好了，担心领了钱后会给政府增加负担，下次再不让我来开会学习可就麻烦了。直到1987年12月15日，我第二次到旗里参加全旗通讯报道工作会议，一颗悬着的心才算放了下来。

过去的通讯报道会内容很丰富，学习气氛也好。在27日的开幕式上，旗委、政府主要领导出席会议，并与通讯员合影留念。旗委副书记张文惠在讲话中首先指出全旗通讯报道工作中存在的不足之处，并说主要责任在他，因为他是旗委分管宣传工作的。当时我就想，回去以后一定要克服困难，把农村的好人好事及时报道出去，写出有分量的报道来，让领导不再为此事操心着急。旗委常委、宣传部长吉格米德道尔吉在工作报告中，回顾了正蓝旗前一阶段通讯报道工作情况，对今后工作提出建议。报告显示，1983年正蓝旗通讯员和驻旗记者向各级新闻媒体投稿1579篇，采用755篇，其中被内蒙古日报采用36篇、内蒙古电台采用22篇、锡林郭勒日报采用363篇、锡林郭勒盟电台采用65篇，被旗广播站采用269篇。

会上，笔者第一次见到并聆听锡林郭勒日报社的老师讲课。时任盟报社的党组成员、副社长、副总编辑田军，编委会成员、通联记者部主任王振英，为通讯员带来了《锡林郭勒日报通讯》和采访本，利用两天的时间为我们进行业务辅导，现场分组指导通讯

员采访、写稿和改稿。田社长和王老师简要回顾了锡林郭勒日报30多年的创业史，为通讯员介绍了4个版面的用稿情况，要求通讯员多学习、勤动笔、写短稿、抓"活鱼"，表示对通讯员来稿报社将会尽量采用。鼓励通讯员不要怕冷嘲热讽，只要多写、大胆地写，坚持下去就会成长起来。参会通讯员备受鼓舞，热情高涨，会议期间，旗委宣传部将通讯员分成20多个采访小组，指定下到各科局、企业和个体工商户中进行采访，写出了75篇稿件，拍摄新闻照片22幅。1984年8月6日，锡林郭勒日报头版对此进行了专题报道，我所采访旗文教局及其他通讯员采写的20多篇稿件，随后也被盟报社分期采用。

会上，旗委宣传部对旗司法局德才、供销社满达、供电局谷新绥、乌日图苏木学校教师胡振山和骨胶厂工人韩克华、牧民通讯员吉·巴雅尔图等15名优秀通讯员进行了表彰奖励，赵才和农民通讯员姜秀山还在会上做了经验介绍，听后深受启发和鼓舞。

从1981年9月11日我在锡林郭勒日报发表第一篇稿件，到1984年7月27日第一次参加正蓝旗通讯报道工作会议，一路走来我已坚持为党报党刊写稿30多年了，由一名通讯员成长为正蓝旗旗委机关报上都新闻的专职采编人员和锡林郭勒日报特约记者，其中虽付出了许多艰辛，但每每回忆起来，翻阅着那些已经泛黄的万余份样报样刊时，心里还是蛮有成就感的。2014年，我在《合作》《内蒙古日报》《内蒙古商报》等报刊发表各类新闻作品424篇，其中在《锡林郭勒日报》刊发100篇，在全盟22名特约记者中排名第五，在旗委机关报《上都新闻》刊发159篇，占该报全年刊稿总数的31%，发稿量位居全旗第一，受到盟报社和旗委宣传部的表彰奖励。2015年1月28日，我被盟报社评为优秀特约记者，其中《走进多彩草原 触摸活力西苏》荣获全盟优秀新闻一等奖，盟报社通联部主任申玉全还在报上进行了专题点评。

列宁曾经说过"报纸是永远不散的群众集会"。那么，我就是这个群众集会中永不退出的一员。

记忆中的锡林郭勒盟青年文代会

　　国庆长假闲暇无事，便打车专程到锡林浩特市逛书店。在朋友王玉明的陪同下，从教育园丁书店锡林郭勒盟作家专柜，选购了《锡林郭勒文化之民俗》《草原撷英》《锡林郭勒古诗词选注》等书籍。回到宾馆后，翻阅西苏旗郝彪所著的《回眸赛罕塔拉》一书，没想到他在《梦想与召唤》一文中把我也写了进去。郝彪在文章中是这样描述30年前我们一起参加锡林郭勒盟青年文学作者代表大会的情景：

　　"那次开会还有些印象，正蓝旗的郭海鹏跟我住一个屋。他穿一件挺气派的黑色皮夹克，每次吃饭时颇讲究的自带瓶装的咸菜，话也不多，有点高深莫测。到了20年后，在赛罕塔拉让我一眼认出来，叫出他名字时他半天想不起来，才说出当年是借人家皮夹克去开会的……"

　　郝彪书中这一番话，再次勾起了我参加全盟青年文学作者第一次代表大会的美好记忆，那一年我21岁，在葫芦苏台中学从事教学工作。

　　1985年12月3日我作为正蓝旗的唯一代表，到锡林郭勒盟参加全盟青年文学作者第一次代表大会。从未到过锡林浩特的我激动的一宿也没睡好觉。第二天一大早，我穿着从芦凤仪老师那里借来的皮夹克，从葫芦苏台乡顶风冒雪步行走到207国道路口等班车。上午10点左右，我坐上了从太仆寺旗开往锡林浩特的班车。车内没有暖气，四处漏风，冻得大家"砰砰砰"直跺脚。一路向北，走啊走啊，天渐渐黑了起来。忽然，我看到了远处有一片亮光，司机师傅发着牢骚"人家都在暖暖呼呼地陪着老婆孩子，咱却饿着肚子在野外又跑了一天"。噢，我才知道原来是锡林浩特到了。

　　从车站下车后，人生地不熟，没有的车，也找不到旅馆。白毛风打得人睁不开眼睛，我在大街上漫无目的地走着。一个小时后，我看到一排灰色的平房里面亮着灯光，推门一看几个人正在加班用油印机赶印会议材料，上前一问原来这里正是盟团委。几双温暖的手与我热情相握，那一刻我有了一种找到家的感觉。

　　12月4至5日，锡林郭勒盟青年文学作者第一次代表大会召开。会上，我见到了季华、

孙海涛、卫平、戈三同、祁平等30多名文友和老师，盟团委书记牛占元在讲话中介绍了协会筹备情况。会议通过了锡林郭勒盟青年文学作者协会章程，选举产生了锡林郭勒盟青年作协理事会，听取了中国电视制作中心曾晓琳，锡林郭勒盟知名作家路远、青格里、高音的创作经验介绍。给我印象最深的是虽然参会人员平均年龄只有22岁，但已有人在《萌芽》《草原》等区内外报刊上发表了《在那遥远的草地》《草原上下营地的人们》等百余篇文学作品，其中巴图孟克的小说《和煦的傍晚》被选入蒙文高中课本，通过联合国教科文组织介绍到了日本。协会主席高音在报告中指出："共同的生活经历，共同对于生活的思索和奋斗，责无旁贷地赋予了80年代文学青年的神圣使命……如盟蒙古族中学《草原花蕾》、正蓝旗《幼芽》、西苏旗《小巷》等，团结了一批青年作者和读者，使文学更接近读者。"当时，我所创办的《幼芽》文学小报，能够得到大会的肯定，心里确实挺美的。会后，盟委原副书记夏连仲为《幼芽》题写报头，该报头手记被我珍藏至今。

光阴似箭，转眼30多年过去了，文学对我来说已不再是梦，而是一种责任和情怀。近年来我在办好《上都新闻》的同时，所创作的《甲午新春》《走进正蓝旗》《诗行康巴诺尔》等文学作品，先后被《草原》《内蒙古诗词》《内蒙古晨报》《长城文艺》《放歌锡林河》《锡林郭勒诗选》等报刊和书籍采用，这与当年我能有幸参加锡林郭勒盟青年文学作者第一次代表大会受到鼓励和影响是分不开的。

打开前不久出版的《草原光芒》一书，看到季华老师的一段话："每个人都应该明白这样一点，舒心日子的得来是以无数个辛苦平庸日子为代价的。因此，我们需要努力地工作。"

为了串起日子里的文化珍珠，我愿为此继续努力。

条条哈达献祝福 句句诵经祈民富

——正蓝旗隆重举行嘎丹丰吉灵庙开光庆典仪式

2010年7月19日农历六月初八，一个草原上吉祥的日子。当一轮红日从东方即将升起的时候，数万名草原儿女和全国各地赶来的游客，怀着崇敬的心情从四面八方汇集在一起，参加正蓝旗嘎丹丰吉灵庙（禧盛庙）开光庆典仪式。在微风的吹拂下，五颜六色的神幅随风舞动，主持开光仪式的喇嘛们身披袈裟，手持法器诵经，祈求风调雨顺，降福于民。参加开光庆典仪式的人们，纷纷走到香炉前上香，将手中的哈达系在树上，怀着虔诚的心为亲人祈福，祈求国泰民安、幸福安康、吉祥如意，用自己的民族文化形式表达着对美好生活的向往。

嘎丹丰吉灵庙建于乾隆六年（1741），1941年迁址到上都河旁，"文革"期间全部被损毁，只留下了嘎丹丰吉灵庙一小部分建筑。为贯彻落实民族政策，弘扬民族传统文化，经上级有关部门批准，2008年9月举行了复修奠基仪式。修复工作由北京中兴历史文化建筑规划公司承建，建设方案经多次修改完善，历经2年多时间修建完成。修复后的嘎丹丰吉灵庙既保存了原有的建筑风貌，又借鉴其他寺庙的特点，形成独具一格的寺庙。嘎丹丰吉灵庙占地面积1.2万平方米，建筑面积3000多平方米，总投资1300万元。资金来源于当地政府、民族宗教项目资金及社会各界捐助。

全国政协委员、中国佛教协会副会长、内蒙古佛教协会主席、内蒙古大学博士扎拉森活佛，中国佛教协会理事、内蒙古佛教协会会长查干活佛，各旗县政协领导，中国盘古集团等各大中企业负责人，旗四大班子领导出席开光仪式。仪式上，佛教界人士主持了开光系列仪式，到场的企业界人士、宗教界人士和信教群众向寺庙捐献了资金和物品。兄弟盟市、旗县宗教界人士、正蓝旗社会各界群众1万余人参加开光仪式。

嘎丹丰吉灵庙获赠蒙古文《大藏经》
众人手捧经文送入禧盛寺

2014年8月13日农历七月十八日，一个金莲川草原上吉祥的日子。上午9时，当蒙古文《大藏经》赠送仪式在正蓝旗嘎丹丰吉灵庙举行时，恰巧草原上空出现了罕见的日晕奇观，在太阳周围有一个巨大的彩色光环，人们纷纷仰头观望。大家虔诚地将内蒙古史学会名誉会长、内蒙古《大藏经》编委会总编金峰教授，内蒙古传统文化教育推广协会会长郭慧珍女士等专程捐赠的400部《大藏经》捧入禧盛寺。庙内高僧喇嘛们身披袈裟，手持法器诵经不断。

据了解，藏文《大藏经》的蒙文译刻本，又名《如来大藏经》或《番藏经》，元大德年间（1297—1307）至清朝乾隆六至十四年（1741—1749）年间，先后4次译刻。2014年4月出版发行的影印版蒙古文《大藏经》，是经中共中央主管领导批准保护和抢救民族文化遗产的巨大工程。在1993年3月全国政协九届二次会议上，内蒙古和新疆3名政协委员联名提交了《关于抢救影印出版蒙古文大藏经的提案》，同年7月得到了国家新闻出版总署的认可和答复。2000年1月8日，内蒙古师范大学宗教研究所在北京主持召开蒙古文《大藏经》立项论证会。2003年起纳入《内蒙古自治区民族文化建设发展纲要》，2004年1月29日纳入国家新闻出版总署"十五"国家重点图书出版规划。本书曾作为向内蒙古自治区成立60周年献礼项目，从2007年开始各部相继出版。

据郭慧珍介绍，蒙古语文诵经已被纳入国家非物质文化遗产名录。蒙古文《大藏经》堪称目前国内外最完整的佛法大典，它具有显著的蒙古地区特点和民族特点，它的整理出版对于推动成立蒙古佛学院、继承和弘扬蒙古佛教文化优秀传统、恢复和推广蒙古语诵经、扩大蒙古语文的学习和使用范围等方面，都有着重要的现实和深远的历史意义，也意味着蒙古族传统文化的主体被抢救后，可以充分发挥佛教文化和中国游牧文化的开放性、包容性等优势，对蒙、藏、汉、满等多种文字佛教经典进行对比研究。目前，蒙古国在乌兰巴托正着手把它转写成斯拉夫蒙古文出版。

　　嘎丹丰吉灵庙始建于1741年，2008年9月举行复修奠基仪式，2010年7月19日举行开光庆典仪式。修复后的嘎丹丰吉灵庙既保存了原有的建筑风貌，又借鉴了其他寺庙的特点，形成了独具一格的寺庙，成为正蓝旗各族信教群众的好去处和新的旅游景点。

邀八方宾朋 展上都风采

——正蓝旗成功举办首届中国·元上都文化旅游节

盛夏的7月，无边的绿色装点着金莲川草原。为庆祝改革开放30周年，宣传和弘扬蒙元文化，推进元上都遗址申报世界文化遗产和草原旅游业发展，着力把"元上都"打造成国际知名文化旅游品牌，推动招商引资和经济社会又好又快发展。2008年7月19日至21日，正蓝旗人民政府成功举办了首届中国·元上都文化旅游节。

在首届中国·元上都文化旅游节上，正蓝旗作为蒙元文化的发祥地，从千里之外的鄂尔多斯市乌审旗毛布拉格乡阿拉布尔之地祭祀的北元最后一个皇帝——林丹可汗一个珍贵遗物苏鲁锭请回到了元上都遗址。苏鲁锭是成吉思汗的军旗或军徽，也是蒙古战神的化身，又是太平无事时的吉祥物，属于蒙古民族最珍贵的古代文物之一。蒙古族每年都要隆重举行祭祀苏鲁锭的仪式。自北元之后，察哈尔部落一部分人把苏鲁锭带到了遥远的鄂尔多斯，祭祀沿袭至今已经370多年了。本次正蓝旗专门把苏鲁锭请了回来，并在举世闻名的元上都展示。祭祀典礼由鄂尔多斯的第七代传人额日和斯琴主持，使得祭祀隆重而意义非凡。7月19日清晨，在元上都遗址南大门前，专程赶来参加苏鲁锭祭祀仪式的蒙古族群众络绎不绝。他们自带着祭品迎接苏鲁锭回归，并在上面系上一块块哈达，深情缅怀成吉思汗和忽必烈的丰功伟绩。意在永远仰望苍天，日月相照，平安幸福。来自西北民族大学的却拉布吉教授说，在元上都遗址有一个铁幡杆渠（幡是旗帜），并留有当年竖立苏鲁锭的基座。

迎接苏鲁锭后，举办了隆重的首届中国·元上都文化旅游节开幕式。草原上顿时热闹了起来，到处充满欢声笑语。会场内，七彩旗如绚丽的朝霞，挥舞着牧人幸福的生活。放飞的气球随风而起，带着各族人民的期盼，在湛蓝的天空上飞翔。元上都文化厚积薄发，察哈尔血脉根在大地。开幕式上，金莲花表演队的60位小朋友向人们展示了金莲花喷吐芬芳的情景；牧民老乡们精彩的马术表演让游客大饱眼福；伴随着悠扬的蒙古族乐曲，身着节日盛装的蒙古族少女翩翩起舞；彪焊的博克手在赛场上大显身手，尽情展示着正蓝旗特有的蒙元文化和浓郁的民俗风情。

在首届中国·元上都文化旅游节进行之时，7月20日上午，正蓝旗各族儿女又逢喜

事,承载着八方游客的首列"集通号"草原旅游列车缓缓驶进了旗火车站,犹如移动的蒙古包飘落在碧绿的草原上。为了表达内心的喜悦和对远方客人的欢迎,一大早许多牧民便骑着马从远处的牧场赶到火车站。他们身着节日的盛装,手捧洁白的哈达,载歌载舞,用蒙古族独有的方式欢庆这一难忘激动的时刻。据了解,"集通号"草原旅游列车始造于1963年,是毛泽东主席曾经坐过的专列车。经历半个世纪的风雨沧桑,由集通公司装修改造后,加挂了4节以娱乐休闲为主的功能车厢,使其成为了吃、喝、住、娱、行为一体的高档草原旅游列车。近年来,正蓝旗依托深厚的蒙元文化底蕴和优美独特的草原自然风光大力发展旅游业,不仅入选全国66个"中国文化旅游大县"行列,同时还跻身于全国民族文化旅游十大品牌。自2003年以来,全旗累计接待国内外游客40万人次,实现旅游业相关收入1.6亿元。"集通号"草原旅游列车的开通,标志着正蓝旗旅游业又迈上了一个新的台阶。

首届中国·元上都文化旅游节期间,同时举办了第三届察哈尔奶食节。由48名身着民族服装的牧民组成的"察哈尔奶食表演队"参加了首届中国·元上都文化旅游节盛大开幕式。精美的奶食、艳丽的服饰和一顶顶蒙古包成为一道亮丽的风景。旗内外20户牧民展示了各自的奶食品及制作工艺品。来自国内外的游客兴致勃勃地观看了奶食品的制作过程,参观了正蓝旗传统奶食品制作的各种模具,品尝到了素有"皇家奶食"之美誉的察哈尔奶食珍品,从中深深感受到了蒙元文化的厚重,领略到了"查干伊德"奶食品文化的独特魅力。经过评委细心观察、品味和评比,正蓝旗宝绍岱苏木额日登毕力格的奶食品的荣获一等奖,正镶白旗松布尔奶食和正蓝旗宝绍岱苏木那顺陶格陶的奶食品荣获二等奖,镶黄旗西木太奶食、正镶白旗塔拉艾里奶食和正蓝旗桑根达来镇萨日娜的奶食品荣获三等奖,其他14户牧民奶食品均获"优质奶食品奖"。说起正蓝旗的奶食品,可谓"甲天下"。这里曾经是元朝、清朝皇家奶食基地,奶食制作历史悠久,工艺独特,在国内外享有盛名,至今生产奶制品技法仍然延续了元代传统工艺,并于2008年4月被内蒙古自治区文艺家协会命名为自治区"查干伊德文化之乡",即奶食之乡。目前,以正蓝旗上都镇为中心,辐射其他苏木镇场涌现出了腾格里塔拉、阿格腾艾里等10多家奶食品知名企业,并于2007年8月17日成立了"正蓝旗传统奶食品协会"。自2006年以来,连续三届奶食节的成功举办,为弘扬"查干伊德"奶食文化,推动畜牧产业化发展起到了积极的作用。

蓝天白云迎宾客,金莲花开醉游人。在湛蓝的高空下一望无际的草原上,芳草被微风染得葱茏青黝。而那脆嫩的草尖上闪耀着金色的光芒,艳而不俗、美而不媚的金莲花遍地盈野，这就是驰名中外、享誉古今的金莲川草原。她不仅为正蓝旗增添了无限秀色，被誉为"旗花"，更在历史上写下了浓重的一笔。1251年忽必烈受蒙哥汗之命总领漠南汉地军国庶事，在此建立了"金莲川幕府"，进而才有了元朝的建立，才有了大元朝日后的繁荣与辉煌。在第二届金莲川赏花节上，成千上万的游人徜徉在金莲花海中，身心沉醉其中。人们赞叹着、欢悦着……放眼望去，一片金黄，阳光下熠熠生辉，就像全旗各族人民的生活一样和谐宜人，绽放着美好，绽放着憧憬。

首届中国·元上都文化旅游节期间，还举办了元上都百车自驾游暨元上都草原越野挑战赛、游客露营基地启动仪式、"元上都杯"正蓝旗旅游风光全国摄影大赛启动仪式，以及传统的赛马、博克、蒙古象棋比赛和经贸洽谈活动。此次活动累计接待游客5.2万人次，实现旅游相关收入2080万元。

金莲川草原续写绿色诗行
正蓝旗儿女再谱文化新篇

——正蓝旗成功举办第五届中国·元上都文化旅游节

七月的金莲川草原天高云淡，绿草如茵，鲜花烂漫。为加强对外文化交流，传承和弘扬上都文化，宣传世界文化遗产元上都遗址，纪念中国现代蒙古文学奠基人纳·赛音朝克图和蒙古族著名画家阿格旺诞辰100周年，2014年7月18至20日，备受关注和期待的第五届中国·元上都文化旅游节在上都镇隆重举行。洁白的毡房，飘舞的彩旗将会场装扮的焕然一新。热情好客的正蓝旗各族人民用圣洁的哈达、醇厚的奶食、飘香的奶茶、浓浓的情意喜迎八方宾客。那达慕的欢乐沸腾着古老的草原，祝福的歌声响彻蔚蓝的天空，奔放的激情荡漾在一万多平方公里丰饶的大地上。

7月18日上午9时，在雄壮的国歌声中，五星红旗冉冉升起，大会开幕式开始。会场内彩旗飘扬，乐声悠悠，车水马龙，游人如织。旗委副书记、旗长宝音图致热情洋溢的欢迎辞，旗委常委、常务副旗长、统战部长那顺巴雅尔主持开幕式。副盟长孙俊青宣布大会开幕。身穿蒙古族服饰的蒙古族姑娘手捧哈达，向人们送上最美好的祝福。手捧金莲花的儿童欢声笑语，用舞蹈庆贺盛会开幕。纪念纳·赛音朝克图诞辰100周年的彩车简朴醒目，激励着正蓝旗创建中华诗词之乡的决心和步伐。身着民族服饰的骑手手持套马杆结队而过，尽情展示蒙古族马文化艺术的独特魅力。身手如雄鹰展翅般显赫的博克方队，把蒙古族男儿的力量之美展现到极致。旗内外演员骑着马儿的精彩表演，将开幕式的气氛推向了高潮。瞬间放飞的数百只和平鸽从大草原上激情地飞向蓝天，向外界欢快的传递着这一喜讯。本届文化节是一场展示民族风情、传承上都文化的盛宴，是草原内外共同合作、互促发展的盛会。开幕式集中展示了正蓝旗独具特色的上都文化，向世人展示了一个充满无限生机的正蓝旗。民族特色浓郁的文化节作为展示民族风情魅力的主要舞台，诠释着一个民族蒸蒸日上，成为正蓝旗特色旅游的象征，吸引大量游客走进草原，感悟民俗风情和草原旅游文化的魅力。

自治区非物质文化遗产保护中心主任额尔敦毕力格，中国建设集团历史研究所所长陈同滨，盟文体局局长付海宙，盟旅游局副局长何继红和二连浩特市、西苏旗、河北省

丰宁县等地区的领导同志在大会期间观看了活动。正蓝旗旗委书记田永，旗人大常委会主任斯琴其木格、政协主席斯琴等旗四大班子领导，旗离退休老干部、劳动模范和企业界代表等应邀出席开幕式。人民日报、锡林郭勒日报、锡林郭勒广播电视报等10余家主流新闻媒体的80余名记者对大会进行了全方位、多角度的宣传报道。

开幕式上，正蓝旗第五届"中国·元上都"文化旅游节筹备委员会授予黑城子示范区苏德毕力格、扎格斯台苏木巴音杭盖嘎查道日吉、扎格斯台苏木巴音杭盖嘎查乌日图那顺、文体局斯琴巴特尔4名搏克手"达尔罕搏克"称号。桑根达来镇巴音希力嘎查苏德、桑根达来镇巴音淖尔嘎查德力格尔、赛音胡都嘎苏木斯琴宝力嘎、赛音胡都嘎苏木贺日斯台嘎查宝力达巴特尔4名搏克手被授予"将嘎"。

习近平总书记考察内蒙古时殷切希望我们要守望相助、守住内蒙古各民族美好精神家园。在以往五届中国·元上都文化旅游节举办的过程中，正蓝旗始终秉承上都文化、展示民族特色、推进民族文化大发展大繁荣这一历史重任，推动服务百姓的艺术精品和活动形式不断涌现，使其成为了一张亮丽的文化名片。文化节上，承载着蒙古族文化的民族产品备受游客青睐。蒙古包展区内，根雕、石刻、沙画、手工艺品妙手锦心。牛角梳、羊绒制品、牛皮制成的钱包和饰物及奶食品都成了游客的最爱。蒙古长调、察哈尔民歌音像制品也很受欢迎。北京游客王先生说："以前常听蒙古族歌曲，但是这次来到草原上，再次听到这些歌曲，感受不一样，也许这就是人们常说的草原情结。"在琳琅满目的民族产品中，蕴含浓郁上都文化的察哈尔民族服饰最吸引人，许多游客对其爱不释手。2009年，察哈尔民族服饰制作技艺列入第二批自治区非物质文化遗产，正蓝旗加工制作的蒙古袍、头饰、蒙古靴、坎肩等民族服饰畅销国内外。

悠扬的歌声颂不尽祖国昌盛，欢快的舞姿赞不完草原风情。本届文化旅游节期间，正蓝旗的文化活动精彩纷呈。夜幕下的忽必烈文化广场流光溢彩，人头攒动。蒙古人是天生的歌手，歌里藏着无尽的缠绵，歌声起时心灵如金莲花般张开。一曲长调，从天边的草原，从历史的深处迎面传来，纯净古朴，能深深地穿透心灵，穿透寂寞的长生天，穿透时空。无羁的马群借着歌声的翅膀像鹰一样在草原上飞翔。无论是正蓝旗乌兰牧骑、锡林郭勒盟乌兰牧骑的文艺演出，还是牧民专场歌舞晚会，都通过具有浓郁上都文化和民族特色歌舞，展现出草原儿女激情欢歌、颂赞和谐、憧憬未来的美好主题，向观众展示了正蓝旗悠久的历史、灿烂的文化和浓郁的民族风情。顶碗舞、阿斯尔宫廷音乐演奏、男女声合唱《陪你一起看草原》等一个个精彩的文艺节目，展示出了草原的壮美和辽阔情怀，在视听盛宴中成千上万的观众体会到了民族文化的深厚底蕴，释放出了草

原上的文化魅力，唱响了弘扬社会主义核心价值观，实现中华民族伟大复兴的主旋律。

蒙古象棋是一种有助于开发智力、发展智能，在察哈尔部落蒙古人当中世代相传的智力游戏。与文艺演出喧闹的现场相比，设在旗综合高中的蒙古象棋比赛现场特别安静，来自盟内外的128名选手缜密思考，棋路清晰，纵横驰骋。经过七轮激战，最终由镶黄旗的青白获得冠军。

察哈尔民族服饰是上都文化的重要组成部分，其种类、款式风格、面料色彩和缝制工艺都是蒙古族人民在长期的生活和生产实践中逐步完善形成的，不仅汇聚了蒙古民族的智慧，更是蒙古民族精神和社会生活的写照。随着时代的进步，察哈尔民族服饰已由传统意义上的单纯衣着逐渐演变成一种审美艺术品。正蓝旗的艺术家和服装设计师在发扬传统民族服饰的基础上，大胆创新，融入现代元素，不断推出新的款式花样，形成了传统民族风情和现代时尚风格相融合的服饰特色。在当今快速变革的时代，察哈尔民族服饰不仅没有从草原上消失，反而活跃在国内外的舞台上，充分显示出了强大的生命力。本届文化旅游节，60名身着传统察哈尔民族服饰的蒙古族姑娘闪亮登场，成为一道亮丽的风景线。

"贵由赤"是蒙语，汉语称"长跑者"。元朝非常重视此项运动，从至元二十四年（1287年）起，经常在元上都和元大都举办长跑比赛，赛程远比欧洲的"马拉松"长得多，全长约90公里，线路比现代马拉松的42.195公里长出许多。从时间上看，也比1896年举行的第一届奥林匹克运动会所设的马拉松赛跑早了600多年。为了传承和发扬这一优秀文化，7月19日第五届"元上都杯"贵由赤长跑大赛如期举行。来自盟内外的17名选手参加了比赛。比赛起点为元上都遗址，终点为旗体育广场，全长22公里。2012年的第四届"元上都杯"贵由赤长跑大赛，有31名男选手参赛，其中部分参赛选手是体校学生。当时，正蓝旗桑根达来镇塔本宝力格嘎查18岁的牧民萨其拉也曾参加比赛，成绩排在第14名。这两年，他在放牧和生产劳动中，体能得到了自然释放。经过奋力拼搏，在本次贵由赤长跑大赛中，萨其拉圆了自己的冠军梦，成绩是1小时39分。

文化旅游节上的摔跤（搏克）、射箭、赛马竞技活动，反映着北方草原民族赖以生存的地理、气候条件，表现着他们为适应自然环境而展示出的生产生活方式，承载着他们源远流长、丰富多彩、特色鲜明的历史文化传统。经过3天的激烈角逐，来自东苏旗的阿拉腾都拉嘎获男子512名搏克比赛冠军，正蓝旗那日图苏木的乌日汗获女子搏克比赛冠军，正蓝旗上都镇的布日毕力格获老年搏克比赛冠军，正蓝旗扎格斯台苏木的图布龙获儿童搏克比赛冠军。论箭天边草原，健儿一秀绝技。射箭，是蒙古族传统的"男儿三艺"之一，蒙古射箭比赛分立射、骑射和远射。在射箭比赛中，射箭手个个气定神闲，举弓、推弓、撒弓，所有动作一气呵成，博得观众阵阵喝彩。经过激烈角逐，最终正蓝旗蒙古族中学的布仁巴雅尔获得冠军。

习近平总书记在考察内蒙古时还指出，干事创业就要像蒙古马那样，有一种吃苦耐劳，一往无前的精神。自治区党委书记王君在接受记者专访时强调，广大干部群众要发扬"蒙古马精神"，通过驰而不息的艰苦奋斗，把我们的发展蓝图变为美好现实，努力让全区各族人民的日子越过越红火。蒙古高原盛产著名的蒙古马，能跑善战，耐力极强。自古以来，蒙古人对马就有着一种特殊的感情，他们从小就在马背上长大，都以自己有一匹善跑的快马感到自豪。精彩的赛马比赛扣人心弦，走马、颠马比赛更是别具一格。7月19日上午，在上都镇白音乌拉嘎查查干苏毕日嘎东南角至大敖包207国道北侧的草原上，参赛的马群像出弩的利箭，疾风一般卷过。骑手们在飞驰的马背上，忽而挥臂加鞭，忽而将上身藏在马脖子一边，惊人的骑技不时赢得观众们喝彩助威。骑手们个个奋力争先，宛若飞霞流彩。最终速度赛马冠军由阿巴嘎旗达布希拉图的枣红马获得。同日下午，在塔林艾里牧人之家举办的走马、颠马赛中，通辽市包胡山的银鬃马和多伦县王磊的棕马以其线条优美、步伐流畅、四蹄落地节奏感强分别获得冠军。来自广东的退休教师李冬说，没想到草原这么好，空气清新，景色迷人，牧民能骑善射，热情好客，很多东西都是原生态的，感觉真正投身到了大自然的怀抱。

自行车比赛历史悠久，1896年便亮相于首届雅典奥运会。根据使用车种的不同，其大致可分为公路赛、室内场地赛、越野赛和花式表演。为丰富群众业余文化生活，2013年4月14日，正蓝旗自行车户外爱好者，自发成立了元上都自行车运动协会，组织开展了北京天安门、河北省沽源县、内蒙古太仆寺旗等户外骑行和到元上都遗址清理白色垃圾等社会公益活动，仅一年多的时间会员便由当初的几个人发展到目前的50多人。为宣传以蒙元文化为主线的草原特色旅游，普及低碳、环保、绿色的出行理念，在今年的中国·元上都文化旅游节上，又新增了群众性自行车比赛活动。7月19日上午11时，来自全盟各地的100名自行车骑行爱好者，从元上都遗址启程，一路你追我赶向上都镇忽必烈广场踏行而来。经过激烈角逐，来自上都电厂的孙成义获得男子组第一名，来自正蓝旗地税局的嘎日达获得女子组第一名。

正蓝旗奶制品是察哈尔奶制品的典型代表，正蓝旗是中国察干伊德文化之乡和中国察干伊德文化传承基地。察干伊德的诞生，似乎是由草原上的阳光、空气以及牧人的喜悦来完成的。正蓝旗的牧民利用千百年流传下来的察干伊德制作工艺，通过自己勤劳

的双手，改变着乳汁的形态，将种种味道从乳香中分离出来，尽情释放着天然的灵性。在第五届中国·元上都文化旅游节期间，同时举办了第八届察干伊德评比，旗内21家牧户在蒙古包内现场展示了各自传统奶豆腐、图德的制作工艺，为博大精深的上都文化添彩。经过胡日查等7名评委品尝打分和公证人员现场公证，扎格斯台苏木巴音杭盖嘎查乌日娜制作的奶豆腐获得一等奖；那日图苏木巴音塔拉嘎查乌仁塔娜制作的图德获得一等奖。那日图和宝绍岱苏木获得优秀组织奖。

千百年来，金莲川草原以她独特的金莲花之美和亘古不变的上都文化主题，从自然景观中独立出来。高远的天空，辽阔的原野，天然的食品，大气的写意，震撼过世界的城池，让金莲川草原成功地表现出了一种意境和力量。在第五届金莲川赏花节上，国内外众多摄影家和摄影爱好者纷纷前来观赏拍照。用镜头来展示草原风采，记录快乐人生，讴歌民族精神，传承上都文化。事前，旗旅游局、农村信用联社向有车一族免费发放了"赏花节"宣传车贴，让"金莲花"满街飘舞，收到了很好的宣传效果。

盛会期间，旗文联、摄影家协会、书法家协会还在金莲川滨河湿地公园开平府，举办了正蓝旗摄影、书画、民族手工艺作品展暨首届"唯美正蓝旗摄影大赛"颁奖仪式。摄影紧随时代、笔墨体现精神、民族手工艺品展现非遗传承，1000余幅照片、书法作品和民族工艺品，寓刚健于婀娜，行遒劲于婉媚，赋灵动于古拙，摄魂魄于方寸，化腐朽为神奇，从不同角度、多个视野，展现出了正蓝旗近年来在社会经济文化各项事业中取得的成就。浓缩了正蓝旗人文历史的绘画和民族工艺品，抒发了正蓝旗各族儿女爱党、爱国、爱家乡的真挚情怀，为广大观众提供了一道丰富的书画艺术盛宴。经盟、自治区摄影家协会有关人员评选，朱超的摄影作品《夜空中的庙》、巴达玛斯荣的《前方来客》获一等奖；娜惠雅的《淘气狐狸娃娃》、额义勒图的《图拉根都丽》、禄满达来的《无畏》获二等奖；青格勒的《人与宇宙》、布仁朝克图的《宁静》、王晨曦的《祭·青春》、都龙的《游牧》获三等奖；赛音吉日嘎拉等10人的摄影作品获优秀奖。

旅游业堪称文化节期间的最大卖点，旅游人数呈井喷式涌入。上都镇内宾馆饭店入住率和就餐率均达到100%，出现了"一房难求""一座难求"的局面。来自北京的宋先生怎么也没想到，由于没有提前预订，他在正蓝旗走了10多家宾馆也没能入住，最后只好住到朋友家。初到草原的他心里直犯嘀咕：正蓝旗草原魅力何在，怎么旅游这么火？然而，当他走进草原，走进世界文化遗产元上都遗址，那奔涌的绿色、追风的骏马、悠扬的长调、圣洁的哈达、辉煌的宫殿遗址、偌大的城池，瞬间令他恍然：这里有自然的恩赐，有厚重的历史，有多彩的风情，有独特的民俗，不火才怪。这恰恰是正蓝旗党委、政府倾力打造的推进草原生态建设，挖掘传承上都文化，强化基础设施建设，打造中国·元上都魅力精品名片，向世界敞开绿色怀抱的结果。

7月的正蓝旗草原，百花争艳，绿草青青。在这草原最美的季节，正蓝旗迎来了一批批尊贵的客人。近年来，正蓝旗充分利用资源优势、区位优势和文化优势，不断加大打造"服务高地、政策洼地、投资宝地和产业承接地"的力度，在增加投资者的投资热情和信心上下工夫、做文章，营造出了"安商、亲商、富商、留商、以商招商"的良好氛围，掀起了新一轮的投资建设热潮，有效拉动了经济发展，促进了富民强旗战略的实施。7月17日，在文化旅游节召开的前一天，利用文化旅游节这一平台，旗委常委、副旗长、统战部长那顺巴雅尔主持召开项目洽谈会。旗委副书记王涛与来自区内外的14家企业家们欢聚一堂，共谋发展。旗委常委、宣传部长、发改局局长冯建军全面介绍了正蓝旗独特的区位优势、丰富的矿产资源、良好的投资环境和"十二五"期间正蓝旗经济社会发展总体规划。与会的企业家们表现出浓厚的投资热情，河北洁绿风电设备有限公司、华仪风能有限公司，北京天润新能投资有限公司等10家区内外企业与旗政府签订了项目合作协议，协议总投资190.28亿元。签约项目涉及新能源开发、房地产、装备制造、绿色农畜产品加工及生态建设等领域。

欢乐那达慕，多彩文化节，正蓝旗物华天宝，水草丰美，在这片纯情壮美的草原和辛勤耕耘的热土上，蓄势待发的正蓝旗，正向世人展现着生活富裕、生态良好、民族团结、社会稳定、文明进步的崭新姿态，以富民强旗实现中国梦为动力，展开腾飞的翅膀，向着更高更远的目标翱翔。

正蓝旗首家嘎查村文史室
成为留住"乡愁"守护乡情的好去处

"真是没有想到嘎查文史室能建起来，看到这些老照片和物件，让我回想起以前在嘎查里生活工作过的场景。"2014年10月28日，正蓝旗蒙古族小学退休教师娜仁格日勒走进正蓝旗上都镇巴音高勒嘎查文史室后一边看一边感叹。巴音高勒嘎查文史室，是正蓝旗的首家嘎查村文史室。文史室开馆当天，60多名曾在巴音高勒嘎查生活学习和工作过的老同志和该嘎查百余名牧民群众身着节日的民族盛装前来观展。

据从巴音高勒这片热土成长起来的正蓝旗政协副主席乌云达来介绍说，正蓝旗上都镇巴音高勒嘎查，是1958年由清朝时期的太仆寺右翼旗阿格腾艾里(骟马群)的机构名称演变而来，至今已有300多年的历史。此前嘎查的乡亲们一直希望能够建一个文史室，将反映嘎查历史文化、民俗风情和生产生活等方面的物件整理后长期保留展览，但由于缺少资金一直没有做成。在锡林郭勒盟原政协主席，曾在巴音高勒嘎查下过乡、当过妇代会主任、民办教师的其木格等人大力帮助支持下，嘎查文史室现已建成并投入使用，成为大家留住"乡愁"、守护乡情和外来游客民俗旅游观光的好去处。

在巴音高勒嘎查文史室记者看到，这里既有清朝时期任阿格腾艾里协领宋日布的照片，也有20世纪60年代该嘎查英模与毛主席等党和国家领导人的合影；既有曾任察哈尔盟和锡林郭勒盟副盟长、正蓝旗第一书记葛瓦，内蒙古现代著名作家钢普日布等嘎查名人的珍贵资料，又有嘎查首任党支部书记巴音吉日嘎拉等在嘎查"两委"班子工作过的负责人和普通牧民的创业史。除此之外，这里还有周边出土的石器和文物，嘎查老一代人曾经用过的茶壶、餐具、煤油灯、野兽夹子等生产生活用品，反映当地风土人情的文艺作品，嘎查在大集体时期用过的票据、户口簿、药箱等物品，同时用实物展示出了当地的矿产和植物资源。据嘎查党支部书记孟克介绍，文史室的建立离不开众多乡亲们的参与，百余件老照片和老物件都是由大家捐赠的。

"由于工作忙，这次家乡文史室剪彩活动我没能够前去参加，等过两天我一定要带着孩子们回去看看，让年轻人也知道自己的历史、了解自己的家乡、传承老一辈的精神。"正蓝旗蒙医院五疗科主治医师图雅如是说。

正蓝旗乡村儿童的传统娱乐活动

哈毕日嘎是正蓝旗唯一一个农区镇，系正蓝旗原农区哈叭嘎、阿日虎布、葫鲁斯台三乡的20个行政村组成。哈毕日嘎镇的儿童娱乐活动，内容具体生动，形式活泼轻松，主要有跳房子、磕拐、滚铁环、捉迷藏、老鹰抓小鸡、拾石子儿、砸宝和挤悠悠等。过去，孩子们随便拣块石头、和块泥巴、拿根小绳、撕张旧纸，就能尽兴地玩上半天，有些活动还被列入乡村学校每年的六·一国际儿童节比赛项目，成为正蓝旗民间文化的重要组成部分，反映出当地人世代所共有的行为、思维、感情和交流模式，成为一个时代的集体记忆。对于乡村长大的人来说，童年的游戏之乐，无异于人生极乐。

乡村儿童传统娱乐活动源远流长，丰富多样，有数百年乃至上千年的积淀。但随着网络的发展和人们生活水平的提高，好多过去的儿童娱乐活动已离人们渐行渐远。将这些游戏整理保存下来，我觉得很有意思。在我看来，这些乡村游戏也是非物质文化的一部分，至少是亚文化，我们有义务去做一些挽救的工作。为了不使这一民间传统文化失传，笔者特对正蓝旗农区卖白菜、砸宝等28项乡村儿童传统娱乐活动进行了整理，愿更多的人能够从中找到美好记忆及对悠悠岁月的沉思，并通过言传身教让其传承下去。

卖白菜

课间或晚饭后，男女少年聚在一起，编成两队，各队一字横排相互牵手，两队相距数十米远。甲队开喊："茇茇令，马群开。"乙队对答："马群开，卖白菜。"甲队问："卖给谁？"乙队选出强壮者高喊："卖给我。"随即快跑上前猛扑过去，如冲开对方手牵手的队伍，则领两个人回归本队；若不能冲过，被对方手牵手的人墙兜住，其本人归对方成员。如此反复，至一队人员少于半数为止，最后人多者获胜。

投"皇上"

投"皇上"也称"砸阎王""砸老"。玩时,拣一块较大的石块竖于地上当作"皇上",周围竖一些小一点的石块当作"鼻子、耳朵、小辫儿、顶门杠"等,距"皇上"数米外划一线为界。玩者站在线外以手中的石块投击。击倒"皇上、鼻子、耳朵、小辫儿、顶门杠"者,即用自己的石块压在上面。最后那位击不倒者便是输者。由击中"皇上"者发号施令,对其可饶可不饶,如果"皇上"说不饶,那些击倒"鼻子、耳朵、小辫儿"的小伙伴们便会分别扭住输者的鼻子、耳朵和脑后头发,击倒"顶门杠"者用单腿膝盖不断地撞击输者的屁股,从"皇上"所在地向界线方向走去。走至途中,"皇上"一咳嗽,众人便往回跑。输者便追,追上哪位便以相应的惩罚如扭耳朵、捏鼻子走回原处,或让被追上的那位将输者背回原处。

砸　宝

"宝"是用纸折叠而成的,一面有褶,另一面光滑。"宝"的好坏取决于纸的质量和大小。砸的时候很有技巧,要根据别人"宝"在地上的情况,而采取不同的摔、拍、扇等方法,把别人的"宝"打翻过来,就算赢了,对方的那个"宝"就属于胜方了。20世纪90年代前中小学生的旧作业本或旧课本,差不多都被叠宝玩了。

"宝"分为方宝和三角宝,也有双面都有褶的"双面宝",是许多小男孩儿曾经疯玩儿甚至有些痴迷的游戏。所谓方宝是用两张正方形的纸分别折两折成条状,然后两条十字交叉,再各折一角,上翻相互叠压,最后一角插入并锁住斜口而成的小玩意儿。玩方宝可砸可扇,兼具趣味性与偶然性。扇,就是手持方宝抡圆胳膊用力朝地面上的另一个方宝连扇带砸,如果那个方宝翻转过来,便归你了。扇方宝并非一味使蛮劲,多少有些技巧,孩子们大多是心领神会摸索总结出来的。特别是冬天,孩童所穿棉袄袖口宽大,扇起来带风,有助于赢得方宝。另外,用香烟盒纸叠成三角形的宝叫"三角宝",玩法同上。也可以各拿出一小摞三角宝来,在手心手背上来回翻着玩儿,叫"翻宝"或"背宝"。

石头剪子布

两人或三人一组开始游戏，面对面站立，游戏开始，同时用力向上跳，落地时两脚可任意成三种姿势：脚并拢表示"石头"、两脚左右开立表示"布"、两脚前后开立表示"剪子"，石头胜剪子，剪子胜布，布胜石头。有时也用手来玩石头、剪子、布，两人对立而站同时出手，攥紧的拳头叫石头、五指伸开叫布、半握拳中指和食指分开叫剪子，胜负规则同上。用手玩的石头、剪子、布游戏，也称"将军包"。

石头剪子布作为一种游戏，源远流长，影响广泛，堪称世界上最受欢迎的猜拳游戏。2005年10月23日，在多伦多举行了世界石头剪子布大赛，加拿大律师伯格尔夺得冠军。举办这样的活动，就是希望人们注重用和平的方式解决争端，从而减少这个世界上的冲突。

提　瓶

在室外平地上划出60至100米的直线，在起点和终点之间放上空酒瓶，瓶间距离为两米，参赛人手拿一根长0.5米左右的木棍，竿头拴好一根长约0.5米的细绳子，绳端系在一个寸钉的中间。参赛人员手持木棍站在起跑线，听到发令后快速奔跑至摆放瓶子处，利用手中的"钓竿"又快又稳地将瓶子提起，你追我赶奔向终点，先到且瓶子不掉者为胜。此项活动是20世纪90年代前，正蓝旗农区各校保持时间最长的体育比赛项目。

跳皮筋

跳皮筋，也叫跳胶皮筋、跳猴皮筋，皮筋是用橡胶制成有弹性的细绳，长3米左右，皮筋被牵直固定后，便可边唱边按规定动作来回踏跳。跳皮筋可3人以上一起玩，需有两个撑筋的人，其他人可以单跳也可多人一起跳，或以组为单位进行对抗赛，其形式一般为一拨人先跳，直到这拨每个人都跳失败了，或者是这拨人中唯一跳成功的人没能成功地将全组队员都"救"回来，那么这个组就算失败了，要换另一拨人跳。跳皮筋的基本技法分为踩筋、点筋、搓筋、跳筋、勾筋、卷筋等，它们都需要游戏者有

很好的协调能力。跳皮筋的歌谣有"学习李向阳,坚决不投降,敌人来抓我,赶快跳山墙,山墙没有用,赶快钻地洞,地洞有炸子,炸死小日本。""周扒皮,会偷鸡,半夜里起来学公鸡,我们正在做游戏,一把抓住周扒皮。打又打,踢又踢,看你偷鸡不偷鸡。""一二三四五六七,马兰花开二十一,二五六,二五七,二八二九三十一,三五六,三五七,三八三九四十一,四五六,四五七,四八四九五十一,五五六,五五七,五八五九六十一,六五六,六五七,六八六九七十一,七五六,七五七,七八七九八十一,八五六,八五七,八八八九九十一,九五六,九五七,九八九九一百一"等很多。唱不同的歌跳法也不同,唱完一首歌后脚要正好将皮筋踩住,每跳完一曲,皮筋高度便升高一次。一般是从脚踩皮筋开始,依次为脚腕、膝部、胯部、腰部、腋下、肩膀、耳朵、头顶、小举、大举。如跳时犯规或够不到皮筋时,则换人。

拾石子

拾石子,又称拾子儿,多为女孩儿玩的一种游戏。一般用五只磨光的石头子为玩具,玩时伴之以节奏明快的歌谣。将手中的五个石子中的一个抛向空中,将其余四个放在地上,腾出手来接住空中落下并同时抓住地上的一颗石子,以此类推,直至接住空中的石子且五子在手,即为"满一盘"。若唱出一句没有完成相应的动作,或者空中石子落地,都算"坏了",等待下轮。如此反复比赛,最后以完成"盘"数的多少决定输赢,也有的小伙伴用骨头子按同样方法玩耍。

挤悠悠(挤狗肉)

常在冬季玩的游戏,室内室外只要有靠近墙壁的地方就行,也有抱团取暖的意思。人数少则4至5人,多者不限,大家背靠着墙站成一排,第一个人前面有墙体挡着,后面的人使劲朝前挤,被挤出去的人排到队后继续挤,如此循环周而复始。

白毛女

"刮大风,下大雨,里面有个白毛女,白毛女就是你。"念着这首童谣,几个孩子围成一个圈圈,里面那个孩子蒙着眼睛,当说道白毛女就是你时,指着谁,谁就进圈里表

演节目,然后进圈里继续蒙着眼睛指着玩。

碰　拐

流行于男孩子之间的一种对抗性游戏。一般是两人对抗,也有多人一起玩的。游戏时,双方单脚落地蹦行,另一只腿折攀起来,用膝盖向对方进攻。进攻方法多种多样,可磕、压、顶、砸等,谁被对方磕倒或双脚着地即为输。

推铁环

用较粗的铁丝弯一大圆环,再用铁丝弯一铁钩,铁钩的下端弯成 U 状,上端握在手中,下端 U 状钩扣上铁环推其前进,也有的在铁环上套一个或若干个小铜环,以便铁环滚动时"铃铃"作响。玩时边走边推铁环,也有边跑边推者。比赛时,一般比谁推得远、推得快,铁环倒地为输。

翻　绳

多为女孩儿玩耍。玩时两人对面而坐,将一根细绳或粗线两头接在一起,成为一个线圈。先由一方起头,把线圈绷挑在十个指头上,组成一个线条图形,再由对方用十指通过"勾、挑、分、翻"等动作,绷挑在自己的指头上,同样要组成某种图形。两人交替翻挑,随意变幻图形,由易到难,由简到繁。图形主要有"花花裹肚子、两条面、马槽、扫帚把、五角星、喇叭花、降落伞"等图样。

打手背

打手背,又称"打爪儿"。玩时,一人将掌心向下平放空中;另一人掌心向上和对方手掌相靠,然后设法分散对方注意力,并迅速翻上以掌击打对方手背,而对方则应迅速抽回手,以防被打。如打中继续玩,如击空则相互交换位置。

踢毽子

毽子有多样,踢法有多种。20世纪90年代以前的毽子,多以软皮革缝裹一稍厚的铜制钱,上面再缝一竖立皮管,管的中间插绒毛、四边用翎毛装饰,名为鸡毛毽。近年流行的毽子是用六块彩色布缝为立方,中间装沙子或玉米粒。毽子的踢法,简单地以次数多少决胜负,复杂的分为左踢、右踢、左尖、右尖、左拐、右拐、剪子股等动作成套比赛。清朝郝懿有"三四人入局,对踢承乘,比应宛转回翔"之记述。

跳　绳

古称"跳百索"。由两人上下摇绳,也可将绳一端系在树上一人摆绳。有一人跳的,也有一人带一人或带多人等跳法。人少时,以一人独跳变化最多,有双脚跳、单脚跳、迈门槛、麻花阵、旋风、倒抡绳、跑跳、蹲跳等花样。

跳房子

跳房子,又称跳方。在平地上画并排五六个大方格,二人或四人、五人参加,依次出场。把一小石块抛向第一格,单脚跳动,踢石块向前,一格一格跳过,行进中石块压界线,名为压杠;脚踏界线,名为踩杠;双脚着地,名为脚落地,跳至一格,脚动二次,名为活动脚,都算"坏了",犯规者出局等待下一轮重跳,最后占得"房子"多者为胜。

猫逮老鼠

猫逮老鼠,又称"老鼠老鼠一月一"。20世纪五六十年代,一到天黑,多个儿童手拉手向内围成一圈,一个儿童站在圈外扮"猫",一个儿童在圈内扮"鼠"。游戏开始,大家齐唱"老鼠老鼠一月一,早来!老鼠老鼠二月二,早来……"一直唱到"老鼠老鼠九月九,逮住老鼠咬一口!"此时,"鼠"自圈内窜出,"猫"趁势追捉。若"鼠"连钻数"洞"未被捉住,则轮换。若被捉住,则罚"鼠"钻裤裆。

"骑马"打仗

玩"骑马"打仗时，一般两人一组，一人作"马"，背着另一人，与其他组对阵。双方可通过拉、拽等方式，设法将对方拉下"马"后为胜。

弹弹球

弹弹球，也称弹玻璃球、弹蛋儿。玩时，取一近墙靠地，画一条与墙平行的线，参赛者依次向墙掷琉璃蛋儿，琉璃蛋磕墙碰回，离线近者先开球。弹球时可用溜、点等方法，击中对方为胜，被击中的球归胜者。击不中，由第二名弹球，如此轮流击弹，最后看谁击中的多。如果自己的弹球掉进圈子内，那就"烧死了"，弹球归对方。另外，还有"打老虎洞"等玩法，在地上挖5个小圆洞，谁先打完5个洞谁就变成了老虎，然后打到谁就把谁的弹球吃掉。没有玻璃球的小伙伴，就会用胶泥团成圆球晾干后弹着玩。

藏猫猫

藏猫猫，也称"逮人儿"，即捉迷藏。源于唐代，玩法多祥，规则也不同。一般玩法是众人分成两伙儿，通过"将军包"决出胜负。选一棵树或一面墙为"家"，负方守家并寻找胜方躲藏者；胜方则在附近各处藏匿起来，并伺机回"家"或"救人"。胜方若躲开负方追逐并摸到"家"，即为获胜者。若被对方抓住，则被带至"家"内严加"看护"。被抓的同伙则相继前来"搭救"，俗称"打死救活"。同伙相救，手接触到即"活"，可以再跑。若被抓的人数多，他们可手拉手待"救"，来救者只需"救"一个即可全"活"，俗称"连电"。一方若将对方全部抓获，则为胜。

丢手绢

玩丢手绢时，众人围圈向内坐，选一人拿手绢在圈外绕行，边走边与众人一起唱："丢、丢、丢手绢，轻轻地放在小朋友的后边，大家不要告诉他，快点快点抓住他，快点快点抓住他!"行进中，悄悄将手绢丢于一人背后。如果此人发现应立即捡起手绢追逐丢手绢者。若追上，丢者需重丢，若追不上或丢者转一圈仍未被发现已将手绢丢下，则罚被丢者站在圈中唱一支歌或表演一个节目。然后，轮换再来。

砸子儿

"子儿"是用布包上沙子或豆、米等缝制而成的小沙袋。玩时，先划一圈，一人站在圈内，将"子儿"置于脚面，用力踢出。接子儿的要接住子儿后，朝圈内砸去，圈内人要以脚将砸来的"子儿"踢出圈外，接"子儿"的这时要喊"几步"，圈内人若喊"五步"，圈内人要以脚抵脚量，从圈界到子儿处，若正好或多于五步，则重砸；若少于五步或子儿砸在圈内则轮换。另一种玩法是得分的，砸者站两端，被砸者站中间，砸者交替砸，被砸者既接又躲，接住沙袋得一分，砸在身上没接住减一分，零分时没接住则下台轮换。

徒手拔河

玩时，先在地上划一线为界，两人以脚外侧相抵面对而站立，然后寻机抓对方手，抓住后用力或利用技巧将对方拉过界即为获胜者。人多时，可分两组，搂腰相连。

老鹰抓小鸡

一人扮演老鹰，一人扮演鸡妈妈，多人扮演小鸡。小鸡们一个接着一个地拉着鸡妈妈的衣服。老鹰去捉小鸡，鸡妈妈两臂张开护着小鸡们，不让老鹰捉小鸡，老鹰只能捉最后一只小鸡。小鸡如果被老鹰捉到，就算输了。

拉"大锯"

两人对坐，双脚自然盘曲，双手对握，随着"拉大锯，扯打锯，姥姥门前看大戏。你也去，我也去，大家一块去看戏"的儿歌节奏做拉锯似的前俯后仰动作。锻炼儿童的手臂肌肉群，培养儿童的节奏感。

炒豆豆

两人相对而立,手牵手,边念"炒黄豆,炒黄豆,炒好黄豆翻跟头"的儿歌,边有节奏地向左右协调摆手。儿歌念到最后一句时,两人举起一侧的手臂来共同钻过翻转身体180度,还原姿势。游戏反复进行。游戏者要随着童谣节奏一起侧身翻转,或转180度,或转360度。培养幼儿身体的柔韧性、协调性。

我们都是木头人

幼儿围在一起,请出一个"领导人"站在前面。游戏开始,幼儿边拍手边念儿歌"三、三、三,我们都是木头人,不许说话不许动"边自由走动,念到最后一个字时,静止不动,谁动了就为失败者。为提高幼儿兴趣,"领导"人可在念完最后一个字时做一个动作,如"平衡"状、"小猴"状等,其余幼儿迅速模仿后静止不动,如学错动作或走动者为输,用于培养幼儿的自我控制能力。

丢沙包

丢沙包是男孩儿和女孩儿混在一起玩的游戏,是一项团结合作的活动。用碎布及针线缝成、用细沙塞满的沙包,是用来当作武器"投杀"对方的。在规定场地内前后各一名投手用沙包投击对方,被击中者便被罚下场,若被对方接住,则此人可以增加"一条命",或者让一个本已"阵亡"的战友重新上场,直到最后一个人被击中淘汰为止,最后两组互换,游戏重新开始。

朝阳村有个烈士洼

　　1984年，我在正蓝旗葫芦斯台乡中学从事教学工作时，曾担任过少先大队辅导员和团支部书记，组织学生到葫芦斯台乡朝阳村（现属哈毕日嘎镇）烈士洼进行革命传统教育，听村党支部书记徐占先讲述曾经发生在烈士洼的一场战斗。事过多年，具体事情已记不清楚了。为了不让这件事情被后人忘记，成为一段尘封的历史，作为一名新闻工作者，我总觉得有责任和义务将这件事情写出来。

　　2011年12月3日，作者专程来到朝阳村，采访了老书记徐占先。听说要了解烈士洼的事情，70岁的徐占先老人显得很激动。他领着我们来到村东头的烈士洼，直接找到了13个烈士的坟头，充满感情地说："这就是烈士安息的地方。"烈士洼离村子两公里左右，是一片地势开阔的洼地，因解放战争时期有13名无名烈士在这里牺牲，所以当地老乡一直把这个地方叫作烈士洼。当时这13名烈士牺牲后，全村20多户老乡冒着生命危险，自发地将烈士就地掩埋。1982年村里搞包产到户时，为了避免烈士的坟墓被人为损坏，徐占先又组织村学校的30多名师生，将烈士遗骨起出来，一字排开集中埋在烈士洼的一个高坡上。徐占先找来一块大石头，让学校的教师安连清用红油漆在上面写上了"革命烈士永垂不朽"几个大字。每逢烈士的忌日农历三月初三，徐占先老人都要到这里转一转、看一看，陪烈士说说话。随着时间的推移，当年徐占先等村民为烈士立的石头碑现已找不见了，烈士洼的周围虽已被开垦成了耕地，但烈士墓地仍被当地村民保存完好，徐占先老人和当地村民义务守护无名烈士墓64年。

　　此事经作者采访并在《上都新闻》《锡林郭勒日报》《内蒙古日报》《内蒙古晨报》《内蒙古商报》等新闻媒体报道后，引起了当地党委、政府和有关部门的高度重视。2012年7月1日，正蓝旗人民政府投资37万元，为这13名无名烈士建了墓碑，把其列入旗级不可移动文物，成为正蓝旗爱国主义教育基地。

　　在正蓝旗政府和干部群众对这13名无名烈士墓进行精心保护修建的同时，云晨光烈士的亲属多年来也一直未停止过对其牺牲地的寻找。2012年，一次偶然的机会，云晨

光的弟弟原自治区政协副主席云照光，在正蓝旗了解到了这一情况，经过查阅相关资料和走访知情人，最终确认这13名在正蓝旗哈毕日嘎镇朝阳村牺牲的13名无名烈士，就是我骑兵16师一团二连的战士，其中便包括党和人民的好儿子云晨光烈士。

据烈士云晨光的侄子云大平讲述和有关资料显示，云晨光1926年生于土默特左旗塔布赛村一个贫苦家庭。1939年8月，经中共地下党员贾力更、奎壁介绍，云晨光和云大平的父亲云照光等22名热血青年，来到延安参加革命。由于表现突出，1941年年仅16岁的云晨光便加入了中国共产党。1944年，根据中央决定，延安民族学院和陕甘宁边区三边地委抽调蒙汉干部50多人，到绥蒙地区大青山抗日根据地工作，云晨光也是其中一员。抗战胜利后，云晨光任绥西蒙古游击队指导员，随晋察冀部队参加解放凉城战斗，发动群众支援前线。1946年1月，绥西蒙古游击队编入内蒙古骑兵独立旅，成为正规部队，云晨光任三团三连指导员。同年11月，内蒙古骑兵旅改编成骑兵16师，云晨光任一团二连指导员，随部队开到察哈尔地区坚持对敌斗争，同国民党骑兵部队和各路土匪作战，屡获胜利。

1946年10月，国民党反动派撕毁停战协议，发动全面内战，妄图把刚刚从日本帝国主义铁蹄下解脱出来的中国人民再次推进水深火热之中。为了痛击国民党反动派的进犯，保卫胜利果实和锡察人民的生命财产安全，锡察地区的广大青壮年纷纷报名参军。当时坚持和保卫锡察地区的我主力部队为内蒙古骑兵十一师、十六师和地方武装八十团，后发展壮大成为中国人民解放军正规部队——骑兵第五师。1947年4月22日，国民党军集结50多辆军车、2000多名步兵和500余名骑兵，在国民党察哈尔省长、第三军中将军长孙兰峰的指挥下，乘我骑兵16师主力在冀热辽军区整训之机，从张家口、宝源县一带，分东西两路第一次大规模向察哈尔盟的哈叭嘎、葫芦斯台一带发动进攻，妄图与额仁钦道尔吉为首的叛匪里应外合，一举消灭坚守锡察地区的中共党组织、民主政府和军队，占领锡察解放区，达到切断东北、华北两大解放区战略通道的目的。其中，满载国民党军的十四纵队5辆军车和部分骑兵在4月23日（农历三月初三）进入葫芦斯台朝阳村。年仅21岁的云晨光带领一个班的12名战士在掩护部队突围时，被国民党14纵队的5辆军车和部分骑兵包围在朝阳村东的一片开阔地。云晨光带领战士们英勇抵抗，子弹打完后便用枪砸，最终因寡不敌众全部壮烈牺牲。

瑞雪轻飘，烈士含笑。2013年4月8日，正蓝旗各族干部群众、武警官兵、少先队员和云晨光烈士亲属等100余人，在正蓝旗哈毕日嘎镇朝阳村烈士洼，为云晨光等13名烈士举行了隆重的揭碑仪式。延安大学、内蒙古博物院、锡林郭勒盟民政局、正蓝旗党委

和政府等有关部门，向烈士墓敬献花圈和哈达。据了解，解放战争期间，为保卫锡察解放区和新生政权，先后有550名革命烈士的鲜血洒在了锡察草原上。仅在正蓝旗境内就先后发生过40多次激烈的战斗，云晨光等13名牺牲在正蓝旗哈毕日嘎镇朝阳村革命烈士的英魂，将永远活在草原各族人民的心中。

察哈尔草原上的抗日同盟军

——纪念抗日战争胜利70周年

2015年是中国人民抗日战争暨世界反法西斯战争胜利70周年。经过八年艰苦卓绝的抗日战争，无数平凡而英勇的军民身先士卒，浴血奋战，前仆后继，视死如归，为世界反法西斯战争的最终胜利做出了卓越贡献，谱写出了气壮山河的英雄赞歌。今天，我们铭记历史不仅是为缅怀先烈、勿忘国耻，更为和平永驻、正义长存。

1912年，中华民国以察哈尔蒙古族命名建立察哈尔省，省会设在张家口。察哈尔省东临热河，南界河北、山西，西邻绥远，北接蒙古，战略地位重要，是北京的一道天然屏障。

1931年9月18日，日本出兵沈阳，发动"九·一八"事变。由于蒋介石热衷于打内战，妄图依靠日本侵略军的势力消灭共产党，对日军采取不抵抗政策，致使日军如入无人之境，长驱直下，仅用了一年多的时间便占领了热河，控制了整个东三省。日本侵略军要想实现其吞并全中国的野心，占领东北和热河之后，就势必要为侵占华北和西北打通进军道路。

1933年4月末，小柳津指挥日军精锐部队千余人及李守信、李寿山、崔兴五、张海鹏等部伪军共1.6万人，以热河为大本营，坦克十余量，飞机多架，大举进犯察哈尔东部军事重镇多伦。当时，防守多伦的有原来山西晋军赵承绶的一个骑兵旅，大约有2000余人，还有从热河境内退逃下来的东北义勇军、热河自卫军等5万多人。这些部队互不归属，缺乏统一指挥，一盘散沙，纷纷退逃到张家口一带。5月1日，日军占领多伦，察哈尔危急，许多民众逃往浑善达克沙地避难。当时，日伪军曾多次强抓民夫，先后开凿长虫坝公路，多伦至围场公路，多伦至正蓝旗乌日图塔拉轨道式公路（为节省水泥等材料，只在两条车辙压面上用水泥混凝土铺设，如同火车轨道似的简易公路），修建了大河口孤山子桥和城西军用机场。

1933年5月26日，冯玉祥联络组织各种武装力量，在张家口召开数万人参加的"察哈尔民众御辱救亡大会"，向全国发出通电，宣布察哈尔民众抗日同盟军组成及就任总司令之职，实行民众武力抗日，保卫察哈尔，史称"察哈尔抗日"。察哈尔抗日同盟军是在中国共产党的推动和帮助下，由冯玉祥、吉鸿昌、方振武等爱国将领在华北北部察哈尔地区组织部队进行的抗日斗争，吉鸿昌暗中还吸收了许多共产党员进入抗日同盟军。抗日同

盟军是中国爱国将领冲破政府当局错误的对日妥协政策而进行的一次爱国抗日壮举。

察哈尔抗日同盟军下辖方振武的抗日救国军、吉鸿昌的第二军和张砺生的察哈尔自卫军、蒙古军及同盟军直属部队约10万人。抗日同盟军成立后的第一个任务，就是收复被日军占领的察东四县。6月20日，吉鸿昌下令抗日同盟军分三路向张北集结，开赴抗日前线。7月1日，部队向宝昌守军发起进攻，对伪军展开政治攻势，经过一天一夜的激战，宝昌守敌3000余名伪军弃城向多伦逃窜，同盟军一举收复宝昌。抗日同盟军一路所向披靡，节节胜利，连克察哈尔地区康宝、宝昌和沽源三县，军威大振。7月7日凌晨，多伦城震颤在隆隆的炮声之中。经过激烈战斗，7月12日同盟军主力部队攻入城中，失陷于日军手中72天的多伦，被抗日同盟军光复。抗日同盟军收复察东四县，是中国军队自"九·一八"事变以来，第一次从日军侵略者手中收复失地之壮举。该战击毙日伪军千余人，沉重打击了日本侵略者的嚣张气焰，在中国的抗战历史上写下了辉煌的一页。在收复多伦的战役中，抗日同盟军也付出了巨大的代价，共计伤亡官兵1600多人。8月12日，冯玉祥在张家口主持了察哈尔民众抗日同盟军收复察东失地阵亡将士纪念塔落成典礼，该塔1987年重建，犹如一枚光荣的徽章坐落在张家口市博物馆院中。

1933年8月11日，在日伪军和蒋介石、汪精卫的联合夹击下，多伦再度落入日伪军之手。察哈尔民众抗日同盟军失败后，日军以多伦为桥头堡，开始向整个察哈尔和内蒙古西部地区进行侵略和渗透。1936年2月1日，日伪军在张北县召开"察哈尔盟公署"成立典礼，其管辖区域包括多伦、宝昌、正蓝旗、明安牧群等地。从1933年5月至1945年8月，察哈尔地区被日本侵略者占领了12年。

1945年8月15日，日本宣布无条件投降，抗日战争胜利。8月8日，苏联对日宣战，出兵中国东北，14日苏军普利耶夫上将指挥西路苏蒙联军进驻多伦，17日宣布成立察哈尔盟临时政府，任命纳·赛音朝克图为盟长。8月22日，平北地委派遣商云飞等人赶到多伦，在多伦着手建立共产党领导的民主政权。

西路苏蒙联军进入察哈尔地区后，先后占领了多伦、康保、张北、化德等地。1946年1月26日，苏蒙联军撤离察哈尔地区回国。在进驻张北县城与日军的激战中，有54名苏联红军、6名蒙古人民军官兵英勇牺牲。1957年10月20日，当地政府修建了占地226亩的"苏蒙联军战士纪念塔"，以示怀念。党和国家领导人乌兰夫同志的题词"苏蒙红军烈士们，伟大的国际主义精神万古长青"镶嵌在纪念塔一块浅蓝色的大理石上，在日月的辉映下闪耀夺目。

他给张万年将军当过警卫员

2005年12月1日，正蓝旗上都镇青格勒图嘎查的李伟，高中毕业后光荣应征入伍，成为北京军区卫戍区某部的一名新兵战士。李伟不仅有一米八的标准个头、体魄健壮，而且生得浓眉大眼、仪表端庄，待人接物朴实大方。在北京房山区某新兵基地集训了三个月后，他被中央军委总参部北京局选定从事警卫工作。随后，又经过三个月的警卫专业技能培训后，李伟成了原中国人民解放军副总参谋长、少将何正文遗属的警卫员。由于小伙子机灵勤快、吃苦耐劳、守纪律、懂礼貌，2006年9月，李伟被调整到原中央军委副主席、上将张万年身边担任警卫员，一直干到2007年12月退伍。服役期间，李伟先后受到部队嘉奖一次，被评为优秀士兵，并光荣地加入了中国共产党。

据李伟介绍，身经百战的张万年将军平易近人、生活简朴、爱兵如子。工作之余，张万年经常和他身边的警卫战士聊天，了解他们各自家乡的风土人情，关心警卫战士及其家中亲人的学习、劳动、工作和生活情况，向警卫战士讲叙他在胶东半岛、东北等地参加抗日战争、解放战争中的战斗故事，勉励战士们不忘革命历史，珍惜来之不易的幸福生活。期间，张万年将军还先后两次单独与李伟合影留念，一次是2007年1月欢度新年时，在张万年将军家中的院内合影，一次是2007年8月1日将军过生日时，在他家客厅合影。第一次合影时，张万年将军看到李伟有些紧张，便风趣地对他说："你这个小兵站着比我这个将军还高，我都不紧张，你还紧张什么。"李伟被他逗笑了，将军自己也乐了。

2007年12月，李伟服役期满退伍还乡。临行前，张万年将军把为李伟亲笔书写的一幅书法作品"心清气正"赠送给他，李伟当时激动得泪流满面。最终李伟还是恋恋不舍地告别了张万年将军和绿色军营，登上北上的列车，回到了家乡正蓝旗草原。

回到家乡后，李伟没有辜负张万年将军"心清气正"的教诲，来到上都镇自主创业，娶妻生子，过着普通而温馨的生活。李伟告诉记者，作为一名牧民的儿子，能够光荣入伍并在服役期间为张万年将军担任警卫员，他感到心满意足。他将加倍珍惜这一宝贵的精神财富，走好自己人生的每一步。

从缺鞋穿到经营品牌鞋店的李三

在正蓝旗,提起李志军几乎没有人知道,可如果说起李三鞋店那可是无人不知,无人不晓。

李志军是太仆寺旗幸福乡重光村的农民,家中兄弟3人,他排行老三,所以人们都习惯叫他李三。由于家里穷,所以李三在家时很少穿过新鞋,他所穿的鞋都是哥哥们穿小后替换下来的自家做的布鞋。看到同学穿上油光锃亮的新皮鞋,李三十分羡慕,能够拥有一双属于自己的新皮鞋曾是他的梦想。

1991年8月李三高中毕业后,便来到正蓝旗谋生,他先是给人家开车送货,后来又摆地摊,当牲畜收购中介人。勤于吃苦、头脑灵活的他很快便在市场中掏到了第一桶金。2000年8月,他在上都镇办起了李三鞋店,经营起澳伦品牌皮鞋来。一开始,人们对品牌皮鞋的价格还难以接受,他就主动上门宣传,让利销售,凡属产品质量问题一律包退包换。随着人们消费观念的改变和生活水平的提高,他的小店渐渐红火起来,于是他又将鞋店扩大到3处,成立了李三鞋业有限责任公司,增加了法罗宾、红蜻蜓、杰豪等17种国家驰名商标、免检皮鞋,男女老幼一年四季都可以在他这里买到款式时尚、价格合理、质量可靠的新皮鞋,他用自己的辛勤劳动,不仅使自己圆了穿上新皮鞋的梦想,而且还安排了12名城镇下岗失业人员和农村牧区围封转移进城打工的农牧民,并在当地个体工商户中率先成立了工会组织,用实际行动维护了职工的合法权益。

目前,李三鞋业有限责任公司建立了劳务用工、财务管理、售后服务、质量保障等20余项规章管理制度,并为旗修建嘎丹丰吉灵庙、扶贫助学、为四川地震灾区捐款捐物等社会各项公益。企业以一流、服务和业绩,始终走在全旗同行业前列,为繁荣我旗商贸流通市场,提高人们生活水平,解决就业问题做出了贡献。企业被认定为"名牌商品专卖店",先后荣获全旗诚信单位、价格信得过单位、十佳诚信个体户、诚信经营示范户等荣誉称号,他本人也被推荐为旗政协委员。

他让生活甜起来

在正蓝旗，许多40岁以上的人，对一角钱8块水果糖的生活还记忆犹新，那一块块半透明水晶状的水果糖曾让他们口齿留香，心甜似蜜，回味无穷。2005年4月，人们欣喜地发现，这种多年不见的传统水果糖在市场上又出现了。

今年37岁的刘全营，从小生长在山东聊城阳谷县的一个农民家庭里。1994年2月他初中毕业后来到内蒙古正蓝旗，投奔当地一个亲属学开车跑运输。当地良好的生存和发展环境，让刘全营一下子就喜欢上了这里。随着为客商外出进货次数的增多，他潜在的经商意识越来越强。2005年3月，刘全营在桑根达来镇租房办起了糖果厂，聘请从旗乳品厂退休的老技工为技术指导，开始了他的创业之路。2008年10月，刘全营先后投资60余万元，在上都镇建起了正蓝旗虹林源食品厂，购买了保温辊床拉条机、多功能旋切成形机、干燥箱等生产和化验设备，申请注册了"虹林源"商标，取得了QS市场准入资质。目前，刘全营以纯天然奶油为原料，按照传统配方精制加工而成的水果糖、黄油珠、硬质奶糖、软质奶糖、奶香酥等8大系列16种口味的糖果，以其绿色天然、口味纯正、质优价廉、可网上订货、送货上门等特点，远销河北、山西、山东、辽宁等省，年生产销售各类糖果100余吨，企业先后被认定为全盟"诚信单位"和"重合同守信用单位"。

在刘全营家所开的金马超市，消费者不仅可以买到"虹林源"牌系列糖果，而且还可以买到当地的奶食、牛肉干等民族特色食品，形成了民族食品一条龙展销服务。通过自主创业，不仅使刘全营一家有了较好的经济收入，带动了当地民族食品加工业的发展，同时还为20多名转移进城的农牧民解决了就业问题。刘全营这个异地他乡普普通通的年轻人，用自己勤劳的双手和艰苦不懈的努力，在草原宽阔的怀抱中实现了自己的人生价值。

业余歌手鲍海玉情系察哈尔民歌

今年44岁的蒙古族业余歌手鲍海玉，是正蓝旗电力有限责任公司的一名普通职工，从小就热爱音乐的她天生就有一副好嗓子，辽阔的金莲川草原、美丽的上都河畔孕育了她甜美而嘹亮的歌声。她曾多次参加过区内外文艺汇演，在2007年全区第四届电力职工艺术节上，荣获民族唱法一等奖和优秀演员奖，2009年3月她在北京参加了"人与草原"主题音乐会，以一曲《金莲川草原》独唱及无伴奏合唱《母亲》，赢得了观众满堂喝彩。2009年11月，鲍海玉拿出6万元，通过中国音乐家音像出版社，自费录制了2000张《多彩正蓝旗》光盘，该专辑收录了由她用汉语演唱的《多彩正蓝旗》《上都草原》等16首本土草原歌曲，使国内外更多的人通过歌声了解到美丽富饶的正蓝旗，从中感受到上都文化的魅力。

在一次偶然的机会，鲍海玉接触并一下就迷上了节奏舒缓自由，节拍字少腔长，曲调高亢悠远，意境苍凉雄浑，听后令人心驰神往的察哈尔民歌。经进一步了解，鲍海玉发现，虽然正蓝旗已收集整理到了70多首传统察哈尔民歌，也有了全区非物质文化遗产察哈尔民歌的传承人，但由于有史以来察哈尔民歌都是通过牧民和民间艺人用蒙语传唱，不仅传播区域小而且难以保存，一旦那些热爱察哈尔民歌的老艺人离去，在现代流行音乐的冲击下，察哈尔民歌这一独具特色的民族文化艺术，将会受到一定的影响和损失。如何使察哈尔民歌这一优秀的非物质文化遗产在保护中得到传承，在传承中得到弘扬，让社会和大众能够从中了解悠久厚重的察哈尔文化，培养正蓝旗知名文化旅游品牌，鲍海玉又有了自费出版光盘的念头。

早在自费出版第一张光盘时，鲍海玉就被社会上一些不理解的人所议论，现在又要将用蒙语将口口相传的察哈尔民歌翻译成汉语演唱，无论从歌词把握上还是演唱风格上难度都很大，许多专业歌手都望而却步没有去尝试。资金上的困难和精神方面的压力自己倒能够去克服，关键是这种艺术表现形式是否可行，这成了鲍海玉最担心的问题。

曾在正蓝旗生活和工作过的原盟政协副主席、中国作协会员、盟文联名誉主席、草

原诗歌研究会会长高·拉希扎布，全区非物质文化遗产察哈尔民歌传承人、正蓝旗老艺术家阿·娜仁其木格，原旗人大常委会主任、对民间艺术颇有研究的老领导阿·董希格，旗民俗专家沙·东希格，旗文化馆馆长娜仁其木格等人了解这一情况后，非常感动并给予大力支持，鼓励鲍海玉大胆地做、大胆地闯。为了帮助鲍海玉省些费用，家住锡林浩特市70多岁的高·拉希扎布连夜精心为她翻译歌词，阿·娜仁其木格在光盘后期录制的十多天里，在呼和浩特市一直陪伴在鲍海玉身边，为她的演唱进行艺术指导和把关。

近日，由鲍海玉自费投资8万元制作，全国首张用汉语演唱的察哈尔民歌专辑已录制完成，今年7月将由中国音乐家音像出版社出版发行。在这盘专辑里，鲍海玉用用舒展的旋律，宽阔优美的歌声演唱了《绿叶晃悠悠》《察哈尔八旗》《一缕长鬃的小黄马》等14首察哈尔民歌经典曲目。歌中赞美了家乡美丽的景色，赞颂了父母的养育之恩，歌颂了蒙古族男女青年纯洁的爱情，叙述了察哈尔蒙古武士的英勇征战，表现了察哈尔蒙古族牧民的生产生活习俗，成为传承非物质文化又一新的表现形式。其背后所付出的辛劳，只有鲍海玉自己知道。

虽然好事一直做下去挺难，但越难越不放弃。面对困难和误解，鲍海玉凭着对草原的热爱，对民族文化的痴迷，对传承察哈尔民歌这一非物质文化的责任，在当地老艺术家和亲朋好友的大力帮助和支持下，克服重重困难和阻力，一路微笑着坚强地走了下来。她说，全区非物质文化遗产察哈尔民歌的保护和传承，不仅仅是某个单位或某个传承人的责任和义务，更需要全社会的共同关注和参与。下一步，鲍海玉决心整理演唱出版更多的察哈尔民歌专辑，让口口相传的察哈尔民歌走向全国，成为人们了解草原，感知上都文化的窗口。我们期待并祝福她！

用瞬间捕捉梦想　定格美丽的摄影人

　　在正蓝旗上都在线网站和正蓝旗贴吧,人们常常可以看到一张张反映正蓝旗自然风光、民俗风情等方面的精美照片,拍摄照片的这个人就是旗政协常委、社保局干部管永新。多年来,管永新以质朴和认真的心态对待人生,用虔诚和执著的态度追求艺术,他的摄影作品自然朴素,那些我们平常生活中看似平凡的东西,在他的相机中竟然会呈现出一番独特的美,也许是草原上的一缕霞光或者是淖边的一只水鸟,都会显得那么可爱,让人禁不住轻点鼠标,看完一遍又一遍,最终把它放到收藏夹里,慢慢品读和欣赏。

　　人到中年的管永新从小喜欢摄影,初中时便开始借同学家的海鸥照相机学习摄影,然后在家里拿纸箱子当暗室,配上定影、显影自己洗黑白照片。参加工作后,先买了一个"傻瓜"照相机,后又换成了一个小数码,一路跋涉渐渐地拍出了感觉。2011年9月,孝顺懂事在外地工作的儿子花了7000多元钱,为他买了一个尼康单反相机。从100快钱还送两个胶卷的"傻瓜"相机,到如今手里使用的进口货,变的是手中的设备,不变的是那一颗热爱摄影的心。"摄影是一种从容,有没有好相机、技术如何都不太重要,关键是要有一种好心态,当这种心态转化为手中的照片时,那就感觉梦想又进了一步。"管永新如是说。

　　正是因为有了一种好心态,所以利用节假日背着相机早出晚归、登高爬低的管永新并没觉得有多么辛苦,反而感到非常快乐。在管永新的"元上都遗址""生态家园""幻日奇观"等上千张个性十足的摄影作品中,通过不同的影像风格、表现形式和题材内容,叙述了一个多角度、多视野、多人文的正蓝旗,告诉世人,在美丽富饶的正蓝旗,不仅有独特的草原自然风光,还有丰厚的历史人文资源。他常说,如果你拍得不够好,是因为你离生活不够近。在拍摄"牧童"组照时,管永新通过自己独特的观察力,深入旗那达慕会场休息区和嘎查牧民家庭,用相机把那些常人不去留意的东西记录了下来。令他本人也都没有想到的是,这组照片竟然在2012年全区首届"和谐内蒙古"拍客活动中获得三等奖。如同网友所说的那样："只有当梦想让追求孜孜不倦，身体与精神达到一种和谐，光和影才会被斟酌得如此统一而巧妙。"

管永新从小在金莲川草原上长大，对家乡的一草一木都有着很深的感情。凭着对草原的热爱，他通过手中的照相机，用心去记录着正蓝旗的发展变化和百姓生活，追寻着过去的足迹，找寻和发现属于昨天、今天和留住明天的故事。目前，管永新正在着手拍摄整理《上都河马》《正蓝旗的花儿》等摄影专辑，努力把日常生活中稍纵即逝的平凡事物转化为不朽的视觉图像。我们期待并祝愿他的摄影作品集能够早日和读者朋友见面。

杨顺天老人迷上了勒勒车

在内蒙古锡林郭勒盟正蓝旗上都镇侍郎城嘎查，有一位67岁的老人叫杨顺天。近年来，杨顺天老人每天都在不厌其烦地坚持做着同一件事情，那就是按照民族传统工艺加工制作草原之舟——勒勒车。

杨顺天从小随父亲学习木工手艺，20世纪60年代初从河北蔚县来到正蓝旗那日图苏木乌日图嘎查，先后在嘎查和苏木手工业联社干木匠活。在此期间，他做过蒙古包、勒勒车、大红柜、桌椅板凳，凡是牧民生产生活需要的让他做什么他就做什么。2001年，杨顺天从乌日图搬到侍郎城嘎查养奶牛，渐渐的杨顺天发现了一个奇怪的现象，许多到他家参观奶牛养殖的人，对他家院中停放的一辆旧勒勒车特别感兴趣，不是拍照就是录像。一打听才知道，原来勒勒车这蒙古族曾经用来拉水、运送燃料、倒场迁居、走亲访友的传统运输工具，不仅被国务院列入国家级非物质文化遗产，而且还成为旅游景点的新宠。

从秦汉到20世纪七八十年代的两千多年中，勒勒车一直是草原牧人最重要的交通运输工具，是牧民流动的家。随着经济的发展和社会的进步，勒勒车逐步退出了历史的舞台，取而代之的是摩托车、小汽车等现代交通工具。在牧区干了一辈子木匠的杨顺天，对勒勒车是再熟悉不过了。为了使更多的人能够一睹这一古老文明产物的风采，使这项亟待抢救和保护的国家级非物质文化遗产得到传承，从年轻时便掌握勒勒车制作技巧的杨顺天翻箱倒柜，找出了自己过去用过的墨斗、锛子、斧子等工具，将所养奶牛全部处理掉，用卖牛的钱买回制作勒勒车车轴、车轮、车瓦、辐条、轮心、车辕、车架的木材，把棚圈改成车间，一门心思做起了勒勒车。

近年来，杨顺天已按照传统样式手工制作出了20多辆颇具民族特色的勒勒车，全部出售给了旗内外旅游景点和民俗文化展区。他所制作的勒勒车不用一个铁钉，全部使用桦木、柳木、榆木等木材精细加工，既能观赏又可使用，使生活在现代城市里的国内外游客，在"咯吱、咯吱"的声响中，碾过茂密的草丛或深厚的积雪，亲身感受到了乘坐勒

勒车在草原上游荡的远古感觉,体验出草原游牧文化的厚重。

除此之外、杨顺天还制作出了100余件勒勒车手工艺品,供游客购买观赏。为了不让这一历史上在蒙古族生产生活中发挥出巨大作用的勒勒车传统制作工艺失传,做到后继有人,目前杨顺天正在研制勒勒车魔方,力争通过魔术方块这种智力游戏表现形式,使更多的青少年能够从娱乐中感受到勒勒车的无穷魅力。

夏顶骄阳冬披雪　一路走来无怨悔

——记正蓝旗邮政局投递员王忠瑞

当今，虽然中华大地已进入到了信息化时代和互联网世界，但无论在城市还是乡村，你随时都还会看到那些身着绿色邮政制服的投递员。因为，无论是传统的报刊发行、信函往来，还是现代的网上购物、信用卡对账，人们都离不开这些"绿衣使者"。

已先后获得旗、盟邮政企业先进工作者的王忠瑞，是锡林郭勒盟正蓝旗邮政局的一名普普通通的投递员。他个子不高、脸庞黑红，眼眶和嘴角的失润分明是风吹日晒的痕迹。是啊，20多年早出晚归、风雨无误，加上长年累月在大街小巷中穿行，连钢铸铁打的自行车和摩托车都骑坏了8辆，何况血肉之躯的人了。随着正蓝旗小城镇步伐的加快，投递点越来越远、楼也是越盖越高。现如今，王忠瑞负责旗直103个单位、109家企业、个体工商户和信箱的投递工作，每天他都要骑着摩托车往返20多公里，爬上爬下100多个楼层，将事先加班分好重达100多公斤的报刊、信函送到用户手中，一天下来他常常是累得腰酸背痛。虽然现在将自行车换成了摩托车，不用再费劲蹬车了，但骑摩托车投递都是要自己花钱加油。赶上节假日邮件大量积压，王忠瑞便自费打车及时将邮件送出，一年下来因公打车和摩托车加油需要2000多元。为了保证将邮件准确无误送到拆迁变址、变换门市名称等用户手中，王忠瑞出班时随身带着一个小本子，随时记录用户信息，救活了成千上万封的"死信"。同时，王忠瑞坚持对特殊用户进行重点掌握，如经常外出进货的个体工商户、白天锁门的上班族、托办事物的孤寡老人、迁入段区的农牧民工、新增加的用邮大户等，针对不同用户工作生活特点采取不同的投递时间，尽量让用户感到方便。这些特殊用户虽然使他付出了许多8小时以外的精力，却为企业增添了更好的经济和社会效益。

在信息化高速发展、报刊发行相对滞后的情况下，王忠瑞以"收订无止期，投递无禁区"为理念，在通过"清街洗楼"方式搞好一年一度报刊大收订服务的同时，还根据不同读者群热心向段上居民介绍相关报刊的内容和特点，不怕麻烦随时为用户办理报刊订阅手续，使段区内的订户逐年上升。2012年，王忠瑞所在的邮段，收订《人民日报》《内蒙古日报》《内蒙古商报》《内蒙古晨报》《锡林郭勒日报》《锡林郭勒广播电视报》等报刊40余种1300多份,收订《家庭》《草原》等杂志140余种3000多份。对于用户看过的旧报纸,他在年底争取集中收回送到废品收购站,今年他用卖废报纸的钱给用户赠订了55份《读友报》和《半月选读》。20多年来,王忠瑞先后收到旗委、人大和离退休老干部等用户写来的表扬信20余封,用真诚和汗水换来了用户的理解、信任和好评。

身为投递员的王忠瑞还有名片,名片上除了他的手机号码外,还有一句承诺"尽自己所能为您服务"。在王忠瑞的投递段道,谁家有事,一个电话打来,他就会及时赶到帮忙。去年冬天的一天,他发现独自生活的张大爷报箱已积压了好几天的报纸,便赶紧上楼探望,发现老人患病了,幸好发现抢救及时才转危为安。由于工作成绩突出,2011年10月,王忠瑞被正蓝旗邮政局任命为投递班班长。眼下,他带着投递班的两个兄弟,正走街串巷用灿烂的微笑传递着报刊信函,也传递着邮政人昂扬向上的人生信念。

抗战老兵宋玉的红色记忆

无论在哪个时代,沾染着鲜血的抗战史都是我们每个人不能忘记的,革命的胜利离不开每一位平凡的老兵,他们挥洒热血的英勇事迹,犹如一面面红色的旗帜,在历史的轨道上留下鲜艳的痕迹。按照盟网信办"清明祭英烈,听老兵讲故事"的活动要求,2016年4月5日,笔者采访了正蓝旗93岁高龄的抗战老兵宋玉,使我们有幸与他们共同铭记红色记忆,缅怀保家卫国的前辈先烈,传承抗战老兵铸就的革命精神。

1924年9月11日,宋玉出生在河北省赤城县马营乡的一个贫农家庭。5岁时随父母、哥哥和姐姐逃荒到宝源县三区的老米沟村,一家人靠给地主扛长活为生。9岁时,宋玉给地主和全村放猪,村里人都称他"小猪倌"。

1941年,宋玉的哥哥宋贵参加革命,成为八路军骑兵五师二团的一名战士。两年后,在哥哥的影响下,宋玉也成为宝源县三区老米沟村的一名民兵。因头脑灵活,无畏强敌,宋玉逐渐成长为民兵队队长。在距离老米沟7.5公里的地方便是日本鬼子郭嘴窑子据点,宋玉平时的主要工作就是组织民兵站岗放哨,保护当地百姓安全,为八路军主力部队收集情报,组织供应粮食和军鞋。

1945年4月份的一天,宝源县大队政委李洪亮化装成货郎,来到老米沟村,通过街头暗号联络到宋玉,告诉他八路军准备拔掉日本鬼子郭嘴窑子的据点,让宋玉把鬼子的布防情况侦察清楚,在最短的时间内把侦察到的情报传递给八路军,以便部队行动。

李洪亮走后,宋玉立即组织村中民兵研究侦察敌情的方案,经过仔细商讨,宋玉决定和两个民兵乔装"应夫"混入鬼子据点。当时,鬼子已经知道八路军要攻打他们的据点,正到处抓壮丁为他们加固城墙碉堡、修炮楼。所以宋玉和战友很顺利地就混入了鬼子据点。宋玉介绍,在那个非常时期,鬼子对每个干活的壮丁都很警觉,一旦发现哪个人不对劲就会抓起来严刑拷打或者杀头。为了不引起鬼子怀疑,宋玉他们卖力干活对鬼子毕恭毕敬,鬼子对他们渐渐地放松了警惕。宋玉和战友抓紧时机很快就摸清了鬼子的人数、布放情况、

武器装备等重要情报，并秘密接触到了掌管城门钥匙的老张，经了解，老张也是一个有良心的中国人，经过一番思想工作，老张答应配合八路军打开城门。三天后，宋玉他们顺利撤出鬼子据点，将情报送给了八路军。在掌握了鬼子据点详细情报后，八路军主力部队做了周密部署，几天后的一个夜里，八路军发动突袭，经过两个小时的激战，歼灭了据点的全部鬼子和伪军。这次战斗胜利后，为防止鬼子来老米沟村报复，宋玉组织民兵在村口的山包上栽了消息树，民兵轮流站岗，发现哪面来了敌人，就把消息树向反方向放倒，这样村中的老百姓就知道哪边没有鬼子，迅速向安全地带撤离，后来鬼子几次来到村中扫荡都扑了空。就这样，宋玉带领老米沟村的民兵保卫父老乡亲，支援八路军打鬼子，宋玉的家人也为抗战积极做着贡献，直到抗战胜利。宋玉的哥哥宋贵参加八路军后，在一次战斗中英勇牺牲在抗日战场上。

1946年秋，国民党发动全面内战，宋玉被调到宝源二五区，担任武委会战勤队长负责组织担架队支前。同年11月，国民党得知宋玉的姐姐是解放军的家属后，把她活活打死。1948年9月，解放军打响解放新保安战斗，宋玉组织1000副担架带领队员赶往战场救护，每天穿梭在枪林弹雨之中。一次，宋玉和3名担架队员在抢救一名腿部受伤的解放军战士时，敌人的一枚手榴弹落到了担架上，宋玉手疾眼快一把抓起手榴弹扔了出去，挽救了受伤的战士和担架队员。当时，宋玉被调到宝源县六区的张春围子(今太仆寺旗千斤沟)担任武委会教导员，在党的领导下，开始土改、建立村政权、发展党员、建立村党支部等工作。

1954年4月19日宋玉调到正蓝旗工作，他先后在哈叭嘎、阿日虎布担任区委书记、公社第一书记和书记，革委会主任，旗委农牧部部长、农林局局长、物资局书记，以及副旗长、人大常委会副主任等职务，1985年离休后享受副厅级待遇，为正蓝旗的经济和社会发展中做出了突出的成绩和贡献。

离休后，老人的生活规律有序，每天读报纸看新闻成为他生活中不可或缺的一部分，看到今天改革开放全面建成小康社会的大好形势，这位革命老前辈的喜悦之情溢于言表。据陪同采访的老人外甥女、旗委宣传部干部宋雷介绍，逢年过节老人都不忘给四世同堂的子女们讲历史、颂党恩、话发展，用积极的态度传达着他身上的红色正能量，用感恩惜福的诚心颂扬着当今美好生活的来之不易。当我们靠近老兵，走近老领导，倾听那战火纷飞的艰难年月，体会建设家乡的奋斗历程，敬佩之情由衷升起，从内心深处忍不住为革命老前辈点赞。

退伍老兵根登

　　根登，1931年3月10日生于正蓝旗卓仑高勒苏木敖林毛都嘎查一个普通的牧民家庭。1947年12月20日，年仅17岁在庙上给喇嘛打杂的根登报名参加了革命队伍旗保安队，后成为由正蓝旗、明安旗、太右旗3支保安队统一整编成的察哈尔盟东部联合骑兵大队的一名战士，配合内蒙古骑兵十一师、十六师及地方武装八十团，在当地进行了40多次激烈战斗，打击了国民党军队及其杂牌武装力量，清剿了地方土匪，保卫了地方革命政权和察哈尔盟解放区。由于作战勇敢表现突出，根登在部队服役期间，先后荣立个人二等功和三等功，获国家解放奖章一枚，并担任班长。1956年6月2日，根登从内蒙古骑兵第五师十三团四连一排三班退伍返乡。

　　因在骑兵部队骑技过人，驯马有素，1959年5月23日至29日，根登代表锡林郭勒盟马术班，参加了在呼浩特市举行的内蒙古第一届运动会，在1100名参赛运动员中，根登表现出众，分别以100分的成绩获得男子乙组超越连续障碍第一名，以1.20米的成绩获得超越高障碍第二名，以4.96米的成绩获得超越宽障碍第二名。比赛结束后，根登被留在了呼和浩特市，在内蒙古马术队从事教练和驯马工作。期间，根登曾为自治区主席乌兰夫的走马剪蹄疗伤，专门饲养照顾乌兰夫主席的走马，为乌兰夫主席工作休息之余在驯马场骑马时牵马备鞍，贴身服务，受到乌兰夫主席的赞赏。这是根登老人最高兴、最难忘的一段日子。1961年12月，因妻子身体不好需要照顾，根登又回到了家乡正蓝旗卓仑高勒苏木敖林毛都嘎查，担任大队民兵连长。1965年8月1日，根登代表正蓝旗民兵参加了全盟民兵比武大会战，获得夜间射击比赛优秀奖。

　　今年83岁高龄的退伍老兵根登，至今仍珍藏着他当年立功受奖的奖牌、证书和在部队服役期间佩带过的领章、帽徽和胸章。现被政府安置在旗敬老院安享幸福晚年。

土围子里的人和事儿

新中国成立前，正蓝旗哈毕日嘎的有钱人家，为防御土匪骚扰，先后建起了南围子、北围子和前半台围子。随着时间的推移和社会的发展变化，哈毕日嘎镇庆丰村和红星村所在地的南围子及北围子已不复存在。前半台村的围子虽饱经风雨侵蚀，但由于当地村民未在周围开荒建房，所以至今土围子仍保存较为完好。

前半台土围子位于哈毕日嘎镇前半台村一组，是1940年秋日伪时期一个被称作尹司令的人所建，他的妻侄儿薛跃庭当管家常年驻守在那里，为尹司令照管租放在前半台、毛家营子、二架子一带的6000多亩土地和牛群、羊群、马群。尹司令的这些地基本上都是与租地人二八分成，当时称种"二八地"或"分庄稼个子"。每年秋季收割完庄稼后，由薛跃庭领着人到地里清点麦个子，一般一码为50个个子，由收租人从中抽出几个大一些麦个子，租地人抽一些小点的麦个子，进行实地揉个子，用来计算出租地的产量和应交的租子。秋收后以此为依据，收租人收2个麦个子的粮食，租地人留8个麦个子的粮食。

前半台围子占地5亩，呈正方形，长和宽各800多米，围子由黄土和胶泥夯筑而成，墙体宽1米、高6米左右，西北角和东南角各有一个炮楼，炮楼上下各留有两个打枪的枪眼，起着上打远下打近的作用，枪眼位置和枪体使用过的痕迹明显。当时，尹司令为薛跃庭配有两把匣子枪，为10多名家丁配有4只捷克式长枪，当地村民和大户人家均住在土围子里。

据74岁的村民赵举仁介绍说，尹司令为人豪爽，具有爱国之心。日本鬼子投降前，他曾准备率众起义，投奔在宝昌一带活动的抗日队伍，结果引起日本人怀疑，以开会为名将他叫到张家口并软禁起来，每天只给他两碗稀粥不让吃饱，两个月后鬼子没查出什么证据，又一日三餐给他吃鸡鸭鱼肉，结果活活把一个尹司令给撑死了。尹司令的管家薛跃庭身高力大，骑有一匹叫"黑旋风"的大枣红马，跑来跑去。新中国成立前，薛跃庭带着老婆孩子从前半台往宝昌运送财物，半路上被我军抓获，后被判入狱劳动改造。昔日的土围子里的人和事儿已经远去，留下一段不可重写的故事，故事的结局最终怎样已不重要，重要的是这里曾经有过兴盛与辉煌……

昔日参战剿匪立功受奖
转业后手握羊鞭知足常乐

在正蓝旗上都镇青格勒图嘎查,提起82岁的老人崔福有,人们都夸他是个经验丰富的好羊倌,很少有人知道这个貌不惊人的老人,还曾有过一段光荣的革命历史。

1931年2月18日,崔福有出生在河北省丰宁县三区石栅子村。1947年3月,年仅17岁的崔福有在家乡报名参军,成为中国人民解放军第四野战军第八纵队45军133师399团的一名战士。在部队战前动员和表彰大会上,他曾亲眼见过邓小平、刘伯承和林彪。因工作出色,作战勇敢,崔福有曾两次荣立个人三等功,荣获解放华北、华中南、全国和中央访问团赠送的纪念章。

据崔福有老人介绍,当时解放军的征兵政策是自愿报名,家中有3个男孩儿的不征有2个男孩儿的,家中有2个男孩儿的不征有1个男孩儿的。崔福有家中兄弟3人,所以他当兵很顺利。刚参军时,崔福有在连里当战士。首长看他个子小,背长枪行军打仗吃力,便将他调到团部当通讯员。当时,399团是45军的主力团,团长白滨、参谋长郭富田都是参加过长征的老红军。崔福有曾随部队参加过辽沈会战、攻打锦州、解放天津等重大战役。据老人介绍,当时解放区的老百姓踊跃参军,部队是人多枪少。为了搞到枪支弹药和避免不必要的人员伤亡,解放军白天躲开敌人的飞机进行休整,夜里派出机警有力的战士悄悄摸到敌人的哨兵身边,用事先准备好的小绳在敌人脖子上一勒,只能勒昏不能勒死,战士们管其叫作"背死狗",也就是现在电影里说的"抓舌头"。问清情况后趁敌人未换哨之前冲进去,每次都可以缴获一批枪支弹药。对于被俘虏的国民党士兵,愿意回家的发给路费,不愿走的原来是炮兵的送炮营,会使机枪的发给机枪。这些被俘的国民党士兵得到我军的信任后很受鼓舞,掉转枪口就成了一名勇敢的解放军战士。为了预防万一,每次团部送信,都派两个通讯员带着同样的情报。有一次,崔福有和战友张克力给三营送达战斗命令,在路上遇到国民党的一个排,他让张克力朝着部队驻扎的方向跑去送信,自己将身上带的情报吃进肚子里,利用夜色和敌人周旋起来。战友送到情报后,部队派出一个班将他救了回来。

据崔福有老人介绍，和国民党正规军作战，虽然打得艰苦激烈，但部队首长指挥果断，战士们作战勇敢，后方支援有保障，所以很少吃亏。最令他难忘的还是参加在广西十万大山、震龙山等地的剿匪战役。当时，国民党残部和土匪勾结在一起，依仗崇山峻岭和茂密的杂草森林，躲在暗处搞破坏。一次，崔福有和80多名战友去围剿一支120余人的土匪。部队分成小组悄悄向山上爬，山坡上到处长满了带刺的金针草，战友们都用步枪刺刀一步一个坑地向上爬，崔福有使的是快慢机手枪，只能用枪管点着往上爬，由于枪管没有刺刀无法向地下扎得很深，结果他从山上滚了下来被摔伤。还有一次，崔福有和部队在当地一个镇子里发动群众，土匪混在赶集的群众中向他们突然开枪，致使崔福有右腿中弹受伤。

1954年11月26日，崔福有响应国家号召，从湖北省军区干部文化学校退伍还乡。因在当地种地吃不饱，1959年5月，崔福有和妻子从老家来到正蓝旗上都镇青格勒图嘎查。在这里，他先是给生产大队放羊，包产到户后又给牧民家放羊，风里来雨里去一干就是28年。虽然他的许多战友后来都留在了城市，有的还成了领导干部，但崔福有老人对自己的选择无怨无悔。他说，自己现在吃得饱穿的暖，每月还有政府发给的700元老复员军人补助，生活上有老婆孩子照顾，比起那些在战场上牺牲了的战友，他已经感到很知足了。

田野里的"美食"

小时候,也许是因为吃不饱,或者是由于淘气,所以经常和小伙伴到野外寻吃的,现在想起来仍然十分有趣。

挖"阳气葱"

俗话说"饿不死的僧,冻不死的葱"。每到春天,在生产队的菜地里,那些秋天曾被挖断埋在地里的葱,便会重新冒出茎白叶绿的"阳气葱",又称"羊角葱"。我用铁锹将它们挖回,全家人啃着玉米面饽饽,喝着金黄的小米粥,"咔哧咔哧"地嚼着大葱,蘸着大酱,那叫一个香啊。尽管有时也被辣得流出了眼泪,但还是吃了上口想吃下口。对一时吃不完的"阳气葱",便找个旧洋漆盆,在寻点土和羊粪末,把那些还不到半筷子长的葱栽上,浇上水,再放到炕头上想啥时候吃便啥时候吃。不仅如此,一盆葱长在家里,还给人以小日子过得红红火火、生机勃勃的感觉呢!现在,有了大棚温室,别说大葱、小葱、阳气葱,就是寒冬腊月,吃茄子、辣椒、豆角、黄瓜,也是平常事了。

烧麦穗

秋天麦收的时候,学校组织学生到生产队的地里拾麦穗。顶着烈日,我们半裸着身体,皮肤晒得黝黑黝黑,脊背上被晒得起了一层白色的浮皮,身上被麦芒扎得就像是被蚊子咬了一样。那时是大集体,社员们是出工不出力,所以被割过的庄稼地里到处都是麦穗,一天能拾很多把。趁老师看不见,我们就在路边烧麦穗吃,手和脸被熏得像包公。秋天也是老鼠和人抢粮食的季节,它们同样也在"深挖洞广积粮",储存了不少好东西。我们拾完麦穗后,就在地里挖老鼠洞。老鼠很狡猾,每存满一个大洞,便把通往这个洞的路堵得严严实实。麦垛底下的老鼠大多是"富裕户",洞内粮食都是满满当当的。

那时, 拾到的麦穗都统一交给了生产队, 挖回的"鼠粮"可以自己带回家, 喂鸡下蛋换零花钱。

抓小鱼

离村很远的山沟里有一条小河, 暑假里我和小伙伴来到河边, 挽起裤腿脱掉鞋子, 甩下小褂光着脊梁去抓鱼。首先, 我们用铁锹沿着河边挖开一个小渠, 让上游的水从新开的水渠流到一个小坑里, 然后用脸盆将小坑里的水往外舀, 那些小鱼便再也无处可逃。抓到小鱼后, 大家那个兴奋劲就别提了, 吵着闹着喊着, 幸福的童音在大山里回响。回家后, 吃完那煎酥了的小鱼, 舔着嘴上的余香, 躺在大炕上睡梦里还在抓鱼呢。

童年已经过去了, 虽然生活困难, 但是丰富多彩, 留给了一代人贫穷而快乐的记忆。如今, 想吃什么有什么, 但不管怎样, 总觉得不是儿时的那种味道。

山东农民解鹏业徒步行走正蓝旗

　　"只有心灵和身体都在旅行的人才是真正自由的，梦有多远，脚步就有多远，让希望之路陪伴自己生活的每一天，从中超越自我，感悟人生。"这是山东省即墨市华山镇柳沟二村青年农民解鹏业徒步行走中国的人生格言。

　　被誉为中国第一位农民徒步旅行家、探险家、摄影家、自由撰稿人的解鹏业，出生于1980年12月，从小就向往着能像明朝的徐霞客一样，走遍祖国的山山水水。2001年，他曾骑着单车横穿中国。2003年6月27日，解鹏业以山东青岛为起点，开始徒步行走中国，宣传低碳出行，考察民俗风情，拍摄自然风光，撰写各类文章。目前，解鹏业已徒步行走了全国24个省市自治区，行程2万多公里。在路上已行走了9个年头的解鹏业，拍摄照片上万张，把旅途的所见所闻写成了20余万字的书稿《远路无境》和《跋涉的日子》。

　　2012年8月2日，解鹏业从青海省一路风雨兼程，徒步来到内蒙古锡林郭勒盟正蓝旗。对于内蒙古这片大草原来讲，解鹏业并不陌生，2008年9月他曾经徒步到过呼和浩特市。这次，得知元上都遗址成功申报为世界文化遗产，解鹏业又背负着指南针、行李、帐篷、照相机、方便面、咸菜干等20多公斤重的装备，徒步来到元上都遗址所在地正蓝旗。闻名中外的元上都遗址、美丽的金莲川草原、灿烂辉煌的上都文化、独特的察哈尔民俗风情和令人流连忘返的自然景观，无不让解鹏业感到不虚此行。谈到对元上都遗址的印象，解鹏业说："来到正蓝旗的这些天里，这里热情淳朴的民风和博大精深的文化底蕴深深感染着我。通过导游讲解，我了解到元上都遗址是13至14世纪亚洲北方游牧与农耕两大文明在百年碰撞与融合中，形成的具有文化融合典范价值的草原都城遗址，在世界文明史和城市规划设计史上拥有独特的地位。我这次来，就是要用徒步这种方式，表达我对元上都遗址申遗成功的祝贺和对这片圣地的敬重。"

　　8月9日，解鹏业迈着他坚定的脚步又踏上了新的旅程。一个怀揣梦想的农民，别离亲人和故土，孤身一人一年四季风餐露宿行走在祖国辽阔的大地上，他所承担的、所付出的、所面对的一切，无不令人感动。解鹏业，草原人民真诚地祝福你一路向前！

全新改版后的《锡林郭勒日报》让人眼前一亮

收到2013年2月1日全新改版后的《锡林郭勒日报》,总的感觉是版式清雅,内容精彩,好看耐读,让人眼前一亮。

作为一名30多年来自费订阅《锡林郭勒日报》的老读者和驻站记者,纵观改版后的各期《锡林郭勒日报》,给人最直接的感观就是报纸变窄了,报道面却更宽了。报纸"瘦身"后,不仅在外形上显得更加苗条,清秀雅致,疏朗美观,便于读者阅读携带,节约纸张,符合环保要求,同时也使报纸版面语言变得更为简洁,文章更富有灵性,给人以美感。改版后的《锡林郭勒日报》,不见了竖排标题,通过醒目的大横标题、大图片、多图片,用明显的框栏作为区分文章的框线,使报纸版面显得更加规整。内容依托形式,形式表现内容,浓眉大眼的居中报头,也给读者产生了强大的视觉冲击,体现出了报纸的"权威成就影响力"。在头版下方所设的固定导读栏,可以使读者在最短时间内找到自己想要看的内容,使报纸的易读性得到加强,标题新闻更是让读者对新近发生的区内外大事一目了然。文章标题均以无铺底的黑色标宋体为主,彰显出了党报的权威性。改版后的《锡林郭勒日报》,由原来的4块版增加到8块版,其报序为A1至A4版和B1至B4版,这不仅表明报纸本身对新闻陈列的排序,同时也影响着读者看报纸的顺序,方便了读者对报纸资料的查找、收集和使用。8个版面都变成了彩版,图片更加美观大方清晰,让读者看着舒服。除1版外,各版都署上了主编、责任编辑和版式设计者的姓名,便于读者监督和通讯员投稿。改版后的《锡林郭勒日报》,还新增了"新农村新牧区周刊""百姓生活""关注·服务""民生周刊""民生·热线"等版面专栏,将"经济周刊""国防"等专刊进行整合,在加大新闻容量的同时,也使得版式变得清爽简约,版块清晰明朗,新闻视野更开阔,报道深度更厚重,关注民生更具体,地方特色明显增强,体现出了党报的权威性与服务性并重的特点。通过增加"摄影天地""书画艺廊"等专版,以镜头和笔墨的形式压缩文字张扬视觉,在提供第一眼新闻实景、彰显文化艺术的同时,也给读者带来美的享受,新闻表现力更好,文化气息更浓。

变化是创新的开始。我认为《锡林郭勒日报》这次改版,可以说是围绕着读者和市场这两个报纸发展的核心进行的,有了读者就会有市场,有了市场就会有更多的读者。改版后的《锡林郭勒日报》,从形式上看,报纸变窄了,更秀气了;从内容上说,报道的内容和视觉却变宽了。本次《锡林郭勒日报》改版,改变的绝不仅仅是报纸版面的本身,而是一次党报的思想解放,一次从形式到内容上更加贴近读者、聚焦百姓,更加服务社会、直面市场的创新实践,改出了新作风、新文风、新版面、新形象,是主流媒体对人民群众新需要、新期待的积极回应,也是党报增强舆论引导和传播力的又一次与时俱进。改版后的《锡林郭勒日报》,用质朴的语言、鲜活的事例,通过新版面、新文风发出了锡林郭勒的好声音,使报纸的努力方向与全盟党员干部群众倾注的方向越来越近。祝愿改版后的《锡林郭勒日报》,在广大读者的关注和厚爱下不断开拓创新,一路前行。

写给《读者》

因改版需求，从2013年3月4日起，由申玉全老师编辑的原《锡林郭勒日报》的《通联之页》改版为《读者》，从已拜读的两期《读者》来看，感到变化很大，看点很多。

过去的《通联之页》文章内容仅仅面向广大通讯员，现在的《读者》内容面向的是广大读者。事实上，通讯员也是读者，读者也是更大范围和意义上的通讯员。在近两期的《读者》中，刊发了全盟各地5名驻站记者和读者所写的评报文章。这些驻站记者都来自基层工作生活第一线，他们所写出的评报文章，是在深入调查读者心声的基础上，对报纸改版后的一种真实反映，所发感言虽然角度不一，但出发点都是为了使《锡林郭勒日报》办得更好，这种来自读者的声音，是《读者》专版的一大亮点。希望在《读者》的"评报台"上，今后能看到更多有针对性的读报评报文章，以提高广大读者的欣赏水平和写作能力。

另外，《读者》中的"好稿评价""专家指点""典型人物""通讯员讲台"等栏目办得也不错，希望能够有更多的新人新作参与互动，全方位提高《读者》的影响力，使其成为读者与报社之间心心相印的载体。相信在广大读者的共同努力下，改版后的《读者》一定能够更加贴近实际、贴近生活、贴近群众，引导广大新闻工作者，把体现党和政府的要求与反应人民群众的心声连在一起，为广大驻站记者、特约记者和通讯员服好务，用更加充实的内容，赢得社会各界读者的喜爱。

《上都新闻》——创刊词

金秋草原，秀美如画；发展的洪流，汹涌澎湃。在旗委、政府的高度重视和大力支持下，经过一段时间的紧张筹备，2008年10月15日，《上都新闻》创刊号同广大读者见面了。

《上都新闻》是旗委机关刊物，是一张面向全旗党员干部和各族群众的综合性地方刊物，本刊对开4版，每月分蒙汉文版各出2期。《上都新闻》以邓小平理论、"三个代表"重要思想和科学发展观为指导思想。她的任务是旗帜鲜明地宣传党的方针路线和政策，围绕旗委、政府工作中心，报道反映旗改革开放和文明建设中涌现出的先进典型、成功经验和新事物、新成就，反映广大群众的呼声、建议和要求，宣传科学文化知识，传播市场经济信息，活跃群众文化生活，为构建和谐正蓝旗服务。

《上都新闻》在旗委、政府的领导下，坚持"以科学的理论武装人，以正确的舆论引导人，以高尚的精神塑造人，以优秀的作品鼓舞人"为办报宗旨和办报方向，努力贴近群众，贴近生活，贴近实际，指导实践，服务基层，全心全意为广大读者服务。《上都新闻》突出上都文化特色，以丰富的内容和活泼的版面反映全旗各族人民群众多姿多彩的工作、学习和生活。通过及时传达旗委、政府的会议精神，反映全旗各部门、各地方和各条战线上的工作动态和先进经验，引导全旗各族干部群众进一步解放思想，更新观念，求实创新，开拓进取，科学发展，发挥指导实践、推动工作的作用。

毛泽东同志曾在《中国工人》发刊词中精辟地指出："一个刊物既已办起来，就要当作一件事办，一定要把它办好。"

今天，《上都新闻》创刊于一个全新的发展时代，在旗委、政府的正确领导下，在社会各界和广大读者朋友的支持和帮助下，我们有能力、有信心，把《上都新闻》办好！

情系《上都新闻》报

当2013年的阳光洒向吉祥的金莲川草原，新年第一期《上都新闻》报恰逢出刊100期，油墨的清香带着真诚的祝福，让我们向读者朋友们道一声——新年好！

时间过得真快，紧张忙碌中《上都新闻》已出刊100期了。打开书柜，取出存放的各期《上都新闻》，期期都感到是那么亲切，因为在这上面有着自己所付出的辛劳和汗水。

2008年8月4日，我在陪同朋友从林场返回途中，得知旗委宣传部让我到旗委机关报上都新闻报社从事采编并负责日常工作。当时，我正在一家企业担任副经理，工资高待遇也好。虽然到报社工作时间紧、任务重、责任心大、工资也不高，但我还是二话没说就答应了。因为从1981年9月11日我在《锡林郭勒日报》发表第一篇新闻作品起，我便与党的新闻事业结下了不解之缘，是党报党刊伴我走过了人生的每一步，教育我成长，帮助我进步，同时也潜移默化地影响和改变着我的人生，我愿为党的新闻事业贡献出自己的全部力量。

在旗委、政府的关心支持下，在旗委宣传部的直接领导下，在全旗广大读者和通讯员的厚爱中，2008年10月15日，散发着油墨清香、凝聚着大家心血和汗水的《上都新闻》报创刊号出刊了，大家看了一遍又一遍，多日辛苦劳累在那一瞬间一扫而光。四年来，我们紧紧围绕旗委、政府中心工作，深入报道反映全旗改革开放、两个文明建设和科学发展中涌现出的先进典型、成功经验和新事物、新成就，及时反映广大群众的呼声、建议和要求，宣传普及科学文化知识，传播政策和市场经济信息，成为正蓝旗宣传思想文化战线上一块较有影响的舆论阵地和各级党委、政府与群众沟通的桥梁纽带，在全旗广大读者中产生了积极影响，赢得了社会各界和上级有关领导的好评，被旗委、政府评为全旗对外宣传工作先进集体。

一分耕耘，一分收获，在此期间，由于工作成绩突出，我先后连续三年被旗委、政府评为全旗对外宣传工作先进个人，并被推荐为旗政协委员。同时被评为全旗先进工作者、全盟外宣工作先进个人。借此之机，我们衷心地希望各位领导、广大读者和通讯员朋友，一如既往地对《上都新闻》给予更多的关心和支持，帮助我们进步成长，共同把《上都新闻》办得更好。

来自读者中的感动

不知不觉，《上都新闻》报创刊五周年了。

五年来，中共正蓝旗旗委机关报《上都新闻》之所以能够顺利坚持和发展下来，一方面得益于旗委、政府的正确领导和大力支持，另一方面也离不开广大读者的关心与厚爱。旗内外许多热心读者的真诚关注，无时不在打动和温暖着我，成为我工作中的强大精神动力。

自《上都新闻》报创刊以来，旗"上都在线"网站就一直给予无私的关注与支持。每期报纸的内容，"上都在线"都会同时在国际互联网上发布，使读者可以随时随地在网络和手机上读到《上都新闻》报，提升了报纸的宣传效果和社会影响力。陈志钢是上都镇一名普通的废品收购人员，在收废品时他无意中看到了《上都新闻》报，便开始留心收藏起来。有一次，他在旗蒙医院附近的一家商铺内，发现了《上都新闻》创刊号，他便和店主商量，用3元钱买回了这份报纸。在《上都新闻》报出刊百期之际，陈志钢还有16期没有收藏齐。2013年1月18日，他到编辑部找我说明情况，我感动地马上为他找齐了各期《上都新闻》报，并向他赠送了我自费印制的"纪念《上都新闻》报出版百期"日记本。回家后，他将1至100期《上都新闻》报装订成册，用牛皮纸做好封皮，托旗内书法爱好者在封皮写上"《上都新闻》报百期合订本"，精心收藏了起来。旗电力公司业余歌手鲍海玉在没结识《上都新闻》报之前可以说是没有订报读报的习惯。2012年5月15日，她自费出版全国首张用汉语演唱察哈尔民歌专辑的事情被《上都新闻》报道后，该篇文章不仅被《内蒙古日报》《内蒙古晨报》《内蒙古商报》《锡林郭勒日报》《锡林郭勒广播电视报》等报刊采用，同时还引起了新华网、人民网、凤凰网、中国民族宗教网、华夏遗产网、中国古曲网等知名网站的关注。经媒体报道后，鲍海玉不仅得到了电力系统领导的帮助和支持，同时还有幸应邀参加了在北京等地举办的演唱会，这不仅激发了她传唱察哈尔民歌这一优秀非物质文化遗产的热情，同时也使她有了读书看报、关注党报党刊的热情。为了感谢《上都新闻》报对普通百姓的关注，鲍海玉在2012年6月由中国和平音像电子出版社出版的察哈尔民歌光盘"歌手简介"中,特意加上了"感谢《上都新闻》报"的字样,以表达一个普通读者对《上都新闻》报的关爱。本报热心读者,旗交通局干部秦魁俭,主动为本报组织的出版百期庆祝活动提供赞助,确保了活动的圆满成功。

期间,本报曾以《朝阳村有个烈士洼》《残疾女孩儿的文学梦》为题,分别报道了哈毕日嘎镇朝阳村农民义务守护无名烈士墓64年,希望政府有关部门立块碑和哈毕日嘎镇大营子村残疾女孩儿张慧婷身残志坚、渴望站起来的美好愿望。文章发表后,在社会上得到了广大读者的高度关注和好评。在旗有关部门的重视下,朝阳村原无名烈士墓被修建立碑,并被认定为我骑兵16师一团二连指导员云晨光等13名烈士牺牲和战斗过的地方,成为正蓝旗旗级文物保护单位和爱国主义教育基地。张慧婷本人也得到了社会各界好心人28.6万元的捐助,在广州医院得到了康复治疗,发挥出了很好的宣传效果,进一步提高了《上都新闻》在广大读者朋友中的影响。本报在引起旗内读者热情关注的同时,通过"上都在线"网站的对外宣传,也引起了区外读者的认同。2010年3月30日,北京市和陕西咸阳集报爱好者许言权、戚峰专程来到正蓝旗收集各期《上都新闻》报,用于其"国庆60周年专题全国巡回集报展"。湖北读者胡春晖来函索取《上都新闻》报创刊号,原旗委常委、宣传部长那顺巴雅尔亲自为他签名赠报,在全国集报界传为美谈。

五年来,作为旗委机关报的《上都新闻》,发挥了宣传党的主张、弘扬社会正气、通达社情民意、引导社会热点、丰富文化生活、搞好舆论监督的重要作用,赢得了读者的喜爱和信赖。时代在前进,社会在进步,需求在变化,追求无止境,在今后的日子里,我们将进一步深入基层,接通地气,倾听呼声,创新报道,从群众的生活中捕捉鲜活的报道素材,反映人民真情实感,用清新的文风、质朴的语言、鲜活的事例,把报纸办得更加吸引人、感动人、教育人、鼓舞人。

其木格的"绿色之梦书屋"

她喜欢做梦，梦让她看见窗外的星光，梦让她看到草原上的彩虹，梦引导她去追求一个又一个目标。记得有位诗人说过"没有梦想的人，她的世界是黑暗的"。

从小就对文学有一种挚爱之情的其木格，1986年5月高中毕业后，从赤峰来到美丽的正蓝旗草原。为了实现自己的人生价值，同时也为了给广大少数民族读者提供更多健康有益的精神食粮，她用自己打工挣来的两万多元钱，订购了《婚姻与家庭》《祖国各地蒙古族》《成吉思汗》《忽必烈》等3000余册蒙古文书刊及部分少数民族音像制品，在上都镇租房办起了一个书屋，并起了一个清新自然而富有诗意的名字——"绿色之梦书屋"。

"绿色之梦书屋"在其木格的辛勤经营下，很快便有了一定的经济效益，她购买了临街商铺楼，添置了录像机、照相机，搞起了民族婚礼摄像、民俗风情摄影等业务，但这并不是她"梦中"的全部，她要用书屋的经营收入，使她的"绿色之梦"变得更加美丽。

2000年10月13日，由其木格投资7200元自费主办的以"珍爱绿色、保护草原"为主题的绿色之梦歌咏有奖比赛在上都镇举行。一封封邀请函从她手中发出，这些信都是写给那些不曾见过面的笔友的。她没有想到，这些信息通过笔友一传十、十传百，会有那么多文学爱好者走进她的"绿色之梦"。来自呼和浩特市、包头市、集宁市、呼伦贝尔盟和锡林郭勒盟旗县市的38名文学爱好者参加，120余人前来观看比赛。在本次比赛活动中，其木格不仅为17名获奖选手颁发了2000元奖金，为所有参赛选手发了纪念品，同时还为4名生活困难的文友赠送了书籍、购买了返程车票。前后3天活动，交流表演朗诵诗歌、歌曲108篇(首)，她让社会感受到了"绿色之梦"的魅力……

2005年6月1日，其木格又拿出2600元的蒙文图书，对旗蒙古族小学、桑根达来镇蒙古族小学的20余名多才多艺的学生进行奖励。为纪念建国60周年，2009年她又出资3万余元，通过内蒙古蒙根杯民族音乐文化学社制作了自己朗诵纳·赛音朝克图等当地蒙古

族诗人作品的光盘,该光盘2009年6月将由内蒙古音像出版社出版发行。曾荣获全旗首届蒙古语文艺作品大奖赛朗诵三等奖、全区明安图星诗歌朗诵比赛优秀奖、内蒙古民族青少年杂志社优秀发行员等荣誉称号。现已成为内蒙古摄影家协会会员的其木格,她的绿色之梦,正在脚下延伸……

朋友相约看国门

　　带着对祖国北大门的神圣向往，2013年7月18日，我和朋友孙广元、曹喜泉等一行9人，包乘专车由上都镇一路北行，来到了位于内蒙古自治区正北部的二连浩特市。二连浩特市是我国对蒙开放的最大公路、铁路口岸，历来是我国北方的通商要道，有"茶叶之路"和北方"丝绸之路"之盛名，也是世界闻名的"恐龙之乡"，1992年被列为我国首批13个对外开放的沿边城市之一。

　　二连浩特是蒙古语的汉译音，"二连"原名"额仁"，沿用市郊"额仁达布散淖尔"之名，是牧人对荒漠戈壁景色的一种美好描述，意为海市蜃楼。"浩特"是蒙古语城市的意思，因此二连浩特被称为"斑斓湖之城""幻影之城"，同时也可理解为"五彩斑斓的城市"。二连浩特市气候干燥，降水稀少而蒸发量极大，属典型的荒漠化草原。《史记》《汉书》等称它为大漠瀚海，使之成为历代漠南与漠北的地理坐标。

　　二连国门被誉为中国的北大门，与异国风情浓郁的蒙古国扎门乌德市隔界相望，两市相距9公里。现国门建成于2007年，国门长71米、宽13米、高21米，门楣上嵌有"中华人民共和国"7个红色大字和巨大的国徽。国门主体建筑共4层，为浅白色砖混结构，其中一层为纪念品专区和管理服务中心，二层为二连浩特市发展史和中蒙友好发展史馆，三层设国门景观展示区，四楼为露天观景台。楼顶雅致敞亮并环以围栏，凭栏远眺，向北可见具有俄罗斯建筑风格的蒙古国边城扎门乌德市，东西是一望无垠的大草原，向南俯瞰北疆明珠二连浩特市尽收眼底。国门下的中蒙列车轨道，是连接蒙古国乌兰巴托、俄罗斯莫斯科和祖国首都北京的陆路交通大动脉，被誉为连接欧亚大陆的桥头堡。矗立在中蒙边界二连至扎门乌德口岸铁路两侧的815（1）、815（2）和816（1）、816（2）号界碑，是中国边界站点唯一的一处双号双立界碑，它距二连浩特市和蒙古国的扎门乌德市均为4.5公里。在大理石的碑身上，两面分别嵌有中蒙两国镀金国徽，气派非凡。2003年8月15日，中蒙两国外交部副部长张业遂、巴特包勒德亲临中蒙边境，为815（1）号界碑揭幕，同时宣告中蒙两国边境线上长达40年之久的357号界碑已完成了它的历史使命光荣退役，该界碑现珍藏在中国历史博物馆。

二连国门旅游景区地处二连市区北部军事区，占地约130万平方米，目前为国家3A级旅游景区。内设人员迎宾区、沿途引景区、火车纪念广场区、国门参观区、军犬训练参观区和界碑参观区。在这里，雄伟壮观的国门、庄严肃穆的界碑、造型别致的联检通道、绿色神秘的边关哨卡，形成了祖国北大门特有的边境风景线，每天都吸引着大批中外游人，成为集旅游观光、军旅体验和爱国主义教育为一体的综合性景区，令人流连忘返。

牧民之家乳香飘

在正蓝旗第七届传统察干伊德文化节上，来自全旗各苏木镇的19家传统奶食品加工企业的代表和牧民，在洁白的蒙古包内现场展示制作出了奶豆腐、图德等传统奶制品。其中一名身着蒙古族传统服装，肤色黝黑的中年妇女略显紧张，她就是第一次参加比赛的上都镇侍郎城嘎查牧民其其格。虽然其其格最终只是在这次比赛中拿到一个纪念奖，但她仍然感到很开心，因为她家已靠制作出售传统奶食品走上了一条致富路。

其其格和丈夫苏德巴特尔原在宝绍岱苏木哈拉盖图嘎查养牧，2001年3月全家搬迁到离旗政府所在地上都镇仅4公里的侍郎城嘎查，借贷4.2万元买了3头奶牛舍饲养殖。由于当时奶牛价格高、饲养成本高、养殖规模小、奶价低、售奶难等原因，所以很多牧户渐渐放弃了奶牛养殖，而其其格却靠制作出售传统奶制品坚持了下来，现已发展成为拥有奶牛30头多。2011年8月，苏德巴特尔又牵头组织当地7户牧民成立了奶牛养殖专业合作社，现存栏奶牛210头。自2011年以来，市场奶源开始紧张，奶价逐年上涨，旗内外一些做奶食品的小厂因无自己的奶源基地出现"断奶"，急的到处寻找奶源，而其其格家由于形成了养殖、加工、销售链条，又有嘎查牧民奶牛养殖专业合作社做后盾，奶源供应和质量有保障，生产起来自然得心应手。现在，苏德巴特尔每天负责养奶牛，其其格在家做奶豆腐，每天按传统方式加工出来的30多块奶豆腐不出家门便被当地居民抢购一空，年纯收入达到14.4万元，月均1.2万元，收入高了夫妻俩自然干得是越来越有劲。

每天早晨4点多，夫妻俩便开始顶着星星起床，丈夫苏德巴特尔挤牛奶，其其格升火做奶豆腐。其其格将提取稀奶油后剩下的稠状酸奶倒入锅内温火煮熬，待乳清完全分离出来后用纱布过滤尽乳清，再把剩下的固态奶在热锅里反复用勺背搅拌，直到凝固成为一体，然后装入模子成型，整个制作过程可以说是伴随着草原上的阳光、新鲜的空气和牧人的喜悦来完成的。

据其其格介绍，一般情况下，夏天13至14公斤鲜奶出1公斤奶豆腐，冬天10至11

公斤鲜奶出1公斤奶豆腐，冬天做奶豆腐要比夏天挣钱。现在每做1公斤奶豆腐成本价是46元钱，如果市场售价低于这个数目，建议大家还是别买为好。"传统奶食品的质量绝不能丢，这是我们的命根子，蒙古族有一句格言叫最值得称道的食品是奶食品，最值得信赖的品质是诚实。要想做好奶豆腐，首先要学会做人。"苏德巴特尔如是说。

刘志昌：让咸菜腌出好日子

　　如同四川人爱辣、山西人喜酸一样，咸菜则是北方老百姓餐桌上一道必不可少的"压桌菜"。有的人不吃大鱼大肉还行，但如果没有咸菜便会食欲大减。正蓝旗哈毕日嘎镇北台村二组的刘志昌便瞄准了这一行当。

　　今年41岁的刘志昌，初中毕业后一直在家务农，看到别人都外出打工创业挣钱，他渐渐也有了走出去的想法。2013年4月，刘志昌带着老婆孩子一家4口来到上都镇，用多年攒下的3万元钱租了几间平房，找来了20多个大大小小的咸菜缸，搞起了农家传统咸菜腌制。

　　刘志昌从小便帮母亲腌过咸菜，知道当地人爱吃咸菜疙瘩，于是他先试着淹了一小缸"大疙瘩"。第一次上街送货他非常紧张，生怕卖不出去。没想到，三天时间便卖光了，净赚200多元，这让夫妻俩十分惊喜。

　　从这以后，刘志昌每天上午给菜铺、饭店送咸菜，下午和妻子在家里腌咸菜，品种从单一的大疙瘩，发展到腌芹菜、胡萝卜、芥菜英、韭菜花、葱叶、香菜等品种。具有浓浓的乡野气息和田园风情的"阿昌小菜"，让许多搬到城里的"乡下人"，又找到了回家的感觉。月均5000多元的收入，让刘志昌一家的日子渐渐有了起色，已念初中的女儿兜里也开始有了零花钱。

　　开春后，刘志昌准备回村里种上20多亩胡萝卜和芥菜疙瘩，他说这样腌出的咸菜吃得放心，还能降低成本，多挣些钱。

老崔的农家院

今年54岁的崔亮，1979年7月从正蓝旗哈毕日嘎镇高中毕业后，因母亲身体不好，家中生活困难回到民乐村务农。由于小伙子待人有礼貌、乐于助人，所以自1980年至2008年，他先后当选为村团支部书记、村委会主任和党支部书记。

2008年8月，崔亮自愿申请从村干部的岗位上退了下来，将岗位让贤于年轻人，响应政府号召转移进城搬到了上都镇。他针对消费者吃腻了大鱼大肉开始钟情于"农家饭"，在饮食生活上出现怀旧心理的特点，将自己在居民区购买的平房改成农家院，10间隔开的雅间分别以"东队""梁后""南滩""北涯"等民乐村自然村组的名称命名。室内摆放着他成家后用过的煤油灯、手电筒、大红柜、收音机、缝纫机等老式家具和用品，门窗玻璃上贴着手工剪的窗花。推出了农家炒鸡蛋、土豆丝、猪血肠、杀猪菜、拌野菜、土豆饼、蒸夜面、荞面条等农家系列食品。朴实的话语，热情的服务，干净的房舍，美味的小菜，让人不出城就有一种回到乡村的感觉。在管理上，老崔充分发挥他当过"村官"的优势，安排妻子曲金枝负责配菜和面案，儿子崔艳明干厨师，儿媳专职为他哄孙子，自己当服务员兼采购，挣了钱一家4口平均分配。虽然每天起早贪黑一家人都很累，但孩子听话孝顺，老两口互敬互让，生活踏实知足，一家三代其乐融融，着实让人羡慕。

几年下来，凭着微利实惠、特色服务和吃苦耐劳，老崔的农家院越办越红火，家里每个人的经济收入都不比上班族差。崔亮说，开办农家院是增加转移进城农民收入的一个好途径。崇尚传统，融入自然，体现中华传统农家生活特色是他开办农家院取得成功的关键。下一步，崔亮将从生活在村里的乡亲们中，找几户人家帮他在村里种种菜、养养鸡、喂喂猪，把村里变成农家院绿色食品供应基地，让在村里生活的乡亲们也增加些收入，保证客人们吃到地地道道的农家饭。

拉·阿拉腾其其格把蒙古族长调
从大草原唱到了北京城

2012年8月24日至27日，来自全国31个省市自治区的1万余名词曲作者和歌手云集首都北京，参加第三届"中国杯"全国优秀词曲、歌手、乐手大型音乐展演赛。来自内蒙古正蓝旗乌兰牧骑的国家二级女演员拉·阿拉腾其其格作曲并演唱的蒙古族长调《永远的思念》，以其节奏自由、情感深沉、气息宽广，并伴有独特而细腻的颤音装饰，受到了阎肃、金铁霖等专家和观众的一致好评，荣获作曲金奖。同年9月，在中央电台蒙古语广播"天籁之音"蒙古语歌曲大赛中，拉·阿拉腾其其格作曲并演唱的《秋日激荡心意》，在全国400多名参赛选手中再次脱颖而出，成为18名获奖选手之一。在此之前，拉·阿拉腾其其格演唱的歌曲，还在全国首届蒙古长调歌手广播电视大奖赛、八省区首届蒙古族歌曲电视大奖赛、第三届全国"潮尔道"大赛、内蒙古建设文化大区征歌比赛、全盟和全区乌兰牧骑文艺汇演等赛事中获奖。

拉·阿拉腾其其格1968年10月出生于锡林郭勒盟正镶白旗乌宁巴图苏木满达拉图嘎查一个普通的牧民家庭。她的爷爷是一名弹三弦的民间艺人，父母也喜欢蒙古族长调和民歌，这使拉·阿拉腾其其格从小便受到了草原传统文化的滋养。1988年她高中毕业后，便拜国家一级演员、蒙古族长调歌王哈扎布为师，学习蒙古长调和歌曲的演唱技法。经过两年多的专业培训，拉·阿拉腾其其格进步很大，成为哈扎布的得意门生。毕业后不久，便以其浑厚醇美、音域宽阔、气息通畅、富有激情等独具特色的演唱风格和特点，被正蓝旗乌兰牧骑录用为独唱演员。正蓝旗一望无垠的金莲川草原，悠久厚重的上都文化，乌兰牧骑驰骋千里的巡回演出，赋予了拉·阿拉腾其其格这朵草原上的"金花"一种蒙古民族传统文化特有的音乐表演内涵，从她圆润柔美、热情奔放的歌声中，你可以领略到草原的美丽和奶茶的芳香。

为了更好地弘扬民族传统文化，自1993年以来，拉·阿拉腾其其格开始从事歌曲创作，至今已创作出《罕山》《吉祥的草原》《我的爷爷》等50余首蒙古族长调和歌曲，其作品先后在《草原新歌》《天籁》《锡林郭勒新曲》等刊物上发表。她所谱写的歌曲《永恒的旋律》，是一首将时尚气息与民族音乐完美融合的音乐精品力作，该首歌曲经全国著名歌唱家孟根其其格演唱后，迅速在国内外流行起来。2012年10月，拉·阿拉腾其其格借贷12万元通过中国民族音像出版社，自费出版发行了自己演唱的首张光碟《祖先故里》，在这张将时尚气息与民族音乐完美融合的光碟中，14首具有代表性的蒙古长调、民歌和现代流行歌曲深受歌迷好评，可谓首首动听。由于演艺和创作成绩突出，拉·阿拉腾其其格先后被中国大众音乐协会、中国音乐文学学会、中国音乐著作权协会、内蒙古长调艺术交流研究会、内蒙古三弦学会、锡林郭勒盟音乐家协会、正蓝旗音乐舞蹈家协会等学术团体吸收为会员。

为了自己心爱的艺术事业，拉·阿拉腾其其格直到38岁才谈婚论嫁。她的丈夫胡日查巴特尔是一名优秀的民间马头琴手，曾在中国乌审·齐宝力高马头琴大赛中获优秀奖，现有80余名青少年马头琴爱好者拜他为师。三岁的女儿乌斯哈拉也非常喜欢唱歌跳舞，是幼儿园里的"小明星"，一家三口成为当地名副其实的"吉祥三宝"。

花季少女用孝心撑起一个家

　　2012年4月,我们采访了乌云格日勒。乌云格日勒1992年2月10日出生于正蓝旗那日图苏木巴音杭盖嘎查沙包图浩特一个普通牧民家庭。她虽然不知道"羊羔跪乳""乌鸦反哺"的故事,但艰苦的生活条件磨砺出了她善良的品德和诚实的人格,她用自己稚嫩的肩膀坚强地撑起了一个家,以实际行动谱写出中华民族恪守孝道的新篇章。

　　乌云格日勒父母离异,无儿无女卧病在床的姨姥姥也和她们母女俩生活在一起,虽然家庭生活困难,但吃苦耐劳的母亲朝鲁孟其其格,还是省吃俭用将她送到盟里读书。2009年9月,朝鲁孟其其格被查出身患左心房黏液瘤,年仅17岁从没出过远门的乌云格日勒将姨姥姥托付给已出嫁的姐姐照顾,带着母亲赶到黑龙江省牡丹江市一家专科医院,成功进行了手术治疗。当身心疲惫的乌云格日勒刚刚返校不久,又接到亲友打来的电话,朝鲁孟其其格又因脑梗病突发,出现脑淤血导致半身不遂。面对家庭两个虽然头脑清醒,但生活起居却都不能自理的老人,正在读高二的乌云格日勒义无反顾地休学回家,担起了照顾两个老人的重担。

　　两年多来,乌云格日勒为了伺候两位瘫痪在床的老人,付出了自己全部心血。为老人洗脸梳头、拿水喂药、洗衣做饭、端屎倒尿,成了她生活的全部。每天夜里她都要起来十多次,为老人翻身、接尿,从不厌烦。由于两位老人都不能下地活动,四肢变得越来越不灵活。无论白天黑夜,一有时间乌云格日勒都要跪在床前,低着头轮流为她们做全身按摩,嘘寒问暖关爱备至。在乌云格日勒的精心呵护下,88岁高龄全身瘫痪的姨姥姥和半身不遂的母亲,身上没有出现过一个褥疮,气色也越来越好。看着正值青春年华,本应无忧无虑在父母身边撒娇的女儿整日辛勤操劳的样子,虽然嘴上说不出话但心中什么都清楚的朝鲁孟其其格十分自责和不安,常常暗自流泪。乌云格日勒知道母亲在想什么,她将自己打扮得漂漂亮亮,把两间土房也收拾得干干净净,让家人和邻居们看到的总是开心和快乐。和其他同龄人一样,其实在乌云格日勒的心中也有着自己的理想和追求。2010年6月,休学在家未读过一天高三课程的乌云格日勒回到母校,直接参加了毕业考试和高考，不仅顺利拿到了高中毕业证，而且还以较好的成绩被区内一所医药专科学院录取。但为了照顾两位老人，她最终还是选择留了下来。她说，老人离不开我，我也离不开她们，只要老人活得舒心，自己苦一点、累一些，哪怕是牺牲个人的前途也值得，这是作为一个晚辈应尽的责任和义务。在乌云格日勒日复一日、年复一年无微不至的关爱下，两位老人又重新燃起了生活的希望，坚强地活了下来。在艰难的日子里，乌云格日勒用孝心构建起了一个温馨的家园。爱美是每个女孩儿的天性，当同龄女孩儿都在为保持体形而节食时，乌云格日勒却每顿饭都要尽可能多吃一些。她说，只有自己的身体健壮了才能够有力气和精力照顾好两位老人，说这番话时胖乎乎的乌云格日勒显得非常自豪。是的，一个快乐的人不是因为他拥有的多，而是因为他付出的多、计较的少。

乌云格日勒不仅是一个体贴孝顺的孩子，而且还特别讲诚信。这些年来，为了给两位老人治疗和养病，已花费14余万元，家里大小牲畜和值钱的东西全卖了，还欠了7万多元的外债。乌云格日勒将自家的草场租了出去，每年收回的租金除留下很少一部分用于基本生活费外，大部分都用来偿还外债。大舅白嘎力看到乌云格日勒持家不易，为她捐助了3万元，结果也让她都给还外债了，现在外债仅剩下5000多元。乌云格日勒说，乡亲们也都不容易，做人要有良心、讲诚信、懂得感恩，对不起人的事咱不能做。

旗长田永在下乡调研时了解这一情况后，当即指示旗民政部门给予救助。4月13日，旗民政局负责同志将乌云格日勒一家3口接到了旗福利院，让她们住进了宽敞明亮的新楼房，对其身患重病的母亲和姨姥姥进行集中供养，让乌云格日勒在照顾好两位老人的同时，在福利院干一些力所能及的卫生保洁工作，使她家在经济上能够有些收入，这让乌云格日勒对生活更加充满信心。在旗福利院采访时，我们看到乌云格日勒无论是为姨姥姥做按摩还是为母亲梳头洗脸，表现出的都是那么亲切自然，目光中流露出的是一种发自内心的真爱。九零后青春少女乌云格日勒，牺牲自己读书念大学的机会和前途，无怨无悔孝敬老人的事迹，已在正蓝旗金莲川草原上传为美谈，成为社会楷模和青少年学习的榜样。

胡日查从阿联酋迪拜发出好声音

2014年4月8日至12日,在全球国际金融中心、阿拉伯联合酋长国最大的城市迪拜,来自美国、澳大利亚、日本、俄罗斯等80多个国家和地区的13000多人参加了第四届迪拜国际投资年会。期间,世界各地的与会政府官员和各界人士,认真倾听了一位蒙古汉子关于制作食用蒙元皇家奶食方面的演讲,他就是正蓝旗萨利科工贸有限公司董事长胡日查。

元朝时期,正蓝旗就是皇家御用奶食品的供应基地。如今正蓝旗已成为中国察干伊德文化之乡和文化传承基地,奶豆腐和奶皮子成为国家地理标志保护产品。

作为正蓝旗首家按照元代宫廷技法和民间传统工艺生产加工企业的负责人,胡日查一直有着把民族传统奶制品推向国际市场的心愿。自2007年以来,胡日查先后携带来自元上都的内蒙古著名商标"萨利"牌奶制品,自费前往蒙古、俄罗斯、韩国、日本参加跨国展览。在蒙古国举办的中国商品展览及投资洽谈会上,胡日查所生产的"萨利"牌奶制品,成为中国参展企业中唯一荣获蒙古国贸工部和商展组委会颁发的"产品、服务、技术"优秀奖,被蒙古国工商联命名为"最喜爱产品"。

历史上,蒙元时期的中国和阿拉伯地区是当时世界上文化发达的两大文明区。今天,来自元上古都的胡日查,在迪拜向世人传达出了一个蒙古族民营企业家的好声音:希望能够按照清真食品的要求,为阿拉伯国家提供元朝皇家御用奶食品和肉食品,希望能够在金莲川草原上,为前来旅游观光的阿拉伯朋友提供热情周到的服务,让世界上更多的人从中感受到蒙元文化的魅力所在。

胡日查热情洋溢的演讲,使与会的外国朋友对美丽的内蒙古大草原和正蓝旗传统奶制品表现出了极大的兴趣和热情。中英文版《合作》杂志,以《胡日查把皇家奶食推向世界》为题,对胡日查进行了专访报道,并成为封面人物。胡日查与阿联酋迪拜龙城华人商会、阿联酋迪拜亚斯兰特集团,在奶制品开发和草原生态旅游等方面达成了合作意向。

和毛主席握过手的全国女劳模——好日乐

在正蓝旗文化馆馆长娜仁其木格家客厅的显著位置，挂着一幅毛泽东主席与她母亲好日乐亲切握手的黑白照片。2012年2月，提起这幅珍贵的照片，74岁的老人好日乐一下子便来了精神，兴奋地向我们讲了起来。

1949年10月，察哈尔盟后勤部委派运输大队大队长陈笑如带领十几名解放军战士，到黄旗大营子（现正蓝旗上都镇）筹建中国食品公司内蒙古自治区锡察盟公营牧场，主要任务是收购锡察盟商品牲畜、周转育肥后运销内地，供北京、天津、张家口等地活畜加工。1957年，牧场总部搬迁到今黑城子示范区。当时，好日乐的父母从正蓝旗上都镇青格勒图嘎查被招去放牧，正在上小学的好日乐利用业余时间帮父母撵羊圈牛，成了牧场编外的"小职工"。1953年1月，年仅15岁的好日乐便被场部选中，成了该场为数不多的一名女放牧员。好日乐人小志大，不仅干活勤快，而且善于学习，注重观察和总结经验。1955年4月，已是放牧小组组长的好日乐，根据苏联国营牧场多牧、多饮、勤休的放牧原则，结合当地牲畜习性、消化系统机能、季节气候和牧草生长等特点，创造出了一种适合夏秋两季的"三三二牧牛法"。该方法是每天早晨5时将牛赶出，一直放到夜间11点钟。在整个过程中，放牧三次、饮水三次、休息二次、夜间11时后就地打盘休息。特点是放牧时间长、吃草多、饮水足、增肉快。好日乐放牧小组第一次放牛248头，每月每头牛平均增肉26.5公斤；第二次放牛299头，每月每头牛平均增肉32.5公斤，三次共放1089头牛，增肉32910.5公斤，平均每头牛增肉30公斤。同时，牛的发病率也大大下降，仅占0.064%。采取这一方法牧放的蒙古乳牛日产奶量由1.5公斤提高到2.5公斤。该种方法不仅在全场推广，而且经1957年的《内蒙古日报》蒙古文版详细介绍后，在全区范围内也起到了一定的指导和示范作用。

由于工作成绩突出，好日乐先后出席了全区交通运输基本建设财贸方面社会主义建设先进集体和先进生产者代表大会、中国食品公司系统劳动模范代表大会，被自治区商业厅、外贸厅、商业工会和内蒙古工会联合会，先后评为全区国营商业模范、全区先进生

产工作者,好日乐放牧组荣获"全国青年突击放牧组"荣誉称号,好日乐光荣地加入了中国共产党。最令好日乐老人高兴的是,1956年10月,作为少数民族地区当选的全国劳动模范,她不仅光荣地出席了全国先进工作者代表大会,而且还当选为大会主席团成员,受到毛泽东、朱德、刘少奇、周恩来等党和国家领导人的亲切接见。据好日乐老人介绍,当时参加全国先进工作者代表大会的代表有5000多人,主席团成员仅有200余人,只有主席团成员才能够受到毛泽东主席等党和国家领导人的接见。在这些被接见的主席团成员中,和毛泽东主席握手的时间每个人不过就几秒钟,瞬间即逝。能够被记者抓拍到是一种幸运,能够被拍到并在会议结束时现场拿到和毛主席握手照片的人更是微乎其微,但其中有我。说到这里,老人幸福地笑了,这件事让她快乐了一辈子。

　　1970年7月,好日乐从牧场调到正蓝旗赛音胡都嘎苏木卫生院工作。由于院小人少,她先后从事过收费、护士、药剂、手术、会计等工作,20世纪80年代初被正蓝旗党委、政府评为全旗劳动模范。2002年3月,已退休的好日乐荣获卫生部颁发的"从事护理工作三十年荣誉证书"。在好日乐老人身上,我们感受到了一种质朴善良、勤劳乐观、敬业向上的人生态度,值得我们敬重和学习。

根雕情结成就创业梦

　　正蓝旗上都镇草原部落民族工艺品店的张伟，收到了内蒙古自治区旅游协会委托旗旅游局发放的3000元奖金，让他没有想到的是首次到呼和浩特市参赛，便获得了"吉祥草原·锡林郭勒旅游商品设计大赛"二等奖。

　　从小就喜欢根雕、泥雕和摄影的张伟曾是一名下岗职工。2006年，张伟将自己的住房卖了8万元，又借贷12万元在上都镇买了一处临街商铺，开起了草原部落民族工艺品店，旗里又为他发放了5万元创业贴息贷款，年6万元的纯收入让他感到很知足。

　　朽木、枯根、残枝，在许多人眼里是丑陋的，没有生命力的，但在40多岁的张伟眼里，它们具有不竭的生机，鲜活而有神韵，每天他都用特有的方式和它们"对话"，从"腐朽"中寻找神奇。经过他独特的构思和精雕细琢，"成吉思汗""骏马奔腾""淖边天鹅"等100多件风格各异、栩栩如生的根雕艺术品，被国内外游人购买收藏。在店内，记者看到一个以天然"蓝旗榆"为造型的"大南瓜"根雕艺术作品，去年曾有人出价1万元张伟都没舍得卖。他认为根雕作品是七分天成三分人工，能够遇到这样有灵性的根艺佳材实属缘分，说啥都舍不得卖。

　　除根雕外，张伟还利用当地的红胶泥加入棉花后，捏出了一个个活灵活现、神态各异的牛马羊、神话人物和佛像。虽然泥雕作品的市场价不高，但雕刻的过程让张伟感到快乐，每一件作品的完成都让他有一种成就感。张伟，这个情感细腻的汉子，用灵巧的双手成就了创业梦。

赴外采访漫笔

2012年8月23日至29日，笔者随锡林郭勒日报社组织的通讯员赴外学习考察采访团，走明代古城、赏笔架山、登山海关、观北戴河、游龙庆峡，一路走来，切实感受到了伟大祖国的壮丽河山和异地丰富的文化内涵。通过赴外学习考察采访，既团结了队伍、凝集了人气，又拓宽了采访视野、提高了创作激情，广大通讯员普遍感到获益匪浅。

走明代古城

涛涛渤海，饱经沧桑。在烟波浩渺的辽东湾，镶嵌着一颗美丽的明珠——兴城。兴城古城位于辽宁省兴城市区，始建于明宝德三年（1428年），宝德五年竣工。古城略呈正方形，城墙周长3274米，南北长826米，东西长804米，高8.88米。城的四边修有春和门、永宁门、延辉门、威远门，门上筑有城楼，门外皆有瓮城。城内有大小胡同36条，十字相交的大街中央建有一座钟鼓楼，为战时击鼓进军、平时报晓更辰所用。城内主要景点有城墙、钟鼓楼、文庙、祖氏石坊、魁星楼、城隍庙、将军府、周家老宅、明代一条街等。兴城古城是我国现存最为完整的明代古城，是整个明代城池建筑的缩影和范本。这里曾经是明王朝通往辽东的唯一通道，是明末镇守关东的第一军事重镇和指挥中心。现在，兴城古城一展雄姿，已成为我国北方著名的旅游胜地。2006年，国务院批准兴城古城为全国重点文物保护单位。

赏笔架山

笔架山位于全国唯一一处以博大精深的葫芦文化和原生态关东民俗文化为主题的

葫芦山庄景区内，地处辽宁省葫芦岛市经济开发区，是国家重点风景名胜之一。笔架山三峰列峙，悬崖峭壁，外形颇似一座笔架。笔架山实际上是悬在波涛汹涌大海中的一座孤岛，距岸边1.5公里。山上文物古迹众多，自然景点密集，有吕祖亭、太阳殿、五母宫、三清阁、万佛堂、龙王庙、马鞍桥、一线天、神龟出海、石猴泅渡、虎陷洞、梦兰湾等，1982年被定为省级文物保护单位。在这里，让人感到最为神奇的是通往这座海市蜃楼的途径——"天桥"。"天桥"是潮汐变化和当地特殊地理环境构成的一个景点。满潮时，笔架山是一座孤岛，当潮水逐渐退去时，碧海中慢慢地会浮现出一条十几米宽的碎沙石路，把海岸和海岛紧紧连在一起，当地运送货物的农家马车可在大海中间直达岛上，形成了一个独特的景观。笔架山，正是因为有了这座"天桥"而身价倍增。

登山海关

遨游太空，回眸地球，最清晰的人文标志是我国的万里长城。万里长城是中华民族的根和魄，是中华民族的伟大象征。万里长城像一条巨龙护卫着祖国的山山水水，举世闻名的天下第一关山海关，则是这条巨龙上一颗耀眼的明珠。全国重点文物保护单位山海关，地处河北省秦皇岛市。山海关兴建于明洪武十四年（1381年），是明代万里长城的重要关隘，现属山海关境内的明长城有26公里，主要包括老龙头、南翼、北翼、关城、角山、三道关、九门口长城等地段。山海关地处长城主线，关城城体面积宽广，楼台密布，在长城诸关中居首位，被称为"两京锁钥无双地，万里长城第一关"。山海关关城长1348.2米，占地1.25平方公里。镇东楼即"天下第一关"，位于牧营楼北，整个建筑分两层，下部城台呈长方形，南北长43.4米，东西宽30米，高12米。城台上耸立着两层箭楼，有68孔箭窗。门楼上内外共悬有3块"天下第一关"巨匾，楼外二层明间檐下面为正匾，是民国9年（1920年）附生杨宝清钩摹复制。楼内一层为原匾，传为明成化八年（1472年）山海关进士萧显所书，二层为清光绪五年（1879年）附生王冶勾摹复制。

观北戴河

没有到过北戴河的人，或许正是由于读了毛主席《浪淘沙·北戴河》而自然萌生了去北戴河观赏的强烈愿望。当人们投入幽燕之滨北戴河的怀抱，无不为这里倚山的风景所倾倒。鸽子窝是北戴河东部靠海处的制高点，因常有野鸽子栖息而得名。制高点最高

处建有鹰角亭，是观日出、望大海的好去处，当涨落的潮水拍击岸边时，喧嚣的海花飞溅甚为壮观。站在北戴河岸边，观那水天一色，看那洪波涌起，送那白帆远去，望那海鸥低飞，听那波涛喧响，无不让人感到陶醉。看过鸽子窝、老虎石和联峰山，我们不仅为旅游避暑胜地北戴河闻名中外感到欣慰，更为毛主席那首脍炙人口的诗词多少年来在人们心中传颂感到自豪。1954年秋的一天，毛主席在北戴河鸽子窝看到眼前雄浑壮阔的奇景心潮澎湃，一首赞美大海、讴歌劳动人民的诗词《浪淘沙·北戴河》油然而生："大雨落幽燕，白浪滔天，秦皇岛外打鱼船。一片汪洋都不见，知向谁边？往事越千年，魏武挥鞭，东临碣石有遗篇。萧瑟秋风今又是，换了人间。"在北戴河白玉般的毛主席塑像前，人们纷纷留影，表达对一代伟人的缅怀之情。

游龙庆峡

作为北京十六景之一的龙庆峡风景区，位于延庆县东北10公里处。龙庆峡长约7公里，水面海拔570米。该景区集南方山水的妩媚秀丽和北方山水的雄浑壮观于一体，峡谷曲折蜿蜒，河水悠长碧绿。两岸山崖险峻，森林茂密，裸露的石灰岩形成奇特造型，特别是长年被水侵蚀所形成的溶洞和洞中的石笋、石柱、石断层，与漓江山石极为相似，只是当您抬头观望山峰时，才可感受到北方山峰崖的雄伟峻峭。通过雄伟壮观的龙梯，我们乘船游览了龙庆峡，看到了大自然鬼斧神工造化出的镇山如来、钟山、凤冠岛、东大寨、月亮湾、神笔峰等30余处自然景观，犹如来到了世外桃源，令人流连忘返。

在此期间，盟报社的马瑞祥、申玉全、朝克图老师，和参加赴外学习考察采访的全盟各旗县市通讯员一起，与渔民一起出海打鱼，远离城市的喧嚣，体验渔民的生产生活，和渔民交流生产发展经验，用镜头记录着从捕捞到分拣，再到最后做熟上桌品尝的全过程，用心见证了劳动的收获和快乐。通过走访农户、吃农家饭、住农家院，广大通讯员不仅看到了当地农村发生的巨大变化，听到了农民实实在在的心里话，体验到他们质朴的幸福感，更感受到那种充满奔头的精气神。返回途中，大家一路欢歌，七天的赴外学习考察采访活动，在收获的喜悦中使大家燃起了新的激情。为了感谢盟报社对广大通讯员的关心与厚爱，我们唯有更加努力。

多才多艺的蒙古族青年钢毕力格

如果不是亲眼所见,你很难相信,那一个个各具风姿又浑然一体的马鞍子,一把把外形精美、令人赞叹的马头琴,竟然出自一个年轻牧民之手。

35岁的钢毕力格,是正蓝旗赛音胡都嘎苏木都日乃图嘎查的牧民,爷爷和父亲都是当地小有名气的民间艺人。在他们的影响下,钢毕力格从小便迷上了根雕、石雕、乐器、银器、马具等民族传统手工艺品的加工制作。1999年12月,他从牧区来到正蓝旗上都镇,给外地工艺品店的老板制作马头琴,到旅游点为游客登台献艺表演节目。依靠自己的辛勤劳动和艺术天赋,积攒下了6万元钱。2003年9月,钢毕力格购买了一部分工具和原材料,在上都镇租了一栋商铺楼,开起了上都之声工艺品店。10年后的今天,不仅当初租赁的商铺楼产权变更到了钢毕力格的名下,而且他还有了自己的生产车间、住宅楼和小轿车,娶回了漂亮贤惠的城里姑娘莲花,让人们对这个只有初中文化的牧区小伙刮目相看, 8名牧区老乡慕名前来拜他为师,学习民族传统手工艺品加工技艺。

由鞍架、皮具、雕刻、镶嵌等多种技艺和工序组成的马鞍子,过去需要由木匠、皮匠、银匠、漆匠共同加工制作,现在钢毕力格一个人就能独立完成。他制作的马鞍子选用蓝旗榆的树根用传统手工艺完成,再配上颜色斑斓的民族图案和精美银饰,既耐看又实用,所以很受欢迎。仅去年一年,钢毕力格便卖出了20多个马鞍子,其中最贵的 一个马鞍子卖到了4万元。

马头琴是蒙古族的一种传统拉弦乐器,因琴杆上端雕有马头而得名。为了使这项国家级非物质文化遗产得到更好的保护和传承,钢毕力格精心制作出了600多把马头琴。由于他本人会拉马头琴和唱歌,所以在制作中都是自己调音。钢毕力格制作的传统马头琴形式多样、色彩和谐、音色醇美,富有草原风韵,被国内外游客购买一空。同时,钢毕力格经过9年的反复实践,还自行设计制作出了一把手拉和电子双功能马头琴,以1万元价格被外地游客购买收藏。除此之外,他还制作出了朝儿、都不休儿等8种元代宫廷乐器,按照图片复制出了察哈尔古筝(原件现存瑞士皇家博物馆)。

作为一名蒙古族民间艺人，钢毕力格对体现蒙古族传统生产生活和历史文化的物件格外青睐。这些年，他先后投资50多万元，购买了火镰、头饰、茶具、马具、鼻烟壶、褡裢、蒙古包、勒勒车等400余件藏品。最让钢毕力格感到兴奋的是，他用3万元钱收回了一枚镶蓝旗旗印。镶蓝旗是清代满八旗之一，位于今乌兰察布市东部，因旗子为蓝色镶红而得名。该枚大印为黄铜质地，重1公斤，四边边长各7厘米，高10厘米，呈正方形。印的上方标有汉字"礼部造"，下方是和正印同样内容的满文和蒙文，左上方为汉字"康熙二十一年六月"，右上方为汉字"康字二千四百六十二号"，正印刻着粗大精致的满文和蒙古文。目前，钢毕力格正在筹建正蓝旗首家民俗博物馆，力争通过免费参展的形式，让国内外更多的人从中了解蒙古族的民俗风情，感受到上都文化的魅力所在。

钢毕力格不仅是一个优秀的民间艺人，同时也是一个文学和摄影爱好者，他的80多篇文字和摄影作品，先后在《锡林郭勒》《内蒙古青年》《内蒙古日报》《敕勒格儿塔拉》等盟内外报刊上发表，被内蒙古摄影家协会、中国马头琴协会吸收为会员，其摄影、根雕作品在盟内外大赛中多次获奖，被评为全盟十佳青年创业标兵和全旗劳动模范。

点沙成金成功创业的阿拉塔毕力格

　　"西风大漠露红霞，壁画精深种彩沙；黄绿橙青蓝赤紫，奇葩开放牧人家""绝胜丹青七彩发，生描神骏啸天涯；上都自古多奇艺，殊技传承游牧家"。这两首题为《沙画》的诗词，分别是锡林郭勒盟诗词家协会名誉会长、内蒙古诗词学会副会长田学臣，内蒙古诗词学会副会长张首贤2014年夏天在正蓝旗考察时对当地自主创业的牧民青年阿拉塔毕力格的赞誉。

　　阿拉塔毕力格，从小生长在地处浑善达克沙地深处的正蓝旗桑根达来镇图古日格嘎查。天生便有美术灵性的阿拉塔毕力格，用双眼观察草原上的点滴变化，用心灵发现草原独特的美，每一处景色如同画一样印在他的脑海中，成为他日后沙画中不可或缺的符号和每幅作品中最独特的因子。小时候，无论是在上下学的路上，还是星期天帮助父母放牧，阿拉塔毕力格都喜欢蹲在沙地上，把沙子堆成各种造型，或在沙子上用柳条画出牛马羊等草原上各种动物和蒙古包图案，一切都是那么随意自然，不需技巧，也无须喝彩。就连他自己也没有想到，因家庭生活困难初中还未毕业的他，走向社会后会将这些不经意的点滴集中升华，点沙成金，成为正蓝旗沙画制作第一人。

　　沙画是用沙子和胶为主要原材料，像传统油画一样创作出来的艺术作品。2012年3月20日，在外地靠为厂矿企业制作室外广告谋生的阿拉塔毕力格，与同样爱好美术创作的妻子乌仁塔娜，从天津一家建筑工地回到家乡正蓝旗，在上都镇租房办起了浑善达克画室，后又成立了浑善达克文化发展有限公司，开始了他的沙画创作。他的作品都是在两厘米厚的实木板上，由纯天然颜色沙粒和着自己熬制的环保胶在水中创作的，整个过程是看不到的，全凭沙子在手中的感觉。沙子和胶沉底，胶彻底干燥后才是最终的创作结果。而且作品成形后不能更改，必须一次性完成。

　　由于资金不足，阿拉塔毕力格的画室在去掉房租等费用后，仅能勉强维持生活。正当他举步艰难的时候，2013年6月旗就业局举办了牧民进城创业免费培训班，并帮他办理了20万元的两年贴息创业贷款。同年10月，旗政府又在上都镇建起了元上都非物质文

化遗产传承基地，将34户自主创业的民间艺人集中到正蓝旗手工艺品一条街，由政府支付两年的房租，这些为阿拉塔毕力格的自主创业开通了一个"绿色通道"。2014年10月，阿拉塔毕力格注册资金20万元，在当地成立了正蓝旗浑善达克文化发展有限责任公司，同时招聘了11名牧区转移进城的妇女，经阿拉塔毕力格辅导后从事"卡通"等简单的沙画创作，使她们在照顾子女读书的同时，月人均收入2000余元，实现了他创业路上的"转型升级"。

柔和而永不褪色的色彩，极具视觉冲击效果的艺术理念，所有的一切都让阿拉塔毕力格的沙画充满着草原独有的神韵。他的画作一经问世受到了众多好评，也有了很多模仿者。为了维护自己的权益，他拿起了法律武器，现在他的沙画产品不仅拥有了自己的商标，而且还申请了国家专利。

每到冬季，阿拉塔毕力格都要集中精力并组织员工作画，为来年草原上的旅游旺季做准备。目前，阿拉塔毕力格的年营业收入达到了20多万元、利润10万元，成了当地民族文化产业中较有名气的小老板。《上都新闻报》《锡林郭勒日报》《内蒙古晨报》和内蒙古电视台《蔚蓝的故乡》等新闻媒体对他的创业历程进行了专题报道。自2002年以来，阿拉塔毕力格先后6次在正蓝旗、锡林浩特市、呼和浩特市、包头市等地举办的地区和国家级旅游商品大赛和民族工艺品展示中获奖，还应邀参加了首届中蒙国际艺术博览会和阿拉伯国际艺术展览会。通过自学取得了手工艺品创作资质证书，在2014年11月7日成立的正蓝旗手工艺协会上当选为理事。

在阿拉塔毕力格的眼里，草原有多大，沙画的艺术空间就有多大。阿拉塔毕力格和妻子，用从浑善达克沙地寻找到的黑、白、黄、灰等13种具有防水耐酸、颗粒均匀、无毒环保、永不褪色等特点的纯天然沙子，依托深厚的上都文化底蕴和内涵，用手工制作出了元朝皇帝系列图、牧羊姑娘、搏克手、元上都遗址、牧区新村、十二生肖、草原风光等2000多幅浑然天成、栩栩如生、惟妙惟肖的沙画。在他的作品中，永恒不变的是草原元素。

在制作沙画的过程中，当地找不到红色沙子，阿拉塔毕力格便从烧过的红砖中一点点提取。其作品以鲜明的线条和柔和的色彩，将民族文化和牧人生活表现为大众化的美感，受到国内外游客的欢迎。目前，他所创作出的沙画作品，已销售出1300多幅，最贵的一幅八骏图以6000元卖出，最便宜的沙画作品也在百元以上。2015年初，搭上丝绸之路的顺风车，阿拉塔毕力格的作品受邀在阿拉伯国家拍卖，他的作品一经展出就受到当地人的喜爱，在本地只能卖到500元左右的一幅作品竟拍到10000多元。

　　阿拉塔毕力格在自己收获的同时，也没有忘掉家乡人，他与当地残联和妇联合作开起了沙画培训班，凡是有残疾证的人可以免费参加培训。

　　在一个烦躁的无法安静下来写诗作画的年代，阿拉塔毕力格属于一个安静的人。浑善达克沙地丰美的水草、肥壮的牛羊、奇特的景观、栖息的候鸟和那傲然挺拔的沙榆，不仅给了阿拉塔毕力格丰富的艺术创作灵感，也培养了他不屈不挠的创业精神。采访中，被正蓝旗政府评为全旗文化工作先进个人的阿拉塔毕力格表示，虽然画室外广告和宣传画要比制作沙画收入高许多，但他仍会用全部的时间和精力坚持沙画创作，让草原生态旅游产品的产业链向更广阔的市场延伸拓展。

　　现如今，来自家乡浑善达克沙地的沙子，在阿拉塔毕力格一次次手起沙落中有了生命，这既是他创作灵感的源泉，也是他独特的创业方式。沙画艺术创作灵感已融入了他的血脉，成为这个牧民小伙儿创业道路上和弘扬民族传统文化中永恒的追求。

残疾女孩儿的文学梦

"面对现实，我微笑着努力实现心中的梦想，不管能否重新站起来，我想自己都是幸福的，因为社会上有许多好心人在关注着我，让我希望还在，梦想成真。"这段优美的文字，出自于正蓝旗哈毕日嘎镇大营子村一级肢体残疾女孩儿张慧婷的手笔。虽然因为肢体残疾和家庭生活困难，张慧婷只在村里读到小学四年级，但她通过自学自2011年7月以来，已在《锡林郭勒》《生命之光》《中国散文家》等区内外报刊和网络上发表了《山重海深父母恩》《冬晨》等30多篇文学作品，被中国散文家学会吸收为会员。

2013年2月我们采访了25岁的张慧婷，张慧婷3岁时因患多发性神经炎卧病在床不能行走，父母虽多处为她求医问药但至今未能治愈。为了给张慧婷看病，父母甚至将牲畜和在村里的房子都卖了。旗委书记田永在走访中了解到这一实际困难后，2011年2月免费为她家在上都镇提供了一套廉租楼。由于居住条件的改善，张慧婷几年前在租住平房时被冻伤的手脚都好了许多，可以随时坐在书桌前写出一篇篇优美秀气的文章。

十五六岁时，渐渐长大的张慧婷开始变得自卑，不愿见人和出门，虽经妈妈多次苦口婆心地劝导也毫无作用。当她偶然发现母亲为此偷偷哭泣时，张慧婷几乎是在那一瞬间懂事了许多。从此，她开始拿起了书本，写出了自己的处女作《妈妈的眼泪》。刚开始练习写作时，她用爸爸从废品店找回的废纸打草稿，在纸片上画出一个键盘练习打字，然后用手机给编辑部发稿。由于手机内存低、操作不方便，所以常常因"死机"造成好不容易输入的几千字文稿丢失。看到这种情况，父母又为她想方设法赊回了一台电脑。现在，张慧婷每分钟可打130多个字，虽然每打3分钟就会因手臂酸软无力需要休息一下，但她仍然凭着顽强的毅力坚持了下来。

张慧婷是个感恩知足、热爱生活的女孩儿，在她的"爱心日记"里，一笔一笔记录着好心人对她的帮助。大到村里的乡亲们为她捐款看病，旗、盟残联为她配备健身器材；小到别人送她的一本书、一件新衣服。小时候，除了父母背她上下学，还有一个叫媛媛的女同学经常陪伴在她的身边，他们曾经私下悄悄约定，出嫁时互相给对方当伴娘。为此，张慧婷还专门写了一篇《我要给你当伴娘》的散文，感谢这位现在虽然不在身旁却一直给予她温暖的儿时伙伴。

随着写作水平的提高和视野的开阔，张慧婷的性格变得更加开朗。即使在2008年7月病重期间，她也能够从容地向旗民政局、红十字会、残联等有关部门提出书面请求，表示假如自己有一天不行了，她愿意捐献眼角膜为别人带来光明和健康。现在，张慧婷是一边看书写作，一边忍痛在家坚持康复锻炼。从张海迪、海伦·凯勒等人的身上，张慧婷看到了希望，更树立起了对生活的信心。

百岁老人的故事

2012年的盛夏时节,我们来到了正蓝旗桑根达来镇敬老院,见到了百岁老人赵学贤。

今年102岁的赵学贤老人不仅精神矍铄、思路清晰,而且非常健谈。据赵学贤老人介绍,他1911年2月12日出生于河北省塞北牧场榆树沟村,3岁时父亲被军阀抓劳工一去便杳无音信。因为家里穷,赵学贤从没进过校门。在村里有文化老人的指点下,天生聪明的赵学贤学会了看书写字,背会了《千字文》《百家姓》《三字经》。就是现在,老人也常常书不离手,每天临睡前都要翻上几页。

从十几岁开始赵学贤便给村里的大地主郭守先家打短工。19岁那年,从多伦县大二号一带逃荒过来了母女俩,姑娘叫小花,父亲死于兵匪乱枪之下。不久,经人撮合赵学贤和小花成亲。谁知好景不长,1931年"九一八"事变后,日本侵略军向华北地区大举进攻。1933年5月,日军侵入塞北牧场一带,小花在一次空袭中被日军飞机炸死。随后,赵学贤便离开村子,到沽源县大红城子一带打零工。因为他读过《三国演义》《西游记》等古典名著,说拉弹唱张口就来,所以日伪军有时便会叫赵学贤到炮楼里为他们说书解闷。当地有一个姓白的地主常年种大烟,大烟收割后必须向日伪军"上贡"。看到赵学贤能和日伪军搭上话,这位姓白的地主便将自己的女儿白至凤许配给了他。婚后,俩人生有一女取名叫来翠。女儿现已73岁,随子女在牧区生活。后来,白至凤被沽源县国民党特务大队大队长张喜峰抢走做了小老婆。解放战争时期,赵学贤在沽源县报名参加了由2000多人组成的支前担架队,随军参加了解放张家口、保定、平津等战斗,从前线往后方运送过我军20多个伤病员。1951年3月,赵学贤从河北省沽源县来到内蒙古正蓝旗那日图苏木吉日嘎查从事牧业生产劳动。不久,经人介绍又和一位姓白的女人结合。这个女人的丈夫新中国成立前在河北省张家口一带当过土匪,后被我人民政府镇压。当时,女方带着两个女孩儿过来,后来一直和赵学贤生活到70岁后病逝。

据赵学贤介绍,他的长寿"秘诀"是心胸开朗,待人宽厚,知足常乐。饮食以五谷杂粮为主,不偏食不暴食,不吸烟少饮酒多喝白开水,热爱劳动,乐善好施,生活起居有规律。作为一个经历了风雨飘摇的清朝末年、走过了战乱不断的民国时期、见证了新中国成立与振兴的百岁老人,赵学贤对党和国家怀有深厚的感情。他说,我之所以能够活到100多岁,关键还是党和政府的政策好,这是我最大的"养生之道"。说这话时,老人反复竖起过好几次大拇指。当随行的旗民政局副局长孟克图雅问他还有什么困难时,老人一乐:"在敬老院咱白吃白住不说,每年还能领到政府发给的6000元百岁老人高龄津贴,你说我还能有啥困难。"从百岁老人赵学贤身上,我们感悟到了这样一个道理,那就是:"乐观是健身宝,知足是长寿根。"

白手起家的小老板曹喜泉

在正蓝旗上都镇,有一个叫曹喜泉的"外地人",仅仅用了10多年的时间,他便由一个普普通通的农民工,变成了拥有200多万元固定资产的小老板。

曹喜泉是河北省隆化县郭家屯镇槽碾沟村人。这里山高坡陡、人多地少、交通不便,曹喜泉家中兄妹5人生活困难,初中毕业后他便辍学回村务农。1996年4月,曹喜泉随当地的建筑工程队到正蓝旗打工,看到在工地施工的工友们干活特别废手套,他便用打工挣来的钱买了两个手套编织机,白天在工地上当小工,晚上和妻子在租来的一间30多平方米的小屋里织手套卖钱。当时,人们所建平房大都是从河北丰宁、隆化县一带买橡檩,价格贵又不方便。曹喜泉家承包有500多亩林地,每年可采伐一部分成材的橡檩,过去都卖给了当地的收购商。曹喜泉租车将家里和亲朋好友的木材拉回正蓝旗建筑市场来卖。看到其中利润较大,他便贷款搞起了建材销售。由于曹喜泉在经营中坚持免费送货上门,供货及时价格公道,待人宽厚不计小利,所以他的买卖越做越红火。1999年秋,曹喜泉和妻子依靠自己勤劳的双手,在上都镇建起了临街商铺楼,有了自己的"小窝"和营销场所。

蒙古包是正蓝旗民族产品中的优势产业,现有蒙古包厂20余家,产品畅销国内外旅游市场。一开始,曹喜泉为他们供应从家乡调运来的硬杂木、柳杆等生产蒙古包的原材料。渐渐的,曹喜泉这个已融入草原的"外地人"又有了自己的新想法。2005年8月,曹喜泉从当地和家乡雇来了30多名能工巧匠,在菜园村附近租了一处大院子,投资20余万元购买了电锯、刮杆机、抛光机、雕刻机等设备,搞起了哈纳、陶纳、乌尼杆、门子等蒙古包散件生产加工,同时生产与其相配套的桌凳橱柜和勒勒车等民族旅游产品。2013年6月,太仆寺旗民族风情旅游度假村,一次就从曹喜泉那里订购了10辆勒勒车和一辆烤全羊用车。

谈到自己白手起家的创业发展历程,曹喜泉是眉眼含笑。他说:"在事业奋斗的征途上,毫无经济实力和背景的人,虽然步履艰难,但有党和政府现在这么好的富民政策,只要有一种奋发向上的拼搏精神,靠吃苦耐劳付出坚持不懈的努力,成功就会眷顾你。"

北疆祥和得安乐　警民亲如一家人

—— 阿巴嘎旗边防见闻

2013年9月24日，带着对祖国北疆的神往，我随盟报社的常务副总编马瑞祥和申玉全、赵东、朝克图老师及太仆寺旗、黄旗驻站记者，一大早便从锡林浩特市赶到了阿巴嘎旗边防大队。在大队政委王志强、政工干事张龙和阿巴嘎旗党委宣传部有关同志的陪同下，开始了我们为期两天的阿巴嘎旗边防行，所见所闻令人感动。

草原深处戍边人

阿巴嘎旗地处锡林郭勒盟中北部，"阿巴嘎"系蒙古语，汉语是"叔叔"的意思。阿巴嘎旗是由一个古老的部落演变而来，部落首领为元太祖成吉思汗同父异母的弟弟别力古台，他将其所率部落称之为"阿巴嘎"部，此称号一直沿用至今。阿巴嘎旗地处锡林郭勒盟中北部，北与蒙古国接壤，边境面积15123平方公里，边境线长173.37公里，阿巴嘎旗边防大队5个派出所的民警就长期默默无闻地守护在这里。

我们采访的第一站，是那仁宝力格边防派出所在萨如拉塔拉嘎查金地矿业公司所设的警务室，仅3人的警务室管辖面积便达1408平方公里，其工作量可想而知。19岁时从巴彦淖尔市入伍的警长张卫东，已从一个年轻小伙儿变成了中年汉子，常年风吹日晒使他的脸颊变得黝黑黝黑。张卫东的妻子没有工作，女儿在盟里读高中，一年当中虽然只有两个月的时间能够和家人团聚，但他无怨无悔。白音图嘎边防派出所所长包志情，2006年7月从内蒙古师范大学本科毕业后入伍，成为一名光荣的边防民警，他的妻子和2周岁的儿子在鄂尔多斯市，父母在通辽市生活，一家5口三地分居，一年少有的探亲假让包志情很难选择去往何处。更多时间守在边防的包志情对于亲情有着军人独特的认识，那就是只有守好祖国这个"大家"，才能有千千万万个安乐的"小家"。年仅26岁的外勤民警王玉权，从军校毕业入伍以来，先后救助被困车辆和群众30余辆（人）次，帮助牧民寻找回走失的牛羊600余头只，为群众挽回经济损失30多万元，被自治区公安厅

评为抗雪救灾先进个人。

25日一大早，我们踏上了一段更加漫长的路程，大家已由出发时一路的谈笑风生转为沉默寡言，从来没有这么长时间连续坐车奔波，着实感觉到全身都要散架了。接近中午，我们终于来到了位于阿巴嘎旗最北端的吉日嘎郎图一线边防派出所。见到眉眼含笑、精神气十足的所长时，我很难相信他就是王政委所说的全盟边防基层派出所年龄最大、军龄最长的老兵解志原。解所长今年45岁，参军24年来一直在边防基层派出所工作，先后荣获个人三等功，被自治区边防总队评为优秀共产党员和党务工作者。面对新时期边防工作不断变化、一线边防工作日趋复杂的新形势、新问题，解志原组织派出所民警与辖区解放军边防八连、一线牧户，多次开展不同形式的军警民联合行动，形成了具有自身特色的边境联防机制，确保了边境辖区治安稳定，被评为全盟维稳工作先进集体、全区基层练兵先进单位、全国一级公安派出所，荣获集体三等功，近两年来先后有8名同志立功受奖。

蓝天白云，草原雄关，长年驻守在祖国北疆第一线的阿巴嘎旗边防武警官兵，在新时期迸发出了无限的正能量，在追逐梦想的道路上奋勇前行。

爱国固边警民情

阿巴嘎旗边防大队所辖派出所自20世纪60年代成立以来，各边防派出所的民警换了一茬又一茬，可与驻地牧民建立起来的水乳相融的警民关系始终没有变。近年来，他们发扬全心全意为人民服务的宗旨，视人民如父母，把驻地当故乡，与各族群众开展了警民共建活动，积极为牧民做好事、办实事，被乡亲们亲切地称为"保卫员、理发员、卫生员、邮递员、炊事员、放牧员、售货员、宣传员"。

2009年12月，那仁宝力格边防派出所先后筹资5万余元，在派出所建起了爱心超市，以成本价或免费为辖区牧民、低保户发放生活用品1200余件，捐款6450元，41岁的智障残疾人贾孟福等人成了爱心超市的长年受益者。2012年3月17日下午，牧民达木林家的100多只待产母羊被"白毛风"吹得不知去向，救援车开到他家草场边缘便被积雪阻断，民警徒步在7公里外的地方陆续找到了被风雪吹散的部分奄奄一息的母羊，民警手抱肩扛用了两个多小时，把这些羊送到了达木林的家中。14岁的乃日斯格因父亲判刑辍学在家，民警及时为他捐款入学。青格力宝力格边防派出所看到少数偏远地区牧民吃水用电困难，便积极协调供电部门、采矿企业，先后为30户居住分散的牧户接通了生活用电，打爱民井20眼，解决了58户牧户、2.5万头只牧畜的饮水困难。牧民巴特尔10年前因骑摩托车摔伤瘫痪在床，民警通过当地政府帮他家申请到了一套项目住房并接通了照明电。

白音图嘎边防派出所创新社会管理模式，联合当地有关部门，牵头建立了以边防派出所、司法所、草原管理所、巡回法庭、检察室为一体的大调解组织，通过有效整合基层执法力量，使老百姓不出家门便可享受到各项司法服务，一年来成功化解各类社会矛盾30余起，维护了边疆和谐稳定。同时，该派出所还结合边防实际情况，为80多户牧民在室内、棚圈安装"电子眼"，提高了社会治安防控能力，确保了牧民群众的人身财产安全。吉日嘎郎图边防派出所辖区牧民子女乌尼儿，因轻信他人花钱可办毕业证被骗2.5万元，派出所民警及时主动介入把钱追回。当记者随同辖区民警赶到孤寡老人车仁都家为她送米、送菜、送水时，老人把每个民警的名字都能叫得上来，高兴地拿出肉食递上热乎乎的奶茶，像母亲一样摸着民警的手，叮嘱他们天冷时要添加衣服小心感冒。2013年1月9日深夜，伊和高勒边防派出所接到牧民电话报警，两辆运送学生寒假回家的客车被大风雪困在路上，民警们连夜顶风冒雪赶往现场紧急救援，65名中小学生和乘客被安全救出。

类似的例子在阿巴嘎旗边防大队各基层派出所还有很多很多，边防民警用他们的实际行动让牧民群众感受到了实实在在的关心和温暖，牧民群众有什么问题也都愿意找派出所的民警来给评评理，对民警给出的意见他们都很信服。返回途中回首望去，草原上洁白的蒙古包和边防线上的橄榄绿已融为一体，万里北疆一片祥和。

采访途中景色美

阿巴嘎旗，历史文化悠久，自然风光秀美。采访途中，我们先后观赏了3个景点。在阿巴嘎旗别力古台镇西35公里处，有一座叫成吉思宝格达的圣山。由东向西远远望去，圣山酷似一代天骄成吉思汗的仰面头像，轮廓清晰，神态逼真，既像是在仰卧沉思，又如同与长生天对话，堪称世界奇观。我们在观测点停下车来，恭恭敬敬地向圣山遥拜祈福。在当地，流传着许多关于成吉思汗与圣山的传说，其中之一便是成吉思汗当年率兵南下讨伐乃蛮部时，曾在这里安营扎寨，举行隆重的祭祀活动。祭拜仪式上，成吉思汗向苍天献上马奶和全羊，说这座山是登上苍天的阶梯，是大蒙古国的支柱，遂将这座山赐名为"宝格达乌拉"即"圣山"之意。圣山的北面环绕着哈喇土里木湖，雨水充沛时，可形成3个湖面，如同人们敬献给成吉思汗的至尊美酒。

向圣山遥拜，心灵对话、照相留念后，我们又接着向前行驶。在一片辽阔的草原上，记者看到了位于阿巴嘎旗境内一段保存完好的金长城。建于公元1115年至1234年的金长城，是古代北方女真游牧民族王朝统治下兴建的一项军事防御工程，它像一条巨龙，或蜿蜒于崇山峻岭之中，或盘旋于连绵起伏的山峦间，或绵亘于旷野苍茫平沙漫延的原野上。全长7000多公里的金长城主要分布在内蒙古境内，其中锡林郭勒盟境内有1000多公里，阿巴嘎旗、正蓝旗、太仆寺旗、多伦县等地均有数段遗迹，大体可分北线、中线和南线，阿巴嘎旗这段金长城属于北线，主要由壕、墙、马面、戍堡、关城构成。2001年6月25日，金长城被命名为全国重点文物保护单位，保护范围为墙体两侧50米，建筑控制地带为墙体两侧500米。13世纪初，蒙古杰出的英雄人物成吉思汗，率部冲破了金王朝为防御北方民族南下而修筑的金长城，使中国进入到了翻天覆地划时代变革的世纪。如今，这段长城已淹没在茫茫草原里，隐约于萋萋绿草中。但是，我们一路行来，真切地感受到由警民共同筑起的心灵长城是那样稳固。

过了阿巴嘎旗这段东西走向的金长城一路向北，我们来到了青格力宝力格边防派出所。在该苏木西南方向，有一条千百年来从草原上流过的小溪，这就是远近闻名的僧僧格泉。传说成吉思汗出征此地时用宝剑穿石，捅出涌泉，人马畅饮甘甜的泉水。从那以后，该地盛产快马，"阿巴嘎旗黑马"之名即源于此。过去，由于无人管理，泉眼周围曾被个别居民随意丢弃的生活垃圾所污染，牧民老乡很有意见。当地边防派出所了解到这一情况后，组织民警种植树木300余棵，围封周边禁牧草场4800余亩，在泉眼上建起了防护棚和围栏，每天派人对僧僧格泉进行巡查守护，使当地牧民又喝上了清澈甘甜的纯天然矿泉水。在僧僧格泉边，记者看到了一对开车专程前来取水的蒙古族小夫妻，他们用塑料桶接满水后，又蹲在泉边洗头洗脸，边防群众快乐和安宁的生活写在了他们幸福的脸上。

在女子部学习过的老党员——罗拉玛吉德

　　罗拉玛吉德，女，蒙古族，1931年11月出生于太仆寺右翼旗第一佐温都尔额日格浩特（现正蓝旗上都镇所在地）一个普通牧民家里，2011年80岁的罗拉玛吉德接受了我们的采访。1953年11月，经察哈尔盟妇联组宣部部长赛音、察哈尔盟团委书记文学孔介绍，光荣加入中国共产党。她曾先后在察哈尔盟妇联、明太旗畜牧局、西乌旗白音宝力格公社、阿巴嘎旗旗委办公室、内蒙古妇女杂志社和正蓝旗革命委员会、人大、政协等地工作，1988年12月从旗政协主席岗位离休，享受副厅级待遇。曾当选为自治区一、二届人民代表大会代表，多次被评为劳动模范和优秀共产党员。

　　1941年3月，年仅10岁的罗拉玛吉德和小伙伴在外玩耍时，被总管喊去为客人敬酒，这位客人是察哈尔盟兴蒙中女子部负责人（当时女子部设在张北县），这位女子部负责人看到罗拉玛吉德聪明伶俐，便选拔她到女子部学习蒙古文、日语、数学、历史、地理等文化知识和缝衣服、纺毛线等生活劳动技能。罗拉玛吉德由此成为女子部第二批学员，当时还有一名来自正蓝旗的女学员叫吴日金苏。1944年5月前后，女子部搬迁到现正蓝旗宝绍岱苏木恩格尔嘎查道英海日罕，当时有200多名学员。在女子部搬迁筹建期间，女子部师生全都住蒙古包，一边学习一边建校舍，同年10月罗拉玛吉德毕业于女子部。

　　1945年11月26日，中共晋察冀中央局在张家口成立内蒙古自治运动联合会。1946年初，苏剑啸和陈炳宇等人由张家口市前往察哈尔盟筹建内蒙古自治运动联合会察哈尔盟分会。3月27至4月1日，察哈尔盟人民代表大会在原明安旗女子部（现宝绍岱苏木恩格尔嘎查道英海日罕）召开，来自各旗的156名代表及社会各界人士出席大会。罗拉玛吉德作为代表和主席团成员参加大会。会议期间，罗拉玛吉德有一次恰好挨着苏剑啸同志坐着，苏剑啸那时40岁左右，但由于高度近视而且眼镜配得也不合适，所以写字较大。罗拉玛吉德亲眼看到苏剑啸用铅笔批注察哈尔盟人民政府施政纲要及其说明等报告。参加大会的代表多数是历代受压迫的贫苦蒙古族牧民和其他民族的劳动人民，也有积极拥护内蒙古自治、愿意跟着共产党走的上层人士；既有蒙古族的革命老干部，又有在

草原上成长起来的革命青年。大家欢聚一堂,共商在察哈尔盟草原上实现内蒙古自治的大事。大会通过与各方面充分协商,提出候选人名单,以无记名投票方式进行选举,大会一致选举陈炳宇同志为察哈尔盟人民政府盟长,选举苏剑啸同志为内蒙古自治运动联合会察哈尔盟分会主任。从此,人民掌握了政权,封建特权受到了限制,结束了封建统治阶级对劳动人民那种非人野蛮的统治和压迫,劳动人民获得解放,草原上歌声嘹亮,生机勃勃。回到家乡后,罗拉玛吉德按照上级"争取上层、抓住下层、培养青年、发动群众"的指示,深入到牧区开展宣传工作。

1948年4月,罗拉玛吉德又参加干部团学习,同年12月份毕业。期间,罗拉玛吉德到羊群庙巴格来(今桑根达来镇巴嘎额仁嘎查)开展工作时,看到了一个叫何乌云的童养媳,在婆家干着一个十几岁孩子难以承受的活儿,还经常受到婆家的打骂和虐待。罗拉玛吉德毅然将何乌云带走,让她参加了革命。从此,何乌云脱离了苦海,开始了新生活。罗拉玛吉德把何乌云送到干部学习团,经过一段培训,何乌云被分配到被服场工作,成为了一名军人。在党组织的培养教育下,罗拉玛吉德从一名普通的牧民女儿,逐渐成长为一名优秀的民族女干部和共产党员,为正蓝旗的解放事业和经济建设做出了成绩和贡献。

正蓝旗喜庆元上都遗址申遗成功

俄罗斯当地时间2012年6月29日18时23分，北京时间22时23分，在俄罗斯圣彼得堡召开的联合国教科文组织第36届世界遗产委员会会议上，21个成员国代表一致同意正蓝旗元上都遗址列入世界文化遗产名录。世界遗产委员会认为，元上都遗址作为草原都城遗址，充分展示了文化融合的特点，同时满足真实性和完整性要求。至此，元上都遗址成为中国第30处世界文化遗产，第42处世界文化遗产，内蒙古自治区实现了世界文化遗产"零"的突破。

这一特大喜讯传来，正蓝旗整个金莲川草原沸腾了。虽然是深夜，但仍然到处是歌的海洋和喜庆的鞭炮声。旗委副书记、代旗长宝音图在第一时间发表了热情洋溢的电视讲话，对元上都遗址申遗成功表示祝贺。在正蓝旗上都镇，各族干部群众得到申遗成功的好消息后，纷纷来到忽必烈文化广场，大家相互握手击掌，同贺申遗成功。大街小巷的酒店、歌厅全部爆满，男女老少通宵达旦尽情释放着喜悦。

6月30日一大早，各单位和临街商铺纷纷悬挂出庆贺申遗成功的横幅。上午10时，正蓝旗党委、政府在忽必烈文化广场举行了隆重的庆祝活动，上万名干部群众自发参加，共同感受申遗成功带来的欢乐和幸福。旗乌兰牧骑的演员们，充满激情的表演了《忽必烈汗》《金莲川》《蒙古故乡》等精彩的文艺节目。会上，宣读了国家文物局给自治区人民政府的贺电、内蒙古自治区政府给出席第36届世界遗产大会内蒙古自治区代表团的贺电。一位离休老干部说，前几天我从《锡林郭勒日报》上看到了《艰难申遗路》这篇记者访谈文章，我不禁落泪。这16年来，各级领导和广大干部群众为元上都遗址申报世界文化遗产付出了大量心血，这些努力终于得到了回报。从正蓝旗党委、政府领导在庆祝申遗成功大会上的祝辞中，我们欣喜地感受到，申遗成功不仅仅是荣誉，更是强烈的责任感和使命感。申遗成功后，正蓝旗党委、政府将切实履行联合国教科文组织公布的国际遗产公约，进一步做好对元上都遗址的保护、管理、研究、展示和旅游服务工作，让元上都遗址及其深厚的文化内涵更好地为世界所知，为世界人民服务。

晚上8时，正蓝旗举行了盛大的文艺和焰火晚会，阵阵礼炮声在向人们昭示，元上都遗址的申遗成功，体现了上都文化是中华文明和世界文明的重要组成部分，显示出全旗各族干部群众齐心协力支持申遗的奉献精神，表达了正蓝旗儿女欢庆申遗成功的喜悦心情。

申遗成功，使元上都遗址这座13至14世纪亚洲北方游牧与农耕两大文明在百年碰撞与融合中，形成的具有文化融合典范价值的草原都城遗址更加充满魅力，正蓝旗的明天也将会变得更加美好。

元上都遗址博物馆：一个朝代的历史

　　"十二五"期间，内蒙古正蓝旗围绕"保护为主，抢救第一，合理利用，加强管理"的方针，加大对文物保护和博物馆的投入力度，让陈列在金莲川草原上的世界文化遗产活起来。自2015年元上都遗址博物馆开馆以来，成千上万的国内外游客来到世界文化遗产元上都遗址后，都要到博物馆转一转、看一看，为这里承载着厚重的上都文化而赞叹。

　　元上都遗址博物馆位于正蓝旗元上都遗址南5公里的乌兰台山东侧面向遗址方向的半山腰上，山体上方耸立着元朝的烽火台，掩映在金莲川草原上的草丛中，是我国首个展示元朝历史和蒙古族民俗特色的博物馆，该馆由北京鸟巢体育馆中方总设计师李兴钢设计。沿着66个台阶缓步而上，穿过博物馆红色长廊犹如穿越历史长河的隧道，向人们诉说着这座草原都城的由来。

　　据博物馆讲解员塔娜介绍，自公元1206年成吉思汗建立蒙古汗国以来，一直没有固定都城。据记载，元宪宗元年（公元1251年），成吉思汗之孙蒙哥汗在漠北即位，令其弟忽必烈总领漠南汉地军国庶事。忽必烈南下驻帐于滦河上游金莲川地区，广征天下名士，建立了金莲川幕府。宪宗六年（公元1256年），命刘秉忠选择桓州东、滦水北即今内蒙古锡林郭勒盟正蓝旗建城郭，历时3年建成，名开平府。宪宗九年（公元1259年），蒙哥汗率军伐宋时驾崩于四川钓鱼山。中统元年（公元1260年），忽必烈在开平登基，继蒙古汗位，建元中统，置中书省，总理全国政务，这里遂成为元王朝临时都城。中统四年（公元1263年），扩建改造开平城，诏改为"上都"。第二年，改金朝旧都燕京（今北京）为中都，改中统五年为至元元年，实行两都制。至元四年（公元1267年），又在中都东北建新城。至元八年（公元1271年），定国号为元，取"大哉乾元"之义。至元九年（公元1272年），改中都为大都。每年夏季，皇帝及其随行大臣有近半年时间在上都避暑理政。元上都是与元大都并列的草原都城，可以"北控沙漠，南屏燕蓟，山川雄固，回环千里"。"控引西北，东际辽海，南面而临治天下，形式尤重于大都"。先后有六位大汗在上都

登基。所以，元上都是蒙古族掌握政权后，建立的第一座真正意义上的都城。1358年和1363年，上都两次遭受战火破坏。1368年，明军攻克上都，元上都基本焚毁成为遗址。

投资9054万元的元上都遗址博物馆总建筑面积6991平方米，其中博物馆建设5701平方米，附属设施建设1290平方米，主展建筑镶嵌在山体中。博物馆半露出的一小段长条形体，指向都城遗址中轴线上的起点明德门，使建筑对遗址有理想的视角和轴线关联，由明德门处看遗址博物馆，建筑则缩为一个隐约的方点，体现出对遗址环境完整性的尊重及人工建筑与自然景观的协调。博物馆周边保持着原有的自然风貌，蒙古族传统的摔跤、赛马、射箭、祭敖包等游牧文化遗产在周边嘎查中均得到了完美体现。博物馆地上地下各两层，空间布局弯曲流畅，整体建筑以线带面，通过北侧山脚下的道路进入博物馆区域后，给人一种豁然开阔的立体感。

元上都遗址博物馆内部设施实现了智能信息化，文物管理网络系统装备先进，观众服务区、游客接待中心、库房区、设备控制区、档案管理与研究区和多功能报告厅等功能优化齐全，是正蓝旗文化交流的重要窗口。序厅内通过元代行省图、两都巡幸路线图、元世祖出猎图、蒙元帝系表展、在元上都登基的元朝皇帝，让人们从中解读出元上都曾经的辉煌，领略着草原民族的伟大创举，见证着博大精深的上都文化。展示服务区是博物馆对外开放的区域，由前言区、基本陈列和临时展厅、多功能报告厅、观景台及露天雕塑群等组成，其中展示区面积约2000平方米，由前言区、序厅和4个独立展厅、1个临时展厅组成。基本陈列展示将"走进元上都"主体思想贯穿其中，通过"打开尘封的记忆""寻觅往日的风采""领略科技文化的繁荣"和"今日的金莲川草原"四个部分，展现了上都城的兴建、布局和宫殿建筑与辉煌，见证了元上都作为国际大都市多元文化兼容的盛况。元上都遗址博物馆，现已成为我国征集、收藏、陈列、研究、展览蒙元文化的重要场所。

博物馆现有国家一级文物雕龙角柱和汉白玉龙纹建筑构件、琉璃瓦、墩石、骨笛、卧狮、石人等文物270件套，主要由北方草原民族历史文物、元朝文物等组成，从多方面反映出蒙古族的生产生活特色和元代草原都城的政治、经济、文化发展状况，点面结合，再现了游牧文化与农耕文化，草原文化与中原文化，亚洲文化与欧洲文化的碰撞与融合，让人们从中见证元朝所造就的国际性大都会多元文化兼容盛况，成为展示元朝和上都文化的窗口及宣传蒙汉民族文化融合的平台。

正蓝旗为云晨光等13名烈士举行揭碑仪式

瑞雪轻飘，烈士含笑。2013年4月8日，正蓝旗各族干部群众、武警官兵、少先队员和云晨光烈士亲属等100余人，在正蓝旗哈毕日嘎镇朝阳村烈士洼，为云晨光等13名烈士举行了隆重的揭碑仪式。延安大学、内蒙古博物院、锡林郭勒盟民政局、正蓝旗党委和政府等有关部门，向烈士墓敬献花圈和哈达。

据烈士云晨光的侄子云大平讲述，云晨光1926年生于土默特左旗塔布赛村一个贫苦家庭。1939年8月，经中共地下党员贾力更、奎壁介绍，云晨光和云大平的父亲云照光等22名热血青年，来到延安参加革命。由于表现突出，云晨光17岁便加入了中国共产党。1946年春，云晨光随部队开到察哈尔地区坚持对敌斗争，时任我骑兵16师一团二连指导员。1947年4月23日（农历三月初三），年仅21岁的云晨光带领一个班的12名战士到正蓝旗哈毕日嘎镇朝阳村执行侦查任务时，被国民党14纵队的5辆军车和部分骑兵包围。云晨光带领战士们英勇抵抗，子弹打完后便用枪砸，最终因寡不敌众全部壮烈牺牲。

事后，朝阳村20多户老乡冒着生命危险，自发地将烈士就地掩埋，并将这个地方叫作烈士洼。1982年村里包产到户时，为了避免烈士墓被人为损坏，村支书徐占先组织村里的30多名师生，将烈士遗骨起出来，一字排开集中埋在烈士洼的一个高坡上，当地村民义务守护无名烈士墓64年。2012年7月1日，旗政府投资37万元，为这13名无名烈士建了墓碑，把其列入旗级不可移动文物，成为正蓝旗爱国主义教育基地。

在正蓝旗政府和干部群众对这13名无名烈士墓进行精心保护修建的同时，云晨光的亲属多年来也一直未停止过对烈士牺牲地的寻找。2012年，一次偶然的机会，云晨光的弟弟原自治区政协副主席云照光，在正蓝旗了解到了这一情况，经过查阅相关资料和走访知情人，最终确认这13名在正蓝旗哈毕日嘎镇朝阳村牺牲的13名无名烈士，就是我骑兵16师一团二连的战士，其中便包括党和人民的好儿子云晨光烈士。

解放战争期间，为保卫锡察解放区和新生政权，先后有550名革命烈士的鲜血洒在了锡察草原上。仅在现正蓝旗境内就发生过40多次激烈战斗。云晨光等13名牺牲在正蓝旗哈毕日嘎镇朝阳村革命烈士的英魂，将永远活在草原各族人民的心中。

正蓝旗蒙古包厂被认定为
第一批"内蒙古老字号"企业

　　为传承和弘扬优秀文化,打造自主知识品牌,2012年10月22日,自治区商务厅认定内蒙古民族商场有限责任公司、内蒙古大盛魁实业有限责任公司等26家企业为第一批"内蒙古老字号"企业,正蓝旗蒙古包厂名列其中,成为全旗首家"内蒙古老字号"企业。

　　正蓝旗蒙古包厂成立于1962年6月2日,建厂50年来,该厂坚持传承和弘扬蒙古包这一优秀非物质文化遗产,企业在保留蒙古包民族传统工艺的基础上,大胆进行技术革新,严把产品质量关,2000年8月自行设计研制生产出了当时世界上最大的一顶直径21米的木质结构蒙古包,所生产的直径从4.3米到21米8大系列22个规格的"牧星"牌蒙古包,不仅畅销全国30多个大中城市旅游景点,而且还出口韩国、日本、法国、蒙古、德国、美国、澳大利亚、香港等国家和地区2600余顶,2004年12月,该厂将6顶"牧星"牌蒙古包搭建到了地球最南端的南极洲,成为全旗首家出口创汇的民营企业,让蒙古包从元上都的绿草深处走向世界。厂领导班子用自己开拓进取的魄力和敢于领先的创新精神,把一个民族传统企业变成了产品有市场、经营有效益、发展有后劲、职工有实惠的企业。在该厂的影响带动下,正蓝旗目前已形成了传统木质蒙古包生产基地。2012年,全旗生产销售蒙古包4000余顶,年生产能力达到8000余顶,2010年正蓝旗生产的察哈尔蒙古包,被列入全区第二批非物质文化遗产。

保卫察北重镇哈毕日嘎

——纪念内蒙古自治区成立70周年

正蓝旗哈毕日嘎是原察哈尔盟民主政府和分会建立之地，也是张家口通往贝子庙的必经之路。1946年10月，国民党蒋介石发动内战，战火很快蔓延到察哈尔盟，刚刚建立起的察哈尔盟分会和政府，不得不进行战略转移，从哈毕日嘎撤到北部的沙窝子里。就在我察哈尔盟分会撤离不久，胡九江、何文润、丹巴等纠集起来的国民党杂牌军就占据了哈毕日嘎这个军事要地，并宣布成立了"察哈尔衙门"，企图以此地为桥头堡，进而占据整个察哈尔盟。敌人入驻哈毕日嘎不久，我军十一师和十六师便先后两次攻打哈毕日嘎的土围子，国民党杂牌军都被打得狼狈逃窜。两次"拔钉"战斗，彻底摧毁了敌人窜犯解放区的桥头堡，也使胡九江、何文润等匪帮的士气一蹶不振，失去了与解放军抗衡的能力。

1947年11月，察哈尔盟分会决定解散察哈尔盟武工队，把武工队的战士和干部分到各地去组建新的队伍，开辟新战场。哈毕日嘎区区长于连科和区武委会主任刘云、区治安员李建国，率领两个班的战士组成游击队开赴哈毕日嘎地区，开展游击斗争，同八十团等地方武装联合战斗，保卫胜利果实。陈景成当时就是区游击队的一员，17岁时在家乡正蓝旗哈毕日嘎二道营子村参加察哈尔盟武工队。建国后，在正蓝旗从事行政工作，如今已86岁了，和子女生活在哈毕日嘎镇。

陈景成回忆说，当年由于连科区长带领的区游击队主要面对的敌人就是李九功、薛跃庭等地主组织起来的"还乡团"杂牌军。李九功是二道营子村有名的财主，凭借占有大片的土地，以放租形式盘剥穷苦人民，聚敛了大量的财产和上千牛羊，还在二道营子筑起保护他们的小围子。薛跃庭是前半台尹司令的铁杆经理，长期霸占着前半台的大片土地，剥削着穷苦农民，他和李九功狼狈为奸，依仗着其主子国民党孙兰峰所谓精锐部队的支持，凭借人熟、地形熟的条件，与解放区的军民为敌，不断骚扰侵犯哈毕日嘎地区。1947年1月，以李九功、薛跃庭为匪首的杂牌军会同国民党的正规部队，偷袭了其门地宋家营子，关起义盟长就是被他们杀害的。

1948年春天，中共察哈尔盟工委在哈毕日嘎区轰轰烈烈开展了整党和土改工作，与此同时，察北重镇多伦县也被我军解放。多伦的解放对察北的敌人震动很大，国民党的

汽车队和骑兵团紧紧把守宝源县城，不敢轻易到哈毕日嘎一带袭扰，这使当地土改运动进展的比较顺利。土改中，一些民愤极大的地主和富农分子及敌伪人员包括李九功和薛跃庭都逃到了国民党占领的宝源县城里。在减租减息和土地改革中，贫苦农民分了他们的部分财产（他们大部分财产牛羊隐蔽在外地），使他们对哈毕日嘎区人民怀恨在心。

1948年5月的一天，当上了国民党哈巴嘎乡大乡长的李九功，带领乡兵武装和逃亡的地主富农分子及敌伪人员组成的"还乡团"杂牌军60多人，突然窜到哈毕日嘎地区进行报复。趁区游击队在北部村庄活动之际，窜到前半台村杀害了贫农团干部魏小铁和李半活，在朝阳沟村杀害了贫农团干部门永财，在二架子村杀害了贫农团干部王大肚子，并抄了这些贫农团干部的家，抢走了群众的财产和牲畜，扬言要杀尽各村领导土改的贫农团所有干部。

此时，区游击队正在大营子北沟。消息传来，区委书记张效周、区长于连科立即决定赶赴二道营子保护贫农会成员转移，由武委会主任袁富带领一个班的战士绕到毛家营子（今民胜村），切断"还乡团"向南逃窜的退路，力争两面夹击将其一举歼灭。

区游击队到达三道营子北山时，敌人便发现我们游击队员，他们撤到三道营子南山，双方从中午交火一直持续到晚上九点。当夜我军转移到后半台前营子住宿，敌人撤到其门地一组住下。第二天夜间十点多，区游击队尾随在敌人后面到了二架子村，找到村干部刘万山和侯翠苹了解到李九功人马已往二道营子村去了。我们立即赶到三道营子，告诉贫农会人员迅速转移，随后又赶到二道营子。这时，李九功人马已去头道营子和下河拉沟两个村抓人。区游击队迅速徒步往头道营子赶，可赶到头道营子又扑空了，村中的群众告诉我们，李九功的队伍在村里吃了点饭就奔下河拉沟抓人去了。这时天还没亮，下河拉沟距离头道营子还不到一公里，于连科区长立即做了战前部署，让二班长吴明清带领马桩子隐蔽到头道营子东面的河槽里去，他和一班班长董占山带着战士步行向下河拉沟摸去，并命令战士们不管发生了什么情况，到营子之前，没有他的命令不准开枪。当部队离营子还有半公里远时，就听到从营子里传出孩子和妇女的哭叫声，这声音在安静的夜里显得异常的凄惨。很明显，李九功的"还乡团"还没有离开村子，正在村里掳掠……怒火在战士们的心中燃烧，大家不约而同地加快了脚步，在距村子还有300米时敌人还没有发现我军，因为他们的岗哨设在村子北面，敌人万万没有想到，我军摸到了他们的背后，大家正要向村子里继续前进时，突然从营子里闪出一个黑影，战士们立即卧倒，伏在地上，但对方已经发现了我们，他对着我们大喊："南面来的人是干什么的？"见没有人回答，那人接着又喊："怎么不回答啊，都趴在地上干什么？"看来不回答是不行了，于连科区长大声回答道："我们是二道营子的老百姓，找李乡长（李九功）有急

事。"那人边往前走边说："你们回去吧，李乡长马上就回头道营子去啦，有事到头道营子再说吧。"话音未落已经走到了于连科区长跟前，于区长猛然跃了起来，用枪抵住来人的下巴，小声呵斥他："趴下! 再喊就毙了你!"那人赶忙说："于区长是我"。于区长仔细一看，认出了他是头道营子的李文玉，便问他李九功在村子里的情况，李文玉说："李九功把下河拉沟的尹村长和贫农团的干部齐万赢和陈财抓住了，准备连夜带到头道营子去，天亮后开大会，当着村民枪毙他们三人。"话还没说完，李九功带着还乡团已经押着我三名贫农团干部从村里出来了，嘴里还不断地辱骂他们。走在前面的两个敌尖兵很快发现了我们，一边掉头往回跑，一边喊"南面来了八路军啦"。"打!"随着于区长一声令下，两名敌尖兵应声倒地。紧接着战士们对着刚出营子的李九功"还乡团"就是一阵子排子枪和手榴弹，敌人被我军突如其来的打击吓蒙了，他们丢下三名贫农团干部拼命向正东的胡鲁斯台方向逃去，等听到枪声的马桩子和张效周带领着支援的战士赶来时，已经错过了追击的最佳时机，敌人已向宝源地区逃走了。我们一直追到舍布纳尔东沙窝子，虽然没追上敌人，但追回了敌人掠走的牲畜。

这时天色大亮，太阳冉冉升起，战士们赶着追回的牲畜回到了哈毕日嘎归还到了群众手中，又分头赶到前半台、朝阳沟和二架子埋葬了被敌人杀害的魏小铁、李半活、门永财和王大肚子四位烈士的遗体，慰问了死者的家属，给他们发了抚恤粮，开了追悼会，妥善安置了被抢群众的生产生活，稳定了群众的恐慌情绪。

李九功这次在哈毕日嘎报复之后，游击队一直寻找李九功还乡团的踪迹，为被他们杀害的贫农团干部报仇雪恨，但李九功一直没有再露面。后来我们得知，李九功逃回宝源县城后，怕解放军解放宝源后找他讨还血债，辞去了国民党哈毕日嘎乡大乡长的职务，携全家跑到了北平躲藏了起来。李九功辞职后，日伪时期在宝源县当过特务警长的常明亮当上了国民党哈毕日嘎乡的大乡长。常明亮这个亡命徒当上大乡长后，又多次带领"还乡团"地主武装来哈毕日嘎地区抢劫杀人，哈毕日嘎区游击队和敌人展开了艰苦卓绝的斗争，后来常明亮在一次抢劫返回宝源县途中，被我察北人民解放军击毙。

1949年，我们在大营子村过了一个胜利的春节。哈毕日嘎地区的村民也高高兴兴地过春节，各村给区政府游击队送来了白面、麻油、猪肉、粉条等过年物资。同年4月，区政府和游击队驻扎二道营子村，察哈尔盟保安团在哈毕日嘎安了营房。1950年6月在宝昌县保安团整编为公安大队，区游击队整编为公安中队。同年10月，区政府正式迁回到哈毕日嘎，当地人民群众过上了平安幸福的生活。

在解放多伦中牺牲的黄泽九

黄泽九，男，汉族，1918年生，福建省宁化县淮土乡朱坊村人。1934年参加中国工农红军，1938年加入中国共产党，身经第四、五次反"围剿"作战，1935年参加二万五千里长征。他当过号兵、通讯员、警卫员，历任副班长、班长、排长、副连长、连长、营长、团政委、团长职务，参加过平型关战役、反"九路围攻"和"百团大战"，先后三次负伤，为二等残疾。长征途中，黄泽九担任毛主席的警卫员，是毛主席十分重视的一位红军战士，在蒋建农、郑广瑾所著的《长征途中的毛泽东》一书中，便记述着毛主席与黄泽九的故事。

1948年4月，解放战争的全国决战战场拉开序幕。多伦城位于坝外腹地，盘踞在多伦城内的国民党军队像一根钉子插在了冀、热、察、辽解放区中间，成为国民党军侵占坝上草原、东犯西热、南去察东、西南支援张家口的战略要地。尽早解放多伦，打开国民党军队的塞北大门，不仅对巩固扩大热西、察东、察北解放区有重要意义，而且能使东西500里、南北700里的交通线得以畅通，为配合东北战场全面进攻创造有利条件。

当时，黄泽九任冀察热辽军区独立七师第十九团团长，部队在丰宁一带进行军事训练，他本人刚刚举行婚礼。4月8日接到命令后，黄泽九率部日夜兼程于22日赶到多伦县城西南30里的泡子沿、马莲滩一带集结。同日下午，配合作战的冀热察辽朱德骑兵师也从围场赶到。4月23日解放多伦之战时，第十九团为主攻部队。由于进攻地域位于县城南是一片开阔的沙地，部队行进艰难无法隐蔽，而敌人火力密集，突击队遭受较大伤亡，总攻时间迫在眉睫。危急之中，黄泽九亲自到前沿指挥战斗，并率领三连从城墙西南角进攻，途中被迂回到解放军侧翼的敌机枪手击中头部，抢救无效光荣牺牲，年仅30岁。牺牲后，遗体安葬于河北省丰宁县大阁镇西九龙山下烈士陵园。在解放多伦的战斗中，黄泽九和独七师大功班班长战斗英雄贺凤江、冀热察辽朱德骑兵师一团一连连长赵连水等119名指战员英勇牺牲。

多伦之战，是解放军独立七师组建后的第一次攻坚战，也是解放察北的第一仗，扩大了察北局面，巩固了坝头阵地，减少了热西北地区匪患，使解放区通往赤峰等地的交通得到保障，为彻底解放锡察草原奠定了坚实的基础。

正蓝旗文化名人——扎木苏荣扎布

扎木苏荣扎布(1931—2010),察哈尔正蓝旗人。1948年7月任正蓝旗政府通信员。1949年5月,加入中国人民解放军,任察哈尔盟保安团通信员。1949年10月,在内蒙古骑兵五师十五团服役,历任侦察员、文书、排长,开始文学创作。1956年7月,创作的军歌《我的骏马》,先后获得内蒙古自治区成立10周年文学艺术一等奖,中央人民广播电台每周一歌节目优秀歌曲二等奖,莫斯科世界青年联欢会铜质奖。1959年,调入巴彦淖尔盟军分区政治部工作,不久又调入锡林郭勒盟军分区政治部工作。他创作的短篇小说《恩和宝勒格激流》入选蒙古族中学语文教材,同时被译成汉文,入选由人民文学出版社出版的文学作品丛书《草原集》。2001年,他的作品集《恩和宝勒格激流》被译成西里尔蒙古文,在蒙古国乌兰巴托出版发行。2004年,作品集《我的骏马》由内蒙古人民出版社出版发行。

1971年,扎木苏荣扎布以旅级干部待遇转业到正蓝旗工作,先后任正蓝旗文体局、民族宗教事务局局长。1992年离休。

哈毕日嘎镇地名沿革和村名解读

　　村庄,是农民的聚居地,也是农民生产和生活的社会形式。村庄形成于农业文明时代,在中国最为典型和普遍,迄今依然是中国基本的社会单位。所有中国人,或是生长于村庄,或是父祖辈来自村庄。村庄是中华民族的根基,是我们实现中华民族伟大复兴的立脚点和全国同步建成小康社会的重点和关键。

　　人与人之间的相识相知,往往是从熟记姓名、了解地名开始的。地名是一定地域的标志,是社会经济文化发展的产物。作为一种重要的文化形态和载体,地名承载着社会文明发展的历史,是一个地方历史的见证、文化的记忆。在地名系统中,各地地名有着各自不同的构成和特色,反映着各地不同的文化底蕴。

　　村庄是以地缘关系把若干不同家族、亲族组合起来的生活共同体。人们居住在一起,受共同的自然和社会环境的影响,价值观趋同,且因共同的利益驱动,往往形成一种大家认同的风尚或习俗,并持久地传承下来。为了让后人铭记,还会将这种习尚以村名的形式固化下来。从对正蓝旗哈毕日嘎镇现有20个行政村村名解读来看,其内涵及演变过程承载着多种历史文化信息,并且具有民族地区农耕和游牧文化相结合的显著特点,其蕴含的民俗文化较为丰富。由于水平和能力所限,本文仅是点题而已。对这一非物质文化资源,我们应进一步加以整理、研究和保护,使之能够更好地传承下去。

哈毕日嘎镇地名沿革

　　“哈毕日嘎”系蒙古语,原意为“肋骨”,引申意为“旁边、侧面”。此地曾为清朝由京师通往阿巴嘎、阿巴哈纳尔旗东路的一个腰站,清代属察哈尔镶白旗牧地,它有别于正站,属于正站之外的次要驿站,故称“哈毕日嘎乌日特”,意为侧站或腰站,后成为地名沿用至今。清代属正白旗辖地,民国时期属察哈尔盟宝昌县,后属三区管辖。光绪二十八年(1902年)以后,由于国内外形势的变化,清朝在内蒙古大力推行放垦蒙地政

策，大张旗鼓地鼓励移民开垦，使清代内蒙古的移民开垦出现了一个前所未有的高峰，从此私垦变成了官垦，农牧分界线不断往北推进。清末察哈尔各蒙旗被大规模放垦后，哈毕日嘎又成为南部汉族移民的农耕区，俗称"租银地"，逐渐形成了汉族农民、商旅聚居的集镇，并且筑有土城墙。在民国初期的日文《蒙古地志》所附地图中，这个地点用汉文写作"哈皮夏"，20世纪30年代的《中国分省地图集》中也沿用了这个叫法。

哈毕日嘎镇位于正蓝旗西南部，浑善达克沙地南缘，地处207国道和308省道交汇处。全镇总面积447.45平方公里，辖20个行政村、78个村民小组、1个镇直林场、2个居委会。是正蓝旗唯一以农业为主的村镇。

1918年，国民政府建立了太仆寺右翼牧场小学，为解决学校费用，在哈毕日嘎一带开垦土地2000公顷。山西、河北等地农民先后涌入，靠天种地谋生，逐步形成了当地今天以农业为主的行政区域。1937年，日军与伪察哈尔盟公署将太仆寺右翼牧场变为太仆寺右翼旗建制，旗公署所在地设在黄旗大营子，今上都镇黄旗嘎查。

哈毕日嘎有史以来是一个交通要地，在大蒙古帝国时代开始设立驿站。驿站分为中心驿站和侧驿站，哈毕日嘎是从侧驿站演变过来的，后来也曾叫过西行地、太和堡、南围子。哈毕日嘎围子的建立分小围子和大围子，1933年前后在现庆丰村一组建了个小围子，1937年又建了大围子，围子南北和东西长各有0.5公里。围子由当时邵家营子邵家、毛家营子毛家、李家营子李家、二道营子李家、朝阳沟郑家、甘珠庙杜贵、大营子邢玉珠、前半台邱家等有钱人家集资建设，以防御土匪骚扰。

1946年3月27日，察哈尔人民政府成立，陈炳宇当选盟长，色伯克扎布、哈斯瓦其尔当选副盟长。同时，内蒙古自治区运动联合会察哈尔盟也纷纷宣布成立（当地人称九旗办公处），苏剑啸任主任、拉木扎布任副主任。由于两大机构都驻扎在哈毕日嘎，使这个草原小镇成了全盟政治中心，加上我内蒙古骑兵十六师常驻防在这个地区，使其成为当时塞外小有名气的红色根据地。同年2月，哈毕日嘎划为察哈尔盟租银一区，隶属于察哈尔盟行政处，并成立了区小队，由盟分会派来的云进宝为哈毕日嘎区第一任区长，云贵生兼任区小队队长。1950年8月，撤销行政处，把其管辖的哈毕日嘎区划归宝昌县，编为宝昌县的第三区。1956年7月在区建制的前提下，又下设了3个乡政权，即哈毕日嘎乡、北围子乡（后称阿尔虎布乡）、葫鲁斯台乡。1956年11月，明安旗、太仆寺右旗、正蓝旗和宝昌县三区（除后山椅子、后水泉、黑山庙3个行政村）合并为新正蓝旗，哈毕日嘎划归正蓝旗。1958年8月28日，撤销哈毕日嘎区公所建制，将原3个乡合并为一个乡，称哈毕日嘎镇乡。同年9月，以乡为基础成立了人民公社，叫光速人民公社，后改为哈毕日嘎人民公

社。1961年8月撤销了大公社,划分为哈毕日嘎、阿尔虎布、胡鲁斯台3个公社。1984年5月,取消了人民公社政社合一体制,恢复乡建制。2001年3月撤乡并镇时,撤销了哈毕日嘎乡、阿尔虎布乡、胡鲁斯台乡,建立了现今的哈毕日嘎镇。

部分行政村村名解读

朝阳村:朝阳村又称朝阳沟村,简称朝阳村。分前朝阳村和后朝阳村,两个自然村前后相距1.5公里,在两个自然村中间有一条深20米左右由东向西自然形成的土沟,居住地采光好、向阳,所以取名朝阳沟村。该村新中国成立前便有10余户从河北丰宁、围场等地谋生而来的村民居住,前朝阳村以毛家、郝家为主,后朝阳村郭家、郑家是大户人家。

红星村:红星村,原名北围子。红星村现有4个自然村,其中一组又叫车往地沟,二组又叫小东营子,是原阿尔虎布乡所在地。新中国成立前,为防御土匪骚扰,红星村的孟显增,大营子村的刘义、庞家等有钱人家,集资建起了与南围子(哈毕日嘎镇)相对应的北围子,是哈毕日嘎镇通往北部牧区的必经之地。1956年7月,哈毕日嘎区下设三个乡政权,其中之一便是北围子乡,后改称阿尔虎布公社和阿尔虎布乡,乡所在地北围子改称红星村,村名一直沿用至今。

民乐村: 清末民初,河北省廊坊市香河县有一个姓陶和姓李的买卖人经常出入正蓝旗北草地,用一些茶叶、糖果等日用品与蒙古老乡交换皮毛、奶食、肉食,后居住在民乐村,以此作为货物交换地。因两人一个姓陶一个姓李,加上姓李的买卖人又是个"兔唇",所以当地蒙古老乡就将他们的居住地称为"陶李(来)买卖"。"陶来"在蒙语中意为"兔子",形容这个姓李的买卖人嘴长得像兔子嘴一样。1958年"大跃进"时,该村将"陶李(来)买卖"改称为"双跃大队",意为"农业、牧业双跃进"。1966年"文革"期间,该村又改为"民乐大队",意将这里建设成农民"满意而高兴"的地方。自然村以地形地貌命名,如石砬子根(简称砬根)、东沟、北洼、梁后、北滩、南滩等。

民胜村:清末民初,山东部分地区发生严重旱灾,民不聊生,大批难民闯关东、进草地。当地青年农民毛振堂、毛振生、毛振敖兄弟,一路奔波来到正蓝旗哈毕日嘎镇民胜村三组一带,租用当地官家所放草地开垦农田,经过数年经营毛家拥有土地200余亩。毛家兄弟在此娶妻生子,成为当地大户,所以该村被叫作毛家营子。1937年,毛家又与哈毕日嘎镇其他村的邵家、李家、郑家等大户,集资在今哈毕日嘎镇修建了大南围子,以防御土匪,毛振敖还在围子内开办了油坊面铺。后来到毛家营子落户的人越来越多,他们以租种毛家"二八地"的形式为生。"二八地"是指秋后出租土地者得实际收成的"二成",承租土地的人得实际收成的"八成"。1958年"大跃进"时,毛家营子改为民胜村,由3个自然村组成。

东风村:东风村原称甘珠尔庙,有两个村民小组,"文革"期间改为东风村。甘珠尔庙是镶白旗原十四苏木雍公牧群庙,是一个叫那瓦萨木腾的喇嘛所建。这位那瓦萨木腾喇嘛曾在雍和宫建庙经会担任过30多年的苏克沁格辉职,年老体衰时告假还乡。雍正皇帝准其请求,并念其多年来忠于职守,便赐予他法杖和1件黄袈裟,一部手抄本《甘珠尔》经,1件甘吉尔(屋脊宝瓶)和足够建一座庙宇的银子,于是该喇嘛建起了这座庙。理藩院注册,朝廷赐匾"甘珠尔"庙,主神玛哈嘎拉佛。庙旁有一条河,被称为甘珠尔河。有德木齐喇嘛札符,度牒20人。该庙朝克沁殿61间,两层楼阁,汉式建筑。甘珠尔喇嘛共转世八世。由于甘珠尔庙建于巴音陶力盖之地,故亦称"巴音陶力盖"庙。

正蓝旗桑根达来苏木党委副书记、纪委书记阿其拉图同志，在人民群众生命财产面临威胁的关键时刻，面对持刀歹徒，临危不惧，挺身而出，用自己的鲜血谱写了改革开放时代的雨水新篇。他不愧为——

草原人民的好儿子

"美丽的草原我的家，风吹绿草见牛羊"。可不知从何时起，盗贼把罪恶的双手伸向了草原，于是草原不再安宁，凶狠的盗贼少则偷盗十几头牲畜，多则偷盗几十头牲畜，甚至将成群的牲畜赶上大车，或是砍断牲畜的四条腿装车偷走。被盗的牧民昼夜之间就变得一贫如洗，牧民们胆战心惊，视盗贼为豺狼。

这里我们给大家讲述的是一个党的基层干部，见义勇为，勇斗持刀歹徒的真实故事。

伸向草原的魔爪

冬季的草原白雪皑皑，寒气逼人。劳作了一年的牧民们都在欢天喜地祈盼着春节的到来，可谁能想到，此时，已有几双罪恶的魔爪伸向了草原……

1994年12月27日下午，正蓝旗桑根达来苏木白音淖尔嘎查哈拉盖图浩特牧民哈斯尔吃完午饭，便想到朋友家走走，妻子提醒他说："到外面看看咱家的羊吧。"

"没事吧，这大白天的。"哈斯尔虽然嘴上这么说，可心里没敢大意，便径直走向离家3公里以外圈放牲畜的网围栏。

沿着4000多米的网围栏，哈斯尔整整找了一个多小时，没有，确实没有。围栏内16只奶山羊不翼而飞了。

哈斯尔顿时冒出了一身冷汗，这16只奶山羊，按现行市场价就是4000多块啊，是全家五口人一年的生活费用。更何况，这些羊马上就要下羔了。辛辛苦苦忙了一年，难道就这样付之东流了？

哈斯尔真的急了，他和浩特的8户牧民立即分头寻找。骑马的、开三轮的，10多人在寒冷的冬夜里顺迹追踪。网围栏内马进不去、三轮车走不了，大家只好徒步而行。整整找了一夜，天放亮时，他们在乌日图苏木境内的锡宝线207国道148公里南约300米处一个沙坑里，发现4个人鬼鬼祟祟，正将没有扒皮的羊肉装入麻袋，一件件地往公路上搬运。

由于盗贼人多，而且都手持凶器，所以牧民未敢惊动他们。哈斯尔等人来到邻近的乌日图苏木宝力根查干嘎查牧民孟克家，让他以遛兔子套为名，帮助监视盗贼，以免打草惊蛇。哈斯尔当即拦截一辆从锡林浩特市发往张家口市的客车，赶回桑根达来苏木报案。

关键时刻方显党员本色

近年来，牧民牲畜失盗案件有增无减。据桑根达来苏木派出所初步统计，仅1994年就有18头乳牛、35匹马、103只羊被盗，牧民对这些丧尽天良的盗贼恨之入骨。哈斯尔赶到苏木时已是上午9点多钟了，苏木党委副书记、纪委书记阿其拉图和苏木长助理达布希拉图正在值班，接到报案后，阿其拉图深感情况紧急，恰好派出所的干警下乡办案，他们顾不上等候，马上找到苏木一位名叫李祥的个体运输户，组织了20多名干部群众，乘坐一辆面包车迅速赶往现场。

这四名盗贼分子做贼心虚，见有人追来，连忙放弃赃物，沿着浑善达克沙漠腹地向西北方向逃去。

"追！这次说啥也不能让犯罪分子跑了！"干部群众在阿书记的指挥下，跳下汽车，冒着零下20多度的严寒，沿着沙漠腹地深一脚浅一脚地追了上去。

半个小时、一个小时，十里、二十里，四名罪犯拼命奔跑，一名罪犯为了逃跑，甚至不顾寒冷的天气，脱掉脚上笨重的皮靴扛在肩上向前狂奔。阿其拉图和其他干部群众更是不惧疲劳紧追不舍。

在沙漠中行走十分艰难，大部分牧民群众包括失主本人由于体力不支，渐渐落在了后面。阿其拉图、达布希拉图和主动赶来参加追捕的牧民哈斯巴特尔、张·巴特尔、朝鲁门、孟克等6人咬紧牙关，克服困难，凭着自己顽强的毅力和对人民群众财产高度负责的态度，继续向前追赶着……

狡猾的罪犯利用复杂的地形分成两股东藏西躲。大家丝毫不敢大意，经过三个小时的追赶，终于在一处沙包顶上追上了两名歹徒。

穷凶极恶的歹徒见追上来的仅仅是几名手无寸铁的干部群众，便抽出随身携带的短刀，恶狠狠地扑了过来。阿其拉图等人临危不惧，拔出周围网围栏上的木桩，与两名身强力壮的歹徒展开了殊死搏斗。

面对手持凶器的歹徒，阿书记毫不畏惧，他扑上去，拦腰抱住一名歹徒，歹徒反身向阿书记的前胸左侧狠狠地扎了一刀。

阿其拉图顿时血流如注，倒在了地上。但他忍住剧烈疼痛，顺手抱住了罪犯的双腿，另一名叫杨志的歹徒借机用木棒向阿其拉图的头部和手臂打去。

此时，阿其拉图已将个人的生死置之度外，他心中只有一个念头，那就是无论如何也要抓住盗贼，不让他们再有作案的机会，只见他奋力一跃，借着惯性抱住歹徒杨志，顺势从20对米高的的沙包上滚了下来，盗贼气急败坏，抽身举刀再次向阿书记行凶，正在这紧要关头，牧民哈斯巴特尔用木棒打掉了罪犯手中的刀。

"刀子打掉了，快上！"阿其拉图吃力地喊道。在阿书记的鼓舞下，干部群众勇气倍增，大家齐心协力，终于将两名歹徒制服。

随后，大家用随身携带的鞋带、围巾和铁丝将两名罪犯捆住，押到邻近的牧民家。

与此同时，公出赶回苏木的党委书记钢苏和与另外十多名党员干部，也先后赶到现场。钢苏和立即组织人员抢救伤员，并向旗公安局报案。

"我是草原的儿子"

阿其拉图和受伤的牧民哈斯巴特尔、张·巴特尔一同被及时送往旗人民医院抢救。经诊断，阿其拉图受伤最重，前胸左侧被扎伤2厘米深，伤口距心脏仅有3.3厘米，左臂造成粉碎性骨折，头部左侧被棍棒击伤血肿。哈斯巴特尔头部左侧被严重击伤，缝了5针；张·巴特尔右手腕部骨折。旗人民医院全体医护人员采取紧急救护措施，终于将阿书记从死忙线上抢救过来。

旗公安局接到报案后迅速出击，将两名犯罪分子押解归案，同时追捕另外两名在逃案犯。经审讯查明：两名犯罪分子系赤峰市翁牛特旗人，为亲兄弟，案发前在锡林浩特市干零活。

旗党政领导以及许多牧民群众纷纷前往医院，向这些见义勇为、光荣负伤的英雄们表示亲切的慰问。盟社会治安综合治理委员会等有关部门还专门发来慰问电，盟委副书

记夏连仲也专程赶来探望。盟委、盟行署已安排阿其拉图同志将随同刘海旺烈士英雄事迹报告团在全盟范围内巡回演讲。

"我是草原的儿子，我深知牧民终年的辛苦和丢失牲畜后的心情。"阿书记对前来采访的记者如是说。

没有什么豪言壮语，但朴实之中却道出了一个真理，那就是：在共产党员的心目中，人民的利益永远高于一切！

的确，阿其拉图这位草原人民哺育成长的基层干部，在牧民群众生命财产受到侵害时，挺身而出，见义勇为，表现出草原儿女特有的情怀和英雄气概，更体现出了一个共产党员全心全意为人民服务的高尚品德。

当笔者和有关部门的领导前往医院找他核对稿件时，他已经带伤提前出院了，电话打到苏木，说他已经和苏木其他领导一起，下乡宣传贯彻全盟打击盗窃牲畜犯罪活动电话会议精神去了。

阿其拉图同志，你用自己的英勇行动维护了社会治安，同时也激励了千千万万各族群众同违法犯罪分子斗争的勇气，草原人民为你而感到骄傲和自豪！

从江苏到正蓝旗创业的李宏昌

李宏昌是一个土生土长的江苏人。1987年1月，他和妻子孙雨梅辞别家乡父老，外出打工创业。期间，他们曾先后流转于海南省、吉林省等地。最终夫妻俩选择了正蓝旗，在这里一干就是十多年，并在上都镇买楼置业，孩子也转到正蓝旗读书，正蓝旗草原现已成为他们难以割舍的第二故乡。

2003年7月，李宏昌抓住上都电厂在正蓝旗开工建设的有利机遇，在上都镇租了1间车库，办起了苏蓝钣金烤漆中心。由于起步资金少，他们一家只能住在车库里，夏天怎么也好说，可一到冬天车库里连暖气也没有，手和脚都冻得起了疮，其艰难程度可想而知。夫妻俩凭着一手好技术和优质服务，很快便打开了市场，虽然生活艰苦工作劳累，但每当他们看到一辆辆破损的事故车，经过他们校正烤漆翻新后用户那满意的笑容时，小两口异地创业中所遇到的辛酸苦辣便会一扫而光。

生活在劳动中不知不觉地变化着。现如今，李宏昌的生产生活用房换成了两栋商铺楼和一栋住宅楼，建起了烤漆房，购置了钣金整形机、钣金校正平台等专业设备，购买了私家小轿车，不仅工作和生活条件有了很大改善，而且还安置了8名农牧民工。在此之前，已有18名徒工在他这里学有所成后，自己也当起了老板，成为正蓝旗创业带动就业的典范。

有一手暖气安装绝活的安师傅

一年一度的冬季取暖期又开始了，谁家的暖气也难免有个损坏漏水的小毛病。虽然是小毛病，可如果不及时修好，一旦跑水那就会出现大损失。这些天，暖气安装维修工也都忙了起来，上都镇的安飞就是这其中的一个大忙人。

安飞从小生长在河北省万泉县农村，由于家中人多地少生活困难，所以他初中一毕业便外出打工学艺，凭着好问能钻和吃苦耐劳的精神，安飞很快便掌握了一手娴熟的水暖安装维修技术。2003年7月上都电厂开工建设后，他便来到正蓝旗打工。近年来，随着人们生活水平的提高，城里许多人住上了楼房，用上了集中供暖，农村牧区安装土暖气的人也越来越多，安飞手中的活一年四季都忙不过来。之所以找他干活的人多，主要是因为他干活技术好，别人弄不了的水暖活儿到他手里都能保质保量干好，对既麻烦又不挣钱别人不愿干的零碎活他也有求必应，完工后仔细检查并打电话回访，干出的水暖活儿让人用着放心。

现在，安飞不仅自己干而且还带了两个当地徒工，年收入达到10万元。妻子又在上都镇开了家彩暖门市部，即方便了别人，自己的小日子过得也是红红火火。

敢想能干肯吃苦　诚实守信奔富裕

——记正蓝旗第三届诚实守信道德模范任永军

在正蓝旗上都镇，提起老六蔬菜水果批发部，很多人都知道，当地居民和30多个蔬菜零售摊点、500余家饭店和成百上千户居民，每天都离不开他家菜铺物美价廉的蔬菜。近年来，正蓝旗蔬菜市场从无到有、从小到大，成为引领当地第三产业健康发展的"火车头"，使许多从事该产业的人们大踏步地走上了脱贫致富的道路。提起这一变化，人们都说任永军功不可没。任永军则说，是诚信经营使他走上了富裕路，诚实守信是企业不断发展的基础。

今年36岁的任永军，身材瘦小，浑身上下透着一股精气神，虽然天天起早贪黑进货验货送货，但给人的感觉总是那么精神。任永军老家在河北省怀安县一个偏僻的小山村，在兄弟姐妹中他排行老六，所以人们都习惯地称他为"老六"。由于家里人多地少，生活困难，任永军这个家中最小的"宝贝蛋"也未能享受到什么特殊关爱，初中毕业后便外出打工谋生。1997年5月，任永军听说正蓝旗不久要建电厂，他便带着打工挣到的1万多元钱，千里迢迢独自一人来到上都镇，买了一辆小推车走街串巷卖起了蔬菜。渐渐的任永军发现，由于当地没有蔬菜水果批发部，人们大都是各自小批量到宝昌进货，品质单一、保鲜差不说，进货价格高、利润也低。于是，任永军先后借贷20余万元，于2003年5月购头了一辆大型货车，租房办起了全旗第一家蔬菜水果饲料批发部，开始了他新的创业历程。一开始搞批发，由于不懂科学储存分类，所以进回来的蔬菜水果不是烂掉就是售不出去，赔了好几十万元，急得他直落泪。在旗有关部门人员的指点下，他从书店和邮局订购了十几种科普书籍和报刊，租了占地500平方米、库容量60吨的冷鲜库，他按科普书刊介绍的蔬菜储存方法，将蔬菜、水果、干果、海鲜、调料等分类存放。随着对市场需求的掌握和蔬菜水果科学储运知识及营销经验的积累，任永军的蔬菜批发部渐渐有了利润。

在日常经营中，任永军坚持诚实守信、薄利多销、送货上门、量足菜鲜、科学合理进货，向消费者宣传科学膳食知识，使之发展成为目前全旗最大的蔬菜批发部。他所经

营的蔬菜、水果、调料等商品达400余种，平均每3天便到北京等地进一次货，当地居民天天都能吃上新鲜的蔬菜水果。每年春节，当别人还在团圆欢聚的时候，任永军已经顶风冒雪，日夜兼程踏上了进货的路程。辛勤的付出，科学的市场化运作和诚实守信的品德，给任永军带来了丰厚的回报。如今，任永军不仅住上了新楼房，有了自己的私家小轿车，娶妻生子，有了上千万元的资产，而且还安排了32名下岗失业人员和转移进城农牧民，让他们把日子过得也是红红火火。

说到诚实守信，任永军的的故事是说也说不完。2014年春节期间，任永军从北京新发地蔬菜大厅电话订了100件油菜。当时每件油菜为95元，等他过了几天去北京进货时，油菜批发价已降到每件85元。任永军没有从别处进货，还是到他事先电话预定的摊位以每件95元的价格进回了这100件油菜。他说，菜是我事先订好的，价格也是我事先谈成的，所以我必须进他的货。假设我不进他的货，虽然可以省1000元钱，但我就会失去一个生意上的朋友和一定范围的市场。前年冬天，一场暴风雪过后，蔬菜暂时运不进来，当地蔬菜价格直线上升，任永军还是照先前的价格销售给他的客户和顾客。他说，我是蓝旗最大的蔬菜批发部，如果我也跟着"随行就市"，从我这里进菜的饭店、超市、菜铺就会跟着涨，损害消费者的利益不说，也容易造成市场物价的不稳定，形成"抢购风"。大雪封了5天，任永军不积囤、不涨价、平价供菜5天，足足少挣了万余元，但消费者却越来越多，每天都是顾客盈门。2013年8月份，任永军因扩大经营，向锡林郭勒盟包商银行申请贷款100万元。原本想手续比较复杂，没想到贷款很快就送上了门。原来，该行在信贷调查中了解到，任永军在当地是说了就算从不失信的实在人，所以贷款自然也就批得痛快。2014年1月，任永军已将这笔贷款本息115万元全部一次性还清。事后，该行信贷员还主动打电话与他联系，说何时需要贷款可随时到包商银行办理，贷款利率低、不上浮。

任永军凭借着一双勤劳的双手、拼搏进取的精神和诚实守信的品德，白手起家成了正蓝旗有名的"小老板"，引来了许多青年人向他讨取致富"真经"，任永军对有开办菜铺、饭店等创业意向的青年人均给予大力资助和支持。任永军经常把他们集中到一起，给他们讲解科学采购储存使用蔬菜水果的知识，引导他们科学诚信经营。对因资金短缺的创业人员，他一律按市场最低价给予赊销，先后帮助支持全旗10余人开起了自己的蔬菜门市部或饭店。

正蓝旗是国家绿色畜产品基地，位于世界上驰名的四大天然草原牧场范围内，元朝和清朝时期，这里便是皇室的肉食品供应基地。目前，正蓝旗所培育的优质肉毛兼用羊新品种,已被国家农业部命名为"察哈尔羊"。2014年10月16日,任永军又借助自己开办批发部蔬菜价格低、绿色新鲜、牛羊肉质量有保障等优势,将市场瞄准了闻名遐迩的蒙古族传统美食涮羊肉,在正蓝旗上都镇新增投资500万元,建起了全旗最大的涮羊肉餐饮店——老六涮园。该涮园位于上都镇敖包希热公园北门东侧,上下三层,建筑面积750平方米,内设20个高中档雅间,可供210人同时就餐,成为旗内外客人品尝草原特色饮食的好去处。

传统蒙医五疗术 去疼治病真管用

——记正蓝旗蒙医院五疗科主治医师图雅

早就听说正蓝旗蒙医院有一个五疗科很神奇，记者多次慕名前去采访，但因患者较多医护人员忙不过来而未能如愿。在一个周末，忙里偷闲的五疗科主治医师图雅接受了记者的采访。

据介绍，所谓蒙医传统五疗术，就是利用针刺、灸法、放血、浸浴、涂擦、推拿等多种外治疗法为内容，主治各种关节痛、肌肉痛、肩周炎等慢性病症的一种理疗方法。该院五疗科成立于1996年1月，由于条件和人员所限每天只能接诊20余人次。目前，该门诊已达到自治区级传统蒙医五疗专科门诊水平，自治区卫生厅将给配备全自动多功能牵引器、按摩器、脑中风探测仪等价值30余万元的医疗设备，该院也将增配医护人员，届时该科接诊能力和水平将会进一步提高。

图雅是一名当地土生土长的牧民女儿，她1983年7月医校毕业后在宝绍岱苏木医院参加工作，1988年5月调旗蒙医院工作。看到周围许多身患关节痛、风湿性关节炎等慢性疾病的患者久治不愈那痛苦不堪的样子，图雅在院领导的支持下，潜心钻研起了传统蒙医五疗术，现已取得蒙医五疗专科学历，并在《中国民族医药》《内蒙古医药》等报刊上发表专业论文5篇。

哈毕日嘎镇阿尔虎布社区居民何某患神经性头痛多年，也没少到张家口、北京等大医院求医问药，但一直久治不愈。经人介绍她来到旗蒙医院五疗专科针灸，仅用两个星期便得以治愈。上都电厂青年于某身患面神经麻痹症，在这里经过4个月的治疗后，小伙子完全恢复了仪表堂堂的容貌，愉快地走上了工作岗位。10多年来，经图雅传统蒙医五疗术治好的病人不计其数，她为此也牺牲了许多双休日和节假日，她用辛劳、爱心和精湛的医术，为患者解除了难以忍受的痛苦，给他们带来了生命中的第二次青春和活力，被患者誉为可亲可敬的白衣天使。

米希格的故事

2009年3月，正蓝旗党委、政府做出"关于向米希格同志学习的决定"，《上都新闻》《锡林郭勒日报》《实践》等党报党刊对此先后给予宣传报道。为了进一步挖掘米希格同志的先进做法和感人事迹，根据旗、盟和自治区组织、宣传部门有关领导同志的指示精神，2010年11月记者深入到桑根达来镇巴格额仁嘎查走村串户，从中感受这位40年嘎查优秀党支部书记的时代风采。

牧民的房屋建好了他却累倒在草丛中

"米书记是个为群众干实事的人，只要对集体、对牧民有益的事，他累倒也愿意。"牧民哈斯毕力格这样评价他们的"领头雁"。1981年米希格率先在全旗实行草畜承包时，具有发展眼光的他预留了200匹马作为集体资产，这份集体资产成了嘎查党支部为牧民办实事的第一份本钱。当集体资产稍有积累，米希格就开始实施他的民生工程——为嘎查所有牧户盖新房。当年牧民住的草坯房和蒙古包低矮破旧，阴冷潮湿，常被大风流沙刮倒压塌。米希格每年卖一部分马、盖一部分房，产一批驹、再盖一批房。到1986年全嘎查44户牧民全部住进了每户2间50多平方米的四角硬、土木结构新房，成为当时较为罕见的牧民新村。同时，他还为学校和大队盖了20间房。当年，牧民们在施工现场经常看到米希格忙碌的身影，他白天监工跑材料，晚上就住在工地的帐篷里打更。当最后一户牧民搬进新居欢呼雀跃时，大伙儿却发现这个时候奔波劳累多日的米希格在草丛中睡得正香。

耳背书记也有不背的时候

由于年龄关系，米希格的耳朵有些背，听人讲话常带有一个助听器。奇怪的是他也

有耳不背的时候，那就是每当人们说起哪里有项目的时候，他比谁听得都明白、跑得都快。这几天，牧民阿拉腾那布奇正在忙着装修新房。和他一样，嘎查25户牧民在米希格的争取下，全部被政府纳入农村危房改造项目，建起了新砖瓦房，27户牧民还安上了热水器、20户牧民用上了吃水降氟机。这些年来，米希格为牧民群众办事，可以说是走千山万水、说千言万语、费千辛万苦。2003年7月上都电厂开工建设，他想如果把这个企业争取成为嘎查的包扶单位，通电的事情大概就好办了。直到他同旗里和企业多次联系、争取终于如愿以偿后，才发现电厂只管发电不管拉电。说起这事，连老书记自己感觉也是很好笑。虽然靠上都电厂拉电的事没有"算计"到，但还是争取到15万元的上电帮扶资金，逢年过节电厂还要给每户牧民送一袋米、一袋面。20世纪80年代后期，当米希格听说旗里的综合治沙项目在别的嘎查试验没有成功，他就抓住机会找到林业部门，请求把项目放到自己的嘎查。林业部门到实地一看，发现老书记在此之前，已自发组织牧民在沙地里种植沙棘、柳条及多年生牧草，又花12万元集体收入和贷款买来木桩和铁丝网，把全嘎查的8万亩草场围封起来轮牧。林业部门看到米希格心诚志坚，确实是想干事、能干事的书记，牧民们治沙保家的干劲也很足，就把综合治沙项目调整到了巴格额仁嘎查。这样70%的治沙费用就由国家来投入，嘎查从集体收入中拿出30%的配套资金。每年春秋两季，米希格带领牧民起早贪黑、顶着风沙烈日滚在沙窝子里，肆无忌惮的沙龙在老书记和牧民们旷日持久的艰苦拼搏中，重新变成了适宜人居的美丽家园。嘎查长乌云宝力格说起这些，对老书记赞不绝口。他说老书记时刻想着牧民、想着嘎查，只要是有可能争取到的项目，他总要不辞辛苦地去争取，而且在争取项目中还想方设法搭镇里、旗里有关领导和部门的便车，"蹭车、蹭吃、蹭住"，为嘎查节约支出，熟悉米希格的人都开玩笑称他为"三蹭书记"。近年来，嘎查累计争取到上级项目款600万元，为建设社会主义新牧区奠定了基础。

40年的"当官经"就是心里装着群众

自1971年米希格当选嘎查党支部书记以来，他在这个岗位上一干就是40年，从一个威猛帅气的青年变成了一个满头银发的老人。问起他为什么一干就是40年，而且到了70多岁还不"让位"时，老书记总结出三条"当官经"：一是组织要用，二是群众信任，三是自己想干。作为旗、盟、自治区级优秀共产党员、优秀党务工作者、劳动模范、民族团结先进个人、全国治沙绿化先进个人，在学习实践科学发展观和创先争优活动中涌现出来的先进典型，米希格连续8届当选全旗党代表，连续7届当选旗人大代表，40年的工作获取了50多项荣誉。对此，嘎查干部群众普遍认为，米希格身上最大的特点就是有一颗无私奉献的爱心，坚持长年累月为群众做好事、办实事。

地处浑善达克沙地腹地的巴格额仁嘎查是正蓝旗最贫困的嘎查之一。全嘎查有6个浩特、75户、232口人，86400亩草场中，人均可利用草场只有252亩。面对草场少、沙化严重、草畜矛盾日益尖锐的情况，米希格很早就认识到，改良牲畜品种与调整畜群结构是牧民增产增收的重要途径。1996年，他带头将自家的70多只羊全部处理掉，对黄牛改良。在他的影响带动下，到2006年牧民全部将羊处理，养起了乳肉兼用的西门塔尔牛和黑白花牛，还派出有文化的青年牧民学习改良技术，建起良种冷配站，与牧户签订草畜平衡责任书。2010年，该嘎查又被旗里确定为阶段性禁牧区，他又带头只留5头牛，剩余的牛全部处理掉，嘎查牧民全部自愿签订了阶段性禁牧合同。为了保障牧民不因阶段性禁牧出现返贫，在政府给予禁牧补贴的基础上，米希格又多方联系帮助牧民进城务工，引导他们转移进城自主创业。牧民哈斯巴特尔全家3口人，女儿在旗蒙中读书，米希格在旗里为他联系了电焊修理活儿，月收入3000余元。哈斯巴特尔说妻子在家养自食畜，他在外打工挣钱，不仅收入高还能照顾女儿读书，感到很满意。目前，嘎查在米希格引导、帮助、支持下，外出打工、念书、经商办企业的人员很多，许多人转移进城后走上了富裕路。

1997年，米希格通过老关系从旗乡镇企业局借款3万元，购进了39头牛，建起了集体畜群，把5000多亩夏营盘草场围起来建成集体牧场。10年来，嘎查集体共出售521头牛，所得资金全部用于嘎查打井、拉电、修路等牧民迫切需要的基础设施建设上。其中仅拉电一项嘎查便一次性集体投资72万元，争取上都电厂赞助15万元，牧民每户只出200元入户费便全部接通了长电。目前，嘎查集体存栏牛52头，存款71万元。2009年牧民遭受大雪灾，嘎查又从集体收入中拿出16万元，帮助牧民买草料，把雪灾损失降到最低。现在，嘎查牧民不用花一分钱，便可参加牧区新型合作医疗，钱都由集体经济出，嘎查还为45岁以上的牧民缴纳了养老保险。

因为家里穷，米希格从小没念过什么书，他深知文化的重要。近年来，他对嘎查16名考上大学的牧民子女，每人每年赞助2000元。目前，他所资助的贫困大学生格格苏德毕业后已被录用为"三支一扶"人员，在镇政府从事统计工作，巴图苏和毕业后在呼和浩特市东方艺术学院当老师，闯出了一片新天地。

乐于助人成风尚

嘎查牧民格根图兄妹4人，很小就成了孤儿，米希格成了4个孩子的家长，每个月从民政领回钱，买米买面照顾这些孤儿，一帮就是好多年，将两个女儿嫁了出去，将男孩儿培养成自立门户、自食其力的牧民。布和朝鲁从小没有父亲，母亲身体又不好，兄妹6人家中生活困难，米希格将他接到家里同吃同住，并安排他给嘎查集体养牧增加收入，补贴家用，长大后又出钱为他操办了婚事。巴格勒图的妻子生病住院、孟克从摩托车摔下来成了植物人、布和家生活困难协调办低保和残疾证……面对牧民群众这些烦难事，米希格不顾年高跑前跑后帮助他们解决困难。人们说他"生活七十载，助人四十年"。在这40年里，米希格的爱民之心始终不改，长年累月做好事，长年累月助人为乐。他说自己能够为群众多做一些力所能及的事情，被党组织信任、被群众需要，感到很充实、很快乐、很幸福。一个人做点好事并不难，难的是长年累月地坚持。在社会上个别人做好事并不新鲜，可贵的是大多数人都能。米希格40年坚持执著奉献，为群众办好事、办实事的重大意义就在于他点燃了公众爱心，使爱心从点的闪光演化成线的延伸、面的扩展，在嘎查形成了扶弱济困的时代风尚。

1997年为了帮扶4户贫困户，米希格带头捐了两只羊，嘎查班子成员和党员也学着米书记你一只、我两只的捐了12只羊，使他们很快渡过了难关，摆脱了贫困。嘎查谁家有个大事小情、婚丧嫁娶、病弱贫灾，嘎查干部群众都会自发上前相助，邻里之间亲如一家。近年来，在党支部培养下，嘎查先后有21名同志加入党组织，其中有4名成为镇政府干部、教师和个体工商户。他将10名无职党员安排在文化创建、经济发展、党务村务、公务事务等4类17个岗位上，党员们都以老书记为榜样，以多为百姓办实事、办好事为荣。正是米希格这样贴心周到的服务，得到了牧民由衷的称赞，他在牧民中的威信也越来越高，他出面协调什么事情，牧民都认可服气。嘎查来的客人多，他70多岁的老伴杜贵玛总是默默地用自己家的食物为客人烧茶做饭，嘎查其他干部想给老书记老伴点补助、算点成本，都被米希格拒绝了。米希格自己经常掏腰包扶助贫困户，而他自己仍住在嘎查2间普通的房子里，日光灯管、水泥地、白灰墙，生活十分简朴。

营造文明新风，提高村民素质，也是米希格努力做的事情。前些年，看到牧民们劳动之余过着"早晨听鸡叫，白天听鸟叫，晚上听狗叫"，打牌、喝酒、晒太阳的单调日子，他建起了宽敞明亮的嘎查活动室和草原书屋，利用现代远程教育网络，向牧民宣传实用

技术,使嘎查活动室得到充分利用。嘎查内没有赌博、打架斗殴的,也没有偷盗、上访的,干群关系和谐。如今,嘎查面貌焕然一新,阶段性禁牧前发展到牛700余头,人均收入由2001年的900多元提高到2010年的5600元。

米希格有5个子女,其中两个在旗里工作,他们多次要接老父亲到城里享享清福,但都被米希格婉言谢绝了。在嘎查活动室宽敞的大厅里,米希格指着嘎查的规划图说:"要想让牧民在阶段性禁牧过程中增收,还得壮大集体经济,把舍饲育肥牛场、柠条饲料加工厂和冷库搞起来。"从米希格的故事中,我们感受到了榜样的力量。

一位与蒙古包结缘的青年企业家

——正蓝旗蒙古包厂厂长赵建国和他的"牧星"牌蒙古包

正蓝旗蒙古包厂厂长赵建国，是一个有胆有识，有事业心、责任感，为人正直，吃苦耐劳的优秀民营企业家。

1983年7月，刚刚走出校门的赵建国，经招工考试被分配到旗地毯厂当工人，由于他勤学能干团结同志，所以很快便被任命为车间主任。在实践中，他逐步认识到，要想成为一个合格的企业经营管理人员，没有一定的专业和文化知识是不行的。这样，他于1988年7月考入包头市轻工学校，系统地学习了企业经营管理知识。1990年7月，他以优异的成绩走上了新的工作岗位，成为旗蒙古包厂有史以来最年轻的副厂长。

始建于1962年6月的旗蒙古包厂，是一家主营传统木质蒙古包及其他少数民族生产生活用品的民营企业，在计划经济年代里产品曾一度供不应求。随着人们生活水平的提高，一处处牧民新居拔地而起，蒙古包也失去了它昔日赖以生存的市场，企业生产经营艰难，到了1988年厂子已到了濒临倒闭的边缘。

赵建国上任后，协助厂长负责生产和产品质量工作。通过调研，从中找到了企业衰退的原因是思想不够解放，缺少改革创新精神，没有把蒙古包这一具有民族传统特色的产品与市场对接起来。赵建国走海南、上东北，经过市场调研，发现了蒙古包旅游这一新的潜在市场。于是，赵建国带领工人日夜奋战在生产技改第一线，针对旅游用包美观、精致、档次高等特点，他在保留蒙古包民族传统工艺基础上，进行技术革新，严把产品质量关，于2000年8月自行设计研制生产出了目前世界上最大的一顶直径21米的木质结构蒙古包，该厂生产的直径从4.3米到21米8大系列22个规格的"牧星"牌蒙古包，不仅畅销全国30多个大中城市旅游景点，而且还出口韩国、日本、法国、蒙古、德国、美国、澳大利亚、香港等国家和地区，成为全旗首家出口创汇民营企业，让蒙古包从草原走向了世界，还扎根到南极洲，赵建国用开拓进取魄力和创新精神，把一个濒临倒闭的企业变成了产品有市场、经营有效益、发展有后劲、职工有实惠的好企业。在赵建国影响带动下，正蓝旗目前已形成了传统木质蒙古包生产基地，2010年，全旗生产销售蒙古包1900余顶，年生产能力达到5000余顶，成为全盟第二批非物质文化遗产，为弘扬民族文

化、振兴民族经济做出了贡献。

1999年企业转为民营企业,赵建国当选厂长后,带领员工踏上了跨世纪的创业之路。2010年,企业累计生产销售各种规格蒙古包400余顶,实现销售收入300余万元,为工人发放工资80余万元,上缴国家税金11万余元。企业成为旗级诚信单位,全盟工商联优秀会员企业,全区生产传统木质结构蒙古包的专业厂家、自治区级"消费者信得过单位""重合同守信用单位"和全区民族用品生产先进企业、全区用户满意企业、全区优秀纳税企业,还荣获农业部"全面质量管理达标证书",被认定为全国民族用品定点生产企业。"牧星"牌蒙古包现已成为盟、自治区民营企业名优产品和质量信得过产品、地方名牌产品及旅游定点产品,"牧星"商标进入全区著名商标行列,企业多次受到旗委、政府,盟委、行署和自治区总工会等有关部门的表彰奖励。伴随着"牧星"蒙古包的发展,赵建国也在实践中锻炼成长起来。他多次受到旗经信局和旗委、政府的表彰奖励。自2000年以来,他先后被旗委、政府,盟委、行署评为"优秀企业家"和劳动模范。赵建国于1999年7月光荣加入了中国共产党,先后当选旗工商联副会长、盟工商联执委和旗政协委员。

2008年,四川省汶川特大地震发生后,赵建国按照旗、盟和自治区民委的要求,加班加点为灾区赶制了130顶蒙古包,另外他还为灾区无偿捐赠价值2.8万元的两顶蒙古包。赵建国带领两名技术人员,昼夜兼程将蒙古包运抵汶川、北川和清川县,冒着余震和山体滑坡的危险,将132顶蒙古包指导搭建在三县灾民安置点上。看到受灾群众高高兴兴地住进宽敞明亮的蒙古包,他们才放心返回。四川省民委在随后给旗委、政府寄来的感谢信中说:"你们送来的蒙古包已受到了四川当地广大干部和少数民族受灾群众的极大欢迎和喜爱,许多群众还是第一次见到真正的蒙古包,在搭建起来的那一刻,他们没有想到在四川山区还能住上来自内蒙古大草原上的蒙古包,真像做梦一样。蒙古包的居住效果非常好,明亮宽敞,保温隔热和通风比一般的过渡帐篷要好得多,甚至比活动板房还要好。有了蒙古包,就是寒冷的冬天到来也不用怕了,你们送来的不仅仅是能遮风避雨的蒙古包,更是饱含着内蒙古各族人民深情厚谊的救命屋!"2010年1月,正蓝旗连降大雪,给人民群众生产生活造成严重影响,赵建国在拿出1000元捐助款后,又主动为宝绍岱苏木恩格尔嘎查5户贫困牧民,购置加工、运送捐赠了5000公斤、价值10500元的精饲料,确保了灾区牧民的正常生产生活。2011年1月,赵建国又主动为东乌旗遭受雪灾的牧民捐赠了价值12万元的4顶蒙古包、100块毡子,受到当地政府和牧民群众的赞扬。近4年来,赵建国还先后为正蓝旗捐资助学、博爱一日捐,为社区文体活动、旗里举

办的各类大型文化体育宣传活动和定点帮扶嘎查村农牧民贫困大学生捐款8.62万元,用实际行动展现了新时期民营企业家致富不忘国家和人民的良好形象。

　　蒙古包是北方少数民族的历史产物,是草原牧人集体智慧的结晶。民族的就是世界的,赵建国深信在崇尚自然、绿色、生态、环保的今天,蒙古包产品也一定会以她独具魅力的风格和特色,赢得更加广阔的市场和国内外消费者的钟情与厚爱。今后,他决心在促进民族文化旅游产业,安置城镇下岗失业人员和转移农牧民就业,弘扬民族传统文化,支持社会公益事业,关注弱势群体等方面,做出新的成绩和贡献。

倾注激情自主创业　无私奉献带动就业

——记正蓝旗优秀民营企业家梁有志

具有帮助他人、奉献社会的能力，是一种幸福，把这种能力付诸实践，则是一种美德和精神。正蓝旗金沙湾工贸有限责任公司经理梁有志，就是这样一个具有无私奉献的优秀民营企业家。

早在10多年前，梁有志便率先在桑根达来镇办起了正蓝旗金沙湾工贸有限责任公司，累计安排农村牧区剩余劳动力和城镇下岗失业人员800多人次。梁有志在桑根达来镇创办经营金沙湾工贸有限责任公司的过程中，无论是对外接待当地少数民族的婚礼寿宴，还是从事畜牧产品收购加工，他都能够从广大牧民群众的切身利益着想，做到精心操办，热情服务，经济实惠，便民利民。在梁有志这里，少数民族传统的婚礼寿宴办得热闹喜庆节俭；牛羊收购上门为牧民提供指导服务，价格合理，现货现款。附近苏木镇嘎查的老乡到镇里购物办事，都愿意到他的公司里休息一下，免费喝上一碗热乎乎的奶茶。如果哪个老乡手头有点紧或家中有个什么难事，他都会热心相助，想方设法帮他们渡过难关。

近年来，随着"围封转移"战略的实施，当地农村牧区的剩余劳动力逐年增多。由于商业和餐饮服务业所需就业人员大多为年轻女性，不适合中老年农牧民，为了帮助更多的当地农牧民解决就业问题，2004年10月，梁有志又抓住全党抓经济，重点抓工业，突出抓项目这一有利机遇，筹资1350万元，来到了上都工业园区东区开办了正蓝旗金沙湾铁合金有限责任公司，成为入驻该园区唯一一家蓝旗当地投资硅铁生产的企业家。随着企业的不断发展壮大，2009年8月他又承租了园区内另外一家硅铁企业。为了适应国家对硅铁行业的宏观调控政策，提高行业抗风险和市场竞争能力，以集团化战略实现产业整体升级，在旗委、政府和有关部门大力帮助支持下，2006年7月27日，梁有志又牵头组织正蓝旗、太仆寺旗、正镶白旗7家硅铁冶金生产企业联合组建了正蓝旗上都冶金集团，他本人当选为集团公司董事长、总经理。在他的组织引导下，各成员企业树立科学发展观，不断强化环保、节能降耗和安全生产工作，积极主动地从行业准入软硬件方面做起，通过了自治区环保、安监等部门检查验收，并达到国家行业准入标准，在集团公司成员企业之间，实现了生产技术创新和销售网络优势互补，进而加快推进了全盟资源转换战略，克服了国际金融危机给企业所带来的种种困难和不利影响，实现了又好又快发展。

公司成立后，梁有志首先想到的是他挚爱的这片草原上的父老乡亲。他深知这些围封禁牧后的农牧民老乡，外出打工没资金、无技术、年龄偏大、文化水平不高，既怕找不到合适的就业岗位，又担心外出打工上当受骗。梁有志便把128名有类似情况和想法的农牧民先后招进了他的企业。对于这些昔日的牧羊人、庄稼汉一下子变成了企业工人的特殊就业群体，梁有志并未按照常规马上用企业的规章制度去要求他们，而是动之以情，晓之以理，让他们自己在错误和挫折中去发现问题，锻炼自己，改正不足。牧人们是豪放的，也是重感情、明事理、有上进心的。对一些平时爱喝酒的农牧民工，因醉酒影响生产和团结后，深感对不起梁老板，对不起企业，便主动找到梁有志说："我错了，开除我吧！"梁有志既没责怪，更没动怒，而是和蔼地说："知错就改，我相信你一定能够干好！"在他的鼓励和帮助下，这些农牧民渐渐成长为合格的产业工人，走出祖祖辈辈生长的农村牧区，在城里购楼买车，过上了富足的小康生活。企业一段时间内由于市场原因，亏损了100余万元，就是在这种情况下，他也从未拖欠过工人的一分工资和福利。自公成成立以来，梁有志通过免费对农牧民工进行职业培训、技术人员代培和继续教育等方式，使47名农牧民工走上了技术和企业经营管理岗位。

由于从小与牧民兄弟朝夕相处，加上梁有志本身对牧区现状的了解，他深知要想使农牧民工进得来、稳得住、富得快，就必须要对其采取一个具有针对性的措施。劳动关系的和谐是社会和谐的基础。对此，梁有志对每一名招用的农牧民工，事先及上岗后都要多次进行家访，对其家庭成员、经济收入、性格爱好、外出打工的主要目的都了如指掌，以便有针对性地帮助他们安排就业。桑根达来镇牧民吉嘎父母常年有病，家中一贫如洗，梁有志了解到他有修理机械的特长后，把他安排到公司里搞维修，使他家里的年收入达到了2万多元。那日图苏木贫困牧民巴图两个孩子在外念书，梁有志便在每个学期开学时为他提前支付3个月的工资并按学期捐款2000元给予资助，目前已有一个孩子顺利完成了大学学业，应聘到河北省石家庄市一家企业工作。上都镇下岗职工赵祥家中连一间像样的住房都没有，梁有志便把他们夫妻双方安排到企业当了工人，并为他们在

公司提供了两间住房,免费提供水电暖。截至目前,梁有志所经营的3家企业累计为农牧民工和城镇下岗职工发放工资1596万元,为国家缴纳税款500余万元。除此之外,梁有志还为汶川地震灾区,当地抗雪灾、博爱一日捐、乌兰牧骑,以及社区文体活动、中国·元上都文化旅游节、"金沙湾杯"乒乓球锦标赛等大型文化宣传活动和社会公益事业捐款15.6万元。为解决中小企业和农牧民贷款难问题,梁有志筹资2000万元,注册成立了全旗首家民营金融企业——正蓝旗丰兆小额贷款有限责任公司,该公司已经自治区政府金融办批复同意,年内可投入运营,为中小企业和农牧民提供方便快捷的信贷服务,还解决了18名大中专毕业生就业问题,受到旗委、政府和群众的欢迎和好评。

梁有志现担任盟、旗工商联副会长,旗人大常委,被评为盟、旗优秀民营企业家和盟、自治区民族团结先进个人,他的企业先后被评为旗、盟优秀民营企业和全盟促进就业先进民营企业,全旗精神文明建设工作先进单位和支持文化体育工作先进企业。梁有志用他的一片真情和爱心做到了安排农牧民工从思想感情开始,关心农牧民工从了解实情入手,帮助农牧民工从解决困难做起,为农牧民工铺就了一条宽阔的就业大道,积极履行一名优秀民营企业家的社会责任,为社会做出了无私奉献!

察哈尔盟人民政府的成立

1946年初，苏剑啸、陈炳宇等人赴察哈尔盟开展自治运动，筹建自治运动联合会各级组织。在察哈尔盟租银地哈毕日嘎召开了各旗旗长及部分青年知识分子参加的会议，组成了内蒙古自治运动联合会察哈尔盟分会筹备委员会。根据会议决议，各旗旗长和筹委会委员在会后分别到镶黄旗、镶白旗、正白旗、正蓝旗、商都旗、明安旗等地进行调查、宣传，动员蒙古族群众参加自治运动，发展会员，建立各旗、苏木(佐)支会。至2月中旬，察哈尔盟已成立了9个旗支会、67个苏木支会和437个小组，发展会员达4091名，其中女会员439名，喇嘛536名。自3月10日开始，在全盟范围内进行了普选，选举出各旗政府委员和旗长，同时选举出出席察哈尔盟人民代表大会的代表。3月27日，察哈尔盟人民代表大会在明安旗召开，来自各旗的156名代表以及各界人士共200余人出席了大会。大会讨论通过了关于地方自治、财政经济、文化教育、政府工作方针等40余项提案。经与会代表选举，陈炳宇、苏剑啸、索德那木扎木绰、哈斯瓦其尔、色伯克扎布、拉木扎布、劳布森、伊德玛扎布、布彦就任察哈尔盟政府委员，陈炳宇当选盟长，色伯克扎布、哈斯瓦其尔当选副盟长，正式组成察哈尔盟人民政府。同时，内蒙古自治运动联合会察哈尔盟分会也宣布成立，苏剑啸任主任，拉木扎布任副主任。

革命烈士关起义

关起义烈士，字翼青，别名刘元复，蒙名吉鲁木图。1904年生于辽宁省康平县西关屯一户蒙古族农民家庭。祖籍内蒙古哲理木盟科尔沁左翼中旗。关起义幼年丧父，靠母亲抚养。小时在本村私塾就读，后又在郑家屯读初、高级师范六年。

关起义自幼目睹国家破落残败景象，萌生救国救民的宏愿。发奋读书并积极投身社会变革。1931年"九一八"事变爆发后，年轻的关起义毅然参加东北抗日义勇军；1938年10月，关起义在北平与我党地下组织取得联系，开始从事革命工作。1940年上半年在党组织安排下，他带三女一子分三批先后到达晋察冀边区，同年秋又转赴延安，在民族学院任教。他对工作认真负责、一丝不苟，深得同事们的尊敬和学员们的爱戴。期间由于种种原因，他的母亲、妻子和两个孩子几经周折未能到达解放区，只好挥泪回原籍。不料，这一别竟成了永诀。

1945年日本侵略者无条件投降后，党中央派一批干部到内蒙古开展工作，关起义步行40多天到达塞外重镇张家口，参加内蒙古自治运动联合会成立大会，当选为联合会执行委员，负责秘书处工作。不久，自治运动联合会筹建内蒙古实业公司，总公司设在张家口。赵云驶任总经理，副经理由关起义出任。当时的内蒙古草原饱经战乱，千疮百孔。牧区经济更加落后，牲畜卖不出去，生活用品运不进米，旅蒙奸商趁机重利盘剥。关起义深感责任重大，他怀着满腔热忱着手内蒙古实业公司筹建工作。他亲自出面找房子，筹备经费，招收少数民族经贸干部，进行培训。1945年12月，关起义带一部分同志顶风冒雪首次向草地进发，运送布匹、砖茶、烟酒等牧民生产生活用品。物资车队虽然由沿途县大队护送，但常常遭土匪袭击。他们边走边打，在1946年初到达贝子庙。他不怕苦不怕累，深入牧区，调查了解人民生产生活需求，并先后组建了贝子庙、明安旗、宝昌、多伦四个分公司，为建立新型的经济贸易秩序，恢复发展民族经济，做了大量工作。1946年由赵云驶同志介绍，他光荣加入了中国共产党。内战爆发，关起义冒着生命危险几次进张家口，组织大家抢运物资转送到贝子庙。

1946年底,关起义被任命为察哈尔盟代理盟长。他到任后,同苏剑啸、肖诚等同志分析形势,研究对策,为坚持锡察斗争贮备粮食。1947年1月6日拂晓(也有说法是1月5日拂晓),关起义一行来到哈叭嘎区奇门地沟村宋家营子开展工作时,侦察敌人的战士回来报告:在邻近牧区国民党兵抢走牧民牲畜。关起义随即命令随从的武工队前去拦截敌人,夺回牲畜交给牧民。武工队出发后不久,他被国民党军队包围。当他准备突围时,一发炮弹落在院内,一位战士负重伤,他的乘马挣脱缰绳,关起义命令工作人员邬云斯琴突围报信,他自己掩护突围,并独守大院门口的碾房,不让敌人跨进一步。院内战士一人受伤,一人牺牲,碾房被敌人团团围住。但他一人顽强地坚守着,使敌人无法进入。敌人无奈,耍起劝降花招:"投降吧!让你当盟长。"

砰!随着枪声,喊话的敌人排长倒下,恼羞成怒的敌人抱来柴草,顷刻之间,熊熊烈火吞噬了碾房,关起义壮烈牺牲,年仅43岁。

1947年2月27日,锡察工委、锡察行政委员会在贝子庙举行关起义等诸烈士追悼大会;新中国成立后,自治区人民政府为关起义颁发了"革命烈士光荣纪念证书";1981年1月7日,中共内蒙古自治区委员会在呼和浩特市举行关起义烈士骨灰安放仪式,让烈士的英灵安息在大青山烈士陵园;1987年7月,中共锡林郭勒盟委、锡林郭勒盟行政公署在关起义牺牲之地哈毕日嘎镇立碑,以永远纪念这位革命烈士。

在察哈尔盟工作过的革命烈士肖诚和苏剑啸

肖诚，男，汉族，河北省饶阳县人，在当地师范学校毕业后便参加革命工作。1937年加入中国共产党，在饶阳县和专区做青年和地区武装工作，坚持冀中平原游击战，曾经历过日寇残酷的"五一"大扫荡。1942年到冀察、冀北分局党校学习，后又转入延安中央党校学习。1945年"八一五"日本投降后，在晋冀边区公安管理处第一科任副科长。1946年调到内蒙古察哈尔盟做保卫工作。1947年后，历任察哈尔盟公安处长、工委副书记、代书记等职。1948年12月8日，由贝子庙（今锡林浩特）返回察哈尔盟工委当时驻地查干乌拉庙途中，经沙布尔台时，遭胡图凌嘎匪徒200余人伏击，壮烈牺牲，时年33岁。

苏剑啸，又名苏宝谦，蒙古族，1905年1月29日生于宁夏额济纳旧土尔扈特旗（今阿拉善盟额济纳旗）。北平（今北京）中国大学英文系毕业后，任该大学附属中学英文教员。1937年"七七"事变前后，从事抗日救亡运动。后到南京，因不堪国民党反动派的欺凌又回到宁夏。1938年春到陕北武安青年训练班受训，同年夏季转入延安抗日军政大学学习，并加入中国共产党，1939年晋察冀抗大二分校毕业后，在晋察冀军区政治部工作。1945年冬到内蒙古自治运动联合会工作，并当选为联合会执行委员，同年12月到察哈尔盟开展工作。1946年3月，任内蒙古自治区运动联合会察哈尔盟分会主任。1947年任察哈尔盟盟长。1948年12月8日，与肖诚等同志一起壮烈牺牲于沙布尔台。

原察哈尔盟最早的党组织——
中共道英海日罕党支部

1945年8月,苏蒙联军进入正蓝旗地区,摧毁了日伪旧政权,建立了旗、盟两级临时政府。11月26日,中共晋察冀中央局在张家口成立内蒙古自治运动联合会,乌兰夫任执委会主席兼常委会主席。同年12月内蒙古自治运动联合会先后派苏剑啸(蒙名苏德斯琴)、陈炳宇(蒙名青巴图)到察哈尔地区开展工作。1946年3月,又从内蒙古行政学院派出由方杰、葛瓦、潮洛濛、云世英等40余人组成的察锡工作团,同先期到达的苏剑啸、陈炳宇一起,着手建党、建政、建军。根据当时形势、环境和群众基础,1946年4月1日,中共察哈尔盟最早的党组织——中共道英海日罕党支部成立(当时也叫明安旗女子部,现正蓝旗宝绍岱苏木恩格尔嘎查道英海日罕,距苏木政府所在地60公里)。陈炳宇任书记,方杰、苏剑啸任委员。当月,经陈炳宇、方杰和云世英等人介绍,察锡工作团的格日勒图、额尔敦宝力格、额尔敦瓦其尔、高振声、阿木尔宝、赛音乌力吉、关布扎布、阿拉喜桑布、劳布僧道尔吉、杨松扎布、沙金格日勒、哈斯楚鲁、仁钦敖其尔、布和等同志光荣加入了中国共产党,这是我党在察哈尔盟发展的第一批中共党员。在这里,开始了党领导察哈尔盟各族人民艰苦卓绝的革命斗争。1949年3月,察哈尔盟各旗全部建立了党支部,实现了旗有党支部,苏木有党员,保障了察哈尔地区革命斗争和发展建设的需要。中共道英海日罕党支部成立后,直接隶属于内蒙古自治运动联合会机关党委。1946年冬,该支部直接发展成为中共察哈尔盟工作委员会,隶属于锡察工委,成为中共察哈尔盟盟委前身。1958年,同原中共锡林郭勒盟委员会合并为"中共锡林郭勒盟委员会"。

为了更好地继承和发扬光荣的革命传统,2001年8月31日,在中国共产党建党80周年、中国人民解放军建军74周年之际,中共正蓝旗委员会、旗人民政府在察哈尔盟第一个中共党支部诞生旧址建立纪念碑,并举行了揭牌仪式,经常在这里组织开展红色教育活动。目前,正蓝旗正在积极建设中共察哈尔盟第一个党支部纪念馆,使之成为一个爱国主义教育、党员培训、廉政教育和未成年人思想道德教育基地。

哈毕日嘎区的联合党支部

1949年初，由甘珠庙（现东风村）、北围子、大营子、北沟四个村成立了正蓝旗哈毕日嘎区联合党支部。一共有8名党员，其中甘珠庙有刘瑞山、王再中，北围子有李通祥，大营子有王占山、张贵海、冯茂林、许占古，北沟有王万祥。刘瑞山任党支部书记，王占山任组织委员，冯茂林任宣传委员。那时党还不公开，一切工作都秘密进行，党的会议都安排在夜间召开。由于大营子村党员人数较多，所以党支部大会一般都在大营子村召开。党支部每半个月组织召开一次全体党员会议，无论刮风下雨，还是冰天雪地，到时一准开。有一次天下着大雨，开完会已是深夜，天黑得伸手不见五指，刘瑞祥和王再忠从大营子后山拉荒往回走。走了好长一段时间，还没到小南沟，他们觉得不对劲儿，在山上放声吆喊，听见西面狗咬的声音，才知道走错了路，这时已到了小南沟的东山上，往西下山，天黑看不清没法下，他们就顺着一个牛车道到了杜贵羊场，又从东石门走回到村里。

每次党员会上，大家都要向党组织汇报最近一段时期自己的政治思想情况，有什么不对的地方，自己首先进行自我批评，然后大家开展互相批评、互相帮助，对各村发生了什么事情和工作情况都要汇报，还要根据区委指示布置好当前工作。主要是配合区委做好土改和巩固好土地改革成果，做好群众思想工作，稳定群众情绪，发动和组织群众搞好生产。帮助群众解决生产中的实际困难，是党员在那个时期的一项中心任务。土地改革了，穷人有了土地，但缺少生产农具，种地没有耕畜不成，当时甘珠庙村困难也挺大。为解决这个难题，刘瑞山到北部牧区登吉西柴达木营子，找他曾经认识的一个朋友求援，朋友领他找到了一个牧业大户。这家有不少牲畜，还拴了40多辆拉运盐碱的牛车。

刘瑞山到了这家先没有开口借牲畜，聊了一些家常话。刘瑞山知道他家有个孩子蹲了大狱，就有意识地往这方面聊，果然聊出了牧户的这块心病，对孩子蹲大狱害怕极了。刘瑞山趁机给他宣传党的政策，告诉他只要认真坦白自己的问题，不会有事的，也是对孩子的一次教育。他们越说越多，整整唠了一天，牧户听刘瑞山这么一说，自己也挺高

兴，怎么也不让刘瑞山走了，他问刘瑞山来这儿到底有什么事，刘瑞山提出村里种地没有耕畜想租些牛的事。他问刘瑞山借几条牛，刘瑞山说需要不少呢，得十七八条牛，他痛快地答应了，说我这些车也不拴了，运输也不跑了，这些拉车牛都给你们。他们说好了租借条件，一条牛秋天刘瑞山给牧户200公斤莜面，第二天刘瑞山赶着十八条大牛高高兴兴地回村了，解决了翻身农民的一大难题。像这样的事，四个村的党员干部当时也都为群众做了不少。

原察哈尔盟第一个党支部纪念馆
在正蓝旗开馆

2014年7月25日，原中共察哈尔盟第一个党支部纪念馆，在正蓝旗宝绍岱苏木恩格尔嘎查道英海日罕开馆。

察哈尔地区历史悠久，不仅是蒙元文化的发祥地，同时也是中国共产党领导的内蒙古自治区运动联合会最早开辟的根据地，是各民族平等、团结、互助、和谐相处并最早沐浴新中国幸福阳光的草原。1946年4月1日，自治运动联合会派出工作团在道英海日罕秘密成立了中共察哈尔盟最早的党组织——中共道英海日罕党支部。陈炳宇任书记，方杰、苏剑啸任支部委员。中共察哈尔盟第一个党支部成立后，在锡察群众工作团中发展了格日勒图、额尔敦宝力格等一批党员，中国共产党开始统一领导察哈尔盟革命斗争，为察哈尔盟建党建政及各项工作的开展提供了组织保障。

为展现党领导锡察革命斗争的丰功伟绩和革命先烈的英勇事迹，2011年5月正蓝旗党委、政府先后投资450多万元，在宝绍岱苏木恩格尔嘎查道英海日罕建起了察哈尔盟第一个党支部纪念馆。纪念馆主体建筑结构为蒙古包式传统建筑，占地5400平方米，建筑面积600平方米，分主展厅和附属建筑两部分。展厅内设有主题雕塑群、历史图片120张、书籍50册、实物20余件、多媒体播放系统、电子沙盘模拟地图和老干部回忆录播放系统等。纪念馆2013年9月被命名为全区爱国主义教育示范基地，2014年4月被命名为全区首批中共党史教育基地。

正蓝旗：让凡人善举感动草原
传递社会正能量

2016年3月10日，为培养和践行社会主义核心价值观，打造立德树人和宣传思想教育新品牌，正蓝旗党委宣传部、文明办联合举办了正蓝旗先进人物报告会。忽绣旗爱心公益社团的吉亚台、关爱残疾儿童的朝鲁门其其格、爱岗敬业的团队代表国永利等16名普通人的平凡故事感动着金莲川草原，这并不是他们做了什么"大事"，而是因为无私、敬业和责任担当。

忽绣旗爱心公益社团现有社员28人，一年来他们向贫困儿童捐赠了上千元学习和生活用品，为蒙古国灾民募捐到了6000余套棉衣和180袋粮食，在宝绍岱苏木扎鲁特嘎查300亩沙化草场上种植了1万多棵黄柳条，还经常深入到旅游景点、农村牧区义务打扫卫生，帮助空巢老人做家务、与他们唠家常、为他们表演节目。忽绣旗爱心公益社团在奉献爱心的同时也在感染着身边的人，在正蓝旗先后为3名大病患者募捐到10.3万元。他们希望能够有更多的人加入到爱心团队当中，为正蓝旗更加和谐美好的明天助力加油。

洒楚丽爱心协会，是在正蓝旗注册的又一家非盈利爱心组织，现有会员100人，目前已募集善款3.35万元，衣物1万多件，为当地大病患者和旗内外贫困家庭献爱心，展示出了"奉献、友爱、互助、进步"的志愿者服务理念，用实际行动践行了社会主义核心价值观。

四年前，阿拉腾毕力格从牧区来到上都镇，克服困难发挥自己的聪明才智让自主创业的路越走越宽，成为正蓝旗沙画制作第一人。目前，阿拉腾毕力格注册成立了公司，招聘了11名牧区转移进城的妇女，使她们在照顾子女读书的同时，月人均收入2000余元，实现了创业带动就业。在自身创业发展的同时，阿拉腾毕力格与旗残联和妇联联合举办了沙画培训班，凡是有残疾证的人可随时免费参加培训，他愿用最大努力，帮助更多的人实现人生梦想。

自1998年以来，梁有志先后创办了正蓝旗金沙湾工贸有限公司、绿都商务酒店等4

家企业。在企业的生产经营中必然会遇到这样或那样的困难和问题，但无论企业盈利还是亏损，梁有志从不拖欠应付货款、银行贷款和工人工资，盈利后保本分红，亏损了股金不变，宁亏自己绝不欠别人。近年来，梁有志累计为员工发放工资3000余万元，为国家缴纳税金3800余万元，为社会各项公益事业捐款捐物90万元。企业荣获全区五一劳动奖章，梁有志在全区第二届公益之星评选活动中被评为最具爱心个人，被盟委、行署评为优秀纳税民营企业，诚信经营成了他的立业之本。

2015年冬至2016年春，正蓝旗普降大雪。为确保道路安全畅通，旗公安交警大队哈毕日嘎中队民警每天在路上奋战10多个小时。困了就在车上睡一会，渴了就喝一口凉开水，饿了就在路上吃一口盒饭。他们一边清雪除冰，一边疏导交通，帮助受阻车辆推车前行。期间，他们共救援600多辆车、解救被困人员2800人次，最大限度减少了群众的财产损失，用实际行动谱写了人民警察为人民的感人篇章。

宝绍岱苏木赛罕塔拉嘎查党支部书记、主任赵兰庭，上任后想方设法为牧民群众办实事解难题，2013年贯穿全嘎查的13公里水泥路竣工，全嘎查7个浩特全部通电。在实施"十个全覆盖"工程中，无论是拆除危旧险房，还是清理环境卫生，赵兰庭都身先士卒干在前头。嘎查有两户贫困户，家里的房子成了危房，因拿不出自筹款无法重建，赵兰庭联系两家企业，除危房改造国家补助外，自筹部分由两家企业捐助，牧民一分钱没花便住上了新房。赵兰庭说，只有用真心换真情，群众才会接受你，相信你。

2016年1月15日，内蒙古好人榜入选名单发布会在乌海市举行，现场揭晓了内蒙古好人榜一月份入选名单，正蓝旗上都猎人汽车摩托车运动协会会长刘振雷获得"助人为乐好人"荣誉称号。2009年，刘振雷带领着小伙伴们选择自主创业这条道路，注册成立了一家客运公司。那年，正蓝旗连遇暴风雪天气，他经常在路上遇到受困求助者。于是，他自筹资金买了一辆二手越野车专门负责救助被困车辆。2015年，刘振雷和敖日格勒联系到身边30多名热爱公益事业的朋友和20余辆救援车，成立了上都猎人公益救援车队，他出任队长，累计救助被困人员500多人次。前不久，因雪天风大一辆车发生侧滑，造成多辆车滞留，被困车主同时拨打了交警和救援车队的热线电话。救援路上，许多车辆见状主动将车开到路边给他们让出一条路。当刘振雷和队友的救援车辆从他们身边开过的时候，不少车主探出头来鼓掌，那种成就感、使命感让他们终生难忘。赠人玫瑰，手有余香。刘振雷和他的队友们，用爱心传递出了草原儿女的正能量，成为大家学习的榜样。

　　朝鲁门其其格从小生长在牧民家庭，一次偶然的机会，她得知正蓝旗还没有特殊幼儿园，残疾幼儿无法和正常儿童一样接受学前教育，有残疾幼儿的家庭牵扯着全家人的精力，使他们无法正常工作。从小有着浓浓爱心的朝鲁门其其格决定在上都镇开办一所残疾儿童幼儿园，让残疾儿童也有一个温暖的大家庭。2014年3月，朝鲁门其其格便着手忙她的"事业"。为了掌握特教业务，她自费去上海华东师范大学特殊教育学院和呼和浩特市3所特殊教育学校学习。回来后她租了个小平方米的楼房搬进去居住，投入12万元把自己家200多平方米的院子和房子改装成幼儿园，面向社会招聘了保育员和学前特教老师。朝鲁门其其格的起点幼儿园现有8个来自正蓝旗及白旗、黄旗、东苏和西乌旗的残疾儿童，年龄最小的5岁、最大的12岁，人数最多时有11名残疾儿童在这里学习和生活。"我们不是要通过展示孩子的残疾来博取同情与怜悯，而是要通过展示孩子的能力来赢得理解与支持，这就是我从事这个职业的主要原因。"朝鲁门其其格用自己的实际言行，践行着一位年轻母亲对特殊教育事业的人间大爱。

　　人生重要的不是所站的位置，而是所朝的方向。从感动正蓝旗先进人物报告会上这些凡人善举中，听众从内心深处受到了震撼。这些代表着正蓝旗各族儿女社会价值取向的正能量，让人感动落泪，必将会在全旗引发出倍增的好人效应，成为正蓝旗经济社会发展的强大动力。

关 于 作 者

海鹏与周军

——原锡林郭勒日报社记者　崔有才

提起海鹏和周军这两个人的名字，我们的编辑和通讯员都不会感到陌生，原因我想一是他们的稿子多，二是稿子总有些特点。

这两个人都称我为老师，原因都是正蓝旗哈毕日嘎中学的学生，而且那个时候就爱写些东西，后来，初当通讯员时，也都曾想到过我这个老师。说心里话，除和几位编辑打招呼让他们多费些心外，我真没在他们身上倾注什么心血。他们开始便摸索着来，作为业余通讯员，自有他们许多的苦衷。但是，他们却一直坚持下来，提高了自己的水平，也为社会做出了贡献。

周军是在盟电业系统工作，他除做好本职工作外，总是挤出一切能够挤出的时间去搜集电业方面信息，抓紧时间把消息写出来，及时送到报社。他的稿子发得多，发得快，虽然多数篇幅不长，但新闻要素都还齐备，令人读来简明扼要。自他受聘为本报特约记者以来，新闻理论和业务素质都有了明显长进，写得更多更好了。他不仅在本报、本盟发稿多，而且在自治区和全国范围的报刊、广播上发稿也很多，他获得了全盟通讯员中绝无仅有的重奖。这一方面反映了电业系统对新闻工作的重视，一方面也说明了周军在通讯报道工作中的成绩。

海鹏的境况与周军却不同了，首先是信息传递的不便。他在正蓝旗葫芦苏台任教期间，寄稿和看报纸都很难。常常要为寄一篇稿子骑自行车走几十里路到哈毕日嘎，但这却并不是主要的困难，对他来说，最难的是钱，是维持三口之家的生活。在他任代课教师期间，夫妻俩工资都很低，他却要搞智力投资，每月除去购书、办《草原报友》和订阅报刊，生活已所剩无几，有时稿子写好了，却要为筹措几张邮票钱而苦思良久。但这些困难对他却似乎都算不得什么，每天都要挤出时间撰写新闻稿件或文章，他的文风总是那样积极向上和充满生机。他给本报寄来的稿件发表的也最多，还得过一等奖。他曾告诉我，夫妻俩都已被"精简"了。本来就家徒四壁，一下子又断了粮源，只好搬到哈毕日嘎租房把自己读的书刊摆出，办起了书屋，收益确实是很微薄的。为了糊口，妻子只好到20

多里外的卓龙高勒去办个幼儿班，夫妻俩又望起了牵牛星。虽然已经苦到了这种程度，但他还是坚持着在写稿，依旧地勤奋，依旧地对改革充满激情。

　　既然曾任过他们的老师，那么他们就自然永远是我的学生，但反过来想想，我确实也该做回他们的学生，学习他们那种勤奋不已、充满理想和激情的精神。无论是在顺境还是在逆境，人没有奋进不已的精神，那就只能"如此而已"了。

（原载1994年第1期《锡林郭勒日报通讯》）

农家小院的风波

在正蓝旗葫芦苏台乡北台村的一个农家小院里，住着一个叫王文秀的老汉。老两口含辛茹苦把子女拉扯大，如今三个儿子也都结了婚，儿子、媳妇十分孝顺，那个和睦劲你就别提啦！可前不久，从这个农家小院里忽然传出了争吵声，打破了往日的平静。

原来，王老汉的大儿子王锋的媳妇生了两个女孩儿后还想再生个儿子。王老汉知道此事后，把儿子王锋叫到跟前，说道："你们小两口还想要个儿子，这事我可以理解。但小道理要服从大道理。我是老党员了，你可不能带头违反计划生育政策啊！"王锋一听，不以为然地说："爹，又不是咱一家超生，再说，不就是罚点款吗！"王老汉一听这话更动气了："国家的好政策让咱富起来了，咱才更应该听上级的话。你娘生了你们哥仨，前些年还不是照样受穷。如果你也生，他也生，国家这计划生育不还是计划不住？"就这样，王老汉和儿子闹起了别扭。

过了几天，乡村干部们知道了此事，便主动找上门来，向王锋夫妻耐心地做了思想工作，王锋小两口终于想通了。

这天，王老汉让老伴在家炖好了鸡汤。儿媳妇从医院做绝育手术一回来，他就又端鸡汤又冲红糖水地忙开了。媳妇接过鸡汤不好意思地说："爹，俺真不该惹您生气。"就这样，一场风波在这个农家小院平息了。

附:评《农家小院的风波》

崔有才

　　《农家小院的风波》发表于锡林郭勒日报1991年3月16日一版,被评为本报1991年通讯员稿件一等奖。这篇短文有哪些长处呢?因为很少涉足新闻批评,在此略述其中一二,恐不无以偏概全之谈,谨共榷于同仁,就教于行家吧。

　　我想,此文第一个特点就在于抓住农家小院里父子争吵的这一典型的新闻线索,展示了农村带有共性的对于落实计划生育这项基本国策的两种思想斗争。一个人代表了一种思想,一件事反映了一项事业,这就是我们过去在文学创作里常说的一滴水反映大海。这在新闻学中来说,就是新闻典型的社会效应。

　　第二,捕捉典型语言,反映典型性格和典型环境。本文通过争吵中群众有代表性的语言反映和暴露出在落实计划生育这项基本国策方面,我盟农村还存在着有待加强和不足之处。王锋所说的"又不是咱一家超生,不就是罚点款吗?"这种现象两年前在我盟农村计划生育工作中是比较严重的,群众影响也不太好。靠单纯经济手段制裁的现象,必然会影响群众对计划生育工作的认识,落实这项基本国策就有困难。父子间既然发生了争吵,总不至于只冒出这一句话,而笔者却能抓住这很有代表性的一句话反映了一种思想倾向,这样的新闻写作就是成功的,就是可供我们业余甚至是专业新闻工作者借鉴的。

　　第三,语言简练、生动,富有生活气息。文章结构也很严谨。这些优点只要读了原文就不难看出。

总经理支持我当通讯员

1994年8月，我应聘来到厂址设在正蓝旗敦达浩特镇的锡林郭勒盟上都建筑建材有限公司从事秘书工作。这是一家跨地区、跨行业的股份制企业，主营楼板、水泥电杆和各种水泥制品，全盟优秀民营企业家、盟政协常委王希武是这家公司的总经理。

报到之后，王经理便对我说："我听说你是党报优秀通讯员，你们夫妻俩从教育上'精简'下来后，各方面的困难都很大，但无论如何也不能丢掉你所热爱的新闻事业，这一点，我全力支持你！"听完这番话，我的心里热乎乎的，在那一瞬间，我便确信自己不但找到了一个生存的起点，更重要的是多了一个事业上的良师益友。

企业平时要写的材料不多，在时间和环境上看都是很不错的。1994年12月，桑根达来苏木党委副书记阿其拉图同志见义勇为，带领干部群众勇斗持刀盗窃牲畜的犯罪分子光荣负伤后，旗委宣传部、政法委的领导同志，先后两次抽调我进行实地专题采访，王经理当场表态：采访期间工资补助由公司照发，并按公出对待。我先后用了10多天的时间，写出并发表了一篇通讯、一篇言论，上交了一篇先进材料和一份演讲稿，顺利地完成了旗领导交给的采访任务。

对写稿中所需要的稿纸、信封、邮票、笔墨，王经理一律给予报销。1993年，除了企业信息、技术方面的报刊之外，他又专门为我订了一份《内蒙古日报》和《锡林郭勒日报》，以便了解报道动态和收存样报。用他的话来说就是，党的新闻事业不仅仅是宣传部门的事情，作为一个企业领导，有责任也有义务这样做。

王经理看到我们夫妻两地分居，没有住房，便又将自己新盖的两间新房让出来，不但不收一分钱的房租，而且水电费也从不让我们交。生存的问题解决了，写起东西来自然也就得心应手，没有了后顾之忧。1993年，我在盟内外报刊上发表各类新闻稿件138篇，在质量上也有所提高，这除了报刊社编辑老师和宣传部门的领导同志关心指导以外，也是与我们企业的总经理王希武同志的鼎力相助分不开的。

十年寒窗结硕果

1992年1月，我被盟宣传部评为全盟优秀通讯员，在1992年召开的全旗新闻报道工作会议上，我又被评为全旗优秀通讯员。我采写的《农家小院的风波》被《锡林郭勒日报》评为全盟通讯员好新闻一等奖，说心里话，我感到十分幸福和光荣。借此机会，谈谈自己十年来为党报党刊写稿的一点体会和感受，敬请同行们批评指正，并以此与大家共勉。

我是一名青年教师，现在正蓝旗葫芦苏台中学从事教学和共青团工作。1981年5月高中毕业后，便开始为党报党刊写稿，同年9月11日在《锡林郭勒日报》上发表了第一篇稿件。十年来，在各级党委、政府的关怀指导下，一直坚持笔耕不断，先后在《中国报刊报》《法制日报》《内蒙古日报》《党的教育》《锡林郭勒日报》《蓝旗通讯》《女友》等区内外报刊发表通讯、言论、文学作品等各类文章1000多篇。同时，还被6家新闻单位聘为特约记者，被盟文联、盟青年作协吸收为会员。

由于我工作生活在基层，所以各方面的条件都比较差。为了把自己耳闻目睹的新鲜事、新变化及时告诉大家，鼓舞别人也教育自己，我几乎每晚都要在煤油灯下奋战四五个小时，无论春夏秋冬、刮风下雨，坚持利用和牺牲自己的休息时间，每周骑自行车往返50多里路，跑一趟哈叭嘎乡寄送稿件。为了党的新闻事业，我心甘情愿为之奋斗跋涉。

1991年夏天，我乡北台村遭受了水灾，第二天一大早，我及时赶到现场采访，并将写好的稿件用塑料袋包好，冒雨赶往哈叭嘎邮电局，途经三道沟村换塑料袋时，一位50多岁的老大娘听说我是专门冒雨去寄稿件的，当时便为我找出一件雨衣，说是这样更保险些，我感动地流出了热泪。这不正是人民群众对自己最大的理解和支持吗！

在党和人民的帮助教育下，我虽然在通讯报道工作中取得了一点点成绩，但与具备一名真正的优秀通讯员的标准还差得很远。今后的人生之路还很长很长，为了党的新闻事业，同时也为了提高和充实自己，我愿不断学习、不断探索、不断进步、不断奉献，为我盟社会主义两个文明建设做出新的成绩和贡献。

真实的我和我们的集报

——在正蓝旗工会第六次代表大会上的典型发言
（1987年9月11日）

各位领导、全体与会代表：

首先感谢旗总工会的领导同志为我提供了这样一次宝贵的学习机会。作为一名普通的青年教师，能够作为特邀积极分子参加这次大会并与诸位代表坐在一起交流思想、畅谈工作和学习情况，我感到十分高兴。借此，我想以"真实的我和我们的集报"为题，谈一点体会。

我是个24岁的青年教师，从小生长在偏僻的山村。学生时代也曾有过许多天真而美丽的梦，但在现实面前，我选择了教师的职业，因为教育是物质文明建设和精神文明建设的基础，在它的身上维系着中华民族的未来和希望。在完成本职工作的同时，我还坚持集报和文学创作。目前，有300多篇稿件先后在《中国报刊报》《中国青年报》《内蒙古日报》《锡林郭勒日报》等报刊上发表，收集国内外各种报纸2000多种，先后创办了《幼芽》《春草》油印文学社刊。为了进一步在草原上开展群众性的集报活动，1985年9月，我组织成立了全区第一家集报组织——正蓝旗民间集报协会，并用我的工资和稿费编印了10期内部交流资料《草原报友》，其中铅印三期。与全国各地2000多名集报爱好者建立了横向联系，在交流中开阔和丰富了自己。在城镇，有明亮的电灯和平坦的柏油路，在我工作和生活的乡下，只有昏暗的煤油灯和崎岖的山路。我所在的葫芦苏台乡没有邮局，为邮寄稿件，与全国各地报友交流报纸，无论春夏秋冬、刮风下雨，每逢星期日我都坚持骑自行车往返50多里山路，跑一次邮局。有时买不到煤油，我就到邻居家看书学习。苦吗？很苦，但我从没有因学习条件差而放弃自己对理想的追求。

常言说：要给学生一杯水，老师必须要有一桶水。作为80年代的人民教师，我觉得还必须掌握知识海洋里的长流水。由于我将集报和本职工作紧密结合起来，注意把从群众中、生活中和科学中吸收的新知识传授给学生，进而提高了教学质量。此外，通过对所集报纸的分析、比较和研究，使我能有针对性地为报刊写稿，提高了稿件的采用率，被区内外十多家报刊社聘为特约记者或通讯员。1986年7月，呼和浩特市总工会、呼

和浩特市职工集报协会面向全国集报界召开了集报经验交流会,我代表锡林郭勒草原的集报者到会做了经验介绍。

所谓集报,就是通过各自爱好和兴趣收藏自己所喜欢、对自己工作、学习和生活有所帮助的报纸。一份份健康有益的报纸会给人以启迪和智慧,从中我们可以触摸到九州方圆的时代脉搏,饱览知识海洋的绮丽风光。同时集报还有助于人才的涌现和成长,有利于扩大交际范围,密切人与人之间的关系,从而将人们从社会分工限制的活动范围之内解脱出来。我认为,个别人之所以不讲道德、纪律,不学文化没有理想,甚至走上犯罪的道路,原因固然是多方面,而业余生活的偏误,也不能不说是一个重要的原因。显然,群众性的集报活动,不但可以丰富职工的业余文化生活,通过报展、演讲、专题讨论、读报评报等社会性活动,还可以起到宣传党的方针政策,反对和抵制资产阶级自由化,提高职工思想、文化修养的作用。它对繁荣社会主义的文化事业,对于建设一支"四有"职工队伍、促进精神文明建设、推动经济体制改革都具有积极的意义。职工"八小时以外"怎样安排?因志趣各异,也不应勉强。但我认为,其业余爱好应有益于社会,并力争使其转化为建设"四化"的积极因素。

由于我们充分发挥报刊在"四有"建设中的巨大作用,所以集报这朵精神文明新花,引起了中宣部、全国总工会和当地有关部门的关注和支持。《中国日报》英文版、《人民日报》海外版、《深圳特区报》《工人日报》《东方青年》等报刊先后发表文章,向国内外读者介绍了我国群众性的集报活动。全国各地相继成立了集报协会或小组,创办了50多种民间集报刊物。可以相信,随着我国报刊事业的不断发展,人们物质和精神生活的不断提高,中华大地必将出现犹如集邮一样的集报热。

借此,我将近期《草原报友》敬赠给在座的各位领导和与会代表,希望能够得到大家的帮助和指导。

爱岗敬业的新闻人——郭海鹏

锡林郭勒日报社通联记者部主任　申玉全

我接触郭海鹏（的新闻稿件）有32年了。可贵的是这30多年来，他写新闻报道就没有间断过，而且越写越多，越写越好，更为有趣的是，从一名业余通讯员转变成为专职办报人。他那细心办报、认真负责的工作作风，被人称赞为爱岗敬业的新闻人。

1981年9月11日，刚刚高中毕业的郭海鹏便在《锡林郭勒日报》上发表了他的第一篇新闻作品。从此，他一写就是30多年。先后在《中国报刊报》《内蒙古日报》《锡林郭勒日报》《党的教育》《时代风纪》等新闻媒体刊发稿件12400余篇。多次被旗委政府、锡林郭勒日报社、锡林郭勒人民广播电台、盟委宣传部、盟纪检委、盟委外宣办评为优秀通讯员、优秀驻站记者、全旗和全盟外宣工作先进个人。其中《农家小院的风波》《一句顺口溜带来大变化》《农家女进城创业天地宽》等26篇新闻作品被评为全盟好新闻。2013年2月22日，他采写的《就凭这句阿爸阿妈新春快乐我知足了》被《内蒙古日报》头版头条采用。2014年3月，郭海鹏所采写的报告文学《胡日查把皇家奶食品推向世界》，被国家级《合作》杂志采用，并被译成英文同期刊发。

2008年8月，正蓝旗旗委决定创办《上都新闻》机关报。经研究选定聘请郭海鹏主编这张报纸。当时郭海鹏正在正蓝旗上都冶金集团公司担任副经理，月薪高、待遇好。当宣传部领导找他谈话时，他明知去《上都新闻》从事新闻工作时间要求紧、工作任务重、责任大、无编制、工资低，还是仍然选择了这张报纸。郭海鹏带领3名刚刚走出校门的大学生到盟报社学习，深入正蓝旗各地采访、组稿，加班加点忘我工作。2008年10月15日，《上都新闻》终于出刊了。当天下午，他骑着摩托，按着事先制订的发行表，在第一时间将报纸送到了广大读者手中。截至2014年11月30日，《上都新闻》共出版蒙汉文报各143期，累计编发各类文章和新闻图片9576篇（幅），其中《元上都申遗迎来历史性机遇》《正蓝旗奏响和谐发展生动乐章》《草原深处党旗红》等4118篇在《上都新闻》发表后，又先后被《经济日报》《内蒙古日报》《北方新报》《锡林郭勒日报》等区内外多家新闻媒体采用。

在办报过程中，郭海鹏坚持党性原则，以上都文化为特色，开设《申遗》《党风廉政建设》《红色记忆》《学习党的十八届四中全会精神》《党的群众路线教育活动》等品牌专栏，使报纸办得富有生机和特色，在全旗广大读者中产生了积极影响，赢得了社会各界和上级有关领导的好评，报社被旗委、政府评为全旗对外宣传工作先进集体。许多旗县市先后派人前来参观学习正蓝旗的办报经验。

作为《上都新闻》的主要负责人，他仍然是经常性深入基层现场采访，写出了一大批分量重、影响大的新闻作品。《米希格的故事》《他用爱心感动草原》等都起到了用身边的先进典型引导人、塑造人、鼓舞人、温暖人的作用。郭海鹏还先后义务为旗许多部门单位举办的通讯报道写作培训班义务讲课，培养出了一批批骨干通讯员。为了提高报纸的影响和宣传效果，郭海鹏还通过旗政府门户网站、上都在线同步在国际互联网上发布，让全球人随时可搜索"上都新闻"网页看《上都新闻》。

在郭海鹏深入挖掘和追踪报道下，正蓝旗哈毕日嘎镇朝阳村13名无名烈士墓这件尘封了66年的革命历史，最终被确定为我骑兵16师一团二连指导员云晨光等烈士之墓，成为正蓝旗旗级文物保护单位和爱国主义教育基地。哈毕日嘎镇大菅子村残疾女孩儿张慧婷，经郭海鹏采访报道后，在旗委主要领导的关心和重视下，得到了社会各界爱心人士28.6万元的捐款，在广州医院进行了康复治疗等等，均发挥出了很好的宣传效果。

（原载2014年12月12日《锡林郭日报》6版）

通讯员之间的这份情

正镶白旗优秀通讯员　张万林

2014年8月23日,我接待了两位尊贵的客人,正蓝旗《上都新闻》主编、锡林郭勒日报驻站记者郭海鹏和他的朋友王继安驱车专程到正镶白旗脑包底村我的寒舍走访探望,让我感动至深,感慨万千。我在阅读和享用他带来的《上都新闻》报、《上都诗刊》《天堂草原》《元上都遗址申报世界文化遗产五百问》书刊和专用采访本、专用稿纸的同时,也勾起了我历久弥新的美好记忆。

郭海鹏是一位小有名气的老优秀通讯员,我俩在报纸上早已相识多年。但两人真正初次会面是在2006年锡林郭勒盟报社组织各旗县优秀通讯员去华东五市学习考察旅途中。记得那次报社考察团一行到达上海时安排了半天逛商场的自由活动时间,我和同行的郭海鹏、高家鑫选择了浏览上海书城。三人同行,志愿相投。在偌大的书城里尽情地浏览、精心地选购,我们选购了各自喜爱的书刊。爱学习、肯钻研的郭海鹏,一路捧书研读,让我进一步了解了他之所以能够在报刊上年均发表数百篇各类文章作品的源泉所在。

郭海鹏不但是一个满腹经纶、知识渊博、文笔过硬的大手笔,他更是一个心地善良、性格豁达开朗、注重友情的有心诤友。自从初次见面后,我们的书信来往、电话问候更加频繁,友情更加深厚。他经常主动打电话与我进行长谈,无论谈采访、论写作,还是聊家常,他那饱含深情的话语、充满温情的侃侃而谈,总是传递着通讯员之间的关心、关怀和正能量。与海鹏交谈,每次都会让我感受到长知识、增情感的享受与兄弟般的亲和力。

时光荏苒,岁月如梭。一晃八年过去了,我们共同的变化是人生阅历,始终不变的是那份真诚的友情和我们的新闻写作的共同爱好。要说工作环境,还是海鹏的变化更大更优越些,他由当年的业余通讯员成为锡林郭勒日报驻站记者,由原来的新闻写作爱好者成长为正蓝旗宣传部的一名工作人员,而且成为《上都新闻》报优秀专职编辑,并兼任《上都诗刊》秘书长等多职,我打心底羡慕他的辉煌业绩,也为他感到骄傲与自豪,同

时为他寄予更加美好的祝福与祝愿,希望他今后有更大的进步与更好的发展,并取得更突出的成绩。

　　海鹏这次专程前来我的寒舍慰问,可谓是一户农家会故友,一种感动在心头,一杯清茶谈写作,一碗淡饭叙友情。海鹏小我几岁,时隔8年后第二次见面,他虽然体态比原来显得微胖些,但他更显得年轻帅气,魁梧的身材充满活力。令人钦佩的是他和农民一样盘腿坐在农家炕上,与我面对面、零距离的心声交流。在我的提问中,他畅谈了如何办好《上都新闻》报、怎样当好一名报纸编辑和优秀驻站记者等一身多职的多面手的经验。我坚信随着时间的推移,他在各方面不会放弃更好更完美的追求,实现他更高更远大的理想。临别时,我赠送给他一本《正镶白旗志》,也许对他拓展研究领域会有一定帮助。郭海鹏的为人热心与写作热情,也鼓舞着我始终不放弃对驻站记者的向往与追求,为正镶白旗新闻宣传事业再做新贡献。

(原载《锡林郭勒日报》《锡林郭勒广播电视报》)

关于提升新时期公民道德素质的思考和建议

——在政协正蓝旗第九届委员会第三次会议上的发言

（2015年4月28日）

各位领导、各位委员：

我发言的题目是《关于提升新时期公民道德素质的思考和建议》。

提高公民思想道德素质是社会主义精神文明建设和社会道德建设的重要内容。实践证明，公民思想道德素质的提升与经济社会发展有着十分紧密的联系，一方面社会繁荣发展离不开全体公民的同心同德不懈努力，而良好的公民素质又是推进社会建设的强大内在动力和重要精神支撑；另一方面社会的发展和进步，不仅可以为公民创造出更好的生存环境、成长机遇和发展空间，同时对良好公民素质的孕育，也能起到极为重要的熏陶和影响。因此，在新形势下如何进一步加强公民思想道德素质的教育与提高，进而提升全社会的文明程度，提升中华文化和草原文化在全旗经济社会发展中的软实力，成为摆在我们面前的一个重要课题。在此就如何提升全旗新时期公民道德素质做一探讨分析，并提出相应建议。

一、当前公民道德素质的积极成分

经过改革开放30多年来的发展，我旗城镇和农村牧区群众生活水平得到了明显改善，用"天翻地覆"来形容人们衣食住行用的变化远不为过。与此同时，人民群众的精神面貌也发生了巨大变化。党的十八大所倡导的社会主义核心价值观中的"爱国、敬业、诚信、友善"公民个人层面的价值准则意识不断增强，构成了积极向上的社会主流价值观、道德观，形成强大的社会舆论和风尚。具体体现在以下几个方面：

（一）公民的理想追求和价值取向进步明显。正蓝旗地理位置优越，交通通讯便利，自然风光独特，为融入环渤海经济圈、东北和呼包鄂经济圈提供了便利。对此，旗委、政府深化改革，抢抓发展机遇，全力推进"四个百亿"工程和农村牧区"十个全覆盖"，不断提高人民群众的生活质量和幸福指数。强大的社会发展动力，使公民的精神面貌发生深刻的变化，由过去的封闭、保守、自足转向文明、开放、进取。调查显示，公民的主人翁精神不断增强，绝大部分公民都能把实现个人理想同促进全旗社会统筹发展相结合，都能认识到个人的发展离不开社会的繁荣和进步，都希望能在实现自身价值的同时促进社会的和谐与进步，都能做到自觉守法立德。

（二）公民的精神文化生活追求不断提高。绝大多数公民在不断改善物质生活的同时，注重改善精神生活，努力提高生活质量和生活品位，突出表现在注重文化体育和精神生活上的投入，注重子女教育的投入，注重自身的学习和提高。

（三）艰苦创业、勤俭节约的传统美德进一步弘扬。正蓝旗是一个以蒙古族为主体的多民族聚居区，是蒙元文化发祥地和察哈尔民俗文化的典型代表，自古以来当地各族人民就形成了吃苦耐劳、奋发进取、勤俭节约的传统美德。改革开放以来，正蓝旗人在弘扬民族产业文化中不断弘扬这一传统美德，使其声誉不断提高、事业不断扩大，从而在全国形成了知名的蒙古族服饰、蒙古包、乳制品等民族特色品牌，带动了全旗经济社会发展。

二、当前公民道德素质中的欠缺成分

在充分看到并肯定社会主流价值观、道德观的同时，也要看到社会上一些领域道德失范、诚信缺失，部分人价值观、人生观扭曲，黄赌毒等丑恶现象还有所存在，公民道德素质还存在着一定范围内的不足，有待于进一步提升。大致说来，这些不良现象主要表现在以下三个方面：

一是思想观念更新还不快，公民意识、社会公德意识、法制观念还不够强。社会公德意识、集体观念淡薄，道德信任危机，法制意识不强，都跟公民素质这个根本性的因素有着非常密切的关系。

二是科技文化素质还不够高，就业、创业技能难以适应激烈的社会竞争。民众科技文化综合素质较低、科学常识普及范围还不够全面，教育卫生等方面的高层次人才缺乏，各行业科技创新意识不强等，已经成为全社会的共识。

三是总体道德素质依然不够高，不文明言行和不良生活方式依然存在。公民公德意识还有待提高，言行粗俗、随地吐痰、高声喧哗、广场遛狗、破坏公物、私涂乱画、损坏花草树木等不文明现象随处可见，乱倒垃圾、乱停乱放等生活陋习大量存在，部分公民沉迷于酒局、牌桌等现象时有所见，甚至一些人精神消极、不思进取、见利忘义、不讲诚信，"拜金拜权"思想严重。

三、提升公民道德素质的几点建议

公民道德素质的培养与提高是一项艰巨复杂的系统工程，提高公民素质是一个潜移默化、长期积累的过程，绝非一朝一夕所能达到，需要全社会共同关注和长期努力。对此建议：

一是要加大文明素质教育力度。提高公民文明素质，首先重在教育。应当让每一个公民知晓公民道德素质是一个地方、一个地区形象的名片，是社会文明的灵魂。一个社会的文明程度，归根结底取决于人的素质。公民道德素质的高与低，决定着这个地区、这个民族品位的高与低。旗有关部门应编印符合当地实际的公民文明教育宣传读本发放到机关、学校、社区、企业和农村牧区，对公务员、职工、学生及外来务工人员和农牧民，进行广泛深入的提高文明素质的教育，使之都能够自觉遵纪守法、维护公德、文明出行、根除陋习，人人以做文明公民为荣，以不文明行为为耻。文明素质教育应从小抓起，全旗各中小学校应将素质教育与公民道德教育紧密结合起来，把基础工作做好。这就像穿衣服扣扣子一样，如果第一个扣子扣错了，剩余的扣子都会扣错，人生的扣子从一开始就要扣好。同时，子女也应督促和帮助家长消除传统陋习，小手牵大手共同建立文明家庭。

二是要扩大文明意识的宣传力度。互联网是新时期思想政治工作的新阵地、新载体，要充分发挥网络的舆论宣传和导向作用，增强网上舆论宣传工作的主动性，要加强对网络的管理，建立健全制度，严格执行。要充分发挥媒体的舆论阵地作用，在每年9月20日全国公民道德宣传日期间，积极开辟形式多样的专栏和专题节目，倡导文明，抵制不文明言行。在公共场所要通过标语、橱窗、专栏、图表等形式，宣传教育和引导公民讲文明、讲卫生，倡导文明健康的生活方式，使公民道德建设更加贴近实际、贴近生活、贴近群众，增强针对性和实效性，促进公民道德素质和社会文明程度的提高，为全面建设小康社会奠定良好的思想道德基础。

三是要完善公民道德素质提高工作机制。以活动为载体，吸引群众普遍参与是新形势下提升公民素质的重要途径。因此，加大投入、完善公民素质教育工作机制是做好公民素质提升工作的关键所在。要在培训内容上做文章，除经常性地开展文明礼仪、文体活动、健康生活等活动外，还应经常性地开展形势政策、法律法规的宣传。要在全旗范围内，进一步开展好以"身边人讲身边事、身边人讲自己事、身边事育身边人"为主题的道德讲堂，达到公民自我教育、自我参与的目的。充分发挥好我旗离退休老干部、老战士、老专家、老教师、老模范、老职工等老同志在倡导文明、抵制不文明言行中的积极作用。动员和吸纳更多的公民参加志愿者队伍，积极倡导和组织各种社会服务活动，形成"有困难找志愿者，有时间做志愿者"的良好社会风尚。建立健全志愿者服务激励机制，开展"星级志愿者"评选活动，树立志愿者服务公益事业品牌。开展"正蓝旗文明公民"评选活动，深化文明单位、文明苏木镇、文明社区和文明嘎查村争创活动。在此基础上，深入开展文明小区、文明楼道和文明家庭评选活动。

四是要建立提升公民道德素质监督机制。通过建立健全监督机制来使公民的文明行为成为一种自觉行为。应建立巡回督查制度，实行各单位联动，由相关职能部门组建一支明察暗访队伍，对各类不文明现象进行督查、整改。督查的结果与年终考核评分相挂钩。督查范围包括社区、单位。内容包括卫生、小区绿化、文明行车、文明用语、礼貌交际等。新闻媒体要对乱扔垃圾、随地吐痰、损坏公共设施等不文明行为进行曝光，特别是对损坏公共设施等不文明行为要加大查处力度，鼓励群众对不文明行为进行举报，形成群众监督、社会监督、舆论监督的全方位监督体系。机关企事业单位要依法行政，文明执法，深入群众，服务群众，取信于民，要进一步规范服务行为，尤其是窗口单位，要把微笑服务、使用文明用语作为一种行为规范。

五是党员干部要狠杀奢靡之风，牢固树立中国特色社会主义的共同理想，铸牢精神支柱，带头践行社会主义核心价值观，提高自身整体道德素质，为群众做出表率。

六是要抓好公民道德素质建设的长效机制。文明教育和建设，不是一朝一夕的短期行为，必须常抓不懈，持之以恒。有关部门应从调查研究着手，根据不同时期出现的新情况、新问题，制订文明建设的具体规划，组织有关部门齐抓共管，各司其职，各负其责，不断提升公民的文明程度。同时，要树立身边可亲、可敬、可信、可学的道德楷模，让全旗各族人民学有榜样、赶有目标、见贤思齐。

事实上，我们每个人只要在平时的工作和生活中，注重改正一些"小节"，告别不文明言行，把长期养成的良好习惯坚持下去，用好的习惯来巩固正确的行为，公民的道德素质便会从整体上得到潜移默化的提高。只有这样，我们才会变得更加文明、更受尊重，进而用道德的力量推进社会的和谐发展，实现国家富强、民族振兴、人民幸福的中国梦。

参加盟内异地采访的体会

2013年和2014年，我先后参加了盟报社组织的"阿巴嘎旗边防行"和"多彩草原活力西苏"盟内异地新闻采访活动，写出了长篇新闻稿《北疆祥和保安宁　警民亲如一家人》《走进多彩草原　触摸活力西苏》，其中《北疆祥和保安宁　警民亲如一家人》还被盟报社评为全盟好新闻二等奖。

由盟报社组织的全盟部分优秀驻站记者、骨干通讯员参加的盟内异地新闻采访活动，都是由盟报社通联记者部和当地宣传部门事先进行选题策划，一般要在3天之内完成规定的采访任务，返回本地后5日内完成2篇千余字的文稿。这些硬性规定对全盟各地驻站记者、骨干通讯员来讲，无疑是一项严格、公正的业务考核，是一次综合素质的大比拼，也是一次相互学习和提高的好机会，既锻炼了我们的驻站记者、骨干通讯员队伍，也使许多只知其名未曾谋面的"报友"得以面对面的相互学习交流，增进了友谊，提高了新闻写作水平。另外，驻站记者、骨干通讯员对异地的陌生环境都有一种新鲜和好奇感，他们大都会以新的角度、新的视野跳出当地人的"审美疲劳"，改变属地记者、通讯员固有的视觉和思维定势，通过深入采访一些"旧"内容，挖掘出当地宣传部门所供资料背后的人和事，进而为被采访地区和部门写出当地人有时难以写出的好新闻，所谓"不识庐山真面目，只缘身在此山中"就是这个道理。

每次异地采访结束后，《锡林郭勒日报》都会不惜版面，整版报道、集中宣传，提高了读者的关注度，扩大了异地采访活动的影响力，起到了很好的舆论引导和宣传作用。在此，希望盟报社能够会同全盟各地宣传部门，能够为全盟驻站记者和骨干通讯员提供更多的异地采访机会，使之相互学习、取长补短，让这种既能锻炼新闻队伍、提高报道水平，又能接地气转文风、丰富外宣工作的好做法得以发扬光大。

异地采访也能写出好新闻

——评郭海鹏的《走进多彩草原 触摸活力西苏》

申玉全

2015年2月27日，本报公布了2014年度特约记者、通讯员优秀新闻作品，在获一等奖的8篇汉文作品中，其中一篇是优秀特约记者郭海鹏异地采写的《走进多彩草原 触摸活力西苏》。这篇通讯，无论是题材选择、主题挖掘，还是材料组合、形式表现，都具有鲜明的特点，在如何选择和报道异地典型，如何体现弘扬我们社会和时代的核心价值，如何使报道获得实实在在的传播效果，甚至使作品呈现出某种程度的审美价值等方面，都为我们提供了很好的参考和展示。

紧扣活动主题，针对性强，是这篇新闻的主要特点。2014年9月25日至27日，盟报社和西苏旗宣传部联合举办了"多彩草原活力西苏"主题采风活动。郭海鹏在参加本次异地采访活动后，紧扣活动主题，以《走进多彩草原 触摸活力西苏》为题，对本次采访内容进行了综合报道。一个"走进"点开了"多彩草原"，一个"触摸"再现了"活力西苏"，在报道中起到了画龙点睛的作用。那么多彩草原究竟"多彩"在何处，活力西苏到底"活"在哪里？作者又以"文化底蕴深厚的多彩草原""经济社会统筹发展的活力西苏"为副标题，分别向读者进行了展示。在写"文化底蕴深厚的多彩草原"中，作者从当地闻名的"亚洲最大恐龙基地""全国第一支乌兰牧骑诞生地"和"全区重点文物保护单位德王府"入手，很自然引出了近年来该旗在发展经济的同时，注重文化品牌建设，使其进入到了全国民族团结先进集体、全国科技进步旗和中国骆驼文化之乡，让读者从中了解到该旗在民族教育、特色文化户、草原生态旅游等方面取得的成绩，展示出了"多彩草原"的亮点。

在报道"经济社会统筹发展的活力西苏"中，作者紧紧抓住具有典型示范引领作用、颇受社会关注的广播电视村村通、户户通，农村牧区安全饮水等民生工程，围绕经济社会发展与环境治理，发展羊毛、绒毛加工等地方特色产业，促进当地畜产品转型升级为主线，带着对异地陌生环境的新鲜和好奇感，以新的角度和视野跳出当地人的"审美疲劳"，改变属地记者、通讯员固有的视觉和思维定式。通过深入采访，挖掘出当地宣传部门所供资料背后的人和事，展现出了"活力西苏"的无穷魅力，进而为被采访地区和部门写出了当地人有时难以写出的好新闻，起到了很好的舆论宣传作用。

另外，这篇获一等奖的通讯还启示我们，在采访深入、细节丰富、主题重大而深刻等方面，还需要写作上的精致。只有这样，才能更准确地展现主题，行文生动。《走进多彩草原　触摸活力西苏》一稿结构的跳跃、随处可见的那一两句背景交代，以及昔日德王府开办兴蒙等8所学校仅培养出500多名有技能的蒙古族青年，今朝该旗蒙古族幼儿园教师研发出蒙语授课课件，为振兴民族教育在全国起到了示范引领作用等新闻素材的有机衔接，还有作品中对语言准确、生动的精致追求等方面，都给读者留下了过目难忘的印象。也正因为如此，该篇作品标题的"融内容"和内容上的"含标题"得到了较好的结合，使其具有了某种程度上的审美意义和一定的传播实效，值得肯定和赞赏。

通过讲评郭海鹏的《走进多彩草原　触摸活力西苏》这篇优秀获奖作品，感受到本报一个个扎根在基层、行走在路上的特约记者、通讯员的身影仿佛呈现在眼前，让人为之感动。同时也让我想起了美国著名新闻主持人华莱士说过的一句话："记者的每一天都是发现之旅，记者是那种搬开石头看看下面有什么东西的人。"

都来做用新闻讲故事的高手

申玉全

2016年2月28日，本报评出2015年度优秀特约记者、优秀通讯员及优秀新闻作品。在所评出的8篇一等奖作品中，有正蓝旗优秀特约记者郭海鹏采写的《异地千里送关爱》。

《异地千里送关爱》刊发于本报2015年5月13日A3版读者专版头条。5月4日，作者随同盟报社和正蓝旗旗委宣传部的同志，带着盟报社领导的关怀驱车千里，专程从锡林郭勒草原前往河北省怀来县沙城镇五里乡村看望和慰问了70多岁的农民通讯员姜秀山，回来后郭海鹏便写出了《异地千里送关爱》一稿。

在这篇稿件中，郭海鹏用讲故事的形式，叙述了原正蓝旗哈叭嘎乡乌兰村六组农民通讯员姜秀山，从20世纪50年代便开始为《察哈尔报》《锡林郭勒日报》等党报党刊写稿情况。通过老人回忆、采访有关当事人等形式，作者用"姜秀山点着煤油灯盘腿坐在炕上的饭桌前""有时丢下饭碗忘了吃饭，有时半夜醒来提笔就写""老人早已身着干净整洁的服装眉眼含笑地等候在院外""近80岁的姜秀山身体结实硬朗，记忆力也不错，就是耳朵有些背，和他说话声音要大，吐字要慢一些才行"等真实朴素的语言，将一个60多年来坚持为党报党刊写稿的农民优秀通讯员形象跃然纸上，让人眼前一亮，敬佩感动之情油然而生。在该稿采写过程中，郭海鹏还找出了自己存放的20世纪80年代初姜秀山在正蓝旗通讯报道会上的发言材料作为参考，可见写好新闻稿不仅要成为一个讲故事的高手，还要做一个收藏新闻素材的有心人。

盟报社异地千里组织慰问正蓝旗农民老通讯员姜秀山，体现出了报社关心、爱护广大通讯员的优良传统，正是有了这一让大家感动并温暖着的优良传统，才有了一代又一代通讯员对党的新闻事业不离不弃的感情。读者从《异地千里送关爱》所讲述的新闻故事中，感受到的不仅是锡林郭勒日报社对姜秀山本人的关心与厚爱，更重要的是体现出了报社长期以来重视通联工作，上下合力抓通联，进而形成了一支素质优良、与时俱进的特约记者和通讯员队伍，使其与《锡林郭勒日报》结下了挥之不去的纸媒情缘，写出了一批优秀新闻作品，在社会上发挥出了很好的舆论引导作用。

作品获奖后，郭海鹏体会最深的是当好一个记者，最重要的是要迈开双腿到火热

的生活中去，用脚走出文风、走出新闻。习近平总书记在全国宣传工作会议上强调要"讲好中国故事，传播好中国声音。"我揣摩着，党和国家领导人已经意识到了新闻传播的技巧性和效果不佳的问题，所以才一再强调写新闻要讲好故事。在这里，我希望全盟广大特约记者和通讯员朋友们，能够从大话、空话、套话、官话中"跳"出来，用老百姓能够听得懂、读得懂、理解透的语言，写出更多的优秀新闻精品，生动精彩地讲好锡林郭勒的精彩故事，润物无声地展示出锡林郭勒形象。

我和政协有"缘分"

虽说我是2012年12月当选为中国人民政治协商会议正蓝旗第九届委员会委员的，可拿出10多年前的旗政协会议合影，差不多都有我在"凑数"。

2007年4月，我在民营企业正蓝旗上都冶金集团工作时，便有幸被正蓝旗政协聘为"社情民意"信息员。通过这一平台，2008年9月我应聘到正蓝旗旗委宣传部工作，从事旗委机关报《上都新闻》采编工作。在此期间，我在《上都新闻》《锡林郭勒日报》《锡林郭勒政协》《内蒙古日报》《内蒙古政协》《同心》等报刊，发表了200多篇社情民意和反映政协工作的通讯报道，协助旗政协完成了元上都文化旅游节、中国察干伊德文化之乡电视专题宣传片等解说词撰写工作，得到了旗政协的关注和好评。

2009年，我被旗政协评为优秀信息员。2014年3月8日，被正蓝旗政协评为优秀政协委员，成为旗政协教育、卫生、科技、文史工作组兼职副组长，《锡林郭勒盟政协·走过60年》正蓝旗工作组成员，完成了《正蓝旗第一届委员会主席——德格吉乐胡》编写任务。2015年4月，内蒙古政协《同心》杂志社记者梅莉亚，以《草原上的新闻人》为题，分别就政协委员履职感受、工作中关注的热点、经济社会发展中需要解决的问题、进一步推进基层协商民主的意见和做好新时期政协工作的建议等内容，对我进行了专题访谈，并在该期杂志上予以刊发。同年4月28日，在政协正蓝旗第九届委员会第三次会议上，我以《关于提升新时期公民道德素质的思考和建议》为题，向大会做了专题发言，得到了与会领导和旗有关部门的高度重视。2016年3月17日，在政协正蓝旗第九届委员会第四次会议上，我被旗政协评为全旗政协宣传工作先进个人。2016年3月，锡林郭勒政协文史委副主任常霞在《锡林郭勒政协》上发表了对我的专访《一个普通政协委员保护"非遗"的心声》。也许正是因为自己有着较强的文字功底，又经旗政协副主席乌云达来、郭全生等人介绍推荐，我才与政协结下了这深深的不解情缘。

2013年3月和12月，我先后主笔完成了旗政协调研组的《关于保护和发展正蓝旗民族传统手工艺品的调研报告》和《关于保护和发展正蓝旗马产业的调研报告》，均得到

了旗委、政府的高度重视。根据报告中所提出的意见、建议，旗政府拿出400万元建立了扶持非物质文化遗产事业发展专项资金，鼓励从事民族传统手工艺品的农牧民和非物质文化遗产传承人自主创业。集马文化展示、饮食文化展示、马奶生产销售为一体的正蓝旗马奶文化园地也在筹建之中。

为展示人民政协理论与实践研究的重大突破和最新成果，由中国政协理论与实践编写组编写的《中国政协理论与实践汇编》，2016年1月由中国文史出版社面向全国出版发行。该书以习近平总书记在全国政协新年茶话会上的讲话为开篇，收录了上到全国政协主席、下到基层政协委员的有关文章600余篇，全书210万字，分为理论篇与实践篇两大部分。我所写的《关于提升新时期公民道德素质的思考和建议——在正蓝旗政协第九届委员会第三次会议上的发言》《从正蓝旗走出去的中国蒙古族文学奠基人纳·赛音朝克图》《朝阳村有个烈士洼》被该书收录。同时还收录有内蒙古自治区政协《同心》杂志社记者梅莉亚采写的《草原上的新闻人——访锡林郭勒盟正蓝旗政协委员、正蓝旗上都新闻报社社长郭海鹏》，提高了正蓝旗政协工作的知名度。

事实上，政协不仅是参政议政的舞台，同时也是宣传当地政治、经济、社会、人文、地理的广阔平台，是联系社会各界人士的桥梁纽带，是人生施展才华的好地方。回顾过去，是政协组织给了我许多锻炼和提高的机会，使自己的能力和特长得到了充分发挥。在政协这个温暖的大家庭里，不仅使我提高了业务素质，提升了个人品质，收获了成就和快乐，更主要的是通过参政议政，开阔了我关注生活、了解社会的视野，这将使我受益终身。在今后的人生道路上，我将倍加珍惜政协委员这个光荣称号，勤奋学习、努力工作，积极建言献策，主动参与各级政协组织的活动，为建设具有中国特色的人民政协事业贡献出自己应有的力量。

草原上的新闻人

—— 访锡林郭勒盟正蓝旗政协委员、正蓝旗《上都新闻》社社长郭海鹏
内蒙古政协《同心》杂志社记者梅莉亚

第一次接触到郭海鹏这个名字，是在我们的杂志上。郭老师不但是内蒙古政协杂志的热心作者，还多年来笔耕不辍，先后在《中国报刊报》《内蒙古日报》《锡林郭勒日报》《党的教育》《时代风纪》等多家新闻媒体刊发稿件12400余篇。身为新闻宣传工作者，郭老师多年来扎根基层，坚持"接地气"，服务和宣传人民群众。现在虽然已成为《上都新闻》社主要负责人，但他经常是顶着烈日，冒着风寒酷暑，没有半点怨言，坚持带头深入基层现场采访。在他的带领下，《上都新闻》成为正蓝旗宣传思想文化战线上一块很有影响力的舆论阵地和各级党委、政府与群众沟通的桥梁纽带，在旗内外广大读者中产生了积极影响，赢得了社会各界和上级有关领导的好评，被旗委、政府评为全旗对外宣传工作先进集体。郭海鹏本人也先后多次被评为正蓝旗和锡林郭勒盟优秀新闻工作者，2015年又被旗文明委评为正蓝旗第一届身边好人。他说，只有胸怀大局、心系百姓、植根基层，才能符合党的德才兼备的要求，履行好神圣使命，提高为旗委机关工作大局的服务水平。

记者：请您谈谈作为一名政协委员履行职能的感受。

郭海鹏：作为一名旗优秀政协委员，在参政议政、履职尽责的过程中，我切实感受到政协工作在不断创新和发展，为推进正蓝旗经济社会跨越式发展、构建法治社会发挥了积极作用。政协是由社会各界别精英人士组成的一个大集体，具有广泛的发表性，履行着政治协商、民主监督和参政议政三大职能。作为一名合格的政协委员，要想履好职尽好责，我认为首先要正确理解对待其义务和权利的关系。政协委员不仅是一种荣誉，更意味着责任和使命，委员要按照政协章程规定正确行使权利、认真履行义务，在社会上带头遵守宪法和法律，发挥好履行职能的主体作用和工作中的代表作用。其次要加强学习，提高素质，打牢履行职能的基础，提高参政议政水平，做好调查研究，写出有价值、高质量的提案和操作性强的调研报告。近年来，我先后发表了200多篇社情民意信息和反映政协工作的通讯报道，协助旗政协完成了元上都文化旅游节、中国察干伊德

文化之乡电视专题宣传片等解说词撰写工作，得到了旗政协的关注和好评。2009年，我被旗政协评为优秀信息员。2014年3月8日，被正蓝旗政协评为优秀政协委员，成为旗政协教育、卫生、科技、文史工作组兼职副组长，《锡林郭勒盟政协·走过60年》正蓝旗工作组成员，完成了《正蓝旗第一届委员会主席——德格吉乐胡》编写任务。2013年3月和12月，我先后主笔完成了旗政协调研组的《关于保护和发展正蓝旗民族传统手工艺品的调研报告》和《关于保护和发展正蓝旗马产业的调研报告》，均得到了旗委、政府的高度重视，促进了相关问题的解决。根据报告中所提出的意见、建议，旗政府拿出400万元建立了扶持非物质文化遗产事业发展专项资金，鼓励从事民族传统手工艺品的农牧民和非物质文化遗产传承人自主创业。集马文化展示、饮食文化展示、马奶生产销售为一体的正蓝旗马奶文化园地也在筹建之中。

记者：结合您从事的工作，有哪些热点问题是您所关注的？

郭海鹏：多年来，我一直从事新闻宣传工作。在近期采访中我发现，由于大量农村牧区青年外出务工经商，流向城镇、企业，导致农村牧区党团员队伍、嘎查村干部结构老化。我认为，政府在鼓励农村牧区青年转移进城创业的同时，也要对返乡从事农牧业生产的青年给予更多的关心帮助和支持，建立教育培训、资金扶持与激励考核机制，把那些有知识有能力、热心家乡发展建设的青年人，充实到嘎查村"两委"班子中，确保基层组织工作得到改进和加强。同时，年轻人在返乡从事农牧业产业化经营的同时，也有利于将蕴含在嘎查村的乡土文化保存和传承下来，进而留住记忆、记住乡愁、护住根脉，让草原的精神家园更加亮丽。另外，如果能够更有效地发挥好基层妇联组织的作用，对于家庭教育和嘎查村有些矛盾和纠纷的化解、社会风气的好转，都会有不可替代的积极作用。

记者：根据自治区当前的经济社会发展，您认为我旗目前急需解决哪些问题和困难？

郭海鹏：当前，自治区正在全面推进农村牧区公共服务"十个全覆盖"惠民工程，并取得了一定成效。在实施"十个全覆盖"工程时，我认为不仅要抓好危房改造、安全饮水、街道硬化等基础设施建设，同时还要结合实际情况，合理准确选择建设管理模式，加快发展现代农牧业和旅游产业，注重培养农村牧区优秀青年，强化产业支撑，增加嘎查村"人气"，在改善农牧民生产生活条件的同时，让农牧民获得可持续发展的能力，使农村牧区成为一片有为的天地。

记者：对进一步推进基层协商民主建设有何建议和意见？

郭海鹏：旗县级党委、政府地处基层，直接为基层群众服务，工作环境较为复杂。在这种情况下，有助于听民意、集民智，推进党政决策科学化、民主化的基层协商民主建设便显得尤为重要。对此，建议各级政协能够重视吸收经济社会发展中出现的新阶层、新群体的代表人士到政协组织里来，包括进城农牧民工、下岗再就业人员、电子商务经营者、自由职业者等，创新设置界别，不断扩大团结面，增强包容性，及时听取他们的利益诉求。对社会责任感强、关心政协事业、有较宽知识面、有一定代表性的人士，可通过邀请参加基层政协会议、参与专题调研等形式，及时吸收他们的意见建议、观点和利益诉求，使基层协商民主建设更具代表性。

记者：对于做好政协工作，您有哪些建议？

郭海鹏：服务群众是政协工作履职的出发点和落脚点。做好新时期的政协工作，就要密切政协组织和委员同广大群众的血肉联系，组织开展好"政协服务人民，委员联系群众"活动，围绕群众思想认识上的困惑点、利益关系的交织点、现实矛盾的易发点，运用调研、视察、提案、反映社情民意，扩大公民有序政治参与等形式，协助党委、政府进一步健全利益协调、诉求表达、矛盾调处和权益保障机制，多建顺民意的真言，多办惠民生的实事，切实做到人民政协为人民。

回顾过去，是政协组织给了我许多锻炼和提高的机会，使自己的能力和特长得到了充分发挥。在政协这个温暖的大家庭里，不仅使我增强了业务素质，提升了个人品质，收获了成就和快乐，更主要的是通过参政议政，开阔了我关注民生、了解社会的视野，这将使我受益终身。在今后的人生道路上，我将倍加珍惜政协委员这个光荣称号，勤奋学习、努力工作，积极建言献策，主动参与各级政协组织的活动，为建设具有中国特色的人民政协事业贡献出自己应有的力量。

原载内蒙古政协《同心》月刊2015年第4期